何中华 著

人的存在之思：
马克思哲学再诠释

山东人民出版社·济南

国家一级出版社 全国百佳图书出版单位

图书在版编目（CIP）数据

人的存在之思：马克思哲学再诠释 / 何中华著 . --济南：山东人民出版社，2022.2
ISBN 978-7-209-13349-4

Ⅰ．①人… Ⅱ．①何… Ⅲ．①马克思主义哲学－研究 Ⅳ．①B0-0

中国版本图书馆CIP数据核字(2022)第028386号

人的存在之思：马克思哲学再诠释
RENDE CUNZAI ZHISI: MAKESI ZHEXUE ZAI QUANSHI

何中华 著

主管单位	山东出版传媒股份有限公司	
出版发行	山东人民出版社	
出 版 人	胡长青	
社 址	济南市市中区舜耕路517号	
邮 编	250003	
电 话	总编室 （0531）82098914	
	市场部 （0531）82098027	
网 址	http://www.sd-book.com.cn	
印 装	山东新华印务有限公司	
经 销	新华书店	

规 格	16开 （170mm×240mm）	
印 张	29.5	
字 数	405千字	
版 次	2022年2月第1版	
印 次	2022年2月第1次	
ISBN 978-7-209-13349-4		
定 价	78.00元	

如有印装质量问题，请与出版社总编室联系调换。

自　序

　　2013 年，我在拙作《历史地思：马克思哲学新诠》一书的"弁言"中曾预告说：下一步，根据研究的进展，或可形成另一本书《人的存在的现象学研究：马克思哲学再阐释》，专就现象学角度阐发马克思哲学的丰富内涵。可是，惭愧得很，于今一晃又过去了近乎 10 年之久，我的研究却乏善可陈，整个工作未能告竣，仅完成了预期内容的大约 1/3 左右。原本打算等到全部写完之后再出书，但因课题结项的期限要求，只好先把已有的部分结集出版，因此这并非完成的表示，而是出于研究之外的考虑。书名未按原先设想的确定，而是取《人的存在之思：马克思哲学再诠释》，以示与整个研究计划的区别。余下的部分，只好俟诸来日了。好在我并不想构筑一个体系化的东西，只是把阅读马克思的一些心得逐步报告出来，所以如何结构和经营，早出抑或晚出，于内容都不会有多大的妨碍。马克思自称"抛弃了一切体系"，他本人就是拒绝"体系"的。在《福格特先生》（1860 年 2-11 月）一书中，马克思曾说过："泰霍夫①还'设想'我'剪裁了'一套'体系'，哪儿的话，我甚至在为工人们写的'宣言'里，也抛弃了一切体系，而代之以'批判地

---

　　① 古斯塔夫·阿道夫·泰霍夫（Gustav Adolf Techow，1813—1893），普鲁士军官，小资产阶级民主主义者，柏林 1848 年革命事变的参加者，普法尔茨革命军总参谋长，1849 年巴登—普法尔茨起义失败后流亡瑞士，1852 年迁居澳大利亚（参见《马克思恩格斯全集》第 14 卷，人民出版社 1964 年版，第 941 页）。

设法点出原有思想所暗蓄的种种丰富蕴含，从中发现具有诠释学的强制性与贯通性的基本理路与主导观念，依此重新建构整个原有思想的本末层次，透过原有思想的表面结构掘发其深层结构，由是再进一步批判地超越原有思想的哲理局限性，而为原有思想谋求创造性的理路突破与发展，这是创造的诠释学不可或缺的基本功夫。"① 这非常契合多年前鄙人所一直试图致力于做的工作，即"创造性地诠释马克思"。

诚然，恩格斯在为马克思的《资本论》第3卷所写的序言中说过："一个人如想研究科学问题，首先要在利用著作的时候学会按照作者写的原样去阅读这些著作，首先要在阅读时，不把著作中原来没有的东西塞进去。"② 但问题在于，究竟如何才能判定"著作中原来没有的东西"？究竟是读者"塞进去"的，还是文本本身的意义空间所包含的？其判准安在，又由谁来裁决？表面看上去这都不过是些简单而明白的道理，实则却未曾被当真来予以追问和清算。

民国时期的经学家刘师培，曾著有《汉宋学术异同论》行世，其中评论道："夫汉儒经学虽有师承，然胶于言词，立说或流于执一。宋儒著书虽多臆说，然恒体验于心，或出于老、释之书（如张、朱、二程皆从佛学入门），故心得之说亦间高出于汉儒（宋儒多有思想，穿凿之失，武断之弊，虽数见不鲜，然心得之说亦属甚多），是在学者之深思自得耳。"③ 虽身为经学家，但刘氏依旧能够肯定宋学之理趣和优长，这实属难得，也足以显示出他的豁达和识见。汉宋学之争凸显的问题，是无论东西的。叶秀山先生曾坦承："还在我集中研究希腊哲学时，我就感到西方的学者也有顾了史料顾不上思想的倾向。专业的古典学者侧重史料考订，而瞧不起哲学家从思想理论上的探讨，尼采是一个被批评的例子；海德格尔对希腊哲学有大量的研究，却很少被古典学者重视，也是

① ［美］傅伟勋：《从西方哲学到禅佛教》，生活·读书·新知三联书店1989年版，第390页。
② 《马克思恩格斯全集》第25卷，人民出版社1974年版，第26页。
③ 章太炎、刘师培：《中国近三百年学术史论》，上海古籍出版社2006年版，第175页。

一个例子，我曾就这个问题写过一篇小文章，希望二者能够结合起来。"① "结合起来"固然好，但这又谈何容易?! 在对马克思的解读中，我深感也存在着"哲学的读法"同"历史的读法"之间的紧张。汉宋之争不是一个假问题，而是一个真问题。因为它既关乎客观上存在着的不同研究范式之间的彼此抵牾，也关乎不同性情和造诣的学者何去何从的选择。从个人性情方面讲，我本人是更倾心于宋学一路的。汉学的路数，于我而言是既先天不足又后天失调，实在是学不来的。所以，也就只好依从自己的局限和缺陷，做点力所能及之事罢了。这既可以藏拙，也能够更加顺手。

不知不觉间已届耳顺之年。迄今仿佛才真正能够体会孔夫子发出的"不知老之将至"之叹。记得有一首流行歌曲，叫作"时间都去哪儿了"；是的，时间都去哪儿了？天知道！谁又能给出答案呢?! 一切庸常和伟大都在时间中隐遁；时间就是你在追赶它的时候，恰恰把它遗忘了的那个东西。于是，时间就被压缩并凝结成我们存在本身的历史。回眸，那忧郁的一瞥，又涵蕴了几多惆怅和伤感。人总是这样，以平常心视之，也便释然。随着时光静谧地流逝，我们不断地老去，生命的紧迫感也如影随形般地相逼。这也是无可奈何之事，只好由它去。母鸡在下蛋的时候最怕人家打扰。人在思考状态下也会有类似的感受，但纷扰又总是不期然而至。但愿今后能够多一点自主时间，做自己喜欢做的事。

在马克思哲学的领会方面，这些年一路走来，自忖还有些心得，有些新的体认，虽不敢说有多么深刻，更不敢奢望窥其堂奥，但就自己而言，毕竟有所深化和推展。这是令自己稍感欣慰的。究竟如何，有待读者的批判。黑格尔在《哲学史讲演录》中说过："这些人看见哲学中的一切，但恰巧忽略了哲学本身"②。这是富有讽刺意味的。反省起来，我

---

① 叶秀山：《无尽的学与思——叶秀山哲学论文集》，云南大学出版社 1995 年版，第 11 页。

② 参见 [德] 黑格尔：《哲学史讲演录》第 3 卷，贺麟、王太庆译，商务印书馆 1959 年版，第 127 页。这里采用的引文系列宁的《哲学笔记》所援引相关文字的中译，据《列宁全集》第 55 卷，人民出版社 2017 年版，第 262 页。

自知在对马克思的解读中很容易犯这种毛病，重蹈前人的覆辙。应该时时引以为戒。在马克思那里，哲学并不是被谈论的对象，而是通过实际地思考"显现"的运思方式。就此而言，马克思哲学是"隐性"的。因此，唯独像《庄子·外物》上所谓的"得鱼而忘筌""得意而忘言"，才有可能搔到痒处。

写着写着，好像就变成了一份先行准备的自我辩解的答辩书。这提示我的潜意识中的不自信。这也很可能会引起某种误会，似乎我是为了拒绝批评。其实不然，倒是为了讨论。主张一种态度，秉持一种立场，未必就一定会走向封闭。这完全是两码事。

最后需要特别说明，本书作为中宣部文化名家暨"四个一批"人才和中组部"万人计划"哲学社会科学领军人才项目的结题成果出版，特此致谢。本书的出版，还得到了山东人民出版社一如既往的大力支持，尤其是责任编辑隋小山君在编校方面花费了大量心血和精力，在此一并感谢。

是为序。

何中华，2022 年 2 月 8 日于山东大学

目　录

1　自序

1　第一章　马克思哲学何以是开放性的

2　一、马克思哲学开放性的内在逻辑依据

25　二、马克思哲学所以具有开放性的一般原因

39　三、哲学原则的自我适用和参照系"后移"

53　第二章　关于马克思主义哲学研究三题

53　一、马克思主义哲学学术形态的多样化问题

59　二、马克思主义哲学研究中的文献学问题

65　三、马克思主义哲学的研究所面临的悖论

71　第三章　超越"唯物—唯心"之争的纲领

72　一、《提纲》第1条的总体命意及思想史语境

75　二、超越"唯物—唯心"之争及其运思方式

82　三、超越"唯物—唯心"之争的历史内涵

87　第四章　实践本体论为什么是对的

88　一、本体论原初范畴何以拒绝追问

94　二、对实践本体论的"批评"何以不能成立

103　三、马克思哲学的现实性和批判性何处寻

107　第五章　马克思哲学的现象学意味

108　一、现象学方法与哲学"出发点"的重建

123　二、对意识形态"全部戏法"的揭露和拆穿

140　三、马克思哲学对现象学方法本身的扬弃和超越

153　第六章　解释世界和改变世界：补充抑或超越

154　一、解释世界和改变世界何以成为问题

160　二、两种视野的划界与新哲学观的确立

177　三、"改变世界"的哲学观之思想滥觞

186　第七章　人的存在的现象学之真理观的建构

186　一、《提纲》第2条是认识论的还是存在论的

191　二、"真理"不过是人的存在本身的"祛蔽"

200　三、实践的批判方式与哲学观的重建

207　第八章　作为人的存在的现象学叙事的《资本论》

208　一、黑格尔现象学的启示和海德格尔现象学的契合

213　二、关于"商品→货币→资本"的现象学叙事

224　三、《资本论》现象学叙事方式的方法论意蕴

233　第九章　《资本论》语境中的人与自然的关系

234　一、"占有"关系构成人的主体性的历史内涵

242　二、资本权力的统治造成了对自然的双重戕害

255　三、资本通过科学技术恶化了人与自然的关系

266　第十章　马克思的"能动原则"及其历史展现

266　一、"能动原则"之哲学基础的奠定

284　二、"能动原则"之历史展现的实际表征

293　三、"能动原则"与资本主义的自我解构

310　第十一章　马克思的犹太身份和哲学建构

311　一、马克思的犹太身份及其自反性的批判

316　二、马克思的犹太身份对其哲学建构的深层影响

336　三、马克思的宗教批判所显示的独特运思方式

338　第十二章　马克思的历史地思与浪漫主义

338　一、马克思认为"原理"属于"世纪"而非相反

343　二、维科的历史观及其对马克思哲学的影响

353　三、德国浪漫派观点对马克思哲学的多维影响

363　四、马克思哲学对浪漫主义的辩证扬弃和超越

375　第十三章　马克思主义中国化的历史意蕴新诠

376　一、革命重心的转移与马克思主义中国化

386　二、赋予马克思主义以民族形式的历史语境

394　三、中国国情决定了中国革命对能动性的诉求

406　第十四章　世界历史·亚细亚现象·中国道路

406　一、"世界历史"的不同意蕴及马克思的诠释

411　二、"亚细亚现象"的历史内涵及其特征

421　三、历史与理论的交织所规定的中国道路

428　第十五章　如何恰当地理解共产主义

429　一、澄清对共产主义的种种误解和曲解

440　二、恰当地理解共产主义的方法论原则

449　三、余论：回应有关共产主义的几个诘问

的学理反思和理论贡献呢？这才是我们面临的是否在原本的意义上继承了马克思的一个真正的考验。

马克思当年所建构的哲学试图向人们提供的只是一种运思方式，而非现成的答案。对于教条主义，没有谁能够比马克思更深恶痛绝和排斥的了。马克思和恩格斯都反复强调，马克思主义不是教条而是指南。青年马克思在致卢格的通信中，就曾指出："新思潮的优点就恰恰在于我们不想教条式地预料未来，而只是希望在批判旧世界中发现新世界"。因此，他强调："我不主张我们竖起任何教条主义的旗帜"①。恩格斯指出："我们的理论是发展着的理论，而不是必须背得烂熟并机械地加以重复的教条。"② 他还说："如果不把唯物主义方法当作研究历史的指南，而把它当作现成的公式，按照它来剪裁各种历史事实，那它就会转变为自己的对立物。"③ 马克思当年之所以一再坚决拒绝"马克思主义者"这个称谓，其中的一个重要用心就在于他担忧自己的学说被当作一种供外在地旁观并已经终结了的封闭规定，被误解为一种一劳永逸地完成了的永恒不变的信条，就像恩格斯所说的，在它面前，人们"除了袖手一旁惊愕地望着这个已经获得的绝对真理，就再也无事可做了"④。值得深思的是，从历史上看，"马克思作为一个极为严格的批判者，从不满足于自己的结论，反而却被变为最顽固的教条主义的肇端"⑤。之所以如此，一个重要原因不能不归咎于我们把马克思哲学当成了一种仅仅供旁观的研究对象。

那么，究竟什么才是教条主义的真正有效的"解毒剂"？传统上一般认为"具体问题具体分析""理论联系实际"等等，乃是剪除教条主义的"不二法门"。诚然如此。但更深刻的路径则在于，调整看待哲学

---

① 《马克思恩格斯全集》第 1 卷，人民出版社 1956 年版，第 416 页。
② 《马克思恩格斯选集》第 4 卷，人民出版社 1995 年版，第 681 页。
③ 《马克思恩格斯选集》第 4 卷，人民出版社 1995 年版，第 688 页。
④ 《马克思恩格斯选集》第 4 卷，人民出版社 1995 年版，第 216 页。
⑤ ［芬兰］维萨·奥特宁：《MEGA² 与另一个马克思——马塞罗·默斯托访谈》，载《国外理论动态》2011 年第 8 期，第 2 页。

的方式本身。海德格尔在《什么是思想?》一文中曾指出:"我们经年累月地钻研伟大思想家们的论文和著作,这一事实仍不能担保我们自身正在思想,或者哪怕只是准备去学习思想。这种哲学研究活动甚至可能最顽固地给我们造成一种假象:我们在思想,因为我们确实在'做哲学'嘛。"① 我们之所以会陷入这一误区,就是因为对待哲学的态度一开始就是错的。而只有"当我们亲自思想时,我们才通达那召唤思想的东西"②。海德格尔在这里所确立的乃是"此在"的态度和内在性的姿态。这同那种以旁观者的姿态介入哲学的态度完全不能同日而语。

我们面对的一个难以回避的事实是,马克思哲学内部是充满张力的,它造成了理论本身的某种不相侔。这是一个伟大思想家的思想常见的现象,特别是对于一位像马克思这样富有原创性的、思想内涵极其丰富和深邃的思想家来说尤其如此。这种不相侔未必是消极的,它往往为我们沿着不同的维度加以诠释和发挥提供了某种可能性。这无疑也构成马克思哲学开放性得以表征的重要方面。的确,像海尔布隆纳所言,"从一开始,马克思追随者的作品就存在严重的分歧,对马克思著作的解释也相互冲突"③。这种情形的积极意义在于,它保证了我们对于马克思哲学所作研究的开放性。应该承认,这种张力乃是打破僵化和独断化的必要条件。古尔德纳指出:"对某些(庸俗的)马克思主义者说来,谈论马克思主义内部的矛盾就是反对、甚至诽谤马克思主义";但我们必须充分意识到并予以正视的一点是,"把马克思主义自己的矛盾看作是马克思主义的组成部分,是理解马克思主义的现状及其未来的重要钥匙"④。马克思之所以推崇辩证法,一个潜在的诉求就是源自克服悖论的

① [德]马丁·海德格尔:《演讲与论文集》,孙周兴译,生活·读书·新知三联书店2005年版,第138页。
② [德]马丁·海德格尔:《演讲与论文集》,孙周兴译,生活·读书·新知三联书店2005年版,第135页。
③ [美]罗伯特·L.海尔布隆纳:《马克思主义:赞成与反对》,马林梅译,东方出版社2014年版,第5页。
④ [美]阿尔温·古尔德纳:《两种马克思主义》,载《马列主义研究资料》1982年第3辑,人民出版社1982年版,第216页。

能设想作为辩证法自我完成形式的共产主义是一种经验的可能性。这也正是马克思何以反对黑格尔把普鲁士王国作为辩证法完成形式的一个学理上的原因。在马克思看来，黑格尔的错误不在于设想辩证法的完成，而仅仅在于把这种只是作为一种逻辑可能性的形式，说成是作为经验存在的普鲁士王国。

还有一种情形是，马克思的学说本身客观存在着的某种紧张，作为一个思想史事实是合理的；之所以不能理解这种紧张，是由于作为读者的我们所使用的方法未曾达到马克思的高度所致。例如，马克思关于人性的表述，就存在着表面看上去是自相矛盾的说法。马克思在《哲学的贫困》中说过："整个历史也无非是人类本性的不断改变而已。"① 这显然是拒绝了人的超历史的一般本性。在《资本论》第 1 卷中，马克思又说："首先要研究人的一般本性，然后要研究在每个时代历史地发生了变化的人的本性。"② 这是否意味着马克思在理论上是不自洽的呢？倘若我们局限于一种知性的思维，就会作肯定的回答。殊不知，这正是作为读者的我们的局限所在。马克思其实是在人的实存与人的本质及其关系的历史展开中来把握人性论问题的。倘若从人的实存的意义上说，就无所谓"人的一般本性"，因为人的本性是通过不断地改变来加以表达和确证的。但是，倘若是从人的本质的维度看，就必须承认人的一般本性。人性的预成和生成的矛盾是通过人的存在的历史展现来得以解决的。所以，马克思的表述并不矛盾。再如，有学者认为，马克思晚年陷入了巨大的困惑，其理论症结在于：马克思在《资本论》中所揭示的是人类社会历史发展的一般规律，它在一切国家和民族那里都具有普适性；但他在晚年却又"出于人道主义考虑"，出于"对人的价值和人的解放的深切的关切"，把这种规律仅仅局限于西欧各国，提出了东方国家跨越资本主义"卡夫丁峡谷"的可能性。马克思唯物史观的一元决定

---

① 《马克思恩格斯选集》第 1 卷，人民出版社 1995 年版，第 172 页。
② 《马克思恩格斯全集》第 23 卷，人民出版社 1972 年版，第 669 页。

论同"跨越说"体现的多元路径之间的矛盾、马克思晚年的设想所体现的价值尺度的考量同其原有的历史尺度之间的矛盾，直到马克思去世也未能解决①。其实，马克思的晚年设想并未超出唯物史观的解释范围；相反，他的历史观中已经潜含着后来结论的内在依据了。关键在于需要把握马克思关于"历史向世界历史的转变"思想的实质。因为这一转变使历史规律的表征方式发生了历史性的改变，即由线性地表征过渡到空间式的表征，由此决定了我们考察历史的单位必须相应地由地方性的局部转变为普遍交往所促成的全球视野下的总体。还有就是对于马克思"共产主义"思想的理解。当马克思在《1844年经济学哲学手稿》中说共产主义是一系列斗争的彻底解决的时候，当马克思在《资本论》中把自由王国作为物质生产这一必然王国的彼岸加以确认的时候，共产主义无疑是作为一个目的性的规定而被指认的；但他在《德意志意识形态》中却说："共产主义是用实际手段来追求实际目的的最实际的运动"②；他还说："共产主义对我们来说不是应当确立的状况，不是现实应当与之相适应的理想。我们所称为共产主义的是那种消灭现存状况的现实的运动。"③ 这里似乎存在着一个"应有"与"现有"之间的悖论。这正是有些人要么把共产主义理解为脱离现实的抽象目标，要么把它误解为与超越的目标无关的具体行动的症结所在。其实，他们遗忘了马克思在《共产党宣言》中所说的："共产党人为工人阶级的最近的目的和利益而斗争，但是他们在当前的运动中同时代表运动的未来。"④ 这意味着，共产主义不仅仅是"当前的运动"，而且固有其未来指向，它内在地蕴含着超越现实的规定。同时，共产主义也不是走向虚无主义，因为"当前的运动"不是对"运动的未来"的剥夺，而是对它的肯定和成就。因此，把现实同理想知性地割裂并对立起来，就完全误解了马克思的真正

---

① 参见张奎良：《马克思晚年的困惑》，载《光明日报》1989年5月29日第3版。
② 《马克思恩格斯全集》第3卷，人民出版社1960年版，第236页。
③ 《马克思恩格斯选集》第1卷，人民出版社1995年版，第87页。
④ 《马克思恩格斯选集》第1卷，人民出版社1995年版，第306页。

用心。

从客观的方面说，马克思哲学内在地蕴含着理性与价值、历史与道德、事实与规范、实证与思辨之间的颉颃，由此也决定了后人沿着不同的解释路径加以诠释并展开的内在可能性。艾伦·赖安说："很难让人相信，他（指马克思——引者注）对资本主义秩序的愤慨不是由强烈的正义感所激起的，但他经常声称，他的历史唯物主义会取代一切对现有秩序的'道德化'批判。"① 在马克思所从事的哲学研究和叙述中，道德因素究竟扮演着一个怎样的角色，具有怎样的地位？对于马克思哲学来说，它是内在性的，还是仅仅提供批判地考察的动因和动力？其实，马克思审视人类社会及其发展的视角，从来都不是单向度的，而是复合的。他一方面"把经济的社会形态的发展理解为一种自然史的过程"②，正因此"一个社会即使探索到了本身运动的自然规律……它还是既不能跳过也不能用法令取消自然的发展阶段"③ ——这显然是出于理性视野审视的结果；另一方面又对雇佣劳动者的异化处境及其带来的遭遇充满同情，对资本权力的统治带来的灾难充满义愤，所谓"资本来到世间，从头到脚，每个毛孔都滴着血和肮脏的东西"④ ——这些价值谓词表明了马克思有其鲜明的价值立场。马克思强调指出："在我们这个时代，每一种事物好像都包含有自己的反面。"他发现，"机器具有减少人类劳动和使劳动更有成效的神奇力量，然而却引起了饥饿和过度的疲劳"；他还看到，"技术的胜利，似乎是以道德的败坏为代价换来的"⑤。问题是，马克思何以能够从他所处的那个时代看出二重化的悖论？关键在于他独具慧眼，即拥有发现这种悖论的一双眼睛，归根到底是因为他确立了理性和价值的双重视野。正因此，马克思才能够洞悉现代工业和科学

---

① ［美］艾伦·赖安：《前言》，载［英］以赛亚·伯林：《卡尔·马克思：生平与环境》，李寅译，译林出版社 2018 年版，第 11 页。
② 《马克思恩格斯选集》第 2 卷，人民出版社 1995 年版，第 101–102 页。
③ 《马克思恩格斯选集》第 2 卷，人民出版社 1995 年版，第 101 页。
④ 《马克思恩格斯选集》第 2 卷，人民出版社 1995 年版，第 266 页。
⑤ 《马克思恩格斯选集》第 1 卷，人民出版社 1995 年版，第 775 页。

为一方同现代贫困和衰颓为另一方的对抗。离开了这一主体条件，我们对于时代矛盾就只能视而不见。马克思对于资本主义建立的殖民统治的审视，同样秉持了双重的评价尺度。例如，在谈到不列颠在印度的统治时，他一方面从历史进步的理性角度出发，肯定"英国不管干了多少罪行，它造成这个革命毕竟是充当了历史的不自觉的工具"[①]；另一方面又以同情的态度，指出"不列颠人给印度斯坦带来的灾难，与印度斯坦过去所遭受的一切灾难比较起来，毫无疑问在本质上属于另一种，在程度上要深重得多"[②]。从某种意义上说，马克思之所以能够在哲学上实现一场划时代的深刻变革，一个重要原因就在于，他真正地扬弃了德国古典哲学的思辨性和英国古典政治经济学的实证性及其外在的对立。马克思的高明就在于，他利用德国古典哲学的思辨优势克服了英国古典政治经济学的经验主义局限；反过来，他又利用英国政治经济学的实证优势克服了德国古典哲学的空洞思辨的弱点，从而实现了对于两者的同时超越和克服。由此也就不难理解，马克思何以会受到两个方面的攻击了。在《资本论》第1卷第2版跋中，他写道："巴黎的《实证论者评论》一方面责备我形而上学地研究经济学，另一方面责备我——你们猜猜看！——只限于批判地分析既成的事实，而没有为未来的食堂开出调味单（孔德主义的吗?）。"[③]

从思想史资源看，马克思哲学内部的理性与价值双重维度之间的紧张，乃是缘自启蒙主义和浪漫主义的背景。在一定意义上，启蒙主义与浪漫主义不过是历史本身的真实分裂在意识形态上的反映而已。从解读者的"期待视野"角度看，马克思哲学的不同解释学传统的形成，在很大程度上可被视作20世纪英美哲学同欧洲大陆哲学亦即科学主义与人本主义思潮冲突的一种回声。正统的欧洲哲学史叙事一般只是提及休谟在打破康德独断论迷梦方面的启示，而遗忘了休谟关于"是"与"应

---

① 《马克思恩格斯选集》第1卷，人民出版社1995年版，第766页。
② 《马克思恩格斯选集》第1卷，人民出版社1995年版，第761页。
③ 《马克思恩格斯选集》第2卷，人民出版社1995年版，第109页。

当"的划界对于康德的影响。这是有失偏颇的。实际上，后一个方面的意义和重要性并不逊色于康德所完成的主客体之间的倒置这一"哥白尼式革命"。另外，马克思对于康德哲学的批判地继承，也是为传统的马克思哲学史叙事所忽视的方面。其实，正是康德开启了马克思的问题意识，因为马克思一生所致力于解决的基本问题，乃是"超验规定的历史建构如何可能"。这在形式上类似于康德提出的"先天综合判断如何可能"的问题。但康德还在另外一个意义上启示了马克思，即自然律与道德律的背反。从某个角度说，马克思所寻求的历史的合规律性与合目的性的统一，正是康德问题的某种延续。但马克思比以往思想家们的高明之处在于，他在自己的哲学建构中把一系列二元分裂本身加以主题化处理，而更深刻的是他同时又揭示了这一系列分裂本身的历史根源和扬弃它们的历史条件。因此，在马克思那里，这一系列二元对立的形式并不具有先验的性质，它们本身就是一个历史的问题。因为这种分裂不过是历史上的一种必然的却又是暂时的现象，它并不具有永恒的超历史的意义。倘若把它视作一种贯穿历史始终的抽象规定，就势必会抹杀其历史的性质、遮蔽其历史内涵，从而掩盖问题的实质，最终也将无法读懂其背后的意味。马克思在《1844 年经济学哲学手稿》中强调指出："自然科学往后将包括关于人的科学，正像关于人的科学包括自然科学一样：这将是一门科学。"① 当然，在他看来，这种统一来临的历史条件是共产主义。因为只有到了共产主义，"作为完成了的自然主义＝人道主义，而作为完成了的人道主义＝自然主义"②。只有作为自然科学和人的科学之间对立的历史地扬弃的产物，这种统一才是可能的。这充分表明马克思寻求理性与价值之间达成"合题"的致思取向。也许有人会说，这些思想都只是青年马克思的，不能代表成熟时期的马克思的见解。但后来马克思只是展开而非抛弃了这些思想。如前所述，即使在《资本论》这

---

① 马克思：《1844 年经济学哲学手稿》，人民出版社 2000 年版，第 90 页。
② 马克思：《1844 年经济学哲学手稿》，人民出版社 2000 年版，第 81 页。

人的存在之思：马克思哲学再诠释

部足以代表马克思一生最伟大贡献的著作中依旧隐含着理性与价值及其关系问题。

列斐伏尔认为："马克思主义思想中存在着一种活生生的辩证矛盾，即，一方面是对人的自由和对人的全面发展的愿望，另一方面是从实际出发、从现实出发、从经验上的情况出发的种种要求。"① 在一定意义上，这一紧张乃是青年马克思试图克服的那个"应有"和"现有"之间的矛盾的一种展开了的成熟形式。对于马克思主义来说，这个悖论具有真实的意义；但它又不能在知性的意义上被了解，而只能被合理地解释为辩证意义上的矛盾，并且这也只能在实践的展开及其完成中得到真正的解决。古尔德纳也指出："可以看得很清楚，马克思主义和马克思主义理论家大致分成两种倾向：一种把马克思主义理解为'批判'，另一种则把它理解为某种社会'科学'。我们把这两种倾向的马克思主义者分别称作批判马克思主义者和科学马克思主义者。"② 重要的是，"这里所概述的对马克思主义的两种理解，部分地是围绕着唯意志论和决定论、自由和必然这一核心矛盾形成起来的。这两种理解中的每一种都是马克思主义的真正组成部分。我们所面对的决不只是一个表面上的矛盾，说一声一方是假的、修正主义的、机会主义的、错误的，不是真正马克思主义，而另一方是真的、地道的、纯而又纯的、真正革命的马克思主义，就可以轻易解决的。"③ 这也意味着，这些不同的解释路径或解释学传统之间的矛盾是真实的，它是由马克思学说本身所固有的不相侔决定的，而并非由于误解或误读造成的，其实质不过是理性与价值的矛盾展开了的表现罢了。

在东西方马克思主义之间，形成了马克思哲学的不同的解释学传

---

① ［法］亨利·列斐伏尔：《马克思主义的当前问题》，李元明译，生活·读书·新知三联书店 1966 年版，第 97 页。

② ［美］阿尔温·古尔德纳：《两种马克思主义》，载《马列主义研究资料》1982 年第 3 辑，人民出版社 1982 年版，第 216 页。

③ ［美］阿尔温·古尔德纳：《两种马克思主义》，载《马列主义研究资料》1982 年第 3 辑，人民出版社 1982 年版，第 219 页。

统。马克思哲学中所包含的人与物的复调式的意义结构，被马克思的后继者们按照不同的解释视野所展开。东方马克思主义解释传统发挥了马克思哲学的物的线索，形成了以物质本体论为基本特征的马克思哲学版本。恩格斯是一个具有浓厚的科学情结的哲学家，他的理想在很大程度上就是把哲学变成科学。在恩格斯看来，哲学不过是科学的幼稚状态。这非常类似于孔德对于人类文明演进所作的刻画，即需要经历神学、形而上学和科学等三个基本阶段。我们知道，科学视野的确立有赖于一个基本悬设，即必须承认外部世界的客观实在性。对此，爱因斯坦说得很明白："相信有一个离开知觉主体而独立的外在世界，是一切自然科学的基础"①。因此，恩格斯选择马克思哲学中的"物"的线索加以发挥，乃是顺理成章的事情。列宁又主要是读了恩格斯的著作（因为当时马克思的许多早期和晚期著作尚未整理出版）来阐释马克思哲学的，所以难免存在着把马克思加以恩格斯化的问题。列宁的哲学思想又以浓缩的形式积淀在斯大林写的《论辩证唯物主义和历史唯物主义》的小册子［原本是作为《联（共）布党史简明教程》中的一节②］中。而中国的马克思哲学主要是得益于苏联哲学教科书，所以恩格斯开启的解释学传统就贯彻其中了，成为马克思哲学中国叙事的主导话语形式。西方马克思主义则主要是按照"人"的线索发挥马克思哲学的，这本质上是由它所面临的时代任务决定的。西方马克思主义所面临的时代问题，是如何摆脱人在晚期资本主义时代的异化命运。如果说，在资本主义早期阶段，人的异化主要表征为肉体层面的异化，从而比较直观的话，那么到了晚期资本主义阶段，人的异化主要已不再是肉体的异化，而是精神层面的异化，从而不再那么直观和赤裸裸了，它变得更加隐蔽也更加虚伪、更具有欺骗性。但改变的只是历史表现形式，人的异化的实质并未改变。所以，要想揭露和批判晚期资本主义时代人的异化，依旧需要借助于人本

① 《爱因斯坦文集》第1卷，许良英等译，商务印书馆1976年版，第292页。
② 参见联（共）布中央特设委员会编：《联（共）布党史简明教程》，中共中央编译局译，人民出版社1975年版，第115-145页。

学立场和尺度。由此决定了西方马克思主义思想家不得不从马克思哲学的"武库"中去寻找"人"的线索。

马克思当然不是天生的马克思主义者，在其思想的发生和发展的过程中，无疑有一个由非马克思主义者向马克思主义者的转变，而且其思想的成长也存在着成熟与否的分野。即使在马克思思想的成熟时期，也还有不同语境中对于相同或相近主题的谈论，即使在相同情境下，也不能保证其思想具有绝对的融贯性。我们正视这种不相侔，正是对马克思作为一个伟大思想家的尊重。马克思思想的内在张力，恰恰为我们的创造性诠释提供了某种可能性。就此而言，它恰恰是马克思思想的优点，而不是其缺点。正如阿隆所说的，马克思是一个多产的作家，"由于他写的东西很多，所以在谈论同一件事时，前后说法不一。稍为机灵一点、知识稍为广博一点的人都可以发现在大部分问题上，马克思主义的公式并不是协调一致的，至少可以有各种解释。"① 一个有趣的现象是，在解读马克思的时候，凡是遇到不相侔之处，作为读者的我们往往是抱怨自己的低能，却从不怀疑马克思思想本身存在的某些不一致之处。这无疑是神化马克思的一种无意识的表现。可以说，有无勇气正视马克思思想本身的内在紧张，乃是对我们能否正确地看待马克思的一个真正的考验。

关于马克思哲学中的矛盾的主观方面，麦克莱伦在其《马克思以后的马克思主义》一书中分别从经济学、社会学、政治学和哲学等不同方面作了简要梳理②，其中有些方面就是由于表述上的不相侔造成的，兹不一一列举。这里仅就马克思在《1844 年经济学哲学手稿》中对于共产主义所作的解释为例略加说明。马克思一方面肯定，"它（指共产主义——引者注）是人和自然界之间、人和人之间的矛盾的真正解决，是

---

① ［法］雷蒙·阿隆：《社会学主要思潮》，葛智强、胡秉诚、王沪宁译，上海译文出版社 1988 年版，第 152 页。
② 参见 ［英］戴维·麦克莱伦：《马克思以后的马克思主义》，李智译，中国人民大学出版社 2004 年版，第 3~5 页。

存在和本质、对象化和自我确证、自由和必然、个体和类之间的斗争的真正解决"①；另一方面却认为，"共产主义是作为否定的否定的肯定，因此，它是人的解放和复原的一个现实的、对下一段历史发展来说是必然的环节"②。这里明显地存在着某种不相侔的情形。因为马克思所谓一系列矛盾的两个"真正解决"，意味着历史的彻底完成，这种完成当然是逻辑意义上的，而非实在的历史意义上的。换言之，它仅仅是在黑格尔所谓的真无限而非恶无限意义上成立。但是，马克思同时又设想了一种"后共产主义"的可能性，并把共产主义理解为"下一阶段历史发展"得以来临的必然环节或曰准备。如此一来，共产主义的绝对性实际上又被否定了。当然，我们需要考虑到，这毕竟是马克思哲学初创期的思想，而且是在没有打算出版的手稿（可以被看成是"思想实验"室，因而是非正式著作）中存在的问题。一个人在自己的思想"激动期"存在着思想的某种发散的状况是完全可以理解的，对于一个革命性和原创性极强烈的思想家而言尤其如此。但是，它一旦脱离了作者本人，而变成了一个思想史事实，那么就会为作为解读者的我们沿着不同的侧面予以发挥提供可能。

另外，有人认为马克思在早期著作（例如《1844 年经济学哲学手稿》）中曾大量使用"异化"概念，但到了马克思的成熟时期却不再使用它了，这意味着马克思思想存在着某种断裂。其实，马克思早在《德意志意识形态》中就说过：使用"异化"这一措词不过是"用哲学家易懂的话来说"罢了③。但我们必须澄清一个事实，即在马克思后来的《资本论》及其手稿中依旧出现"异化"一词，而且在其学说的内涵上保留了异化思想。与其说是他放弃了"异化"思想，不如说是他展开了这一思想更恰当。因为在所谓成熟时期的马克思那里，已不再拘泥于异化的思辨表达（包括措词和内涵），而是超越这种思辨形式而深入其深

① 马克思：《1844 年经济学哲学手稿》，人民出版社 2000 年版，第 81 页。
② 马克思：《1844 年经济学哲学手稿》，人民出版社 2000 年版，第 93 页。
③ 参见《马克思恩格斯选集》第 1 卷，人民出版社 1995 年版，第 86 页。

刻的历史内涵和经济学事实中了。正如日本学者平子友长所言，"马克思最先在他 1844 年的手稿中提出了异化理论。但直到 1857/1858 年的《政治经济学批判大纲》中才逐渐发展成为更加全面的资本主义生产方式的矛盾理论。"① 这一展开无疑得益于马克思的政治经济学研究，因为此时的他已经自觉地意识到了"对市民社会的解剖应该到政治经济学中去寻求"②。

再如，马克思强调共产主义的绝对性和彼岸性，其实也就是它的纯粹性。所以，他在《德意志意识形态》中强调指出："共产主义革命则针对活动迄今具有的性质，消灭劳动"③。尽管马克思所谓的"消灭劳动"（原文为 Aufhebung der Arbeit④）是指扬弃劳动，而非绝对地否定劳动，严格地说不过是消除劳动的旧有的性质，但它也应该是指消除劳动作为谋生手段的含义，因为正是此含义才造成了劳动对劳动者来说是一种为了生存而不得不承受的负担。但问题在于，正是这个意义上的劳动，马克思认为在现实生活中它又是无法被绝对地消除的。例如，他在《资本论》第 1 卷中认为："劳动过程……是人类生活的永恒的自然条件，因此，它不以人类生活的任何形式为转移，倒不如说，它是人类生活的一切社会形式所共有的。"⑤ 马克思在《哥达纲领批判》中也说得很清楚："在共产主义社会高级阶段……劳动已经不仅仅是谋生的手段，而且本身成了生活的第一需要"⑥。按照这个说法，显然是即使到了共产主义，劳动作为谋生手段的含义也是不可能随之完全消失的。但如此一来，所谓的"消灭劳动"还能是指什么呢？按照马克思在《资本论》第 3 卷中所说的"自由王国"处在物质资料生产的"彼岸"，显然只有超

① ［日］平子友长：《马克思物象化理论的基本范畴及其逻辑结构》，载《淮阴师范学院学报》（哲学社会科学版）2019 年第 5 期，第 437 页。
② 《马克思恩格斯选集》第 2 卷，人民出版社 1995 年版，第 32 页。
③ 《马克思恩格斯选集》第 1 卷，人民出版社 1995 年版，第 90-91 页。
④ 参见［日］广松涉：《文献学语境中的〈德意志意识形态〉》，彭曦译，南京大学出版社 2005 年版，第 292 页。
⑤ 《马克思恩格斯全集》第 23 卷，人民出版社 1972 年版，第 208-209 页。
⑥ 《马克思恩格斯选集》第 3 卷，人民出版社 1995 年版，第 305 页。

越物质资料的生产本身，它才是可能的。

任何一个伟大的思想家，其学说内部都必然具有作出不同解释的多种可能性及其张力。这也正是其思想丰富性的表现，是其思想之所以伟大的重要原因。一个蹩脚的思想家才会因为思想的匮乏而缺少诠释的丰富性。先秦思想家韩非子说："孔墨之后，儒分为八，墨离为三，取舍相反不同，而皆自谓真孔墨，孔墨不可复生，将谁使定世之学乎?"（《韩非子·显学》）宋代范晔的《后汉书·郑玄传》在论及汉代经学时曾曰："经有数家，家有数说，章句多者或乃百余万言，学徒劳而少功，后生疑而莫正。"西方哲学家康德身后，也有新康德主义出，分为若干流派，其中最著名的当属马堡学派和弗莱堡学派。黑格尔去世后，其学说也分成左中右不同学派，最有代表性的乃是激进的青年黑格尔派和保守的老年黑格尔派。马克思的哲学同样也不例外。正如列斐伏尔所说的那样，尽管"各种思想家的伟大学说全都分化了，但这不能影响这些学说得出极其丰富的成果"①。马克思主义在历史上形成不同的解释学传统，这恰恰是其具有丰富内涵和思想生命力的表现。有学者正确地指出："多种诠释的存在，只能证明马克思文本当中包含着丰富的思想：既可以这样理解和接近，也可以那样理解和接近这些思想。"② 其实，这正是经典之为经典的条件。倘若一个文本所蕴含的可能性极其单一，这不仅意味着其思想的匮乏，也意味着在解释上的贫弱。就此而言，冯·赖特的说法不无道理，他说："我有时想，使一个人的著作成为经典的条件往往正是这种（可能做出的解释的）多重性。解释的多重性让我们同时既渴求又排斥清楚的理解。"③ 这种纠结的心理，源自我们一方面期待自己的解释的确切性，一方面又不愿意因此而妨碍作出另外解释的可

---

① ［法］H. 勒费弗尔：《马克思主义的分化》，载《哲学译丛》1980 年第 5 期，第 50 页。

② ［俄］B. M. 梅茹耶夫：《我理解的马克思》，林艳梅、张静译，人民出版社 2013 年版，第 4 页。

③ 转引自［英］A. C. 葛瑞林：《维特根斯坦与当代哲学》，载《哲学译丛》1994 年第 1 期，第 35 页。

能性，以免伤害文本的经典地位。

从积极的意义上说，对马克思哲学作出不同诠释的多维可能性的存在本身并非坏事，因为这正是作为伟大思想家的马克思之思想丰富性的表现，也是其思想在后继者们的继承和发展中充满生机和活力的表现。当然，它往往表现为学术争论，但只要这种争论是真诚的且局限于学术的范围内，那么就是有益的和建设性的。这种争论本身，恰恰是马克思哲学开放性的一种重要的体现。

二、马克思哲学所以具有开放性的一般原因

新发现的马克思手稿的陆续问世，无疑填补了我们在阐释马克思哲学时存在的某些空白，这似乎为我们重建马克思的思想家形象开辟了新的可能性。在此意义上，马克思的形象不再是凝固的，而是变动不居的。可以说，这在一定程度上决定了马克思哲学家面相的开放性。有些学者甚至因此而产生了发现"另一个马克思"的冲动。

从某种意义上说，马克思为自己确立了一个无法完成的任务。事实上，"马克思越来越无法完成自己所启动的工作"①。尽管马克思说过，"我不喜欢留下'一些东西让人去揣测'"②；但这样一位极富有创造性，且一生未能完成其思考过程的思想家，客观上难免留下有待后人去"揣测"的文本和问题。马克思的著作文本本身就具有开放性。甚至可以说，它的最终确定被无限地推迟了。马克思的著作似乎总是处在有待于"完善"的过程中，而且这种完善并没有一个真正的完成。就像里贾纳·罗斯所强调的那样："马克思对自己的著作总是感到不满意，这一点也就成为他不断地去修改自己的著作、力求更加完美的理由。……我

---

① ［美］艾伦·赖安：《前言》，载［英］以赛亚·伯林：《卡尔·马克思：生平与环境》，李寅译，译林出版社 2018 年版，第 16 页。

② 《马克思恩格斯全集》第 19 卷，人民出版社 1963 年版，第 129 页。

希望读者关注这样一个现象，即马克思思想的开放性"①。在某种意义上，马克思的著作文本本身就带有未完成性。这种未完成性不仅仅在于某种著作没有写完或未曾出版，即使对某些已经出版的，马克思也会不断地加以修改。

我们所关心的问题是：这种未完成性在我们对马克思的解读中意味着什么？又有何意义？在马克思那里，单纯从他的著作的未完成性这个意义上说，其思想也带有明显的开放性，这就为人们不断地作出各种不同的新解释留下了足够的余地。也就是说，马克思思想和著作本身的这种未完成性，无疑为后人带来了开放性的诠释空间，为我们"接着讲"提供了最原初的可能性。一个不争的事实是，马克思终其一生最为重要、也最富代表性的著作《资本论》就没有写完，在他生前只出版了第1卷，第2、3卷是由恩格斯整理出版的，而《剩余价值理论》则是由考茨基整理出版的。就已出版的这些而言，也只是马克思的庞大的研究计划的一个很有限的部分罢了。这就为后人对他的文本的诠释提供了无止境的可能性。诚如安德森所提醒的，我们不能无视这样一个基本的思想史事实，即"他（指马克思——引者注）的大多数著作——至少有四分之三——在他生前尚未发表过，而他已经发表的著作则杂乱地以若干种语言散见于若干国家，没有以任何一种语言形式完整地流传于任何一个国家。"②

在对马克思哲学所做的研究中，存在着一种特别的癖好，就是倒置了马克思生前公开发表的著作同其未出版的著作包括札记的关系，甚至把后者看得比前者更为重要、更具有本质的意义。这就把问题弄颠倒了。马克思生前正式出版的文本同手稿文本的差别，在于前者是作者希望读者能够见到的思想面相，后者则是作者为此所做准备工作的记录和

---

① ［意］理查德·贝洛菲尔、［意］罗伯特·芬奇主编：《重读马克思——历史考证版之后的新视野》，徐素华译，东方出版社2010年版，第65页。

② ［英］佩里·安德森：《西方马克思主义探讨》，高銛、文贯中、魏章玲译，人民出版社1981年版，第10页。

积累。公开出版的文本为满足形式上完备性的要求，往往是经过反复的修改润饰过的，反而钝化了理论的可塑性和思想的鲜活。草稿、笔记、摘要等不打算出版的文本却没有这种弱点，从而更具思想的生动活泼和未完成性所固有的向未来敞开的特点或曰优点。但就权威性而言，后者不过是前者的准备，它无论怎样富有"接着讲"的可能性，都不能替代正式文本的权威地位。否则，就是本末倒置。因此，一般地说，作为"终极文本"，正式出版的著作以扬弃的方式浓缩并积淀着为它的撰写所作的一切准备工作的内容，可谓是这一切内容的一个"全息元"。在此意义上，正式出版的著作（特别是作者生前出版的著作）具有足够的代表性和权威性，它值得信赖的程度应该是最大的。但有时情况的复杂性在于，如果一个思想家在其思想演进中（思想的发生和发展史）存在着迂回曲折的过程而非线性的进展，那么就必然有其成熟与退化的交织和转换等复杂的情形。在这一假设下，后出的文本未必比早出的文本更具有积极的价值。例如，奈格里就质疑道："《资本论》中范畴的客体化阻塞了革命主体性的行动。"[1] 他甚至承认："对《大纲》的解读促使我们去辨识这个文本与马克思其他文本（尤其是同《资本论》）之间的异质性，而不是同质性"[2]。相对而言，他更信任《大纲》而不是《资本论》。奈格里不仅强调《大纲》有独立于《资本论》的特殊价值，甚至认为《大纲》优越于《资本论》。但问题在于，奈格里的这一判断在很大程度上并非基于马克思的不同文本的比较本身得出的，而是基于某种外在目的，即对所谓的"蕴含在危机中的革命的主体性"[3] 的期待并寻求学理上的阐明得出的。20 世纪 30 年代，当马克思的《1844 年经济学哲学手稿》整理发表之后，也曾引起了一场关于何者才是真正的马克思

---

① ［意］奈格里：《〈大纲〉：超越马克思的马克思》，张梧、孟丹、王巍译，北京师范大学出版社 2011 年版，第 25 页。

② ［意］奈格里：《〈大纲〉：超越马克思的马克思》，张梧、孟丹、王巍译，北京师范大学出版社 2011 年版，第 24 页。

③ ［意］奈格里：《〈大纲〉：超越马克思的马克思》，张梧、孟丹、王巍译，北京师范大学出版社 2011 年版，第 19 页。

的国际性大讨论。资产阶级学者对于这部手稿的高度评价，其背后的潜台词可能更具有真实性。其实，马克思的不同文本中究竟何者更为重要，并不完全取决于它们的客观关系，还取决于阐释者的主观立场和期待视野。当然，这并不意味着它完全就是一个相对主义的问题。而我们仅仅需要看到并正视，这个问题的存在本身正是马克思哲学开放性的一个重要表现。

　　我们不能否认，随着马克思文献的新的发掘和问世，为人们重新发现马克思开辟了某种可能性。例如马克思的《政治经济学批判大纲》[即马克思《经济学手稿（1857—1858 年）》]，就像霍布斯鲍姆所指出的，"由于实际的原因而在马克思去世后半个多世纪的时间里完全不为马克思主义者所知……直到这些手稿写成后近一个世纪，它们才以《大纲》为题被整理发表。"① 而默斯托认为，正是这个《大纲》，它"向我们展示了一个许多方面都不同于 20 世纪对马克思主义的主要解释中呈现的那个作者的作者"②。麦克莱伦也强调说："1930 年前后，马克思早期著作的出版以及 1941 年《政治经济学批判大纲》（Grundrisse）的问世，这两件事是马克思未发表的手稿产生影响的最突出的例证。实际上，马克思主义思想发展史几乎可以从马克思的观念重新发现的角度来书写。而这些可以重新发现的观念多年来要么为人所忽略，要么无人知晓——至少就西方马克思主义来说是这样的。"③ 在默斯托和麦克莱伦看来，人们依据这些新发现和新出版的马克思佚著，甚至可以"重写"马克思主义哲学史。但他们似乎过高地估价了新资料的重要性，因为他们忽视了《大纲》作为预备工作的思想实验性质。

────────────

　　① ［英］艾瑞克·霍布斯鲍姆：《前言》，载［意］马塞罗·默斯托主编：《马克思的〈大纲〉——〈政治经济学批判大纲〉150 年》，闫月梅等译，中国人民大学出版社 2011 年版，第 1 页。

　　② ［意］马塞罗·默斯托：《导言》，载［意］马塞罗·默斯托主编：《马克思的〈大纲〉——〈政治经济学批判大纲〉150 年》，闫月梅等译，中国人民大学出版社 2011 年版，第 26 页。

　　③ ［英］戴维·麦克莱伦：《马克思以后的马克思主义》，李智译，中国人民大学出版社 2004 年版，第 2 页。

默斯托甚至提出："也许，如果我们需要用一个术语总结 MEGA^2 开启的可能性，我要说这个版本为我们提供了读到'另一个马克思'的学术基础。"[①] 当然，默斯托在此所说的"另一个马克思"是有特定内涵的，它仅仅是指相对于苏联教科书体系所建构起来的马克思形象而言的可能性。但问题在于，即使为了解除旧教科书体系的桎梏，也未必一定要等到新文献的发掘，卢卡奇就是一个成功的例子。他在未曾读到马克思"巴黎手稿"的情况下，依旧提出了"物化"概念，并在思想上同苏联教科书体系保持了足够的距离。新的资料可能成为马克思新形象得以建构的重要契机，但在相同文本的基础上也完全有可能建构起一个新的思想形象。这里的关键在于能否从大家所熟知的文本中读出被常识遮蔽了的、人们已经习焉不察的东西。新发现的东西对于矫正马克思哲学的误读或曲解固然有其不可替代的作用，但这种作用并不是唯一的和根本性的，因而不能被人为地夸大。我们通过对现已掌握的文本的反复重读，同样能够至少部分地达成这一目的。默斯托似乎过分夸大了马克思文本的未完成性，过分看重了马克思思想的所谓"不完整性"和"片断性"。马克思在致斐·拉萨尔的一封信（1858 年 5 月 31 日）里谈到自己在《博士论文》中对伊壁鸠鲁的研究时指出："十八年前我曾对容易理解得多的哲学（这是同赫拉克利特相比较而言的，因为马克思的这封信涉及对拉萨尔的著作《赫拉克利特》的评论——引者注）——伊壁鸠鲁进行过类似的工作，也就是说，根据一些残篇阐述了整个体系。不过，我确信这个体系，赫拉克利特的体系也是这样，在伊壁鸠鲁的著作中只是'自在地'存在，而不是作为自觉的体系存在。即使在那些赋予自己的著作以系统的形式的哲学家如像斯宾诺莎那里，他的体系的实际的内部结构同他自觉地提出的体系所采用的形式是完全不同的"[②]。何况马克思的著作决不是什么"残篇"，而是有其相对完备的形式和内容。

---

① ［芬兰］维萨·奥特宁：《MEGA^2 与另一个马克思——马塞罗·默斯托访谈》，载《国外理论动态》2011 年第 8 期，第 2 页。

② 《马克思恩格斯全集》第 29 卷，人民出版社 1972 年版，第 540 页。

公开发表的和未曾出版的著作的差别是一种什么性质的差别？我们应当更信任哪一种呢？公开发表的著作，一般地说乃是作者打算呈现给世人的思想形象，未发表的著作，情况比较复杂，有的是本来就未曾准备发表，有的为来得及写出或改毕，还有的是为正式著作所作的准备而写的笔记等等。但即使是公开发表的著作，是否也存在着"面具"效应呢？已发表的著作往往不再具有某种可塑性，其意义空间的开放性弱于未曾发表的著作。后者存在着更多的理论生长点和可发挥的余地。公开发表的著作往往有更多的内容或形式上的修饰，反而多了几分僵化，而失却思想的鲜活性。相反，未打算公之于世的笔记，往往更带有思想的原生态意味，从而不失其生动和开放，具有更多"接着讲"的余地。但不管怎样，有一个基本事实必须承认，那就是马克思的公开发表的著作其数目已基本确定，随着时间的推移，可能的新发现将会越来越少，一是因为有些散失的已不复存在，一是有待发现者毕竟是个常数，已发现者和未发现者成负相关关系。这就给了我们一个信心，即依据现有的已掌握的文本，可以从总体上把马克思思想重述出来，而不可能出现颠覆性的重构。过分夸大有待发现的新资料的意义，甚至相信能够据此发现所谓"另一个马克思"，无疑是虚妄的。

有一个基本事实是，马克思的所有著作（包括已公之于世的、已发现但尚未公开的，以及尚未发现的）从作者逝世时起便是一个常量，这意味着有待发现的佚著佚文的数量是在逐步减少的。我们必须有一个总体判断和估价，即新发现的文献只能在一定意义上辅助性地补充和丰富已经解读出来的那个马克思，而不可能从根本上取代或颠覆马克思的原有形象。这也是必须承认并正视的。

国外学者史傅德在一次访谈中提出了所谓"寻找真实的马克思"①的问题和目标。但事与愿违。虽然访谈并非严格意义上的学术研究和表达，但被访者的特殊身份和学者地位决定了访谈内容的重要影响。据

① 参见马国川：《史傅德：寻找真实的马克思》，载《财经》2016 年第 30 期。

称，作为德国著名学者，史傅德是极少能辨认马克思笔迹的人，也是当今世界极少看过马克思全部手稿的学者。他的博士论文研究的就是马克思 1850 年到 1860 年的思想转变。但遗憾的是，史傅德的"寻找"的初衷是落空的①。在对待马克思文献新发现的问题上，我们应该避免从一个极端走向另一个极端。我们固然不能无视新资料的发掘的积极意义，但也不能过分夸大和拔高这种价值和意义，甚至把它作为解构和颠覆马克思现有思想形象的"证据"。当年《1844 年经济学哲学手稿》的整理和出版，是否让我们发现了"另一个马克思"呢？尽管有人认为《手稿》比晚年的马克思的论著更具有启示价值，也有人认为《手稿》只是马克思不成熟的作品。但是，在一定意义上，《手稿》恰恰是《资本论》的雏形。这一思想史上的发生学联系，使我们并未发现"另一个马克思"；相反，它只是有助于我们更深刻地理解和体认曾经为我们阐释出来的马克思而已。

不同文本之间的相互诠释、相互发明的关系，大致可区分为两种情形：一是内在的，即马克思本人的文本之间互文性（inter-textuality）的关系（内证的方法）；一是外部的，即马克思同其他思想家之间的诠释关系。

关于内证的方法，这里仅举几个有限的例子。马克思在《关于费尔巴哈的提纲》这一著名手稿中说过一段有名的话："人的本质不是单个人所固有的抽象物，在其现实性上，它是一切社会关系的总和。"② 这段话往往是被人们作一种抽象的理解，尽管它本身试图表达一种具体性的诉求。因为所谓的"一切社会关系的总和"，意味着具体性的实现和表达。马克思在《政治经济学批判·导言》中就说过："具体之所以具体，因为它是许多规定的综合，因而是多样性的统一。"③ 在俗见看来，自从

---

① 张光明、王炼利：《〈史傅德：寻找真实的马克思〉一文批注》，载《当代世界社会主义问题》2018 年第 1 期，第 3 页。
② 《马克思恩格斯选集》第 1 卷，人民出版社 1995 年版，第 56 页。
③ 《马克思恩格斯选集》第 2 卷，人民出版社 1995 年版，第 18 页。

人猿相揖别，人的本质就始终是"一切社会关系的总和"。殊不知，马克思有一个限制，即必须是"在其现实性上"才如此这般。此所谓的"现实性"并非指现存的维度，而是指马克思所谓的"人类社会或社会的人类"①，亦即理想社会的状态。黑格尔在《法哲学原理》"序言"中曾说过："凡是合乎理性的东西都是现实的；凡是现实的东西都是合乎理性的。"② 这句模棱两可的话看似暧昧，实则有其确切的内涵，那就是在黑格尔看来，"除了理念之外没有什么东西是现实的"③。显然，在黑格尔的意义上，"现实性"就是指超越现存之物的理念之完满规定，它把一切内在的可能性都展现开来，从而达成多样性的统一和诸规定的综合。如果抛开黑格尔哲学的唯心主义立场，那么他在这里所理解的现实性倒非常符合马克思的本义。对人的本质的规定性的理解，不能离开马克思在此前不久写的《黑格尔法哲学批判·导言》中所说的："宗教是人的本质在幻想中的实现，因为人的本质不具有真正的现实性。"④ 联系这一表述，那么所谓人的本质"在其现实性上"究竟是什么含义，也就不难确定了。再如，马克思在《1844 年经济学哲学手稿》中明确地把"共产主义"解释为一系列矛盾的"真正解决"，旨在强调它的绝对性。马克思在《资本论》第 3 卷谈到"自由王国"时指出："事实上，自由王国只是在由必需和外在目的规定要做的劳动终止的地方才开始；因而按照事物的本性来说，它存在于真正物质生产领域的彼岸。"⑤ 但如果不联系马克思后来关于"自由王国"彼岸性的思想，就无法更深刻地理解其早年关于"共产主义"绝对性的含义；反之亦然，如果不把握马克思关于"共产主义"绝对性的思想，也无从更好地领会其后来的"自由王国"彼岸性的思想。

---

① 《马克思恩格斯选集》第 1 卷，人民出版社 1995 年版，第 57 页。
② ［德］黑格尔：《法哲学原理》，范扬、张企泰译，商务印书馆 1961 年版，第 11 页。
③ ［德］黑格尔：《法哲学原理》，范扬、张企泰译，商务印书馆 1961 年版，第 11 页。
④ 《马克思恩格斯选集》第 1 卷，人民出版社 1995 年版，第 1-2 页。
⑤ 《马克思恩格斯全集》第 25 卷，人民出版社 1974 年版，第 926 页。

这里还存在着一个有待解决的问题，即如何处理马克思思想的发生史和发展史中存在的时间差。在哲学家的思想演进中，特定的术语有一个被不断地赋义的过程，它标志着思想嬗变史。如何恰当地看待词义的前后变化？这种变化能够在相互诠释时被无视吗？德国学者冈特·绍伊博尔德在《海德格尔分析新时代的技术》一书"序言"中说："虽然马丁·海德格尔现存的对新时代技术的论述在时间跨度上多于半个世纪，但是，我的解释的重点针对着他的思想的系统联系，而很少针对他的思想在时间上的产生和发展。虽然讨论这一发生发展过程或许是很正当的，而且有助于理解事情本身，但在我看来，系统的带有同步性质的解释（这一解释仅仅顺便地和在必不可免的情况下考虑到在历史过程中的发展）会更符合实际事物：它使实际事物作为整体和作为可思考的东西而显露出来。"① 显然，这里需要区分两种不同的阐释方式：一种是思想史式的梳理和描述；一种是思想的内在逻辑脉络的再现。这正是发生学同逻辑学的差别在思想诠释上的体现。基于这种区分，绍伊博尔德对待海德格尔文本所采取的策略，就是可以理解的了。这种策略就是："我所重视的决非文章的数量之全，而是思想的完整性。"② 他提出了一个基本的区分，即"系统的解释"不等于"时间的描述"。其实，思想家前后说法或文本的相互解释，也并不是要夷平它们的差别，恰恰是要正视这种差别，重现思想的历史语境。因为一个概念的规定只有被植入这种上下文中才有可能获得确切的内涵。

　　我们有必要为"误读"的正面意义作出某种辩护。因为在一定意义上，"误读"构成创造性诠释的必要条件。以海德格尔对荷尔德林的诗歌所作的阐释为例。伽达默尔曾说："海德格尔之接触诗歌，实际上是出于语言之不足。他要为一个真正有新意的提问方式寻找概念，寻找那

---

　　① ［德］冈特·绍伊博尔德：《海德格尔分析新时代的技术》，宋祖良译，中国社会科学出版社1993年版，第2页。

　　② ［德］冈特·绍伊博尔德：《海德格尔分析新时代的技术》，宋祖良译，中国社会科学出版社1993年版，第3页。

些能够鲜明地将时间结构表现为存在本身的基础结构的概念。为了做到这一点，他依赖于诗歌。"① 当杜特指出，这也意味着海德格尔"依赖于他的误读"时，伽达默尔承认："虽然经常是有暴力性的误读，但海德格尔的荷尔德林阐释还是要比其他人的更富于启发性。"② 他把海氏的这种误读称作"令人惊异的思想冒险能力"③。英国学者沃纳·布拉克（Werner Brock）也指出："在一个引言性的注释中，海德格尔明确地指出，他并不自称他对荷尔德林诗歌的'解释'（Erläuterungen）是对文学史的贡献，或是对美学的贡献。这些解释乃是出于'思想的必需'。"④ 因此，我们不能用艺术史或美学史范式来苛求海德格尔，否则就将扼杀海德格尔式的阐释的积极价值。再以马克思为例。马克思在其博士论文中对于古希腊哲学的两个典型德谟克利特和伊壁鸠鲁思想的解读，显然不是一种哲学史式的叙事。但正因此，马克思才成其为马克思；不然的话，马克思很可能会沦为一个末流的哲学史家了，而不是一个划时代的哲学家。可见，并不是所有的误读都是非法的和有害的，有些误读是积极的、建设性的。解释学所谓的"合法的偏见"所造成的误读，恰恰是解读之所以可能的条件。误读的正面意义，其本身即意味着诠释的开放性。

再来看外部的相互发明，亦即马克思与其他思想家的"对话"，使之相互诠释。这种相互诠释、相互发明本身，不是一种知性意义上的同异比较，也不是一种简单化的比附和穿凿，而是一种创造性的意义生成。

让我们仅以马克思与海德格尔的"相互发明"为例。海德格尔说：

① 《解释学·美学·实践哲学——伽达默尔与杜特对谈录》，金惠敏译，商务印书馆 2005 年版，第 36 页。

② 《解释学·美学·实践哲学——伽达默尔与杜特对谈录》，金惠敏译，商务印书馆 2005 年版，第 37 页。

③ 《解释学·美学·实践哲学——伽达默尔与杜特对谈录》，金惠敏译，商务印书馆 2005 年版，第 35 页。

④ ［英］沃纳·布拉克：《海德格尔论荷尔德林》，载《海德格尔诗学文集》，成穷、余虹、作虹译，华中师范大学出版社 1992 年版，第 337 页。

"存在论只有作为现象学才是可能的。"①　就此而言，"现象学是存在者的存在的科学，即存在论"②。马克思的哲学当然是一种存在论。离开了存在论，就无所谓哲学。因此，存在论的有无应该成为哲学与非哲学之间划界的一个本质性的判准。当然，同以往的存在论相比，马克思的存在论已经实现了根本性的重建。它恢复了对时间性的重新信赖，就此而言它是反本质主义的。对于马克思哲学来说，海德格尔所谓的"存在论只有作为现象学才是可能的"这个命题，意味着人的存在的现象学乃是马克思新存在论的唯一可能的形态。它表明，马克思在始源性的根基处把黑格尔的精神现象学所颠倒了的关系重新颠倒过来，即把绝对精神的现象学改造成为人的存在本身的现象学。正如雅斯贝尔斯所说的："这两个人，黑格尔和马克思，都是从他们所认为的核心里引申出一切现象来"的；而两者的"差别只在于，在黑格尔那里，历史发展的核心是他所说的'理念'，而在马克思那里，则是与动物不同的、以有计划的劳动来生产自己的生活资料的人的生产方式"③。诚然，现象学并不拒绝本质；相反，它依旧有"本质之问"④。问题仅仅在于，它所期待的这种本质，不是作为预成的规定，而是作为生成的规定被领会。毋宁说，它所拒绝的仅仅是那种独立于现象之外的被先验地预设的本质。这个意义上的本质，总是先行地作为一种预成的东西而被规定。在现象学语境中，本质只有在实存的展现（亦即在动词性的现象）中才能"是其所是"。这同马克思把共产主义作为历史的产物思想是一致的。马克思说："历史的全部运动……是它（指共产主义——引者注）的现实的产生活

　　①　［德］海德格尔：《存在与时间》，陈嘉映、王庆节译，生活·读书·新知三联书店1987年版，第45页。

　　②　［德］海德格尔：《存在与时间》，陈嘉映、王庆节译，生活·读书·新知三联书店1987年版，第46页。

　　③　［德］雅斯贝尔斯：《哲学与科学》，载熊伟主编：《存在主义哲学资料选辑》上卷，商务印书馆1997年版，第731页。

　　④　参见孙周兴选编：《海德格尔选集》上卷，上海三联书店1996年版，第213页。

动——它的经验存在的诞生活动"①。因此，共产主义只有作为人类全部历史的结果才是可能的。

马克思在《评阿·瓦格纳的"政治经济学教科书"》中指出："人们决不是首先'处在这种对外界物的理论关系中'。正如任何动物一样，他们首先是要吃、喝等等，也就是说，并不'处在'某一种关系中，而是积极地活动，通过活动来取得一定的外界物，从而满足自己的需要。"② 显然，在马克思看来，实践关系优先于理论关系而不是相反。海德格尔同样强调说："上手的东西根本不是从理论上来把握的"，因为"只是对物作'理论上的'观看的那种眼光缺乏对上手状态的领会"③。这种对实践的本然性和本源性的体会，以及这种实践性对于哲学视野的确立所具有的本质意义，无疑构成马克思和海德格尔在思想上相互发明的重要枢纽。

与此相关联，海德格尔从哲学的本根处就特别强调人的在场性，他说："此在作为存在者的与众不同之处在于：它存在论地存在。"存在论原本就是作为"此在"的人的存在方式，因为"对存在的领悟本身就是此在的存在规定"④。如此这般，人的存在就从问题的发生处始源性地获得了哲学的含义。世界正是通过"此在"被"在"出来的。马克思早就在《1844 年经济学哲学手稿》中宣布："被抽象地理解的，自为的，被确定为与人分隔开来的自然界，对人来说也是无。"⑤ 马克思的这段话当然是针对黑格尔而言的。因为在马克思看来，黑格尔哲学意义上的自然界不过是绝对精神外化的产物，因而同人的存在是无关的。马克思把人的在场的自然界，亦即所谓的"真正的、人本学的自然界"，同"抽象

---

① 马克思：《1844 年经济学哲学手稿》，人民出版社 2000 年版，第 81 页。
② 《马克思恩格斯全集》第 19 卷，人民出版社 1963 年版，第 405 页。
③ ［德］海德格尔：《存在与时间》，陈嘉映、王庆节译，生活·读书·新知三联书店 1987 年版，第 86 页。
④ ［德］海德格尔：《存在与时间》，陈嘉映、王庆节译，生活·读书·新知三联书店 1987 年版，第 16 页。
⑤ 马克思：《1844 年经济学哲学手稿》，人民出版社 2000 年版，第 116 页。

的自然界"区别开来，认为黑格尔意义上的自然界"不过是观念的异在的形式"①。黑格尔的确认为："自然界是自我异化的精神"②。但马克思的话所体现出来的一般性原则意义，同样也适用于对旧唯物主义的批评。因为马克思在《德意志意识形态》"费尔巴哈"章中批评费尔巴哈时强调指出："先于人类历史而存在的那个自然界，不是费尔巴哈生活其中的自然界；这是除去在澳洲新出现的一些珊瑚岛以外今天在任何地方都不再存在的、因而对于费尔巴哈来说也是不存在的自然界。"③ 显然，在马克思那里，强调人的在场性并不单是针对唯心主义的，同时也是针对旧唯物主义的。

海德格尔说："此在总作为它的可能性来存在……此在本质上总是它的可能性"④。马克思意义上的人的实践地存在，正是海德格尔所谓的作为这种可能性来存在的"此在"。正因此，马克思坚决反对那种"把后来阶段的普通个人强加于先前阶段的个人并且以后来的意识强加于先前的个人"的颠倒的做法，因为"这种本末倒置的做法，即一开始就撇开现实条件，所以就可以把整个历史变成意识的发展过程了"⑤。人的存在的生成性所造成的人的历史的不可逆性，决定了我们不能把人的后来的状态强加于他的先前阶段。否则，就将使人的存在变成超历史的抽象的规定了。

海德格尔在《关于人道主义的通信》中谈到"人是什么"时说过：当他在《存在与时间》中提出"此在的'本质'在于它的生存"时，"并不是在谈 existentia 与 essentia 的对立，因为存在的这两个形而上学的规定根本还没有成为问题，更不消说二者的关系了"⑥。这句话给予我们

---

① 马克思：《1844年经济学哲学手稿》，人民出版社2000年版，第118页。

② ［德］黑格尔：《自然哲学》，梁志学等译，商务印书馆1980年版，第21页。

③ 《马克思恩格斯选集》第1卷，人民出版社1995年版，第77页。

④ ［德］海德格尔：《存在与时间》，陈嘉映、王庆节译，生活·读书·新知三联书店1987年版，第53页。

⑤ 《马克思恩格斯选集》第1卷，人民出版社1995年版，第130页。

⑥ 孙周兴选编：《海德格尔选集》上卷，上海三联书店1996年版，第369页。

理解马克思哲学时的启示价值在于：第一，人的实存和本质的分裂本身是一种历史的结果，而不是历史的前提；同样地，它们的统一也只有作为历史的结果才是可能的，从而也才是可理解的。因此，在马克思的语境中思考这个问题，必须持一种历史的态度。第二，作为使唯物—唯心及其对立成为可能的初始基础，心与物的分裂也是一个历史性质的问题。并非只要有了人就有了这种分裂。在前现代维度上，它"根本还没有成为问题"！从而"更谈不上二者的关系"了。因此，建立在心物二元分裂基础上的唯物—唯心之争，也只能是一个历史的问题。

在海德格尔那里，真理的存在论含义被提示出来了。他说："'真理'作为揭示乃是此在的一种存在方式"①。这启示我们必须从存在论高度去领会马克思的真理概念。另一种启示在于，海德格尔对真理的祛蔽的含义的揭橥，也丰富了我们解读马克思哲学相关问题的维度。马克思终其一生所从事的整个意识形态批判工作，由此才有着落，才能豁然开朗地予以领会。意识形态作为虚假意识被历史地祛除，真理才作为敞显而复归其本义，从而得以澄明。马克思先于海德格尔不再"把真理理解为知识的一个特性"②。真理在被看作知识的一个特性时，就被束缚在狭隘的知识论范畴之内了。如此一来，其存在论含义就必然被遮蔽掉了。马克思的真理观决不以此为囿，而是把真理领会为人的存在本身的遮蔽和祛蔽的问题，从而把它作为基于人的存在本身而建构起来的存在论的一个特性。拿海德格尔的话说，就是所谓"真理意味着作为存在之基本特征的有所澄明的庇护"③。他强调说："'真理'乃是存在者之解蔽，通过这种解蔽，一种敞开状态才成其本质（west）。"④马克思终其一生所从事的意识形态批判，也就是一种广义的祛蔽（解除意识形态遮蔽）

① ［德］海德格尔：《存在与时间》，陈嘉映、王庆节译，生活·读书·新知三联书店1987年版，第273页。
② 孙周兴选编：《海德格尔选集》上卷，上海三联书店1996年版，第234页。
③ 孙周兴选编：《海德格尔选集》上卷，上海三联书店1996年版，第234页。
④ 孙周兴选编：《海德格尔选集》上卷，上海三联书店1996年版，第225页。

人的存在之思：马克思哲学再诠释

活动，即真理的发生，或曰人的存在之本真性的澄明。显然，在马克思那里，真理是一个存在论概念而非认识论概念。在他看来，真理乃是人的存在的本真性的开显，即人的存在不再以被遮蔽和扭曲的方式显现自身——这种状态是人的异己化及其典型形式即作为"虚假意识"的意识形态造成的——而是以原本如此这般的方式显现，这便是真理的历史发生。

三、哲学原则的自我适用和参照系"后移"

马克思哲学的开放性，还来自它本身所固有的批判的本质。这种批判，取决于两个方面，即辩证法和实践范畴。早在 1843 年克罗茨纳赫时期的马克思就已经提出："要对现存的一切进行无情的批判"①。在《德意志意识形态》中，他又写道："实际上，而且对实践的唯物主义者即共产主义者来说，全部问题都在于使现存世界革命化，实际地反对并改变现存的事物。"② 这种批判在逻辑层面上表现为辩证法，在感性活动层面上则表现为实践。

在《资本论》第 1 卷第 2 版跋中，马克思说："辩证法，在其合理形态上，引起资产阶级及其夸夸其谈的代言人的恼怒和恐怖，因为辩证法在对现存事物的肯定的理解中同时包含对现存事物的否定的理解，即对现存事物的必然灭亡的理解；辩证法对每一种既成的形式都是从不断的运动中，因而也是从它的暂时性方面去理解；辩证法不崇拜任何东西，按其本质来说，它是批判的和革命的。"③ 对这些论述，人们大都耳熟能详，但是否真正理解了它的深意，则另当别论。所谓"在对现存事物的肯定的理解中同时包含对现存事物的否定的理解，即对现存事物的必然灭亡的理解"，意味着它总是不断地超越现存的事物，从而使超验

---

① 《马克思恩格斯全集》第 1 卷，人民出版社 1956 年版，第 416 页。
② 《马克思恩格斯选集》第 1 卷，人民出版社 1995 年版，第 75 页。
③ 《马克思恩格斯选集》第 2 卷，人民出版社 1995 年版，第 112 页。

性范畴的意涵得到了根本的重建和改造。这种通过实践的不断"否定"所实际地表征出来的超越性，正是真正的开放性的体现和要求。辩证法的自我适用，不仅意味着它的逻辑的彻底性，而且意味着使马克思哲学内在地获得了自我扬弃的诉求和能力。

海尔布隆纳认为，"任何形式的辩证法，都是获得有创造性的思想并将其转化为可传达的语言的努力"①。他把辩证法理解为思维建构的能动原则。其实，同历史上的辩证法思想不同，马克思的辩证法有两个突出特点：一是马克思辩证法的一个关键而显著的特点就在于它的自我适用。二是马克思辩证法是以实践范畴作为其内在的原初基础的，这就从元层面上保障了马克思哲学建构的开放性。马克思哲学本质上是建构性的，但这种建构性是双重的，它不仅仅是理论的，更是实践的。正因为这样，它才深刻地"改变了我们认识现在的方式，并因此改变了我们改造未来的能力"②。由此也决定了马克思哲学同那种以"解释世界"为己任的实证主义的知识论规训存在着根本差别。"辩证法"意味着能动地"质询"，是一种创造的姿态，而非受动的、消极的等待姿态。这一点，被马克思批判地继承下来并变成其思想建构的原则本身。这正是他的哲学的内在开放性的深刻根源所在。因此，"社会科学的辩证观提出了一个与现代'实证主义'完全不同的解释性任务"③。马克思并不满意于"正确理解"，因为这种"正确理解"缺乏建构性，缺乏向未来敞开的可能性。正因此，马克思才获得了同亚当·斯密相比所显示出来的"神奇的洞察力"。海尔布隆纳正确地强调，辩证法的古典含义就"包括不断地质疑、积极致力于与对立的知识内容交锋"④。他认为，"马克思

① ［美］罗伯特·L. 海尔布隆纳：《马克思主义：赞成与反对》，马林梅译，东方出版社2014年版，第35页。

② ［美］罗伯特·L. 海尔布隆纳：《马克思主义：赞成与反对》，马林梅译，东方出版社2014年版，第55页。

③ ［美］罗伯特·L. 海尔布隆纳：《马克思主义：赞成与反对》，马林梅译，东方出版社2014年版，第29页。

④ ［美］罗伯特·L. 海尔布隆纳：《马克思主义：赞成与反对》，马林梅译，东方出版社2014年版，第13页。

主义从这种古希腊语义上的辩证质疑过程继承下来的是一种对知识自身的'能动主义'态度"①。其实，在马克思那里，"知识"本身就固有其自我建构的能力，这是其哲学开放性的最本然的表达。因此，"马克思哲学方法强调'生产'知识，而不是对知识的被动接受——也就是强调在形成以及发现知识的过程中质询活动的作用"②。总之，在马克思那里，"知识不是被赐予的，而是赢得的"③。

当然，马克思的辩证法也遭到了某些轻率而肤浅的质疑。例如，波普尔就认为："如果一个理论含有矛盾，则它可以导出一切，因而实际上什么也导不出。如果一种理论给它所肯定的每一信息都加上其否定，那就不能给我们任何信息。因此，一种包含着矛盾的理论作为一种理论是毫无用处的。"④ 在他看来，矛盾将导致不确定性，从而使理论的信息量为零。因为信息无非是不确定性的消除。波普尔认为变就是变，不变就是不变，我们不能设想既变又不变。他永远难以理解变与不变的辩证法。就像恩格斯揭露的那样："在形而上学者看来，事物及其在思想上的反映即概念，是孤立的、应当逐个地和分别地加以考察的、固定的、僵硬的、一成不变的研究对象。他们在绝对不相容的对立中思维；他们的说法是：'是就是，不是就不是；除此以外，都是鬼话。'在他们看来，一个事物要么存在，要么就不存在；同样，一个事物不能同时是自身又是别的东西。"⑤ 波普尔认为，"矛盾富有成效"仅仅是在消极的意义上成立，即矛盾被消除之后会得到确定的认知结果，它只是在此意义上才有助于科学。"所谓的矛盾富有成效，只不过是我们决心不容忍矛

---

① ［美］罗伯特·L. 海尔布隆纳：《马克思主义：赞成与反对》，马林梅译，东方出版社2014年版，第14页。

② ［美］罗伯特·L. 海尔布隆纳：《马克思主义：赞成与反对》，马林梅译，东方出版社2014年版，第14页。

③ ［美］罗伯特·L. 海尔布隆纳：《马克思主义：赞成与反对》，马林梅译，东方出版社2014年版，第14页。

④ ［英］卡尔·波普尔：《猜想与反驳——科学知识的增长》，傅季重、纪树立、周昌忠、蒋弋为译，上海译文出版社1986年版，第456页。

⑤ 《马克思恩格斯选集》第3卷，人民出版社1995年版，第360页。

盾（这是一种合乎矛盾律的态度）的结果而已。这（指思想中不能消除的矛盾——引者注）是危险的，因为说矛盾不需要避免甚至不可能避免，必然导致科学的瓦解，批判的瓦解，也即理性的瓦解。"① 所以，"很容易证明，如果接受矛盾，就要放弃任何一种科学活动，这就意味着科学的彻底瓦解。这一点可以这样来证明：如果承认了两个互相矛盾的陈述，那就一定要承认任何一个陈述；因为从一对矛盾陈述中可以有效地推导出任何一个陈述来"②。这显然是误解辩证法的结果。悉尼·胡克对辩证法也有类似的批评，他认为："辩证法的各个基本规律，被认为是辩证法概念的主要东西……这些规律违反了逻辑、科学方法的基本原则，而且处处违反了首尾一贯的造句法的基本原则。"③ 应该说，波普尔和胡克对辩证法的批评是非常朴素的，因为它是基于对辩证法的深度误解而作出的，这种误解又是出于肤浅的成见，就像拿初等数学来质疑高等数学一样。在恩格斯看来，形式逻辑或曰知性逻辑同辩证逻辑的关系，类似于初等数学同高等数学的关系④。这种对辩证法的批评只能暴露出批评者未能正视知性和理性意义上的两种不同逻辑的区分，拿知性逻辑的有限正当性去责难理性逻辑正是这种混淆的表现，它意味着知性逻辑的僭越和虚妄。

我们今天固然需要"保卫马克思"，需要"保卫马克思主义"；但问题在于如何才能有效地做到这一点。仅仅通过"宣布"马克思哲学是"正确"的，这种独断的态度是无济于事的。20 世纪 80 年代末发生的苏东剧变，使国际共产主义运动陷入低潮，事实上就已经存在着这样一种问题了。"保卫马克思"要做到真正有效的话，除了实践基础，即马克

① ［英］卡尔·波普尔：《猜想与反驳——科学知识的增长》，傅季重、纪树立、周昌忠、蒋弋为译，上海译文出版社 1986 年版，第 459 页。

② ［英］卡尔·波普尔：《猜想与反驳——科学知识的增长》，傅季重、纪树立、周昌忠、蒋弋为译，上海译文出版社 1986 年版，第 453 页。

③ ［美］悉尼·胡克：《理性、社会神话和民主》，徐崇温、金克译，上海人民出版社 1962 年版，第 220 页。

④ 参见《马克思恩格斯选集》第 3 卷，人民出版社 1995 年版，第 477 页；《马克思恩格斯全集》第 20 卷，人民出版社 1971 年版，第 546 页。

思当年曾经强调的"实践能力的明证"之外，还需要理论上的彻底性，即达到自我扬弃、自我更新、自我敞开。这是一种思想具有恒久生命力的最深刻的理由和依据。我们在这方面又能做、应做和事实上做了什么呢？马克思哲学的开放性，要求我们在从事研究时，必须始终保持一种批判地反思的姿态，以检讨研究工作本身。从一定意义上说，这是一项"元"研究。正是在这方面，马克思早已为我们树立了榜样。"马克思是权威性的人物，因为他首创了批判性研究方法"①。这种自我批判恰恰是辩证法原则自我适用的体现。

从思想史上看，马克思哲学的革命性意义在于它提供了一种全新的批判方式，实现了由德国古典哲学的思辨的批判和道德的批判向实践的批判的过渡。实践的批判乃是一种最具本真性的批判方式，因为理论上的批判在一定意义上不过是实践上的批判的意识形态修辞。马克思认为，改变意识只有通过改变世界才是可能的。也正因此，他特别强调："哲学家们只是用不同的方式解释世界，问题在于改变世界。"② 在《黑格尔法哲学批判·导言》中，马克思提出了"理论的彻底性"和"实践能力的明证"问题。同以往的哲学相比，马克思哲学的伟大之处恰恰在于其强大的实践能力。哲学解释学所谓的"解释"是广义的，它也包括理论的实践应用。应用本身其实就是解释，而且相对于理论范围内的解释来说是一种更为本真性的解释。实践性的阐释，是一种意义的真正的生成和建构；因为它从理论的最真实的根基处扬弃理论。原教旨主义情结是难以容忍这种实践性运用及其带来的对理论本身的矫正和能动建构的。例如，默斯托对列宁使用"无产阶级专政"多达几百次表示不满，其理由是："马克思很少使用'无产阶级专政'这一术语。实际上只使用过七次，这不仅包括他的已发表的著作，还包括通信"，他感叹道：

---

① ［美］罗伯特·L. 海尔布隆纳：《马克思主义：赞成与反对》，马林梅译，东方出版社2014年版，第4页。

② 《马克思恩格斯选集》第1卷，人民出版社1995年版，第57页。

"这真是天壤之别！"① 在谈到马克思致魏德迈的那封论及"无产阶级专政"的著名通信时，默斯托提请人们注意这封信的"历史背景"。一般地说，这当然是对的。他说："它写于 1852 年，当时马克思 33 岁，也就是说，非常年轻，仍然处于阐述其理论的过程之中。因此，我们应当时刻牢记，这只是一封写给一位同志的信，而不是写在一本书中的对自己的观点的总结。因此不应当将其视为深思熟虑的声明。在我看来，这肯定不是马克思在那里阐发的关于这些问题的最终结论。"② 在这里，默斯托实际上暗示因为马克思的年轻，因为收信人是"同志"，所以信中的观点就不能像成熟时期和正式著作中提出的观点那样受到重视。这里显示出了默斯托的自相矛盾。因为他一再强调要从新发掘出来的马克思文本发现"另一个马克思"，可是这些新材料不可能是曾经公开出版的，而且多是手稿或通信性质，因而不能像公开出版的著作那样对待，那么基于这些材料，我们又有什么理由去发现"另一个马克思"呢？默斯托所持的标准显然是不一致的。

　　一种哲学一旦被建构起来，往往会形成一种自我固化的倾向，从而日益走向封闭和保守。这既表现为提高专业门槛，以便使其日益精致化和精英化，以至沦为少数人所垄断的特殊话语体系，学术范式的边界是刚性的和排他的，尽管这些在哲学家那里也许像一种意识形态那样并不为他们所自觉，但客观上依旧存在；也表现为内容上的脱离时代精神，缺乏回应现实质询的能力，以至于丧失马克思所谓的"实践能力的明证"。可以说，一种哲学要想规避这种异化的危险，就必须建立自身免疫性的自我修复机制。这是考验一种哲学能否具有真正生命力的关键所在。与传统哲学的作茧自缚相比，马克思哲学致力于相反的方向，即哲学的自我解放。因为马克思在一定意义上把哲学变成了人的存在的历史

---

① ［芬兰］维萨·奥特宁：《MEGA² 与另一个马克思——马塞罗·默斯托访谈》，载《国外理论动态》2011 年第 8 期，第 6 页。

② ［芬兰］维萨·奥特宁：《MEGA² 与另一个马克思——马塞罗·默斯托访谈》，载《国外理论动态》2011 年第 8 期，第 6 页。

展现及其完成本身。因此，他把哲学真正地广义化了。马克思公开申明了自己的目标："世界的哲学化同时也就是哲学的世界化，哲学的实现同时也就是它的丧失"①。而这些目标无疑只有在哲学向实践的敞开中才能够被达成。

马克思哲学的开放性，还包括一个重要方面，它体现在马克思所作哲学思考的参照系"后移"，即他所谓的"从后思索"的运思方式之中。这种参照系的"后移"，使得一切在马克思所试图解构掉的旧有语境中去讨论问题的尝试都将成为"过时"的谈论。马克思的历史坐标和致思参照系本身向未来维度或将来时的转移，是他的"从后思索"的运思方式的内在要求和体现，也是他超越"资产阶级狭隘眼界"的逻辑上的需要。这种开放性的意义在于：一是为正确地理解马克思学说的真谛提供可能；二是为马克思学说作出有效辩护提供新的理由。

马克思早在《黑格尔法哲学批判》中就说过："民主制是君主制的真理，君主制却不是民主制的真理。"② 在这里，他已经暗示了其"从后思索"运思方式的特点。后来，马克思在《政治经济学批判·导言》中写道："人体解剖对于猴体解剖是一把钥匙。反过来说，低等动物身上表露的高等动物的征兆，只有在高等动物本身已被认识之后才能理解。"③ 在《资本论》第1卷中，他又指出："对人类生活形式的思索，从而对它的科学分析，总是采取同实际发展相反的道路。这种思索是从事后开始的，就是说，是从发展过程的完成的结果开始的。"④ 这就是马克思的"从后思索"运思方式，它归根到底是基于人的存在的独特性而提出来的。如果说物的存在是"本质先于实存"的，那么人的存在则是"实存先于本质"的。这就意味着，对于人来说，其本质只有在实存的不断生成和建构中才能被把握到。哲学家们总是事后才上场。黑格尔认

① 《马克思恩格斯全集》第40卷，人民出版社1982年版，第258页。
② 《马克思恩格斯全集》第1卷，人民出版社1956年版，第280页。
③ 《马克思恩格斯选集》第2卷，人民出版社1995年版，第23页。
④ 《马克思恩格斯全集》第23卷，人民出版社1972年版，第92页。

为，哲学是一种反思。他有一句名言："密纳发的猫头鹰要等到黄昏到来，才会起飞。"①

依照马克思的观点，"已经发育的身体比身体的细胞容易研究"②。马克思的研究之所以选择英国作为剖析的对象，是因为"到现在为止，这种生产方式的典型地点是英国。因此，我在理论阐述上主要用英国作为例证"③。1878 年 4 月，马克思在给俄国学者丹尼尔逊的信中说："现在我首先应当告诉您（这完全是机密），据我从德国得到消息说，只要那里现在的制度仍然象现在这样严格，我的第二卷（指《资本论》第 2卷——引者注）就不可能出版"。因为"在英国目前的工业危机还没有达到顶峰之前，我决不出第二卷。这一次的现象是十分特殊的，在很多方面都和以往的现象不同"。为此，"必须注视事件的目前进程，直到它们完全成熟，然后才能把它们'消费'到'生产'上，我的意思是'理论上'。"④ 显然，这表明马克思对于资本主义社会所做的考察，秉持的正是他所主张的"从后思索"的运思方式。马克思的学说之所以区别于空想社会主义，其重要原因之一就在于作为研究对象的资本主义社会本身成熟与否。空想社会主义思想家陷入空想，不是因为他们努力得不够，而是受制于历史的不成熟。只有当资本主义所固有的内在矛盾充分展现出来之后，对于其作出科学解释才是可能的。而这正是历史留给马克思的任务。

问题在于，所谓"从后思索"中的"后"，究竟是实然意义上的，还是应然意义上的？其实，马克思的"从后思索"不是从现在完成时的"后"开始的，而是从将来时意义上的"后"开始的。因此，这种运思仿佛总是先验地建立起来的。正如恩格斯所言："历史有它自己的步伐，

① ［德］黑格尔：《法哲学原理》，范扬、张企泰译，商务印书馆 1961 年版，第 14 页。
② 《马克思恩格斯选集》第 2 卷，人民出版社 1995 年版，第 99 页。
③ 《马克思恩格斯选集》第 2 卷，人民出版社 1995 年版，第 100 页。
④ 《马克思恩格斯全集》第 34 卷，人民出版社 1972 年版，第 346 页。

不管它的进程归根到底是多么辩证的，辩证法往往还是要等待历史很久。"① 即使辩证法本质地掌握了历史进程的逻辑，作为应然意义上的"从后思索"的结果，它也不得不"等待"历史的来临。这种"等待"本身，就意味着辩证法对历史的"提前"把握看上去似乎带有某种"先验"的色彩。因此，"从后思索"既是一种反思，同时又是对未来的昭示。就反思而言，马克思哲学就像黑格尔所说的"密纳发的猫头鹰"；但就昭示未来而言，马克思哲学又扮演"高卢的雄鸡"角色。马克思明确说过："旧唯物主义的立脚点是市民社会，新唯物主义的立脚点则是人类社会或社会的人类。"② 所谓的"人类社会或社会的人类"，亦即作为人的存在的历史展现之完成的理想社会。也正因此，马克思才能克服并超越"资产阶级狭隘眼界"③，从超然的立场上去看待现存的一切。在马克思看来，把"生产的资本主义形式"当作"生产的绝对形式"，从而当作"生产的永恒的自然形式"的看法，就属于他所批评的那种"资产阶级狭隘眼界"。

从某种意义上说，当代政治哲学领域内发生的自由主义与社群主义之争，依旧是拘囿于现有制度架构的非此即彼式的对峙，即在同一预设下所选择的不同路径之间的冲突。按照马克思哲学的观点，无论是自由主义，还是社群主义，都不过是基于人的个体和类的外在对立而建构起来的意识形态修辞。它们之所以不能说服对方，一个重要原因就在于局限于它们附丽其上的那个共同的历史基础。站在现存秩序的基点上是无法理解马克思的真正用心的。譬如，以赛亚·伯林就总是基于个人同社群之间"非此即彼"式的互斥和对立关系来提出并讨论人的自由问题，他追问道："个人主义的社会还是社群主义的社会?"④ 这充分显示出伯

---

① 《马克思恩格斯全集》第20卷，人民出版社1971年版，第450页。
② 《马克思恩格斯选集》第1卷，人民出版社1995年版，第57页。
③ 《马克思恩格斯全集》第26卷第1册，人民出版社1972年版，第422页。
④ ［伊朗］拉明·贾汉贝格鲁：《伯林谈话录》，杨祯钦译，译林出版社2002年版，第38页。

林在思考自由问题时所依赖的参照系，乃是为马克思在逻辑上已经超越了的市民社会同政治国家之间的外在对立，从而未能与马克思在同一论域内加以讨论。所以，他对马克思所作的批评，必然是文不对题的。

再以"财富"范畴为例。马克思讨论了"财富"尺度本身的历史性改变，他说："事实上，如果抛掉狭隘的资产阶级形式，那么，财富岂不正是在普遍交换中造成的个人的需要、才能、享用、生产力等等的普遍性吗？财富岂不正是人对自然力——既是通常所谓的'自然'力，又是人本身的自然力——统治的充分发展吗？财富岂不正是人的创造天赋的绝对发挥吗？这种发挥，除了先前的历史发展之外没有任何其他前提，而先前的历史发展使这种全面的发展，即不以旧有的尺度来衡量的人类全部力量的全面发展成为目的本身。"① 这里最值得注意者是："不以旧有的尺度来衡量"。它意味着，马克思衡量"财富"的尺度，已经"抛掉狭隘的资产阶级形式"，从而突破了资产阶级权利的狭隘眼界的拘囿和束缚，从人的创造天赋的绝对发挥来衡量。显然，参照系已经被转移到了理想的社会，而不是马克思所处的那个当下的社会。这也正是马克思能够突破费尔巴哈所代表的旧唯物主义的地方，即"立脚点"的转换，由"市民社会"过渡到了"人类社会或社会的人类"。马克思说："一旦直接形式的劳动不再是财富的巨大源泉，劳动时间就不再是，而且必然不再是财富的尺度，因而交换价值也不再是使用价值的尺度。"② 而到了"那时，财富的尺度决不再是劳动时间，而是可以自由支配的时间。以劳动时间作为财富的尺度，这表明财富本身是建立在贫困的基础上的，而可以自由支配的时间是同剩余劳动时间相对立并且是由于这种对立而存在的，或者说，个人的全部时间都成为劳动时间，从而使个人降到仅仅是工人的地位，使他从属于劳动。"③ 在此意义上，我们可以

① 《马克思恩格斯全集》第46卷上册，人民出版社1979年版，第486页。
② 《马克思恩格斯全集》第46卷下册，人民出版社1980年版，第218页。
③ 《马克思恩格斯全集》第46卷下册，人民出版社1980年版，第222页。

说，参照系的"后移"，乃是"从后思索"的必然诉求，也正因此才使得马克思哲学获得了批判性的尺度。

马克思在《共产党宣言》中回应资产阶级学者对共产主义的种种诘难时指出：共产主义试图消灭的所谓个性，不过是那种局限于资本主义生产方式范围内的个性，因为"在资产阶级社会里，资本具有独立性和个性，而活动着的个人却没有独立性和个性"；可是"资产阶级却把消灭这种关系说成是消灭个性和自由！说对了。的确，正是要消灭资产者的个性、独立性和自由"[1]。正是在《德意志意识形态》中，马克思把"偶然的个人"向"有个性的个人"的过渡，看作是人的历史解放（其社会形式就是共产主义）的必然步骤。马克思说："有个性的个人与偶然的个人之间的差别，不是概念上的差别，而是历史事实。"[2] 所谓"偶然的个人"就是受到作为他者的异己之规定外在地支配的个人，也就是处于异化状态的个人。而所谓"有个性的个人"则是未来理想社会中的个人，亦即克服了个体和类、特殊利益和普遍利益之间外在对立之后所达到的，以"自主活动"为其特征的自由个性意义上的个人。马克思在《共产党宣言》中进一步揭露说："从个人财产不再能变为资产阶级财产的时候起，你们说，个性被消灭了"；但"你们所理解的个性，不外是资产者、资产阶级私有者。这样的个性确实应当被消灭"。[3] 马克思还指出："有人反驳说，私有制一消灭，一切活动就会停止，懒惰之风就会兴起"[4]。在资产阶级学者看来，一旦消灭了私有制，人们的劳动积极性就将丧失动因和动力，整个社会也就会变得普遍懒惰。殊不知，这不过是资本主义辩护士们把自己的想象力束缚在资产阶级狭隘视野内的反映。按照马克思"从后思索"的运思方式来理解，到了共产主义，人们

---

① 《马克思恩格斯选集》第 1 卷，人民出版社 1995 年版，第 287 页。
② 《马克思恩格斯选集》第 1 卷，人民出版社 1995 年版，第 122 页。
③ 《马克思恩格斯选集》第 1 卷，人民出版社 1995 年版，第 288 页。
④ 《马克思恩格斯选集》第 1 卷，人民出版社 1995 年版，第 287 页。

不再屈从于旧式分工，而是根据自己的内在潜能和兴趣从事劳动；如此一来，劳动对于人们来说不再是一种负担，而是变成了一种享受，又何有懒惰可言呢？在《哥达纲领批判》中，马克思在谈到"平等"问题时，也指出：平等不过是"资产阶级权利的狭隘眼界"① 之内的诉求。资产阶级权利用名义上的平等掩盖着事实上的不平等。马克思的历史目标则是摆脱资产阶级权利的狭隘眼界的束缚，超越使平等本身有意义的条件，实现"各尽所能，按需分配"的共产主义原则。就此而言，马克思不是追求平等的实现，而是追求平等的过程。马克思之所以能够在哲学上具有这种超越性，一个重要原因就在于他的参照系已经由"此在"的市民社会转移到了未来的理想社会，从而彻底摆脱了资产阶级及其政治经济学的狭隘性。

把原本暂时性的历史规定永恒化，当作一个不可逾越的坐标，并以此为原点来思考问题，这无疑是导致思想封闭的理论上的原因。这也是马克思所揭露的资产阶级学者难以避免的错误。这一错误使这些学者无法摆脱"资产阶级狭隘眼界"。恩格斯曾批评说：资产阶级经济学家把以"自由竞争、生存斗争"为代表的市民社会，说成是"最高的历史成就"②。由此不难看出，这些经济学家们思考问题的参照系，正是以当下存在着的实然的社会形态为其依据的，其结果必然是思想的封闭性和保守性。反马克思主义的思想家选择和秉持的参照系所带有的滞后性及其局限，反而从否定的方面格外地凸显并折射出马克思哲学的开放性。波普尔立足于形式逻辑来批评马克思的辩证逻辑，当然处处感到辩证法的"荒诞"，但这不是马克思的过错，而是波普尔的过错。正如海尔布隆纳所说的，"实证主义者头疼的'模棱两可'，正是辩证法的特征"③。波

① 参见《马克思恩格斯选集》第 3 卷，人民出版社 1995 年版，第 306 页。
② 《马克思恩格斯选集》第 4 卷，人民出版社 1995 年版，第 275 页。
③ ［美］罗伯特·L. 海尔布隆纳：《马克思主义：支持与反对》，马林梅译，东方出版社 2014 年版，第 36 页。

普尔"将辩证法的运用贬低为违反常识和意义的混乱，但是那不是矛盾作为一种联系的世界观所具有的意义"①。波普尔拿形式逻辑规则去批评和否定辩证法，这就像是拿初等数学去否定高等数学一样可笑。从形式逻辑上永远也不可能真正理解并领会辩证法的意蕴。波普尔观点的缺陷，其实质在于把认识上的一个有待被超越的相对阶段，当作绝对完成了的终极规定来予以确认。正如黑格尔所说的，"在思辨的哲学里，知性也是必不可少的一个'阶段'（Moment）或环节，但这个环节却是不能老停滞不前进的'阶段'"②。作为与知性认识阶段相对应的思维形式，形式逻辑也可谓是知性逻辑。它如果局限于自身而不再向理性阶段进展和过渡，就必然沦为近代含义上的"形而上学"。从根源上说，波普尔正是犯了这样的错误。哈耶克《自由秩序原理》一书的整个立论依据，就在于市场逻辑的不可超越性假设。哈耶克思想的非历史性和封闭性，恰恰体现在他在运思方式上的这种"刻舟求剑"上。

现代学术规训不过是作为现代性表征形式的"科层制"的一种制度安排层面上的表达。后现代性的马克思被拉回到"现代性"的历史语境中来对待，这种时代维度上的错位，不能不说是一种被貌似严肃的学术精神包裹起来的"蛮横"。它完全遮蔽掉了马克思哲学的革命性和超越性。倘若按照现代学术规训把马克思哲学予以格式化，那么，也就意味着使其变成了现代性能够接受的一种意识形态修辞。可是，站在前马克思的立场上又何以能够真正地读懂马克思呢？在前马克思的意义上去理解马克思，是注定要失败的，譬如悉尼·胡克和卡尔·波普尔对于辩证法的批评，就是明显的例子。

以上我们从若干个方面对马克思哲学所固有的诸种开放性予以说明。这种开放性决定了我们在对马克思哲学所做的研究中，只能以自己

① ［美］罗伯特·L.海尔布隆纳：《马克思主义：支持与反对》，马林梅译，东方出版社2014年版，第22页。

② ［德］黑格尔：《小逻辑》，贺麟译，商务印书馆1980年版，第110页。

的"无尽的探索"来面对它，而不可能有一种绝对意义上的完成或者终结。这就是我们从中得到的一个结论。马克思终其一生从未打算把自己的学说"经典化"，他对任何形式的教条主义的憎恶就充分表明了这一点。马克思哲学所固有的开放性的要求，从根本上决定了"马克思和马克思主义……这二者向来都是复杂的、开放式的现象"①。

---

① ［美］特雷尔·卡弗："后记"，载［英］以赛亚·伯林：《卡尔·马克思：生平与环境》，李寅译，译林出版社 2018 年版，第 324 页。

第二章　关于马克思主义哲学研究三题

　　马克思主义哲学的多样化学术形态不仅是正常的，而且是值得追求的，它对于马克思主义哲学保持自身的开放性，对于马克思主义哲学的健康发展，都具有重要的促进作用和前提意义。承认马克思主义哲学学术形态的多元性，无疑能够为不同观点的平等对话、建设性的争鸣、彼此的宽容奠定共识基础。在马克思主义哲学研究的文献学问题上，应该重视文本，但又不能迷信文本；应该重视文献学方法，但也不能迷信文献学方法。"矫枉过正"同样是不恰当的。试图通过文献学方法，借助于新发现的文献学事实来揭示出"另一个马克思"是不可能的，因为这只是基于对现有的马克思文献的过度不信任而做出的一种虚幻的假设。在马克思主义哲学的后继者那里，马克思及其哲学本身不可避免地成为反思和研究的对象。但当我们沉湎于这种反思和研究的时候，面对现实生活问题，还能否拥有或具备像马克思那样的反思和批判现实生活的能力？如何切实地推进马克思主义哲学研究的不断深化，涉及的问题无疑是多方面的。本章仅就以上比较突出而紧迫的几个方面略予展开加以初步探讨。

一、马克思主义哲学学术形态的多样化问题

　　前些年，国内学术界曾经提出并讨论过马克思主义哲学的现实性与学术性的关系问题。这个问题的实质在于，马克思主义哲学具有双重属

性：一方面，作为指导思想的理论基础，它是现实性的，是一元的；另一方面，作为学术探究的对象，它又具有某种相对独立性，可以展开不同观点的对话、争论和研判。从这个意义上说，马克思主义哲学的当代形态可以被适当地、相对地区分为政治层面和学术层面。这里着重谈谈学术层面上的马克思主义哲学当代形态的问题。笔者认为，马克思主义哲学的多样化学术形态关系到马克思主义哲学自身的开放性，关系到马克思主义哲学的健康发展，因此，不可不察。那么，为什么说马克思主义哲学的学术形态应该形成多样化的格局呢？

首先，马克思创立的哲学本身，就内在地蕴含着做出多种阐释的可能性，从而为多样化的阐释提供了原初根据。任何一种伟大的思想，其内涵都是丰富的而不是贫乏的，它必然地包含着做出不同解释的可能性，这就给出了多样性阐释的文本基础。以中国思想为例，韩非子就说过："孔、墨之后，儒分为八，墨离为三"。譬如，"自孔子之死也，有子张之儒，有子思之儒，有颜氏之儒，有孟氏之儒，有漆雕氏之儒，有仲良氏之儒，有孙氏之儒，有乐正氏之儒"（《韩非子·显学》）。西方思想自然也不例外。德国古典哲学创始人康德离世后，就出现了所谓"新康德主义"，其中也有分化，如"马堡学派"和"海德堡学派"的分野。黑格尔离世后，同样如此。黑格尔学派随着它的创始人黑格尔的去世而解体，衍生为保守的老年黑格尔派和激进的青年黑格尔派。马克思作为历史上的一位伟大的思想家，也不可能摆脱这一命运。其实，马克思主义哲学经典文本中潜含着做出不同解释的可能性，这本身正是一种思想或学说富有内在生命力的表现。

其次，解释学背景的不同，也为马克思主义哲学形成不同的学术形态提供了依据。时代的裹挟不能不影响到哲学的建构和诠释。麦克莱伦指出："鉴于19世纪末的文化风气，这种哲学不得不用科学的、甚至实证主义的术语来表述。虽然晚期马克思在其著作中已带有这种态度的一些痕迹，但使之成为一种体系形态的是恩格斯"①。就像黑格尔所说的那样，哲学不能脱离自己的时代，这当然包括时代氛围对哲学家思想的决定性影响。黑格尔说："每个人都是他那时代的产儿。哲学也是这样，它是被把握在思想中的它的时代。妄想一种哲学可以超出它那个时代，这与妄想个人可以跳出他的时代，跳出罗陀斯岛，是同样愚蠢的。"② 当然，黑格尔这段话的本来的意思是说离开时代精神的哲学不过是个人的偏见，它只能意味着偶然性，而不可能具有并表征必然性。但即便是就时代对人的预先决定而言，黑格尔此话也是正确的，因为人对于他所处的时代来说，的确带有宿命的一面。我们在对某种哲学加以选择并诠释之前而先行有效的期待视野，说到底正是由我们自己的此在性塑造的。恩格斯把"哲学"理解为"科学"的幼稚状态，所以致力于追求哲学的科学化。这的确折射出实证主义时代的理论偏好。孔德就把人类文明的演进划分为宗教、形而上学、科学等三个阶段，而科学不过是哲学的替代者，而且是一种理所当然的替代者。

　　马克思说："理论在一个国家实现的程度，总是决定于理论满足这个国家的需要的程度。"③ 时代的需要塑造并决定着解释学的期待视野。例如东西方马克思主义的差别，在一定意义上就取决于它们各自的时代诉求的不同。西方马克思主义所面对的是晚期资本主义造成的人的异化的新的历史形式，即心灵层面的异己化或者说人在心灵层面上的无家可归的命运。所以，西方马克思主义的一个重要特征就是进行文化批判。按照麦克莱伦的说法，"法兰克福学派最显赫的成就在美学领域。"④ 他们把社会得以拯救的希望寄托在诗意化的出路上。因此，把马克思主义哲学引向浪漫化一途。而且，它在重新诠释马克思主义哲学时，充分发

---

　　① ［英］戴维·麦克莱伦：《马克思以后的马克思主义》，李智译，中国人民大学出版社2004年版，第5页。

　　② ［德］黑格尔：《法哲学原理》，范扬、张企泰译，商务印书馆1961年版，第12页。

　　③ 《马克思恩格斯选集》第1卷，人民出版社1995年版，第11页。

　　④ ［英］戴维·麦克莱伦：《马克思以后的马克思主义》，李智译，中国人民大学出版社2004年版，第291页。

挥了马克思哲学中的"人"的线索。这一解释学传统同东方马克思主义形成鲜明的对比，因为后者发挥了马克思哲学中"物"的线索，从而形成了物质本体论的解释学传统。西方马克思主义带有明显的"反经济学倾向"。同经典的马克思主义相比，如果说马克思的心路历程经由哲学走向经济学的探究，那么西方马克思主义则走了一条相反的路，即由经济学返回到哲学。对此，安德森早就指出："西方马克思主义整个说来，似乎令人困惑地倒转了马克思本身的发展轨道。马克思这位历史唯物主义的创始人，不断从哲学转向政治学和经济学，以此作为他的思想的中心部分；而1920年以后涌现的这个传统的继承者们，却不断地从经济学和政治学转回到哲学——放弃了直接涉及成熟马克思所极为关切的问题，几乎同马克思放弃直接追求他青年时期所推论的问题一样彻底。"[1]阿兰·弗里曼也认为："作为对第二国际和第三国际的马克思主义——所谓机械的——的不满，西方马克思主义（Marxism）转向葛兰西、卢卡奇和柯尔施所关注的哲学、政治学、社会学或美学领域的异化理论，同时却忽略了像格罗斯曼（Grossman）或罗斯多尔斯基（Rosdolsky）这些人提出的富有挑战性的经济学理论。"[2] 而他特别地批评了所谓的"文化马克思主义"，指出："'文化马克思主义'（Cultural Marxism）将此倾向（即指轻视经济学的倾向——引者注）推向极端，将美学批评从其所谓的机械唯物主义陷阱中解放出来。"[3] 应该承认，这种转向除了理论本身的原因（如对于第二共产国际理论家们过分夸大经济决定论的反弹）外，还有一个不可忽略的原因乃在于时代本身的新特点，即人的异己化命运在晚期资本主义所出现的新形态——由肉体层面的异化过渡到精神层面的异化，由此决定了对治的方案，不得不更多地从精神层面着眼。

---

① ［英］佩里·安德森：《西方马克思主义探讨》，高铦、文贯中、魏章玲译，人民出版社1981年版，第68-69页。

② ［加拿大］阿兰·弗里曼：《没有马克思经济学的西方马克思主义——为什么马克思主义在国际金融危机中没有壮大起来?》，载《国外理论动态》2010年第11期，第17页。

③ ［加拿大］阿兰·弗里曼：《没有马克思经济学的西方马克思主义——为什么马克思主义在国际金融危机中没有壮大起来?》，载《国外理论动态》2010年第11期，第17页。

再如生态学马克思主义，一般认为它形成于 20 世纪 60—70 年代，大体上与全球性问题的提出相伴随和同步，其代表人物主要有威廉·莱斯、本·阿格尔、安德烈·高兹、大卫·佩珀、詹姆斯·奥康纳、约翰·福斯特等。从某种意义上说，这一思潮就是为了回应当代人类所面临的生态危机和生存困境问题，而形成的一种新的马克思主义哲学解释学传统。作为生态学马克思主义谱系中的重要学者之一，福斯特所面临的问题是："大多数当代社会科学对环境问题的分析都集中在人类与地球关系中存在的一种全球性危机这个现在被普遍承认的问题，并且这些分析可以被理解为对这种危机的一种反应。然而，在理论层面上，社会科学往往没有能力解决生态危机所涉及的如此众多的问题"①。鉴于这种困难，福斯特援引马克思的思想资源，作为有效地应对当代生态危机的可能策略，从而参与了生态学马克思主义的建构。

第三，作为马克思主义哲学解释者的人们，各自的禀赋、学养背景、文化积淀、研究方法和路数、学术兴趣和偏好等因素的不同，在解释活动中也会作为不可剔除的重要变量，深刻地影响甚至左右着人们的理解，进而形成各不相同的解释学传统。解释学内在地蕴含着宽容精神，它为解释活动中不同的可能性提供合法性。但是，宽容并不意味着放弃原则，而仅仅在于为不同的诠释得以存在的权利做出辩护罢了。在马克思主义哲学当代形态问题上，没有谁能够占有和垄断真理，定于一尊。真理只有在开放的、对等的、充分尊重对方的前提下，通过深入的讨论和建设性的对话才能达成。因此，关于马克思主义哲学的叙述，可以而且应该有不同的版本。在马克思主义哲学的研究中，不同的诠释方法、不同的诠释路数、各种可能的学术形态之间的关系，是对等的、平权的，它们共同参与了马克思主义哲学趋向逼真性的进程。马克思主义哲学研究的合理学术生态群落的确立，有赖于不同学派的形成。而学派

---

① ［美］约翰·贝拉米·福斯特：《马克思的生态学——唯物主义与自然》，刘仁胜、肖峰译，高等教育出版社 2006 年版，第 19-20 页。

的根本标志在于作为学术共同体内核的"范式"的建构。我们应该为不同研究范式的形成，创造适宜的社会和文化氛围。学者的责任是原创性的工作，这种工作要求在研究中逐步形成自身的研究传统和独特模式。

众所周知，马克思的哲学建构得益于黑格尔的辩证法，马克思对此毫不隐瞒，相反，都是坦率而真诚地公开承认，这体现了一位伟大思想家的严谨和诚实。在这个意义上，马克思始终以"黑格尔的学生"[①] 自任。而"辩证法"（dialectics）的原初含义就是"对话"（dialogue）。正是苏格拉底式的"对话"，才使得苏格拉底能够扮演"真理助产士"的角色。正如雅斯贝尔斯所说的："对话便是真理的敞亮和思想本身的实现。"[②] 这个意义上的对话，是建设性的，是真理诞生的条件而非障碍。关于马克思主义哲学研究的开放性问题，恩格斯晚年在给格尔桑·特利尔的信（1889 年 12 月 28 日）中写道："批评是工人运动生命的要素，工人运动本身怎么能避免批评，想要禁止争论呢？难道我们要求别人给自己以言论自由，仅仅是为了在我们自己队伍中又消灭言论自由吗？"[③]他在给奥·倍倍尔的一封信（1891 年 5 月 1-2 日）中曾提到"社会主义科学"，并指出："这种科学没有发展的自由是不能存在的"[④]。在 20世纪 50 年代，毛泽东曾经在一封通信中，针对当时在中国讲学的一位苏联学者谈及本人对毛泽东《新民主主义论》关于孙中山世界观的论点有不同看法，指出，对他自己的学术观点也可以自由讨论，认为"这种自由谈论，不应当去禁止。这是对学术思想的不同意见，什么人都可以谈论，无所谓损害威信。……如果国内对此类学术问题和任何领导人有不同意见，也不应加以禁止。如果企图禁止，那是完全错误的。"[⑤] 应该

① 在《资本论》第 1 卷中，马克思写道："我要公开承认我是这位大思想家（即黑格尔——引者注）的学生"（《马克思恩格斯全集》第 23 卷，人民出版社 1972 年版，第 24 页）。

② [德] 雅斯贝尔斯：《什么是教育》，邹进译，生活·读书·新知三联书店 1991 年版，第 12 页。

③ 《马克思恩格斯全集》第 37 卷，人民出版社 1971 年版，第 324 页。

④ 《马克思恩格斯全集》第 38 卷，人民出版社 1972 年版，第 88 页。

⑤ 《毛泽东书信选集》，人民出版社 1983 年版，第 510 页。

承认，改革开放以来，学术氛围日益宽松，但在讨论中也偶或存在着戴帽子、打棍子、上纲上线的不和谐情形。这种情形无疑是极不利于马克思主义哲学的本真性的呈现和创新的，也不利于马克思主义哲学不同学术形态的真正诞生。

问题的关键在于，马克思主义哲学不仅需要同外部思潮进行对话，更迫切的是也需要内部对话，这是它保持自身开放性并达至真理的重要前提；而维系马克思主义哲学研究的学术形态的多样化及其张力，乃是展开这种内部对话的必要前提。学术讨论应该就事论事，而不应该追问动机，因为在学术争论中，动机如何并不妨碍问题的真实性。那种诛心之论是非常可怕的，是有损于学术事业的正常发展的，历史的经验和教训已经反复地证明了这一点。承认马克思主义哲学学术形态的多元性，无疑能够为不同观点的平等对话、建设性的争鸣、彼此的宽容提供共识基础。

二、马克思主义哲学研究中的文献学问题

从国际背景看，文献学方法受到广泛而高度的重视，无疑得益于《马克思恩格斯全集》历史考证版第 1、2 版（MEGA^1 和 MEGA^2）的整理出版。随着马克思和恩格斯著作原文版本的陆续整理发表，特别是文献学方法的日益自觉，人们有可能更确切地还原马克思和恩格斯思想的文本真相。这为我们恰当而准确地解读其思想，提供了原初依据。

应该承认，在马克思主义中国化的过程中，我们在对待马克思主义哲学文献问题上，既有许多成功的经验，也存在某种失误和教训。当年我们党的延安整风，无疑是马克思主义中国化的一个里程碑性的重要环节。它以清算王明所代表的教条主义为目标，为马克思主义普遍原理同中国革命具体实践的成功结合，奠定了思想基础。但是，也不应该讳言，反对教条主义带来的一个副产品就是对经典的重视不够。据当时延安马列学院学员王惠德先生晚年回忆，"在反对教条主义的整风运动中，

那一年延安确实没有什么人再去读马列的经典著作了。'读经典著作就是搞教条主义'的看法，虽然没有人公开提出，实际上是流行起来了。"① 这种影响其实相当深远。正如王惠德所言，"长期以来，我们并没有形成对于经典著作认真钻研，字斟句酌，务求弄清楚经典作家重要论述的准确涵义的风气。"②

轻视经典的倾向，在一定意义上乃是造成对马克思文本误读的重要原因。我们在社会主义革命和建设实践中出现的种种失误，不能不追溯到理论上的偏差。其中的一个重要方面，就是存在着对马克思的种种误读。所以，改革开放以来，学术界提出了对马克思主义及其哲学"再认识"的问题，后来更具有学术含义的口号是"回到马克思""重读马克思"等。这些口号的提出本身，就已经暗示了"误读"的存在。

之所以重视文献学研究，其背景既有外因也有内因。其中，最根本的乃是对马克思主义哲学再认识的需要，是矫正以往我们对马克思文本的"误读"和忽视的需要。首先，"回到马克思""重读马克思"之类的诉求有其足够的正当性。其次，是西方"马克思学"和西方马克思主

---

① 王惠德：《忆昔日》，载吴介民主编：《延安马列学院回忆录》，中国社会科学出版社1991年版，第81页。

② 王惠德：《忆昔日》，载吴介民主编：《延安马列学院回忆录》，中国社会科学出版社1991年版，第83页。有意思的是，20世纪80年代我们特别地强调"实事求是"，竟然在美国左翼人士和思想界中引起轩然大波。他们认为，"实事求是"（被翻译成"Learn truth from facts"，译回汉语即"向事实学习真理"）意味着放弃理论的规范作用和价值，因而难以接受（［美］《每月评论》编辑部：《什么是马克思主义?》，载《马列主义研究资料》1985年第6辑，人民出版社1986年版，第144-145页）。这一情形也说明，单纯地强调"实事求是"在一定程度上的确存在着诱发忽视理论的可能性。当然，建国后中共中央党校在对待马列经典著作方面曾经有所调整，如吴江先生回忆的那样，"与延安时期一度提倡过的将马克思主义中国化的方针不同，马列学院（中共中央党校在建国初期曾一度更名为'马克思列宁学院'——引者注）强调一字一板地学习马列原著，教员只要求做原著的辅导，有人白首只能辅导一本原著"（吴江：《十年的路——和胡耀邦相处的日子》，香港镜报文化企业有限公司1998年版，第155页）。然而，"这种刻板学习原著的方针，不是把原著当作研究的对象从中找出正确的精神和方法，而是将原著作为膜拜的对象，提倡一种顽固不化的教条主义。这种方针只适于培养一批原教旨主义者，完全不可能造就真正的马克思主义者，这显然是马克思主义在中国的一种倒退"（同上书，第155页）。重视理论、重视原典是对的，尤其是对于矫正那种强调实际却忽视理论、忽视原典的倾向而言更是如此。但是，矫枉过正无疑是不恰当的，从一个极端走向另一个极端，其中的教训值得我们认真总结和汲取。

义的传入及其影响。一大批西方"马克思学"和西方马克思主义论著的译介，不仅使国内学术界了解了它们的观点，而且让我们了解了其方法。再次，20世纪90年代在中国学术界发生的所谓"由思想到学术"的转向，促成了对学术规范、价值中立的文献学研究方法等等的强调。第四，马克思恩格斯文献越来越多的整理和出版，特别是随着 MEGA^1、MEGA^2 的先后问世，在很大程度上催生了文献学的热潮。第五，随着中国对外开放程度的加深，国人对外文的掌握日益成熟，也为文献学研究提供了主体条件。

但是，"矫枉过正"是不恰当的。现在的情况是，在学术界有一种过分地夸大文献学方法的重要性的倾向，甚至带有浓厚的独断色彩。如果重视文本变成了对文献的崇拜，变成了对文献学方法的迷信，以至于形成一种"原教旨主义"的情结，沦为一种"经院哲学"式的态度，那就走得太远了。古人说得好："过犹不及"。解释学的过度还原和追溯，势必遇到一个难以摆脱的悖论：还原本身恰恰取消了语义的历史生成；如此一来，解释学的那种强调历史维度的初衷，恰恰被这种还原本身取消掉了。这也正是恩格斯在《路德维希·费尔巴哈和德国古典哲学的终结》中，之所以反对费尔巴哈就"宗教"一词进行词源学还原的重要原因。恩格斯把这个意义上的语义还原，讽刺地称之为"词源学上的把戏"①。因此，我们应该避免马克思主义哲学研究的经院化，防范那种原教旨主义情结。

其实，教条主义的错误并不在于重视文本或文献学方法，而仅仅在于割断理论同实际之间的内在联系。毫无疑问，理论联系实际首先要有理论。理论的掌握固然要在实践中实现，但也决不能离开对文本的认真

---

① 恩格斯指出："宗教一词是从 religare 一词来的，本来是联系的意思。因此，两个人之间的任何联系都是宗教。这种词源学上的把戏是唯心主义哲学的最后一着。这个词的意义，不是按照它的实际使用的历史发展来决定，而竟然按照来源来决定。因此，仅仅为了使宗教这个对唯心主义回忆很宝贵的名词不致从语言中消失，性爱和性关系竟被尊崇为'宗教'。"（《马克思恩格斯选集》第4卷，人民出版社1995年版，第234页）一个词"它的实际使用的历史发展"本身，就是该词的意义的生成。这种生成决不能被武断地消解在词源学的还原之中。

解读。强调实践，对于疗治"理论的教条主义"是非常有效的，是不可或缺的。但是，对于"实践的机会主义"，就无法通过对实践的推崇来获得免疫力了。疗治"实践的机会主义"，最有效的办法就是对理论的规范作用的强调和恢复。忽视理论的范导作用，就难免导致马克思主义哲学的庸俗化，难免出现那种以实践上的需要为借口，而放弃和牺牲马克思主义哲学的基本原则，从而做出理论上的妥协和让步的做法。总之，恰当的态度应该是：重视文本，但又不可迷信文本；重视文献学方法，但也不可迷信文献学方法。在这个问题上，"矫枉过正"同样是不正确的。

这里尚有一个问题有待澄清，即文献学方法能否使我们发现"另一个马克思"？这实际上涉及这样一系列问题：一种语境的形成究竟取决于什么？当然是取决于人的存在本身。但人的存在又表征为什么呢？究竟是什么能够改变我们对于马克思的阐释和理解？是通过文献学方法得到的新发现吗？文献学方法又是在何种意义上、在什么程度上能够改变马克思的形象？

吊诡和讽刺的是，"马克思作为一个极为严格的批判者，从不满足于自己的结论，反而却被变为最顽固的教条主义的肇端。"[①] 彻底的批判性为什么竟然转变为一种教条主义桎梏？究竟是因为后来的阐释者在利益上的需要，还是因为发生了文本上的误读？所以，马塞罗·默斯托强调《资本论》第2、3卷的未完成性，指出："这些材料可以清楚地表明恩格斯对马克思的巨著所作的数以千计的编辑处理，并且证明，《资本论》第2卷和第3卷远不能支持一种结论性的经济理论，大体上只是尚待完善的临时性笔记。"[②] "无论如何，MEGA^{2}发表的新的手稿使得重建马克思思想的各个重要阶段成为可能，迄今为止只有少数诠释者对此进

---

① ［芬兰］维萨·奥特宁：《MEGA^{2}与另一个马克思——马塞罗·默斯托访谈》，载《国外理论动态》2011年第8期，第2页。

② ［芬兰］维萨·奥特宁：《MEGA^{2}与另一个马克思——马塞罗·默斯托访谈》，载《国外理论动态》2011年第8期，第1页。

行过研究。""这个版本为我们提供了读到'另一个马克思'的学术基础。"① 在默斯托看来，它为"未知的马克思"的显现提供了可能性。

马塞罗·默斯托还强调马克思著作的不完整性和片段性特征，他说："我们始终要想起，马克思想要完成自己的极其庞大而艰巨的著作。不完整性和片段性之所以成为马克思全部作品的特征，是因为他的批判性考察著作的题材通常过于庞大，以至于以他的严谨精神和批判意识需要很多年才能解决。"② 问题在于，这里潜在着一种危险，即过分地执着于这种不完整性和片断性，而妨碍了我们在思想上重建马克思学说的可能性。譬如，马塞罗·默斯托过分夸大了《1844 年经济学哲学手稿》同《资本论》之间的断裂性。他说："我们还必须铭记这一点，如果我们不想犯很多马克思主义者近几十年来所犯的类似错误的话，即认为《1844 年经济学哲学手稿》是一本书（对某些人来说是一部甚至比《资本论》第 1 卷还要重要和有用的书！）；或者把《资本论》第 2 卷和第 3 卷看作马克思对在那些手稿中研究的这些主题必然得出的最终结论。"③ 这种过于突出《手稿》同《资本论》之间的断裂性的做法，恰恰是一种非历史的态度。

诚然，马克思不是天生的马克思主义者，他固然有一个由非马克思主义者向马克思主义者的转变。但问题是，这种转变是否发生在《手稿》与《资本论》之间？事实上，这并不是一个可以靠逻辑推理就能够回答的问题，而是一个思想史的实证问题。从某种意义上说，《手稿》从方法和主题两个方面先行地规定了《资本论》的内容。首先，早在《黑格尔法哲学批判·导言》（1843 年）中，马克思就"颠倒"了黑格

① ［芬兰］维萨·奥特宁：《MEGA² 与另一个马克思——马塞罗·默斯托访谈》，载《国外理论动态》2011 年第 8 期，第 2 页。

② ［芬兰］维萨·奥特宁：《MEGA² 与另一个马克思——马塞罗·默斯托访谈》，载《国外理论动态》2011 年第 8 期，第 3 页。

③ ［芬兰］维萨·奥特宁：《MEGA² 与另一个马克思——马塞罗·默斯托访谈》，载《国外理论动态》2011 年第 8 期，第 3 页。

尔图式中的市民社会与国家的关系，试图从市民社会这个基地出发揭示国家的实质，强调对市民社会加以"解剖"。这构成马克思回到政治经济学上面来的学理上的原因。如果不怀有偏见的话，任何人都不能无视这样一个思想史事实：人的异化的历史生成和历史消解这一主题，极其鲜明地贯穿在《手稿》的整个写作之中了。然而，在《手稿》中，马克思采用的是"异化"这一"哲学家易懂的话"①来运思的，这个关键词固有其思辨哲学的特点及其全部局限性，因为它本身是抽象的，同时又无法给出异化的真实根源。我们不能无视这样一个基本的文献学事实，就是在《资本论》及其草稿中，马克思仍然使用了"异化"这个措词，而且他对资本主义生产方式加以批判地解构的逻辑框架，也是一种异化关系的展开了的形式。

马塞罗·默斯托还批评了普列汉诺夫关于马克思主义应该是"一种完整的世界观"的思想，他指出："在我看来，这种基于过分简单化的、认为经济发展决定社会的其他转变的一元论思想和马克思本人的观点几乎无关。这种观点更多地和当时实证主义与决定论占很大地位的文化思潮相关。"②问题是，"一种完整的世界观"即使马克思本人由于主观的或客观的原因没有能够建构起来，然而难道它连马克思试图追求的目标也不是吗？实际上，即使默斯托也不得不承认，"我并不是说马克思对达到'一种完整的世界观'不感兴趣，或者他不想成为一个系统的思想家，如果我们想使用这个词的话。我试图证明的是，他的归纳和普列汉诺夫所作的以及和后来被称为辩证唯物主义的僵化一元论的鼻祖们所作的概括极为不同。"③问题的实质或关键，或许并不在于马克思主义哲学是不是一种完整的世界观，而仅仅在于这种完整的世界观究竟是什么？

①　《马克思恩格斯选集》第 1 卷，人民出版社 1995 年版，第 86 页。

②　[芬兰] 维萨·奥特宁：《MEGA² 与另一个马克思——马塞罗·默斯托访谈》，载《国外理论动态》2011 年第 8 期，第 2 页。

③　[芬兰] 维萨·奥特宁：《MEGA² 与另一个马克思——马塞罗·默斯托访谈》，载《国外理论动态》2011 年第 8 期，第 2 页。

这就不能不涉及如何才能对马克思主义哲学的实质做出恰当的诠释问题。

基于上述分析，可以认为，那种试图通过文献学方法，亦即借助于新发现的文献学事实来揭示出"另一个马克思"是不可能的。因为它仅仅是基于对现有的马克思文献的过度不信任而做出的一种虚幻的假设。新的文献学事实的揭橥，无疑能够在微观环节上修饰马克思的形象，但在马克思的基本著作已经公之于世的情况下，试图利用新披露的文献来颠覆以往关于马克思的叙事，无疑是虚妄的。

三、马克思主义哲学的研究所面临的悖论

"马克思主义哲学研究"这一说法本身，就已经意味着马克思主义哲学是作为研究的对象而被建构的。这涉及一个前提性的问题：今天我们究竟以怎样的方式对待马克思主义哲学才恰当？因为一旦把马克思主义哲学作为研究对象，就潜含着一种危险：马克思主义哲学有可能走向学问化、学科化，以至于变成一种知识论规训，从而面临着被经院化的命运。这显然同马克思主义哲学的内在精神南辕北辙。我们究竟是继承马克思主义哲学创始人对待哲学的态度和方式，还是把马克思主义哲学当作研究对象，从而使之成为一种日益精致的"象牙塔"功夫呢？问题是，倘若不经过学问化的处理，我们又何以能够继承马克思主义哲学的运思方式？我们究竟是把马克思主义哲学视作"批判的武器"还是视作"武器的批判"？这两方面是不能够兼容的吗？

毋庸讳言，一个理论一旦形成，它本身就潜含着一种走向自我异化的可能性，很容易变成一种自足性的规定，从而排斥和拒绝与实践和现实生活的联系。同马克思相比，马克思主义哲学的后继者有了一个重大差别。在马克思主义哲学创始人那里，马克思的思想既无必要而事实上也并未被对象化。所以，马克思本人从未刻意地把自己的实际运思本身对象化，进行一种元哲学（meta-philosophy）性质的探究。但在我们这

里它却成为被研究的对象。于是，便产生了一个"双刃"的问题：一方面，它成为一种反思的反思，从而对我们的能力提出了特别的要求；另一方面，它同时也潜在着一种危险，即"做"哲学有可能沦为"说"哲学，哲学因此面临被外在化地处置的命运。这似乎陷入了一个悖论：哲学究竟是"当下上手状态"的，还是"现成在手状态"的？哲学在马克思那里是动词性的，而非名词性的；但到了我们手中，却变成名词性的了。因为我们成了马克思主义哲学的"研究者"了。当我们以"研究"的态度和"研究者"的身份去诠释马克思的时候，名词性的方式就已经不自觉地遮蔽了动词性的方式，主格的方式也不可避免地沦为宾格的方式了。而对于哲学来说，名词性的方式恰恰是使我们的哲学离开睿智的根本原因。可见，正是在这里，我们遇到了一个不得不回答的问题：马克思主义哲学究竟是一种能力，还是一种知识？究竟是一种运思方式，还是一种他者建构？恩格斯《在马克思墓前的讲话》中指出："马克思首先是一个革命家"①。这一论断的深意究竟何在呢？

按照恩格斯的转述，马克思曾经以诙谐和调侃的口吻说过："我只知道我自己不是马克思主义者"。从现有文献看，恩格斯至少有四次转述过马克思自称"不是马克思主义者"的说法②。马克思的这个说法，是不应该被轻易忽视的，因为它对于正确地理解马克思学说和选择对于马克思学说的恰当态度，都具有十分重要的意义。那么，马克思的这个说法究竟向人们暗示了什么呢？我们到底应该如何恰当地理解这句话的意涵？我认为，马克思的话有三种可能的维度：

一是马克思不满意于人们对他的学说的误读，即"马克思主义者"变成了一种标签，以至于能够替曲解马克思学说的观点"买单"。这显

---

① 《马克思恩格斯选集》第 4 卷，人民出版社 1995 年版，第 777 页。

② 其出处分别是：(1) 1890 年 9 月 7 日《给"萨克森工人报"编辑部的答复》（《马克思恩格斯全集》第 22 卷，人民出版社 1965 年版，第 81 页）；(2) 1882 年 11 月 2-3 日《致伯恩施坦的信》（《马克思恩格斯全集》第 35 卷，人民出版社 1971 年版，第 385 页）；(3) 1890 年 8 月 5 日《致康拉德·施米特的信》（《马克思恩格斯全集》第 37 卷，人民出版社 1971 年版，第 432 页）；(4) 1890 年 8 月 27 日《致保尔·拉法格的信》（同上书，第 446 页）。

然带有反讽的意味。恩格斯就是在这个意义上去领会马克思这句话的。例如，恩格斯在《给"萨克森工人报"编辑部的答复》一文中对该报"在理论方面"把"马克思主义""歪曲得面目全非"表示批评，指出这种"歪曲"的特点在于："第一，显然不懂他们宣称自己在维护的那个世界观；第二，对于在每一特定时刻起决定作用的历史事实一无所知；第三，明显地表现出德国文学家所特具的无限优越感。"① 紧接着，恩格斯引述了马克思的那句话："马克思在谈到七十年代末曾在一些法国人中间广泛传播的'马克思主义'时也预见到会有这样的学生，当时他说：《tout ce que je sais, c'est que moi, je ne suis pas marxiste》——'我只知道我自己不是"马克思主义者"'。"② 在恩格斯后来的几次重述马克思的这个说法时，也都是在批评人们对于马克思的误读的意义上借用马克思话的。

二是马克思拒绝人们把他的思想重新理解成他终其一生都在试图解构掉的意识形态，因为"马克思主义"的后缀"-ism/-ismus"就含有意识形态的性质。法国"马克思学"学者吕贝尔倾向于在此意义上理解马克思的这句话。他指出："马克思在晚年，当他的著作已开始为他赢得相当声誉的时候，曾想方设法要摆脱这个概念（指'马克思主义'——引者注），他曾不止一次地断言宣称：'我只知道我自己不是马克思主义者。'恩格斯把这个惊人的警告通知了他们宗派的门徒，并且传到了后代，这是他的功劳，然而这不能使他免除他以自己的威望批准了'马克思主义者'和'马克思主义'这两个名词所应负的责任"③。这是因为，"当恩格斯决定采用他和马克思的敌手们作为论战中的轻蔑称呼杜撰出来的'马克思主义者'和'马克思主义'，通过把这些名词变成光荣称号来使'科学社会主义'的拥护者们蔑视他们的敌人时，他大概没有想

---

① 《马克思恩格斯全集》第 22 卷，人民出版社 1965 年版，第 81 页。
② 《马克思恩格斯全集》第 22 卷，人民出版社 1965 年版，第 81 页。
③ ［法］M. 吕贝尔：《恩格斯是马克思主义的创始人》，载《马列主义研究资料》1986 年第 1-2 辑合刊，人民出版社 1986 年版，第 280 页。

到，这种挑战的做法（也许是无可奈何的做法?）使他成了一种注定要统治二十世纪历史的神话的教父。"① 这显然是把马克思的思想至少在客观上变成了一种意识形态。这一结果同马克思的理论初衷是南辕北辙的。因为马克思终其一生的理论旨归，恰恰就在于揭露并解构一切可能的意识形态和它带来的对人的存在及其历史的遮蔽。马克思绝没有也不可能再试图建构一种新的意识形态。

三是马克思不愿意把他的思想变成一种供人们研究的对象，而不是思考方式和行动指南，因为"-ism/-ismus"除了可以翻译成"……主义"，即强调其意识形态意义之外，还可理解为一种学问化甚至经院化的知识建构，在此意义上可译作"……论"②。马克思主义哲学倘若沦为知识论规训，不过是哲学的另一种意义上的科学化，其结果只能是"哲学不思想"。青年马克思就已经指出："我不主张我们竖起任何教条主义的旗帜。"③ 避免教条主义化的最好办法，就是不要把马克思学说当作诠释对象，而是变成运思方式。恩格斯也同样说过："马克思的整个世界观不是教义，而是方法。它提供的不是现成的教条，而是进一步研究的出发点和提供这种研究使用的方法。"④ "进一步研究的出发点"中的所谓"研究"，不是针对马克思思想本身的，而是在"接着讲"的意义上成立的。我认为，我们今天更应该在这个意义上去领会马克思的这个说法。如果这种理解是可能的，那么马克思的自嘲就意味着他试图拒绝人们把他的学说变成一种"学问"。

当年毛泽东遇到的困惑，同样耐人寻味。毛泽东在《反对本本主义》（1930 年 5 月）中说："马克思主义的'本本'是要学习的，但是

---

① ［法］M. 吕贝尔：《恩格斯是马克思主义的创始人》，载《马列主义研究资料》1986年第 1-2 辑合刊，人民出版社 1986 年版，第 281 页。

② "-ism/-ismus"具有"理论"（theory）的含义，而"theory"一词即含有"为解释观察到的事实提供一种看起来合理的或科学的可接受的普遍原理"之义（参见 The Merriam Webster Dictionary，Eleventh Edition，2004，p. 741.）。实际上也就是指一种系统化、形式化了的知识，是一种知识体系。

③ 《马克思恩格斯全集》第 1 卷，人民出版社 1956 年版，第 416 页。

④ 《马克思恩格斯选集》第 4 卷，人民出版社 1995 年版，第 742-743 页。

必须同我国的实际情况相结合。我们需要'本本'，但是一定要纠正脱离实际情况的本本主义。"① 后来，他在《整顿党的作风》（1942年2月1日）中，还指出："马克思列宁主义理论和中国革命实际，怎样互相联系呢？拿一句通俗的话来讲，就是'有的放矢'。'矢'就是箭，'的'就是靶，放箭要对准靶。马克思列宁主义和中国革命的关系，就是箭和靶的关系。有些同志却在那里'无的放矢'，乱放一通，这样的人就容易把革命弄坏。有些同志则仅仅把箭拿在手里搓来搓去，连声赞曰：'好箭！好箭！'却老是不愿意放出去。这样的人就是古董鉴赏家，几乎和革命不发生关系。马克思列宁主义之箭，必须用了去射中国革命之的。这个问题不讲明白，我们党的理论水平永远不会提高，中国革命也永远不会胜利。"② 这正如海德格尔所说的，"上手的东西根本不是从理论上来把握的"③。然而，令人纠结的是，一方面锻造"好箭"离不开理论上的功夫，甚至离不开为理论而理论的目的性追求，宁愿冒沦为"本本主义"的风险；另一方面决不能把马克思主义哲学当作拿在手里把玩的"好箭"，而使其丧失"好箭"的本质，变成与实践④无涉的死的知识。

作为马克思主义哲学的后继者，我们遇到的一个无可逃避的任务，就是为了锻造"批判的武器"，必须先行地进行"武器的批判"。因此，到了一切马克思主义哲学的后继者那里，马克思及其哲学本身就不可避免地成为反思和研究的对象。然而，当我们沉湎于这种反思和研究之后，面对现实问题，还能否拥有或具备像马克思那样的反思和批判现实的能力？或者说，把马克思主义哲学作为研究对象之后，如何才能依然保有它的本真性？

---

① 《毛泽东选集》第1卷，人民出版社1991年版，第111-112页。
② 《毛泽东选集》第3卷，人民出版社1991年版，第819-820页。
③ ［德］海德格尔：《存在与时间》，陈嘉映、王庆节译，生活·读书·新知三联书店1987年版，第86页。
④ 这里所说的"实践"，是双重意义上的，它既指作为感性活动的现实生活，也指作为理论活动的实际思考。

总之，真正的问题是：我们究竟是作为一个实践者（包括实际地思考意义上的），还是作为一个书斋里的学者，同马克思相遇，才恰当呢？马克思主义哲学的经院化命运，究竟是它的幸抑或不幸？现代性的知识规训促成了这一命运。实际上，这就向我们提出了一个无法逃避的尖锐问题：今天的我们究竟以怎样的方式继承并发展马克思的遗产才正当？倘若不能恰当地回答这个问题，那么，就真地应了马克思当年曾经援引过的海涅的那句话："我播下的是龙种，收获的却是跳蚤！"这是我们作为马克思主义后继者所遇到的纠结。我们所面临的任务在于：如何在研究马克思主义哲学的同时，防范和拒绝被研究内容沦为一种知识论建构的对象，从而保有马克思主义哲学作为运思方式被我们习得并把握的可能性？换言之，在对待马克思主义哲学的问题上，怎样才能在无可逃避的"现成在手状态"同"当下上手状态"的紧张中真正回到"上手状态"这一归宿上来？

第三章　超越"唯物—唯心"之争的纲领

需要强调的是，我们之所以反复地释读马克思的《关于费尔巴哈的提纲》第1条乃至整个《提纲》，绝不是小题大做，也并非刻意地去寻求微言大义，而是因为它关乎对马克思哲学实质的确切理解和恰当领会。因此，我们不得不异常郑重地对待这个"包含着新世界观的天才萌芽的第一个文件"的每一段论述。《提纲》第1条，作为马克思用来开宗明义的首要部分，其篇幅相对于其他各条为最长，其重要性也最大，因为它为整个《提纲》的全部内容确立了思想基调。无论就《提纲》本身，还是就马克思本人的哲学思想，乃至就整个马克思主义哲学来说，其重要性都是不言而喻的。深入解读《提纲》第1条的丰富内涵，对于进一步准确地把握马克思哲学的精神实质，无疑具有不可替代的重要意义。

从表面看，《关于费尔巴哈的提纲》第1条似乎除了一般地讨论旧唯物论的致命缺陷外，就是特别地讨论费尔巴哈唯物论所特有的缺陷。其实，该条的基本蕴含重在揭示"唯物—唯心"及其对立的学理基础及其社会根源，先行地确立超越"唯物—唯心"对立的原初基础，阐释"'革命的'、'实践批判的'活动的意义"。这也同时构成整个《提纲》的根本宗旨。只有马克思所确立的那种"把感性理解为实践活动的唯物主义"，才能真正实现了对"从前的一切唯物主义"和"唯心主义"的双重清算，从而获得对它们的双重免疫力。

一、《提纲》第 1 条的总体命意及思想史语境

为了更直观、更完整地理解马克思《关于费尔巴哈的提纲》第 1 条，我们在这里不妨把它全部引证如下：

"从前的一切唯物主义（包括费尔巴哈的唯物主义）的主要缺点是：对对象、现实、感性，只是从客体的或者直观的形式去理解，而不是把它们当作感性的人的活动，当作实践去理解，不是从主体方面去理解。因此，和唯物主义相反，能动的方面却被唯心主义抽象地发展了，当然，唯心主义是不知道现实的、感性的活动本身的。费尔巴哈想要研究跟思想客体确实不同的感性客体：但是他没有把人的活动本身理解为对象性的［gegenständliche］活动。因此，他在《基督教的本质》中仅仅把理论的活动看作是真正人的活动，而对于实践则只是从它的卑污的犹太人的表现形式去理解和确定。因此，他不了解'革命的'、'实践批判的'活动的意义。"①

布鲁诺·鲍威尔在回应马克思和恩格斯合著的《神圣家族》一书时曾指责作者是"费尔巴哈式的教条主义者"②。为澄清这一指责的虚妄性，马克思写下了这个《提纲》。诚然，在马克思思想的演进中，作为介于《1844 年经济学哲学手稿》和《德意志意识形态》之间的一个有机的思想环节，《提纲》自有其内在的逻辑地位。如果说，《手稿》主要是从哲学上利用费尔巴哈来清算黑格尔，那么《提纲》则又回过头来从哲学的原初基础上清算费尔巴哈本身，而《形态》作为"合题"同时超越并告别了一切可能的旧哲学。但对鲍威尔指责的不满，至少是写作《提纲》的一个直接动机。

其实，马克思同费尔巴哈在哲学上早就保持距离了。按照科尔纽的

---

① 《马克思恩格斯选集》第 1 卷，人民出版社 1995 年版，第 54 页。

② ［英］戴维·麦克莱伦：《卡尔·马克思传》，王珍译，中国人民大学出版社 2005 年版，第 135 页。

说法，"在他（指马克思——引者注）的博士论文中，他就已经指责德谟克利特的唯物主义，说它没有包含能够指导人创造自己生活的能动原则。这种指责也是隐含地针对费尔巴哈哲学的。"① 马克思的《提纲》当然是作者为了结自己同费尔巴哈的思想关系而写的，目的在于划清"旧唯物主义"同"新唯物主义"的原则界限。

马克思认为，费尔巴哈哲学"作为一种想跳出意识形态的尝试"，乃是一种"失败的尝试"②。马克思把揭露费尔巴哈哲学的这种"失败的尝试"及其原因作为自己的思想任务，因为这种揭露既是对费尔巴哈哲学的清算，同时也是为了表明自己在思想上对费尔巴哈的真正超越。在马克思看来，费尔巴哈哲学的致命缺陷就在于"从来没有把感性世界理解为构成这一世界的个人的全部活生生的感性活动"③。

《提纲》第 1 条作为马克思以前思想演进的一个总结，其滥觞可以一直追溯到马克思中学作文提出的"肉体原则"和"精神原则"的紧张，以及他在大学时期提出的"应有"与"现有"的冲突及其消解的原初理论动机。

17 岁的马克思在中学作文《青年在选择职业时的考虑》中提出了决定其一生致思取向的问题："我们的体质常常威胁我们，可是任何人也不敢藐视它的权利。诚然，我们能够超越体质的限制，但这么一来，我们也就垮得更快；在这种情况下，我们就是冒险把大厦建筑在松软的废墟上，我们的一生也就变成一场精神原则和肉体原则之间的不幸的斗争。但是，一个不能克服自身相互斗争的因素的人，又怎能抗拒生活的猛烈冲击，怎能安静地从事活动呢？"④ 这里，马克思不仅自觉地提出了"精神原则和肉体原则之间的不幸的斗争"问题，而且把"克服自身相

---

① ［法］科尔纽：《马克思的〈关于费尔巴哈的提纲〉》，载《马克思哲学思想研究译文集》，人民出版社 1983 年版，第 131 页。

② 《马克思恩格斯全集》第 3 卷，人民出版社 1960 年版，第 98 页。

③ 《马克思恩格斯选集》第 1 卷，人民出版社 1995 年版，第 78 页。

④ 《马克思恩格斯全集》第 40 卷，人民出版社 1982 年版，第 5 页。

互斗争的因素"作为自己的人生目标和哲学主题。对于马克思终其一生的思想建构来说，这篇作文的影响至深至远。吕贝尔甚至认为，马克思的"这篇论文后来成为《资本论》学说的基础"①。其实，这篇作文更应该被看作马克思扬弃并超越"唯物—唯心"对立的最早的思想雏形。后来，大学时期的马克思在给父亲的信中又提出了"现有的东西"与"应有的东西"之间的冲突问题，进而提出"肉体本性"与"精神本性"的划分。此信意味着马克思对自己所做的一次里程碑式的反省和总结，他在信中回顾道："我的天国"所代表的"纯理想主义的""彼岸的东西"同"一切现实的东西"的紧张和冲突，亦即"现有的东西和应有的东西之间完全对立"，构成他"首先渴望专攻哲学"的最原始动机。马克思在后来所撰写的博士论文以及为此所作的笔记中，找到了古希腊哲学中的两个典型即德谟克利特和伊壁鸠鲁。从某种意义上说，德谟克利特和伊壁鸠鲁不过是马克思所谓的人的肉体本性和精神本性、现有的东西和应有的东西的人格化形式而已。

在《提纲》第 1 条中，唯物论和唯心论作为人的存在的二律背反的意识形态修辞，它们之间对立的扬弃和消解，被马克思诉诸人的感性活动及其建构的此在性。在哲学意义上，人的此在性的原初基础的奠定，取决于把人的现实活动作为哲学的第一原则予以先行地确认。实践所固有的直接现实性和普遍性品格，内在地对应于人的肉体原则和精神原则、现有和应有、唯物论和唯心论。换言之，这种两极之间的张力，其秘密已然隐藏在实践这一原初范畴之中了。同时，随着人的实践的自我建构（绝对的主观性），它在人类历史的展现中被一一地表征出来，并衍生为意识形态及其冲突。这一系列的对立之扬弃和消解，也只有通过实践的进一步展开，才成为可能。这种可能性表现为两个层面：一是在反思的层面上得到逻辑的解决；一是在历史的层面上诉诸实践本身的发

① ［法］M. 吕贝尔：《吕贝尔马克思学文集》上，郑吉伟等译，北京师范大学出版社 2009 年版，第 53 页。

人的存在之思：马克思哲学再诠释

展和成熟，这是最终意义上的、最本真的解决。因为"唯物—唯心"对立的扬弃，说到底不是一个理论的问题，而是一个实践的问题。如果说，作为范畴的实践只是从理论上规定了这种扬弃的逻辑可能性，那么也可以说，作为人的感性活动的实践则给出了这种扬弃的现实可能性。

对于这种以实践为内在基础的绝对的"主体"（德文"Subjekt"，英文"subject"，中文亦可译作"主观"）视野，我们也能够从马克思更早的文献中找到它的滥觞，寻觅出某种蛛丝马迹。例如，早在1839年，马克思在为撰写博士论文所做的"关于伊壁鸠鲁哲学的笔记"中，就曾写道："主观性在它的直接承担者身上表现为他的生活和他的实践活动，表现为这样一种形式，通过此种形式他把单独的个人从实体性的规定性引到自身中的规定；如果撇开这种实践活动，那么他的哲学内容就仅仅是善的抽象规定。他的哲学就是，他促使实体上存在着的表象、差别等转化为自身的规定"①。有学者认为，"这就是马克思在几年后写的《关于费尔巴哈的提纲》中讲的新唯物论的基本特点，或者说，这是马克思赖以批判费尔巴哈的基本观点，即他的新唯物论的基本观点。"②

二、超越"唯物—唯心"之争及其运思方式

表面看来，《提纲》第 1 条的内容除了一般地讨论旧唯物论的致命缺陷外，就是特别地讨论费尔巴哈唯物论所特有的缺陷。实质上，该条的基本蕴含在于揭示"唯物—唯心"及其对立的学理基础和社会根源，奠定先行地确立超越"唯物—唯心"对立的原初基础，阐释"'革命的'、'实践批判的'活动的意义"。这些同时也构成整个《提纲》的根

①　《马克思恩格斯全集》第 40 卷，人民出版社 1982 年版，第 69 页。
②　李惠斌：《马克思主义理论研究中存在的四个时间节点、重大历史性事件及其问题真相——写在马克思诞辰 200 周年、〈共产党宣言〉发表 170 周年与真理标准问题讨论 40 周年之际》，载《中国马克思主义哲学史学会等主办"〈共产党宣言〉与新时代中国道路"高端学术研讨会暨中国马哲史学会马恩哲学思想研究分会换届会议论文集》（中国·徐州，2018 年 12 月），第 97 页。

本宗旨。它向人们昭示：只有马克思所确立的那种"把感性理解为实践活动的唯物主义"，也就是"实践的唯物主义"，才能真正实现对"从前的一切唯物主义"和"唯心主义"的双重清算，从而获得对它们的双重免疫力。以往哲学的致命缺陷就在于脱离了实践——唯物论未把"对象、现实、感性""当作感性的人的活动，当作实践去理解"；同样地，唯心论"不知道现实的、感性的活动本身"——所以要么陷入唯心论，要么陷入唯物论，它们也正因此只能局限于"解释世界"，而不能致力于"改变世界"。

《提纲》第1条即使是讨论费尔巴哈唯物论，也是在"唯物—唯心"的框架中进行的，这既凸显出唯物论和唯心论各自的片面性，也体现出超越这种片面性的合题姿态。从某种意义上说，不了解唯心论的片面性，就不能深刻地认识唯物论的片面性，反之亦然。马克思实际上给出了"唯物—唯心"之争的超越"是否可能"和"如何可能"的答案。在这里，马克思丝毫未曾偏袒"从前的一切唯物主义"。在他看来，作为两个知性地对立着的方面，它们都不过是有待被逻辑和历史地扬弃的规定。无论是在逻辑的还是在历史的意义上，唯物论和唯心论都只是暂时的意识形态现象，而非超历史的永恒之物。

马克思在《提纲》第1条中确立了唯物论和唯心论之间的正反题关系。在他看来，它们各自抓住了人的存在的两种属性中的一种："受动的方面"① 被唯物论抽象地发展了，而"能动的方面"则被唯心论抽象地发展了。由于都脱离了实践，无可逃避的后果是："从前的一切唯物主义（包括费尔巴哈的唯物主义）的主要缺点是：对对象、现实、感性，只是从客体的或者直观的形式去理解，而不是把它们当作感性的人的活动，当作实践去理解，不是从主体方面去理解"；相反，"能动的方

① 马克思写道："说一个东西是感性的，是说它是受动的"。他还认为："人作为对象性的、感性的存在物，是一个受动的存在物"（马克思：《1844 年经济学哲学手稿》，人民出版社2000 年版，第107 页）。耐人寻味的是，"受动的"（leidend）这个术语就来自作为唯物论者的费尔巴哈。

面却被唯心主义抽象地发展了"。唯心论之所以导致这种"抽象地发展"，就在于它"不知道现实的、感性的活动本身"。吊诡的是，唯物论和唯心论是相互对立、截然相反的，但双方的局限性却又是一致的和共同的。它们对立的学理基础，恰恰在于这种共同的缺陷。因此，马克思认为唯物论和唯心论必须同时被扬弃。

我们必须追问：究竟是什么造成了唯心论的"和唯物主义相反"？这只能是因为"能动的方面"被唯物论遮蔽了、掩盖了。问题在于，又是什么造成了这种遮蔽和掩盖呢？就是由于"受动的方面"被唯物论抽象地发展了。它们正因此才形成并确立起彼此正相反对的知性关系。但应注意，这同恩格斯在《路德维希·费尔巴哈和德国古典哲学的终结》中把唯物论和唯心论加以对举并不是一个性质。

强调"感性"（Sinnlichkeit），费尔巴哈已经做到了，正因此他才能够克服黑格尔的"醉醺醺的思辨"，但也仅仅是在反题的意义上"克服"罢了。费尔巴哈在反驳施蒂纳对他的攻击时，甚至说："费尔巴哈既不是唯心主义者，也不是唯物主义者！在费尔巴哈看来，上帝、精神、灵魂、'我'是虚空的抽象，但是，在他看来，物体、物质、物性也同样是虚空的抽象。在他看来，真理、本质、实在仅仅在感性之中"①。他还说："应当遵循感官！感性的东西开始之处，就是宗教与哲学结束之处，并且由此而使我们得以获得简单而明白的真理。"② 这在表面上多么类似于马克思的说法啊！在《德意志意识形态》中，马克思说："在思辨终止的地方，在现实生活面前，正是描述人们实践活动和实际发展过程的真正的实证科学开始的地方。"③ 但两者的本质差别在于，费尔巴哈仅仅

---

① 《费尔巴哈哲学著作选集》下卷，荣震华等译，生活·读书·新知三联书店 1962 年版，第 434-435 页。注意：有学者指出，这里的"真理、本质、实在仅仅在感性之中"翻译不准确。此话原文为："Wahrheit, Wesen, Wirklichkeit ist ihm nur die Sinnlichkeit"。它应被译作"真理、本质、实在只是感性"（哲理：《错译几例》，载《读书》1985 年第 4 期，第 151 页）。

② 《费尔巴哈哲学著作选集》下卷，荣震华等译，生活·读书·新知三联书店 1962 年版，第 426 页。

③ 《马克思恩格斯选集》第 1 卷，人民出版社 1995 年版，第 73 页。

满足于强调抽象的"感性"原则，而马克思强调的却是"实践"原则，亦即超越"感性直观"而达到了"感性活动"。其差别有些类似于黑格尔同斯宾诺莎的不同，斯宾诺莎强调的是"实体"，而黑格尔则把"实体"改造成了"主体"。费尔巴哈还说："真理性、现实性、感性的意义是相同的。"① 但问题是，费尔巴哈在强调感性原则的同时，未能从"感性对象"走向"感性活动"，而是止步于"感性直观"，因此他的哲学仍然是不彻底的。费尔巴哈止步的地方，正是马克思开始的地方。

费尔巴哈是瞧不起人的实践活动的，他认为"实践的直观是不洁的、为利己主义所玷污的直观，因为，在这样的直观中，我完全以自私的态度来对待事物；它是一种并非在自身之中得到满足的直观，因为，在这里，我并不把对象看作是跟我自己平等的"②。他认为，实践不能超越功利关系的羁绊，只有理论才能超越这种局限，从而达到自足性。其实，这恰恰折射出费尔巴哈立足于市民社会所造成的那种狭隘眼界。因为市民社会成员才是功利之徒，其活动才具有费尔巴哈不满意于实践的那种"不洁的、为利己主义所玷污的"性质。但这只是费尔巴哈的错误，而不是实践本身的错误。因此，费尔巴哈推崇理论活动，贬低实践活动。就像马克思所批评的，他"对于实践则只是从它的卑污的犹太人的表现形式去理解和确定"③。在费尔巴哈那里，实践没有资格被看作是"真正人的活动"。他信任的只是理论的直观，而非实践的直观。所以，在人和感性世界之间所建构起来的关系仍然被束缚在理论的范围内，不曾进入实践的视野和领域。由此决定了费尔巴哈哲学最终也不过是在"解释世界"，而非"改变世界"。科尔纽恰当地认为，满足于对现存事物的正确理解的费尔巴哈哲学，不过是一种"对感性客观现实的静观的

---

① 《费尔巴哈哲学著作选集》上卷，荣震华等译，生活·读书·新知三联书店 1959 年版，第 166 页。

② 《费尔巴哈哲学著作选集》下卷，荣震华等译，生活·读书·新知三联书店 1962 年版，第 235 页。

③ 《马克思恩格斯选集》第 1 卷，人民出版社 1995 年版，第 54 页。

考察方法"罢了，它只能"使得人对感性客观现实采取消极态度"①。

在马克思看来，像费尔巴哈那样仅仅承认和强调"感性"还不行，必须进一步把"感性当作感性的人的活动，当作实践去理解"，也就是"从主观方面去理解"。在稍后的《德意志意识形态》中，马克思指出："费尔巴哈对感性世界的'理解'② 一方面仅仅局限于对这一世界的单纯的直观，另一方面仅仅局限于单纯的感觉。"③ 如此一来，"他把人只看作是'感性对象'，而不是'感性活动'，因为他在这里也仍然停留在理论的领域内，……从来没有看到现实存在着的、活动的人，而是停留于抽象的'人'"④。马克思认为，费尔巴哈对感性世界的"理解"是一种"理论性"的关系⑤。所以，马克思说费尔巴哈"仍然停留在理论的领域内"。在《提纲》第 1 条中，马克思就说过，费尔巴哈"仅仅把理论的活动［das theoretische Verhalten］看作是真正人的活动"。正因此，马克思认为"费尔巴哈设定的是'一般人'（即作为抽象规定的人——引者注），而不是'现实的历史的人'"⑥。总之，"他（指费尔巴哈——引者注）从来没有把感性世界理解为构成这一世界的个人的全部活生生的感性活动"⑦。

尽管马克思对唯物论和唯心论早就取合题姿态，但对两者的对立及其超越的内涵所作的揭示，则随着思想的不断深入和成熟，有一个逐渐

---

① ［法］科尔纽：《马克思的〈关于费尔巴哈的提纲〉》，载《马克思哲学思想研究译文集》，人民出版社 1983 年版，第 137 页。

② 马克思在"Auffassung"这个词上加了引号，意思是专指费尔巴哈所特有的对感性世界的看待方式，它导致的只能是马克思所批评的那种"希望确立对这一事实的理解［Bewuβtsein］，也就是说……只是希望确立对存在的事实的正确理解［richtiges Bewuβtsein］"（《马克思恩格斯选集》第 1 卷，人民出版社 1995 年版，第 96 页）态度。

③ 《马克思恩格斯选集》第 1 卷，人民出版社 1995 年版，第 75 页。

④ 《马克思恩格斯选集》第 1 卷，人民出版社 1995 年版，第 77-78 页。

⑤ 请注意：在《德意志意识形态》手稿中，作者在"理解"（Auffassung）的前面删去的是"theoretische"（理论的）一词（［日］广松涉编注：《文献学语境中的〈德意志意识形态〉》，彭曦译，南京大学出版社 2005 年版，第 190 页）。

⑥ 《马克思恩格斯选集》第 1 卷，人民出版社 1995 年版，第 75 页。

⑦ 《马克思恩格斯选集》第 1 卷，人民出版社 1995 年版，第 78 页。

深化和完备的过程。

1843 年夏，马克思在《黑格尔法哲学批判》中写道："唯灵论是和与之对立的唯物主义一起消逝的。"① 他还指出："任何极端都是它自己的另一极端。抽象的唯灵论是抽象的唯物主义；抽象的唯物主义是物质的抽象的唯灵论。"② 在马克思看来，唯物论同唯心论可谓物极必反、两极相通。正如他所说的，"精神只是脱离物质的抽象。这样就很明显，它（因为这种抽象的形式应当成为它的内容）正好是抽象的对立面，即自己从其中抽象出来的对象，但是是以抽象形式把握的对象。所以在这里，抽象的唯物主义是它的实在本质。"③ 作为截然对立的意识形态修辞，它们不过是知性意义上的两极规定，由此决定了不可能通过机械的否定而克服对方，只能通过扬弃而克服这种对立本身。当然，这样两种意识形态修辞及其对立，同其他一切意识形态现象一样，并不是人们刻意鼓噪出来的主观产物，它的产生有其真实的社会根源和特定的历史原因。

在《1844 年经济学哲学手稿》中，马克思则已经指出："我们看到，主观主义和客观主义，唯灵主义和唯物主义，活动和受动，只是在社会状态中才失去它们彼此间的对立，从而失去它们作为这样的对立面的存在；我们看到，理论的对立本身的解决，只有通过实践方式，只有借助于人的实践的力量，才是可能的；因此，这种对立的解决绝对不只是认识的任务，而是现实生活的任务。"④ 这段话确立了寻求合题的基本取向，并指出合题的达成不只是认识的任务，归根到底是实践的任务。虽然在思想范围内无法真正克服并超越这种对立，但在理论上必须为实践层面上的克服和超越提供内在理由。马克思把"唯灵主义和唯物主义"同"活动和受动"相并举，已经暗示了它们之间的对应关系。从某

① 《马克思恩格斯全集》第 1 卷，人民出版社 1956 年版，第 300 页。
② 《马克思恩格斯全集》第 1 卷，人民出版社 1956 年版，第 355 页。
③ 《马克思恩格斯全集》第 1 卷，人民出版社 1956 年版，第 356 页。
④ 马克思：《1844 年经济学哲学手稿》，人民出版社 2000 年版，第 88 页。

种意义上说，"唯灵主义"不过是把"活动"的方面片面地发挥了的意识形态修辞，而"唯物主义"则是把"受动"的方面抽象地发展了的意识形态修辞。马克思认为："说一个东西是感性的，是说它是受动的"。因此，"人作为对象性的、感性的存在物，是一个受动的存在物"①。秉持感性原则的费尔巴哈因局限于感性直观，其视野所能发现并捕捉到的"人"只能是"受动的存在物"，由此决定了他的唯物论立场。而人作为"能动的存在物"，其"作为天赋和才能、作为欲望存在于身上"的"自然力、生命力"，却被费尔巴哈的这种感性原则遮蔽掉了②。费尔巴哈当然不能无视和回避"活动"或"能动"，尽管他强调"受动"与"能动"的结合，但他却把"能动"看作是在归根到底的意义上从属于"受动"的。例如他说："……除了受动以外再无活动，除了肉体以外再无精神，除了非我以外再无自我"③。费尔巴哈甚至说："一种哲学，如果不包含被动的原则……这样一种哲学，就与一切绝对的哲学一样，是一种绝对片面的哲学，必然要与经验相对立。"④ 与费尔巴哈相反，唯灵论却仅仅执着于这种"能动"的方面，把它强调到同受动性相脱离的独断地步，以至于在方法论上犯了与唯物论相同的错误，陷入了相似的误区。在马克思看来，异化在本质上不过是主体和客体之间的对立，而异化的克服也就是主体和客体矛盾的扬弃⑤。

广松涉认为："不论是马克思还是恩格斯……从 1843 年到 1844 年，

---

① 马克思：《1844 年经济学哲学手稿》，人民出版社 2000 年版，第 107 页。

② 马克思：《1844 年经济学哲学手稿》，人民出版社 2000 年版，第 105 页。

③ 《费尔巴哈哲学著作选集》上卷，荣震华等译，生活·读书·新知三联书店 1959 年版，第 93 页。这段话的原文为："……ist nicht mehr Tätigkeit als Leiden，nicht mehr Geist als Fleisch，nicht mehr Ich als Nicht-Ich"。有学者认为它应被译作"……没有受动之外的主动，没有肉体之外的精神，没有非我之外的自我"（哲理：《错译几例》，载《读书》1985 年第 4 期，第 151 页）。

④ 《费尔巴哈哲学著作选集》上卷，荣震华等译，生活·读书·新知三联书店 1959 年版，第 110 页。

⑤ 马克思：《1844 年经济学哲学手稿》，人民出版社 2000 年版，第 99 页。

一直在摸索'扬弃唯心主义与唯物主义对立的见地'。"① 这个说法并不完全符合思想史事实。如果说马克思在这一时期已经探索扬弃这种对立是真实的，那么说恩格斯也如此则不真实。诚然，在 1844 年初，恩格斯也说过："18 世纪科学的最高峰是唯物主义，它……反对基督教的抽象主体性的斗争促使 18 世纪的哲学走向相对立的片面性；客体性同主体性相对立，自然同精神相对立，唯物主义同唯灵论相对立，抽象普遍、实体同抽象单一相对立。"② 虽然"18 世纪没有解决巨大的对立，即实体和主体、自然和精神、必然性和自由的对立……但是，18 世纪使对立的双方完全截然相反并充分发展，从而使消灭这种对立成为必不可免的事"③。但他认为费尔巴哈从哲学上最早完成了对这种对立的克服，并指出："唯灵论和唯物主义过去在各方面的对立已经在斗争中消除，并为费尔巴哈永远克服。"④ 这既高估了费尔巴哈的贡献，也说明恩格斯当时并未真正理解这种"克服"所依赖的真实条件。

三、超越"唯物—唯心"之争的历史内涵

如果说，马克思在《1844 年经济学哲学手稿》中提出能动与受动的矛盾及其解决，还囿于"唯物—唯心"对立的抽象克服，仅仅为《提纲》第 1 条确立的主题提供了一般原则；那么，马克思在《德意志意识形态》中关于市民社会与政治国家的分裂（特殊利益与普遍利益的对立是其本质）的扬弃这一历史解决的揭示，则开显了《提纲》主题的真实历史内涵。在马克思看来，"唯物—唯心"的对立不过是市民社会同政治国家之间分裂的反映而已，它植根于后者的二元结构。因为市民社会

① ［日］广松涉：《物象化论的构图》，彭曦、庄倩译，南京大学出版社 2002 年版，第 9 页。

② 《马克思恩格斯选集》第 1 卷，人民出版社 1995 年版，第 18–19 页。

③ 《马克思恩格斯选集》第 1 卷，人民出版社 1995 年版，第 19 页。

④ 《马克思恩格斯全集》第 2 卷，人民出版社 1957 年版，第 120 页。

和政治国家，它们一个物化，一个灵化，必然孕育出为各自辩护的不同意识形态类型。马克思说得好："国家的唯心主义的完成同时也是市民社会的唯物主义的完成。"①

《提纲》第 1 条紧紧抓住"实践"，并把它作为实践唯物主义纲领的内在基础，这就为进一步揭露"唯物—唯心"及其对立作为意识形态的秘密开辟了可能性。由此出发，《德意志意识形态》向人们追溯了这样一种递进关系："唯物—唯心"→"市民社会—政治国家"→"物质利益领域—虚幻的共同体"→"特殊利益—普遍利益"→"存在—本质"→人的分裂和异化。马克思借此揭开了隐藏在"唯物—唯心"及其关系背后的深刻历史内涵和社会根源。

马克思早在《神圣家族》中就已初步地关注到 18 世纪法国唯物主义的世俗基础，指出："18 世纪唯物主义理论……本身是由当时法国生活的实践性质所促成的……这种生活趋向于直接的现实，趋向于尘世的享乐和尘世的利益，趋向于尘世的世界。"② 而在《论犹太人问题》中，马克思说："犹太人作为市民社会的特殊组成部分，只是市民社会犹太人性质的特殊表现"；因此，"市民社会从自己的内部不断产生犹太人"③。马克思正是由此发现了唯物论的世俗基础。这当然不是说市民社会产生出血缘或宗教意义上的犹太人，而仅仅是指产生出作为追求物质利益的世俗存在物的人格，亦即市民社会成员。因为"在市民社会中，人是世俗存在物"④。马克思在自己著作中表现出来的对犹太人的憎恶，不过是对犹太人作为市民社会成员的性格之象征的否定。基于这种理解，马克思说："犹太人的解放，就其终极意义来说，就是人类从犹太

---

① 《马克思恩格斯全集》第 1 卷，人民出版社 1956 年版，第 442 页。

② 《马克思恩格斯全集》第 2 卷，人民出版社 1957 年版，第 161 页。

③ 《马克思恩格斯全集》第 1 卷，人民出版社 1956 年版，第 448 页。德文"Jude"除了"犹太人""犹太教徒"等基本含义外，还有"高利贷者""商人"的意思（参见《马克思恩格斯全集》第 1 卷，人民出版社 1956 年版，第 446 页脚注）。

④ 《马克思恩格斯全集》第 1 卷，人民出版社 1956 年版，第 428 页。

中获得解放"①；或者说"犹太人的社会解放就是社会从犹太中获得解放"②。这意味着马克思把批判的矛头指向了市民社会本身。就此而言，马克思所从事的政治经济学批判，无非是对市民社会加以批判所做的一种意识形态清理工作。

马克思说过，"旧唯物主义的立脚点是市民社会"③。按照他的看法，"市民社会包括各个人在生产力发展的一定阶段上的一切物质交往。它包括该阶段的整个商业生活和工业生活"④。因此，他把"市民社会"了解为"物质生活关系的总和"⑤。由此决定了"实际需要、利己主义就是市民社会的原则"⑥，而市民社会成员不过是"世俗存在物"。市民社会所塑造的这种生存方式，变成了以市民社会为立脚点的费尔巴哈哲学的理论原则。正因此，费尔巴哈有一句名言就叫做"我欲故我在"⑦。它集中体现着这种以市民社会为世俗基础的唯物论所必然具有的偏好和特征，这正是作为市民社会意识形态修辞的唯物论的本质所在。

如果说，费尔巴哈的唯物论立足于市民社会，推崇"感性"⑧ 原则，构成市民社会的意识形态的典型代表；那么，黑格尔的唯心论则正好与此相反，它作为神化政治国家这一"虚幻的共同体"的结果，构成把国家绝对化的意识形态的典型代表⑨，由此铸就了黑格尔哲学沦为普鲁士王国官方哲学的命运。无论是黑格尔还是费尔巴哈，他们哲学的保守性

---

① 《马克思恩格斯全集》第 1 卷，人民出版社 1956 年版，第 446 页。
② 《马克思恩格斯全集》第 1 卷，人民出版社 1956 年版，第 451 页。
③ 《马克思恩格斯选集》第 1 卷，人民出版社 1995 年版，第 57 页。
④ 《马克思恩格斯选集》第 1 卷，人民出版社 1995 年版，第 130 页。
⑤ 《马克思恩格斯选集》第 2 卷，人民出版社 1995 年版，第 32 页。
⑥ 《马克思恩格斯全集》第 1 卷，人民出版社 1956 年版，第 448 页。
⑦ 《费尔巴哈哲学著作选集》上卷，荣震华等译，生活·读书·新知三联书店 1959 年版，第 591 页。
⑧ 德语"Sinnlichkeit"（感性）一词也含有肉欲、淫荡之意，这种世俗化含义正是市民社会成员的趣味所在。
⑨ 马克思在《德意志意识形态》"费尔巴哈"章所作的边注中揭露道，作为虚幻的共同体，政治国家所代表的那种抽象的普遍性，符合于"共同利益的幻想"，符合于"玄想家的欺骗和分工"（《马克思恩格斯选集》第 1 卷，人民出版社 1995 年版，第 100 页）。

归根到底是由其所固有的意识形态性质决定的，毋宁说正是其意识形态辩护功能的体现。由此不难理解费尔巴哈与黑格尔何以殊途同归，都陷入对现实的实质上的非批判态度这一事实了。费尔巴哈"只是希望确立对存在的事实的正确理解"，而不是"推翻这种存在的东西"①。黑格尔则宣称："哲学的任务在于理解存在的东西，因为存在的东西就是理性"，而"这种理性的洞察，会使我们跟现实调和"②。他们即使表现出某种激进的批判姿态，也不过是"用另一种方式来解释存在的东西"，亦即"借助于另外的解释来承认它"③罢了。

对于"唯物—唯心"对立的超越问题，有两种解决方式，即历史的解决和逻辑的解决，这两者又内在相关。虽然马克思从未在割裂的意义上讨论不同的解决方式，但在其著作中也存在着论述上的侧重点。譬如，历史的解决主要体现在马克思《论犹太人问题》《黑格尔法哲学批判》等著作中；逻辑的解决则主要体现在《1844 年经济学哲学手稿》《关于费尔巴哈的提纲》等文献中。《德意志意识形态》"费尔巴哈"章实际上已体现着两种解决方式的统一。

在《1844 年经济学哲学手稿》中，马克思提出的"共产主义"的绝对性④，意味着人的存在的分裂即实存与本质的疏离和对立的历史扬弃。与人的肉体存在相对应的是人的实存—个体—特殊利益—市民社会—唯物论；与人的精神存在相对应的则是人的本质—类—普遍利益—政治国家—唯心论。共产主义作为"真实的共同体"，乃是扬弃了人的存在的这种分裂及其历史表征形式的结果，它也只有作为这种结果才是可能的。在马克思的语境中，"共产主义"作为理论的规定，是"唯物—唯心"对立之逻辑解决的结果；作为实践的规定，则是这种对立之

①　《马克思恩格斯选集》第 1 卷，人民出版社 1995 年版，第 96-97 页。
②　[德] 黑格尔：《法哲学原理》，范扬、张企泰译，商务印书馆 1961 年版，第 12、13 页。
③　《马克思恩格斯选集》第 1 卷，人民出版社 1995 年版，第 66 页。
④　参见马克思：《1844 年经济学哲学手稿》，人民出版社 2000 年版，第 81 页。

历史解决的结果。

在 1844 年 11 月所做的笔记中，马克思明确提出"为消灭〔Aufhebung〕国家和市民社会而斗争"①。在《德意志意识形态》中，他更加自觉地致力于从理论上揭示使"唯物—唯心"之对立得以成立的社会根源本身亦即市民社会与政治国家的分裂及其扬弃了。马克思着眼于人的生存悖论的历史展现方式，指出："分工只是从物质劳动和精神劳动分离的时候起才真正成为分工。"② 物质劳动同精神劳动的分离之所以是真正的分工，是因为这种分离构成人的生存悖论的历史地展开了的形式，它意味着人的存在的分裂已不再表征为个体的人的自我冲突，而是表征为人们之间在职业上的分离及其造成的紧张。如果说物质劳动肯定的是人的肉体存在，那么精神劳动肯定的则是人的心灵存在。马克思先前提出的肉体原则和精神原则的冲突问题，在这里获得了坚实的历史基础和丰富的历史内涵。它不再是一种抽象的对立，而是变成了由人的实践所建构着的现实历史本身的性质。马克思进一步指出："物质劳动和精神劳动的最大的一次分工，就是城市和乡村的分离。"这意味着城乡分离成为人的真正分工的典型历史形式。而"城乡之间的对立只有在私有制的范围内才能存在"③。因此，要克服这种对立，就必须"消灭私有制"。然而，消灭城乡之间的对立，"单靠意志是不能实现的"，因为它"取决于许多物质前提"④。这些物质前提作为历史结果，归根到底是由人的实践造成的。另外，马克思还从解决普遍利益与特殊利益的矛盾、克服政治国家与市民社会的分裂角度，考察了"虚幻的共同体"向"真正的共同体"的历史转变。

在扬弃"唯物—唯心"对立的意义上，马克思所揭示的上述一切，其实都不过是一种必要的历史准备罢了。

---

① 《马克思恩格斯全集》第 42 卷，人民出版社 1979 年版，第 238 页。
② 《马克思恩格斯选集》第 1 卷，人民出版社 1995 年版，第 82 页。
③ 《马克思恩格斯选集》第 1 卷，人民出版社 1995 年版，第 104 页。
④ 《马克思恩格斯选集》第 1 卷，人民出版社 1995 年版，第 105 页。

第四章　实践本体论为什么是对的

　　本体范畴的绝对性决定了它的唯一性，它因此是逻辑自明的，既不需要也不能够被追问。作为本体论预设，实践意义上的"对象化"不具有自身的合法性，它只能作为实践展开了的结果，被历史地建构起来。有学者提出的所谓"对象化本体论"，不能取代实践本体论而成为恰当的本体论形态。"实践"作为"大全"，并不导致"自我封闭"；恰恰相反，它为内在的开放性提供了绝对前提。马克思哲学所特有的现实性和批判性，只能植根于实践的本体论。从一定意义上说，这构成我在实践本体论问题上的基本立场和观点。在此先予申明。

　　我曾就实践本体论问题同张立达先生发生过一场争论①。后来，张又发表《实践本体论再反思——再答何中华先生》②一文（以下简称"再反思"），对我的反驳提出新辩护并对拙见作进一步质疑。由于事关哲学的"元问题"和马克思哲学的基本预设，我觉得仍有必要做出再回应，以利问题的澄清和深化。

---

　　①　参见张立达：《马克思主义哲学需要怎样的"本体"——评何中华与孙亮关于马克思主义哲学本体论的争鸣》，载《华中科技大学学报》（社会科学版）2009年第3期；何中华：《实践本体论若干问题再探——答张立达先生》，载同上刊2010年第2期。

　　②　张立达：《实践本体论再反思——再答何中华先生》，载《华中科技大学学报》（社会科学版）2013年第6期。

一、本体论原初范畴何以拒绝追问

本体论意义上的"一"的合法性和必要性究竟源自何处？在我看来，问本体论为什么非要追求"一"不可，就像问物理学为什么非要研究物理事实一样荒谬，因为它是一个假问题。按黑格尔的说法，"哲学的历史就是发现关于'绝对'的思想的历史。绝对就是哲学研究的对象。"① 因此，"哲学必须以无条件的东西为出发点"②。作为哲学内核的本体论，它所先行预设的初始范畴，其唯一特性就是绝对性，而绝对之物也只能是唯一性的。正因此，所谓的绝对也就是"一"。这也正是本体论的原初范畴何以拒绝追问的原因所在。总之，本体范畴的绝对性，本然地决定了它的唯一性；由此决定了在本体论的建构中，原初词只能是单数且大写的，而不能是复数的。

其实，"再反思"也不能否认"追求'一'，确实是本体论传统的本质特征"；但又继而质疑道："人们不得不追问的是：为什么非这样不可？"在它看来，"如果不做这样的追问，那么哲学就会变成一种类似宗教信仰的东西"。其实，不需要和不能够追问，这是由本体范畴的逻辑自明性决定的，与宗教信仰毫无关系。"再反思"拒绝承认自己陷入怀疑论，但在一个既不能追问也不该追问的地方加以设问，这不是怀疑论又是什么呢？我认为，"再反思"对于本体论何以必须追求"一"所给出的解释，其根本症结就在于它混淆了本体论和认识论的差别。例如，"再反思"认为："'一'显然不是最初直观到的事实，感性事物只能是杂多，而获得了自我意识（本质上是对自己意识的意识）的人感受到了杂多的异己之物对自身的否定，就不得不把自己作为'一'规定、保存下来。"这一说法未曾澄清认识论的"一"同本体论的"一"之间不可

---

① ［德］黑格尔：《小逻辑》，贺麟译，商务印书馆 1980 年版，第 10 页。
② 苗力田译编：《黑格尔通信百封》，上海人民出版社 1981 年版，第 41 页。

忽略的差别。作为人的认识之可能的条件，"一"不过是属于康德意义上的主体的自我同一性范畴，它同作为本体论前提的那个大写的"一"没有关系。在认识论意义上，正如苏格拉底所言，"他物与我相遇合，物既非故物、我亦非故我，所起的作用迥异，我亦迥然成为另一知觉者。"① 因此，倘若离开了主体的自我同一性，认识的发生就是不可能的。

本体论意义上的"一"当然不是所谓的"纯'一'"，而是内蕴其矛盾可能性的"一"。不然，本体就不可能是主体，从而不可能实现自我展开，成为"活的"、有生命的规定。当年黑格尔不满意于斯宾诺莎"实体"说的地方，正是在这里。这个大写的"一"或曰"太一"的自我扬弃和自我完成，在马克思那里是通过诉诸实践及其所建构的历史本身来实现的。正因此，马克思才能够真正摆脱思辨哲学的局限性。本体论的原初范畴所具有的绝对性，使其成为自明的规定，它既不需要论证，也不能够进一步被追问。倘若本体论原初范畴的绝对性本身变成可怀疑的，就会出现"再反思"提出的所谓"对象化本体论"之类的错误想象。"再反思"认为人们把所谓"对象化"理解成"对象性"是一种"误解"。但按照"再反思"的表述，"所谓对象化，意味着圆融的一体性或主体的目的性一开始并不存在，没有先验必然的存在方式和本质的人只能通过原本异己的对象来确证自己之所是……"云云，不是指对象性又是什么？而且是作为原初规定的对象性。既然如此，这种所谓的"对象化本体论"就不可避免地固有其致命的缺陷：第一，在原初词的意义上就预设了一个二分模式，从而在逻辑上注定是无法归一的，因此不能实现一元论初衷，不具有逻辑完备性。既然"圆融的一体性""一开始并不存在"，那么在结束时也就不可能达到。二分框架仅仅作为结果才是正当的，但它不能作为前提先行地有效。第二，这种"对象化本体论"方案带有明显的外在性。所谓"人"借助于"原本异己的对象"

---

① ［古希腊］柏拉图：《泰阿泰德·智者之术》，严群译，商务印书馆 1963 年版，第 48 页。

来确证自己之所是，意味着人的存在依赖于本然异己的对象之规定。这就事先从逻辑上解构掉了那个原本作为原初词的"一"的绝对性质，从而使得"对象化"具有了作为本体论承诺的资格。在这里，"对象化本体论"的外在性便露出了"马脚"！由此可见，"对象化"作为本体论预设并不具有自身的合法性。

"再反思"主张的"对象化本体论"，据说"是从矛盾性的角度来理解存在，不仅要在本体论层面证明矛盾，而且要证明矛盾的绝对性、不可扬弃性"。所谓"矛盾的绝对性、不可扬弃性"，只有在黑格尔所谓恶无限的意义上才成立。坚持这一立场，乃是基于对真正的无限性的误解。在黑格尔看来，知性意义上的无限即"坏的或否定的无限"，它"不是别的东西，只是有限事物的否定，而有限事物仍然重复发生，还是没有被扬弃"①。因为"当有限与无限两者互相对立时，这本应认作代表全体的无限，仅表现为偏于一面，被有限所限制着的一面。但被限制的无限仍不过只是一有限之物而已"②。这样一来，又何以能够过渡到真正的无限呢？"矛盾的绝对性、不可扬弃性"问题，只有在此意义上才会被提出来。实践本体论超越了知性意义上的无限性的束缚，在真正的无限性角度谈论矛盾及其扬弃，从而能够把人的历史存在的矛盾的"真正解决"作为哲学的完成。在知性无限性的意义上，矛盾的确是不可扬弃的，因为解决了某个具体的矛盾，还会出现新的矛盾，只能表征为"无穷进展"；但在真正的无限性的意义上，矛盾又是可以而且是必须被扬弃的，不然，本体论建构就无法通过自我展开而获得最后的完成。马克思当然谈到了"对象化"，特别是在他的"巴黎手稿"中。但需要指出的是，在马克思哲学语境中，对象化只是被历史地建构起来的规定，它并不具有终极的原初性质。因此，作为一种"所与"（given）的结果，对象化只能属于历史的规定，从而决定了它本身不能充当先于历史

① ［德］黑格尔：《小逻辑》，贺麟译，商务印书馆1980年版，第206页。
② ［德］黑格尔：《小逻辑》，贺麟译，商务印书馆1980年版，第97页。

的逻辑预设。

"再反思"担忧，"如果哲学把实践设定为既定前提，就必然会在现实中造成实践崇拜和对实践的片面乐观态度，陶醉于'现实的不完满总会被历史的发展所扬弃'这样一个抽象信念"；据称只有像"再反思"所主张的那样，"从对象化角度进入哲学反思，才能揭示矛盾的不可扬弃性，真正把对现实的反思和批判变成一个紧迫的任务"。在我看来，事实上恰恰相反。因为一旦把"对象化"预设为一个先验的规定，就必然离开矛盾的逻辑生成和历史生成，而没有生成，又谈何解决？这的确陷入了"矛盾的不可扬弃性"。如此一来，我们面对矛盾，就只能无所作为，又何以能够"真正把对现实的反思和批判变成一个紧迫的任务"？在这种基于"原本异己的对象"而建立起来的先验的"对象化"关系中，任何否定都只能局限于反题对正题的知性否定，而无法达成否定之否定意义上的辩证否定。这就难免重蹈马克思曾批判过的蒲鲁东的覆辙，即在对立的双方中保存好的方面而抛弃坏的方面。马克思讽刺地说："蒲鲁东自己的辩证运动只不过是机械地划分出好、坏两面而已"；如此这般，"当他想通过辩证的生育过程生出一个新范畴时，却毫无所获"[①]。思想史上的这种教训，难道不值得我们认真汲取和郑重对待吗？试图通过先验的"对象化"来实现"对现实的反思和批判"，面临着类似的尴尬。因为它所导致的知性意义上的外在否定，不过是一朵不结果实的花而已。而"把实践设定为既定前提"，就从本体论层面给出了必须回到实践的理由，它内在地要求人们必须诉诸"改变世界"，即通过自己的感性活动，"实际地反对并改变现存的事物"。这又谈何"陶醉于'现实的不完满总会被历史的发展所扬弃'这样一个抽象信念"呢？事实恰好相反，这种实践本体论立场不仅不是走向抽象信念的原因，倒是避免人们陷入"这样一个抽象信念"的可靠保障。

哲学赖以存在的理由究竟是什么？"再反思"说："之所以会产生哲

---

① 《马克思恩格斯选集》第1卷，人民出版社1995年版，第144页。

学，是因为人不能仅仅满足于通过有限的实践成果和受限的实践活动来肯定自身，必须要在精神上追求自身主体性的彻底肯定、彻底证明"。其实，人在精神上追求自身主体性的肯定和证明，不过是近代西方以启蒙精神为主导的哲学之性质和偏好，到了思辨哲学阶段它便达到了巅峰。这一取向恰恰构成马克思试图解构并超越的对象，因为马克思哲学是以扬弃主客体对立本身为其终极旨归的。在马克思那里，哲学存在的理由不是思辨的，不是在精神上给出主体性的证明，而仅仅在于从逻辑上给出实践何以必须成为第一原因的合法性根据。正因此，马克思才终结了一切思辨哲学，而通过哲学来消解哲学，即追求以"哲学的实现"达到"哲学的丧失"。确立实践在本体论上的原初范畴地位，这本身当然并不就是"面向现实"，但却是为"面向现实"提供了内在理由。

"再反思"提出，"马克思主义哲学……不能仅仅在形而下的层面承认差异、冲突和矛盾，必须将矛盾在本体论内部揭示出来"。诚然如此，但很遗憾，这种说法却是无的放矢的。因为我从未否认过本体论的原初基础本身内在地隐含着矛盾赖以展开并得以解决的根据或理由。在我看来，矛盾的内在根据只能植根于作为本体论原初范畴的实践之中。矛盾赖以成立并展开的理由，是有一个形而上层面的来源的。这又怎么能说"仅仅在形而下的层面承认差异、冲突和矛盾"呢？实践本体论或者人的存在的现象学的历史叙事，并不纯粹是形而下的规定，而是形上学规定通过时间性的展现及其完成的反思形式。因此，处于形而下层面的、被现象出来的矛盾形态，必须先行地有一个形而上的根据作为其可能性基础。需要指出，本体论仅仅在奠定原初基础时，才必须确立超验视野，而暂时撇开经验层面；一旦确立了超验视野，本体论又不能不寻求超验同经验的和解，而不可滞留于超验的规定本身。实践本体论的优点，恰恰在于它通过现象学的历史叙事，为达成这种"和解"，提供了适宜的路径。马克思哲学固然"必须将矛盾在本体论内部揭示出来"，但这种"揭示"决不能通过外在地设定即一开始就预设为"对象化"关系来实现。事实上，"再反思"也不得不承认我从本体论层面上"为揭示'实践的内在矛盾'奠定了基础",它只是说"奠定基础毕竟不是完成这一工作,就像提供了舞台并不能自然而然排练出戏剧一样"。问题在于,究竟谁又曾糊涂到如此地步,以至于把"奠定基础"同"完成这一工作"混为一谈呢?既然"奠定"了"基础",就根本谈不上"仅仅在形而下的层面承认差异、冲突和矛盾",而正是做了"将矛盾在本体论内部揭示出来"的工作。至于它尚有待于完成,这并不是本体论原初范畴本身的缺陷或"过错",因为那将是整个本体论体系只有在充分展开之后才能够完成的任务。而且,不奠定原初基础,又谈何展开和完成?对于本体论原初范畴本身提出这样的任务,无疑是一种非分的要求。

"再反思"强调:"当独断超越了个别观点,上升为一个总的理论态度、理论原则的时候,就已经变成独断论了。"需要澄清的是,这里所谓的"独断"究竟何所指,它指的是某个"独断"的悬设,还是指"独断"的态度本身?若是前者,就根本谈不上"变成独断论"。因为是不是独断论,其判据不在于是否确认某种"理论态度"或"理论原则",而仅仅在于确立的"理论态度"或"理论原则"是否具有自明性。实践本体论固然是把实践确认为第一原则,但因实践具有逻辑的自明性,这种确认虽然是独断的,却不是独断论的。若是后者,即把"独断"的态度泛化为一种普遍的"理论态度",就难免陷入独断论的泥淖。但问题在于,这同实践本体论没有任何关系。从某种意义上说,拒绝了独断,其实也就拒绝了建构本体论的可能性和合法性。"再反思"提出,"理论观点必然具有某种意义上的绝对性,但是这与怀疑、追问原因并不冲突,就像笛卡尔要用普遍怀疑方法为人类厘定绝对可靠的基础一样"。首先,绝对性的前提本身正是通过怀疑和追问得以澄清的,在此意义上,绝对性的前提同怀疑和追问不仅不矛盾,相反倒是由怀疑和追问成就的。我从未在此意义上否定怀疑和追问的正当性和必要性;我仅仅是拒绝对于这个绝对前提本身加以怀疑和追问。笛卡尔的普遍怀疑的边界,恰恰在于"我怀疑"本身是不可怀疑的。也正是由于笛卡尔突破了这一边界，他才不可避免地陷入了怀疑论难以逃避的悖论。"再反思"还认为，"哲学家只要承认自身的有限性，也就应该承认自己的绝对信条的相对性，否则就将阻碍思想的更新。"在我看来，否定了对绝对性的把握的可能性，也就等于否定了建构哲学的可能性。人的存在的有限性本身，恰恰给出了通过哲学把握绝对性的必要性。人对自身有限性的超越，正是哲学的任务。因此，哲学家自身的有限性同哲学信念的绝对性并不相悖。"思想的更新"倒是相对的。我们必须辨别什么样的思想必须更新，什么样的思想不能更新。

二、对实践本体论的"批评"何以不能成立

"再反思"指责说："一旦实践变成包容一切、意义完满的大全，就会自我封闭起来，阻碍哲学对现实的反思和批判，窒息哲学的现实意义"；据称这是"对实践本体论的根本批评"。我认为，这个所谓的"根本批评"是站不住脚的。因为它是出于对实践本体论的误解，就像恩格斯由于不能真正理解无限性，而不恰当地批评黑格尔哲学的体系与方法相矛盾一样。

首先需要指出，在马克思那里，不是哲学对现实的反思和批判，而是把旧哲学对于现实的反思和批判，置换成实践本身对于现实的批判，亦即实际地改变。这正是马克思的实践本体论对历史上的哲学的超越之处。因为以往的哲学虽然不满意于现实，但要么诉诸思辨的逻辑批判，要么诉诸主观的道德批判；在"物质力量"面前，这类批判都显得苍白无力。马克思深刻地认识到了它们的致命缺陷，给出了实践的批判这一全新的批判方式。他之所以从事哲学的思考和建构工作，不过是为了在"元"（meta）层面上使这种实践批判获得逻辑上的必然性和正当性罢了。因此，马克思哲学不再表征为对现实的思辨范导，也不再表征为对现实的道德谴责，而是从哲学上给出实践批判的内在理由。

"实践"作为"大全"，不仅不会导致"自我封闭"，恰恰相反，而

是为内在的开放性提供了绝对前提。在我看来，"再反思"所提出的批评，其症结在于未曾理解何谓真正的开放性。哲学的开放性并不在于它的体系的未完成性，而仅仅在于逻辑上已完成的体系是否内在地蕴含着自我展开的可能性根据。这是因为：一是本体论在逻辑上的完成不仅不是封闭的原因，相反恰恰是开放的条件。如果把开放性理解为一种哲学本身的"无穷进展"，那就陷入了黑格尔所曾批评过的"恶无限"。二是实践本身所固有的创造性，使得宇宙中唯一以实践为其存在方式的人，能够通过自己的感性活动"是其所不是"和"不是其所是"。正因此，唯有人的存在才是生成性的而非预成性的。一切非人的存在都是预成的而非生成的。人的这种生成性所显示出来的超越性，归根到底取决于实践的开放性。正因为实践具有向一切可能性开放的能力和资格，所以它才能成为"大全"。如此一来，作为"大全"的实践又谈何封闭性？毋宁说，这才是最彻底的开放性。三是实践作为原初范畴在本体论的建构中有一个由潜在到显在的展开，这正是实践本体论本身的开放性所在。四是马克思哲学因为从逻辑上回到了人的在场性，所以就获得了开放性的内在根据，它把人的实践及其建构的历史本身，变成了哲学的展现方式，此乃是最深刻的开放性所在。因此，马克思才真正把哲学从哲学家的书房和思辨的大脑中解放出来，变成了人的存在本身的历史展现及其完成的问题。

　　"再反思"还援引阿多诺来批评实践本体论。其实，这最多能表明阿多诺的否定辩证法同实践本体论不相侔，但并不能由此证明实践本体论就是错误的。因为真正的批评只能是内在的批评，而非外在的批评。阿多诺追求绝对的否定性，其可商榷之处一点也不亚于实践本体论所面临的难题。阿多诺宣称："在批判本体论时，我们并不打算建立另一种本体论，甚至一种非本体论的本体论"[①]；并指责本体论"思考存在的要

　　① ［德］阿多诺：《否定的辩证法》，张峰译，重庆出版社 1993 年版，第 133 页。

求成了一种空洞的要求"①。其实，这正好表明阿多诺根本不曾领会"存在"的"无"的性质。由此决定了他不是在本体论的本来意义上否定本体论，而是外在地拒绝本体论。尽管他明确宣称自己已深入到"对本体论本身的内在批判"②，但讽刺的是，这种批判却陷入了阿多诺自己所提醒警惕的那种窘迫状况之中，即"只是一般地从外部来反对存在哲学，而不是把它摆在它自身的结构中，按照黑格尔的要求，用它自己的力量来反对它，那么我们就没有权力支配它"③。所以，阿多诺的拒绝一切可能的本体论方案，就不能不走向虚妄。"再反思"借阿多诺观点质疑实践本体论，其说服力不能不因此而大打折扣。

"再反思"通过援引并利用阿多诺的某些说法，譬如所谓现象学方法"不断地向不一致的事物施加暴力"、所谓"概念是和非真理、压迫的原则融合在一起的"等等，加以指责。其实，这些指控恰恰适用于为实践本体论所试图解构掉的意识形态，而并不适用于实践本体论本身。实践本体论以终结一切可能的意识形态为旨归，它本身不再是一种意识形态。只有意识形态才对现实事物"施加暴力"，并同"非真理、压迫的原则"相"融合"。按照"再反思"的说法，"真实的存在不是直接性的，而是中介性的，用直接性吞没中介性恰恰是一种隐性主体性哲学的独断"。事实恰好相反，真实的存在之本真性的敞显，正是祛除中介性的结果。"真实存在"的被遮蔽，究竟是什么造成的呢？在马克思看来，它正是由意识形态的作用产生的。在此意义上，意识形态才是这种所谓的中介性的渊薮。因为被意识形态所蒙蔽的现实生活，也就是被意识形态所中介了的"真实的存在"。就此而言，实践本体论不仅不能肯定中介性的合法性，相反，它必须以解构这种中介性为鹄的。正是实践本体论作为"一种符合现实生活的考察方法"④，剪除了一切附加在现实

---

① ［德］阿多诺：《否定的辩证法》，张峰译，重庆出版社1993年版，第95页。
② ［德］阿多诺：《否定的辩证法》，张峰译，重庆出版社1993年版，第94页。
③ ［德］阿多诺：《否定的辩证法》，张峰译，重庆出版社1993年版，第94页。
④ 《马克思恩格斯选集》第1卷，人民出版社1995年版，第73页。

生活这一"真实的存在"上面的中介性的意识形态面具，才使得事物以其本真性的姿态和面目向我们敞开。所以，马克思说："只要这样按照事物的真实面目及其产生情况来理解事物，任何深奥的哲学问题……都可以十分简单地归结为某种经验的事实。"① 但是，实践本体论作为人的存在的现象学，它所追求的这种直接性，也并非像"再反思"所说的那样"执着于现象显现的直接现实性"。由于现实生活本身就是实践的，这种直接性在现实层面上源自人的感性活动，从而区别于费尔巴哈式的"感性对象"；在理论层面上又固有着一个反思的层面，从而不同于费尔巴哈的"感性直观"。对于作为直观者的人而言，直接性是"所与"的；而对于作为实践者的人而言，它却是被感性活动建构起来的。就这个角度说，它的确带有"主体性"意含，但却是绝对的主体性，而非那种同客体规定相对而言的主体性。

"再反思"指责说："现象学……执着于现象显现的直接现实性。"这一指责也是难以成立的。如果所谓"现象学"也包括对马克思哲学所做的阐释即人的存在的现象学，那么"执着于现象显现的直接现实性"根本不是马克思哲学的立场，倒是被马克思批判地克服了的费尔巴哈哲学立足于"感性直观"的态度。费尔巴哈极其推崇感性原则，指出："在我看来，感性也就是现实"②；"我真正彻底承认感性"③。而这种"感性"是未经中介的，因为"你所看到的，且未经人的手和思想接触过的，都是自然界"④。"这样的自然界是最初的、原始的、非派生的东西"⑤，因此，"必须先有自然界，而且是这种式样的自然界，然后才能

① 《马克思恩格斯选集》第 1 卷，人民出版社 1995 年版，第 76 页。
② 《费尔巴哈哲学著作选集》下卷，荣震华等译，生活·读书·新知三联书店 1962 年版，第 514 页。
③ 《费尔巴哈哲学著作选集》下卷，荣震华等译，生活·读书·新知三联书店 1962 年版，第 515 页。
④ 《费尔巴哈哲学著作选集》下卷，荣震华等译，生活·读书·新知三联书店 1962 年版，第 592 页。
⑤ 《费尔巴哈哲学著作选集》下卷，荣震华等译，生活·读书·新知三联书店 1962 年版，第 589 页。

有我"①。正是这样的"自然界"，才能被人加以直观。其实，现象学仅在祛除偏见的意义上强调现象的直接性，但它并不等于感性直观。相反，胡塞尔指出："经验的或个别的直观可被转化为本质看（观念化作用）——这种可能性本身不应被理解作经验的，而应被理解作本质的。于是被看者就是相应的纯粹本质或艾多斯，无论它是最高范畴，还是最高范畴的直到包括完全具体物的特殊物。"② 与其说海德格尔反对本质，倒不如说他反对以往对本质的把握方式更恰当。海德格尔反复追问"存在"的本质、"真理"的本质、"技术"的本质，认为传统哲学对本质的追问方式带来的是遮蔽而非敞显，所以才另辟蹊径，试图通过现象学的路径以使本质得以开显。因此，他也并未"执着于现象显现的直接现实性"。诚然，"回到事情本身"是现象学的偏好，但它也只是为了祛除"主客体关系"这一"不祥的前提"而已，与局限于现象的直观性无关。值得指出的是，马克思的哲学建构活动本身，无疑属于他所谓的"思维着的意识"，所以人的存在的现象学并非像"再反思"所说的那样"执着于现象显现的直接现实性"，而是"被理解和被认识到的生成运动"③。它显然内在地包含着一个反思的层面。

即使"再反思"也不得不承认，"'实践'确实可以显示某种真理，表明一切存在者都不是现成的，而是在统一的关系和运动中生成的，人的存在是自我超越性的"。但它又说："这个本体所揭示的也就仅仅如此了；它把握到了某种真实的存在，但是仅仅从形式方面揭示它，那么对于我们怎样把握具体内容，它就并没有提供一幅指引图"。这种批评并不能成立。首先，作为本体范畴的实践，不是形式逻辑的概念，而是辩证逻辑的概念，因此它是思维的形式同思维的内容的统一。不然，实践就既不能自我展开，也不能在人的存在的现象学叙事中以反思性的方式

① 《费尔巴哈哲学著作选集》下卷，荣震华等译，生活·读书·新知三联书店 1962 年版，第 593 页。

② ［德］胡塞尔：《纯粹现象学通论》，李幼蒸译，商务印书馆 1992 年版，第 51 页。

③ 马克思：《1844 年经济学哲学手稿》，人民出版社 2000 年版，第 81 页。

把握现实。显然，实践范畴绝非"仅仅从形式方面揭示""真实的存在"的。其次，期待实践本体论能够为人们"提供一幅指引图"，显然是一种过分的和额外的要求，从而是不正当的。我们不能要求马克思的学说为疗治社会弊病开出"灵丹妙药"，同样地，我们也不能要求实践本体论向人们提供实际活动的具体操作方案。

"再反思"在援引了马克思的"异化借以实现的手段本身就是实践的"和"自我异化的扬弃同自我异化走的是同一条道路"两段话之后，就得出一个大胆的结论："马克思这里没有'本真'和'非本真'的二元对立"。事实上，马克思所谓的"自我异化的扬弃同自我异化走的是同一条道路"，不过是说无论人的异化的历史生成，还是人的异化的历史消解，都不过是人的实践所塑造的历史本身的产物。这同人存在的本真与非本真的分裂并无关系。但马克思哲学是内在地充满张力的。以寻求人的"本真"存在和"非本真"存在的统一为目标的实践本体论，在其理论建构的终极旨归上，当然不存在这种分裂。但人的异化在其本质上正是人的"本真"存在与"非本真"存在发生分裂的历史形式，人的实存与本质的分裂，就表征为人的本真状态与非本真状态的乖戾。因此，对于历史本身而言，这种分裂绝不是强加给历史的一种杜撰，而是历史的真实。作为一个必要的逻辑环节，人的本真存在与非本真存在的二元对立，在实践本体论语境中又具有真实性。顺便指出，"再反思"一方面认为马克思"终其一生最关注的却是以科学研究实现对价值批判的超越"，另一方面又认为"如果没有超历史的类存在和类本质，历史也将失去意义评价的标准和尺度"，这显然是自相矛盾的。

"再反思"还质疑道："如果自否定就只需要自我显示，不需要说明客观原因，就难免会带有神秘化或独断论的倾向，乃至要么倒向黑格尔式的唯心辩证法，要么导致对现实的特定历史过程的一味肯定"；而"对立统一才更能揭示矛盾的现实运动机制"。它甚至进一步认为"自我否定是抽象的，对立统一是相对具体的"。这似乎割裂了"自我否定"同"对立统一"之间的内在联系。其实，"自我否定"同"对立统一"

是内在地一致的，是不能机械地划分开来谈的。列宁在《谈谈辩证法问题》一文中，开宗明义地指出："统一物之分为两个部分以及对它的矛盾着的部分的认识（……），是辩证法的实质（是辩证法的'本质'之一，是它的基本的特点或特征之一，甚至可说是它的基本的特点或特征）。黑格尔也正是这样提问题的……"① 应该承认，列宁的这个说法是准确的。从辩证法的展开和完成看，只有"一分为二"和"合二而一"这样两个方面才构成完整的结构，它既表征为自我否定过程，又体现着对立统一关系。难道这两者能够互为外在地剥离开来吗？

辩证法的真理不是一枚铸就了的硬币，相反，它只能现象为过程。辩证法的完整结构只能是"一分为二"和"合二为一"的。它是辩证法的，同时又是本体论的。当马克思把实践确立为本体范畴时，这一切都被理解为实践本身的展开和完成的内在结构。马克思哲学是实践的辩证法，而不是辩证法的实践。与其说"只有尖锐的对立统一才能揭示实践的本质"，倒不如说是只有实践这一原初基础上的对立统一才是辩证法的本质更恰当些。不把矛盾当作过程和展现来看，而是把它当作一种突兀地给定的僵硬结构来看，是不符合辩证法的本义的。抛开实践这一绝对前提的那种抽象的"对象化"或所谓"尖锐的对立统一"，是无法把矛盾理解为内在性的规定的，而这是同辩证法立场完全相悖的。因为正是黑格尔特别强调矛盾的内在性质，认为矛盾是"一切自己运动的原则"，指出："矛盾……是在其本质规定中的否定物，是一切自己运动的根本，而自己运动不过就是矛盾的表现。"② "再反思"忧虑，"如果从'源始的、分化前的一'去理解实践，其实必然会发现，动植物才是更加与自然界和谐一致的"。但"再反思"遗忘了一个关键之点，即动植物同自然界的一致不过是一种抽象同一性，它与辩证法无关。对此，马克思说得再清楚不过了，他写道："动物和自己的生命活动（这种生命

---

① 《列宁全集》第 55 卷，人民出版社 2017 年版，第 305 页。
② ［德］黑格尔：《逻辑学》下卷，杨一之译，商务印书馆 1976 年版，第 66 页。

活动本身就是自然界的一部分，属于自然界的过程——引者注）是直接同一的。动物不把自己同自己的生命活动区别开来。它就是自己的生命活动"；而"人则使自己的生命活动本身变成了自己意志的和自己意识的对象"①。人的生命活动所特有的这种张力，使人与自然的同一性成为具体的同一性，而人的这个特点又只有基于实践才是可能的，也才是可理解的。澄清了人同动物的这种原则差别，就不难发现"再反思"所陷入的那种想象——"动植物生存活动就会比人类实践更加符合这种实践本体论的现象学证明"——的错误了。

我们知道，早在《1844 年经济学哲学手稿》中，马克思就反复提示了人的历史的自我否定性，例如他指出："历史是人的真正的自然史。"② 所谓"自然史"也就是自我决定的历史，它是一个由自我否定决定的自然而然的过程。对于它的解释，既不需要到历史之外，也不需要到人们事先预设的绝对精神那里去寻找超历史的原因。因为"整个所谓世界历史不外是人通过人的劳动而诞生的过程"③ 而已。世界历史无非就是人通过自己的劳动而诞生的过程；既然如此，难道还需要再假设一个历史之外或之上的决定者来予以解释吗？从某种意义上说，马克思正是通过把黑格尔的"思辨的辩证法"改造成为实践的辩证法，来完成对资本主义自我否定的现象学揭示的。在《神圣家族》中，马克思就是从资本主义的自我否定这一视角出发来揭示资本主义必然灭亡的逻辑的。在马克思看来，这种自我否定恰恰又表现为对立统一关系的历史地展现过程。他指出："私有制在自己的经济运动中自己把自己推向灭亡。"④ 正因此，马克思才在《共产党宣言》中说"资产阶级"成为它自己的"掘墓人"⑤。当然，这种否定不是空洞的、抽象的，而是有其特

---

① 马克思：《1844 年经济学哲学手稿》，人民出版社 2000 年版，第 57 页。
② 马克思：《1844 年经济学哲学手稿》，人民出版社 2000 年版，第 107 页。
③ 马克思：《1844 年经济学哲学手稿》，人民出版社 2000 年版，第 92 页。
④ 《马克思恩格斯全集》第 2 卷，人民出版社 1957 年版，第 44 页。
⑤ 《马克思恩格斯选集》第 1 卷，人民出版社 1995 年版，第 284 页。

定历史内容的。这种反身性的否定，其历史内涵就是雇佣劳动和资本及其人格化和阶级形式的历史地生成和历史地消解。正如马克思所说的，"无产阶级和富有是两个对立面。它们本身构成一个统一的整体。它们二者都是由私有制（此所谓'私有制'的德文原词为'Das Privateigen-tum'——引者注）世界产生的。"① 在马克思看来，正是现代私有制导致了劳资对立。那么，现代私有制又是缘何发生的呢？按照"巴黎手稿"中的说法，"劳动是私有财产的本质"②。因为"私有财产（此所谓'私有财产'的德文原词亦为'Das Privateigentum'——引者注）是外化劳动即工人对自然界和对自身的外在关系的产物、结果和必然后果"③。在马克思看来，私有制（或曰私有财产）无非是外化劳动（entäußerten Arbeit）的产物；而"外化"（Entäußerung）不同于"异化"（Entfremdung）④，因为"异化"仅仅与私有制相联系，而"外化"则可以发生在私有制产生之前。但无论怎样，劳动的这种"外化"的性质，归根到底仍然不过是人的实践本身所固有的矛盾展开了的结果。当劳动和资本的对立历史地形成之后，还必然要得以历史地扬弃。所以，马克思写道："无产阶级在获得胜利之后，无论怎样都不会成为社会的绝对方面，因为它只有消灭自己本身和自己的对立面才能获得胜利。随着无产阶级的胜利，无产阶级本身以及制约着它的对立面——私有制都趋于消灭。"⑤ 在上述历史过程中，自我否定同对立统一是无法剥离开来的。在一定意义上，可以说后者不过是前者的展开了的和实现了的形式而已。辩证法从来都是从自我否定意义上看待矛盾的。而扬弃私有财产这一劳动同资本对立之源，只有诉诸实践才是可能的。因为"要扬弃私有财产的思想，有思想上的共产主义就完全够了。而要扬弃现实的私有

① 《马克思恩格斯全集》第 2 卷，人民出版社 1957 年版，第 43 页。
② 马克思：《1844 年经济学哲学手稿》，人民出版社 2000 年版，第 138 页。
③ 马克思：《1844 年经济学哲学手稿》，人民出版社 2000 年版，第 61 页。
④ 马克思：《1844 年经济学哲学手稿》，人民出版社 2000 年版，第 200 页。
⑤ 《马克思恩格斯全集》第 2 卷，人民出版社 1957 年版，第 44 页。

财产，则必须有现实的共产主义行动"①。这种"现实的共产主义行动"，正是马克思所期待的"实践的唯物主义者即共产主义者"肩负的历史使命，也就是"使现存世界革命化，实际地反对并改变现存的事物"②。

可以说，辩证法的精髓和实质就在于确认事物的自我否定性。这是从黑格尔开始就已自觉确立的传统。黑格尔辩证法延续了斯宾诺莎的"自因"说，只是对其作了改造，即把"实体"变成了"主体"，从而使之获得了自我展开的能动性。黑格尔在《小逻辑》中说得好："辩证法却是一种内在的超越（immanente Hinausgehen），由于这种内在的超越过程，知性概念的片面性和局限性的本来面目，即知性概念的自身否定性就表述出来了。凡有限之物莫不扬弃自身。"③ 这说明辩证法既是以自我否定性作为建构自身的基本原则，又以对立统一作为展开并完成自身的基本方法，而且这两者又内在相关、不可剥离。因此，黑格尔明确承认："我的方法不过是从概念自身发展出来的必然过程，除此之外再去寻找更好的理由、含义都是徒劳的。"④ 由此可见，黑格尔辩证法不过是概念的自我否定，其中当然蕴含着对立统一关系及其展开这一内在结构。单纯就确认自我否定性而言，黑格尔开辟的却是一个正确的传统，它被马克思的哲学继承了下来。马克思不满意于黑格尔思辨哲学的，仅仅是绝对精神这一自我否定性的根据，而不是自我否定性本身。因此，马克思把这种否定原则建立在了人的实践这一原初基础之上。

三、马克思哲学的现实性和批判性何处寻

诚然，马克思哲学十分强调其现实性和批判性，但问题是这种现实

① 马克思：《1844 年经济学哲学手稿》，人民出版社 2000 年版，第 128 页。
② 《马克思恩格斯选集》第 1 卷，人民出版社 1995 年版，第 75 页。
③ ［德］黑格尔：《小逻辑》，贺麟译，商务印书馆 1980 年版，第 176 页。
④ 苗力田译编：《黑格尔通信百封》，上海人民出版社 1981 年版，第 242 页。

性和批判性究竟取决于什么？

"再反思"认为只有辩证法才是使哲学回到现实的保障，它写道："之所以高度重视辩证法，就是因为只有依靠辩证法，哲学才能突破抽象概念话语的遮蔽，重返现实生活世界"。这显然是把辩证法视作哲学摒弃思辨性从而回到现实的前提了。事情果真如此吗？人们不禁要问：黑格尔倒是不乏"辩证法"，作为"第一个全面地有意识地叙述了辩证法的一般运动形式"的思想家①，他本人就是辩证法"大师"。但他的哲学何以未能"重返现实生活世界"，相反却固有其"思辨的原罪"，从而走向"神秘化"了呢？这一事实让人不得不怀疑，"辩证法"本身能够克服哲学的这种"思辨的原罪"吗？黑格尔哲学本身的局限就是一个最好的例证，它表明辩证法并不能使其获得这种免疫力。青年黑格尔派虽然同样也有辩证法，但也未能幸免思辨批判的命运。只是到了马克思那里，因为有了实践的本体论奠基，才使得辩证法成为现实批判的内在条件。

马克思在《资本论》第1卷第2版跋中的确说过，"辩证法不崇拜任何东西，按其本质来说，它是批判的和革命的"。这是因为"辩证法在对现存事物的肯定的理解中同时包含对现存事物的否定的理解，即对现存事物的必然灭亡的理解；辩证法对每一种既成的形式都是从不断的运动中，因而也是从它的暂时性方面去理解"②。在此，马克思只是说"辩证法"为我们提供了一种"理解"（Verständniss）的方式，其实也就是一种看待方式，而并未提供比这更多的东西。需要注意，辩证法无疑给出了实践批判的内在可能性，但它并不就是这种批判本身。此外，我们同时还必须承认，辩证法本身并不构成马克思批判方式的特质和标志，从而不能体现马克思在批判方式上对于以往哲学的超越性。只有实践的批判，才是马克思哲学所特有的批判方式。而现实的批判性归根到底只能来自实践而不是辩证法，因为马克思相信"物质力量只能用物质

---

① 《马克思恩格斯选集》第2卷，人民出版社1995年版，第112页。
② 《马克思恩格斯选集》第2卷，人民出版社1995年版，第112页。

力量来摧毁"①。正因此，马克思才主张以"改变世界"为旨归的"实践的唯物主义"。可见，哲学的现实性和批判性归根到底都不是由辩证法保证的，而是由实践的本性及其在哲学原初地位上的肯定来保证的。这是因为，同旧哲学相比，马克思哲学所提供的新的也是真正有效的批判方式是实践的批判，而不是逻辑的批判或道德的批判。

"再反思"认为："实践本身就是批判的对象，因为只有这样才能把对现实的反思和批判贯彻到底"。实际上，在马克思那里，实践本身并不是批判的对象，而是最本真的批判方式。因此，马克思主张"实际地反对"、主张"改变世界"，并把它们置于至上地位。实践是自我否定、自我扬弃的，它根本不需要一个外在的他者作为反思者和批判者来实现这种否定和扬弃。思辨哲学的致命缺陷，恰恰在于试图扮演这种反思者和批判者的角色，结果都失败了。理论反思不过是实践辩证法的一个内在环节而已，绝非外在于实践的异己规定。马克思超越思辨哲学的一个重要标志，就在于用实践的批判代替了一切来自意识的批判。

"再反思"还认为，"一旦用实践消解了矛盾，也就导致了实践概念的封闭化、实践哲学的抽象化，那么名义上关心现实的实践哲学就脱离了现实，丧失了对现实的批判能力。"其实，这种担心完全是多余的，是不必要的。之所以会产生这种担心，乃是因为对实践本体论的误解。以马克思的宗教批判为例，马克思认为费尔巴哈的贡献仅仅在于"把宗教世界归结于它的世俗基础"②，但这个"世俗基础"本身的秘密尚未被揭示出来。因此，"人的自我异化的神圣形象被揭穿以后，揭露具有非神圣形象的自我异化，就成了为历史服务的哲学的迫切任务"③。这个"任务"，历史地落在了马克思的肩上。而"非神圣形象的自我异化"，则"只能用这个世俗基础的自我分裂和自我矛盾来说明"④。马克思由此

---

① 《马克思恩格斯选集》第 1 卷，人民出版社 1995 年版，第 9 页。
② 《马克思恩格斯选集》第 1 卷，人民出版社 1995 年版，第 55 页。
③ 《马克思恩格斯选集》第 1 卷，人民出版社 1995 年版，第 2 页。
④ 《马克思恩格斯选集》第 1 卷，人民出版社 1995 年版，第 55 页。

认为，"对于这个世俗基础本身应当在自身中、从它的矛盾中去理解，并在实践中使之革命化"[7]55。在这里，我们从实践范畴的原初地位的奠基，既看到了由实践本身而引申出来的自我否定性，也看到了这种作为否定性表征的"自我分裂和自我矛盾"这一对立统一关系，还看到了实践使宗教世俗基础的革命化这一"对现实的批判能力"。它们彼此并非毫不相干，而是有着内在的不可剥离的联系。既然如此，那么我们凭什么说"一旦用实践消解了矛盾，也就导致了实践概念的封闭化、实践哲学的抽象化"，以至于"丧失了对现实的批判能力"呢？实践本体论的情形完全与此相类似，那么又有什么理由来指责它呢？

"再反思"表示担忧，认为"今天作为马克思主义继承人的我们……淡忘了学术和现实的关系"。事实上，这种担忧恰恰是基于一种不真实的前提而产生的。殊不知，疗治这种"淡忘"症的最有效的办法，正是马克思为我们建构的实践本体论这一方案本身。想想当年马克思对德意志意识形态家们所做的批评，就不难理解这一点。马克思说："这些哲学家没有一个想到要提出关于德国哲学和德国现实之间的联系问题，关于他们所作的批判和他们自身物质环境之间的联系问题。"① 这才是思辨哲学"丧失了对现实批判能力"的原因所在。所以，它们只能"解释世界"，而无法"改变世界"。要想避免马克思所揭露过的德意志意识形态家们曾经跌入的陷阱，即遗忘了哲学同现实的内在联系，就不得不回到马克思哲学的原初基础上来，不得不重申实践本体论立场。舍弃了这一哲学立场，难道还有别的什么可能的出路吗？！

最后，有必要澄清在实践本体论问题上发生纠葛的要害究竟何在？我认为，其要害在于三重混淆：一是"实践"一词的"所指"与"能指"的混淆；二是"时间在先"与"逻辑在先"的混淆；三是哲学的建构活动（思想）和哲学的内在诉求（实践）的混淆。这些混淆的不能或不想澄清，正是围绕实践本体论所发生的一系列争论久拖不决的根本原因。

① 《马克思恩格斯选集》第 1 卷，人民出版社 1995 年版，第 66 页。

第五章　马克思哲学的现象学意味

从马克思的哲学中"读出"它的现象学意味，"发现"其现象学的运思方式，无疑构成"重读马克思"的一条富有启发性的重要进路。在这个方面，《德意志意识形态》"费尔巴哈"章为我们提供了一个带有典型意义的合适文本。本章主要以此为依据，尝试对马克思的哲学做出一种可能的现象学诠释。

作为方法论的现象学，指示为"回到事情本身"，以达成"明证性"。马克思哲学力求按照事物的真实面目及其产生情况来理解事物，这构成马克思意义上的"回到事情本身"。它既是马克思为摆脱意识形态的先入为主所采取的一种免疫性步骤，也是他为揭露意识形态的"本末倒置"掩盖着的真实根源所作的必要探索。马克思在哲学上确立实践范畴的原初地位，从而建立了人的存在的现象学，即人的存在的展现（现象）及其完成的反思形式。它为拆穿意识形态的"全部戏法"，以便使人的存在之本真性得以历史地开显，昭示了真实的路径。在一定意义上，马克思哲学的现象学意味，最集中地体现在从意识形态的遮蔽到大写的真理的历史发生的过渡，它被植根于实践能动地建构起来的现实生活。这正是马克思哲学比黑格尔以及胡塞尔所代表的现象学优越之处。下面分别论之。

一、现象学方法与哲学"出发点"的重建

"现象学"是一个充满歧义的概念，具有开放性和发散性，以至于难以对它作出一种凝固的、静态的刻画，只能容忍其在宽泛的意义上被使用。正如海德格尔所言："现象学并不是一个学派，它是不时地自我改变并因此而持存着的思的可能性，即能够符合有待于思的东西的召唤。"① 伽达默尔也强调，"几乎每一个可以划到现象学运动中去的学者都提出过'现象学是什么?'这个问题，并且对问题的回答都各不相同"；因为"每个现象学者对于现象学究竟是什么都有自己的看法"②。施皮格伯格甚至指出："'什么是现象学?'……这个问题是无法回答的"③，因为现象学的"多样性超过共同特征"④，难以给出一个周延的定义，只能被历史地叙述。利科尔同样认为："现象学在整体上似乎不可能由一种解释所穷尽，即使是胡塞尔本人的解释"⑤。"现象学"一词的这种开放性和宽容性，为我们广义地领会"现象学"及其运思方式提供了可能。

在一定意义上，现象学的方法论意义在于，它从哲学层面上提供了一种直面"事情本身"的看待方式。就此而言，它既不关心也不关乎内容本身。这意味着"现象学"一经确立，就成为通过实际的思而被表征的运思方式。因此，本章把它了解为一种方法。胡塞尔就说过："现象

学……首先标志着一种方法和思维态度"①。"现象学"和"现象学运动"之类的措词是开放的，作为方法的现象学所指示的同样固有其展现性和未完成性。我认为，马克思在其实际地运思中体现出来的，正是一种作为意识形态的解构策略的现象学方法。在马克思那里，它固然被当作手段，却构成人的存在之祛蔽在反思层面上的基本方式，由此便获得了存在论含义。

现象学有一个经典口号，即所谓"回到事情本身"。海德格尔说："'现象学'这个名称表达出一条原理；这条原理可以表述为：'走向事情本身！'——这句座右铭反对一切漂浮无据的虚构与偶发之见，反对采纳不过貌似经过证明的概念，反对任何伪问题——虽然它们往往一代复一代地大事铺张其为'问题'"②。如此一来，现象学就像一把现代意义上的"奥卡姆剃刀"，剪除一切偏见的"污染"和干扰，使"事情"以其本真状态得以显现，这正是最原始意义上的"现象"，所谓"就其自身显示自身者"③。因此，现象学方法无非就是"让人从显现的东西本身那里，如它从其本身所显现的那样来看它"④。由此决定了"回到事情本身"成为现象学的基本诉求。

如果说，黑格尔从斯宾诺莎那里继承了实体的绝对性，并赋予其以自我展开的能动性；那么，可以说马克思从黑格尔那里批判地继承了主体的绝对性和能动性，把它归结为以实践建构并表征的人的存在本身所固有的性质。正是黑格尔的"实体即主体"的绝对性，使"主客二分"在原初基础的意义上成为不可能，从而为"回到事情本身"开辟了道路。海德格尔说："一个'主体'同一个'客体'发生关系或者反过

①　[德] 胡塞尔：《现象学的观念》，倪梁康译，上海译文出版社 1986 年版，第 24 页。
②　[德] 海德格尔：《存在与时间》，陈嘉映、王庆节译，生活·读书·新知三联书店 1987 年版，第 35 页。
③　[德] 海德格尔：《存在与时间》，陈嘉映、王庆节译，生活·读书·新知三联书店 1987 年版，第 36 页。
④　[德] 海德格尔：《存在与时间》，陈嘉映、王庆节译，生活·读书·新知三联书店 1987 年版，第 43 页。

来，还有什么比这更不言自明的呢？必得把这个'主客体关系'设为前提。虽说这个前提的实际性是无可指摘的，但它仍旧是而且恰恰因此是一个不祥的前提"①。他之所以拒绝"主客二分"这一"不祥的前提"，就是为了"回到事情本身"。事实上，黑格尔哲学的绝对主体性，已然使"主客二分"这个"不祥的前提"丧失其存在的余地。在海德格尔那里，"现成在手状态"意味着"主客二分"，而"当下上手状态"则是浑然一体、主客莫辨的，正因此方能"回到事情本身"。始源性的"事情本身"，构成事物的本质以其本真性的方式得以彰显的原初基础。

从思想史的谱系看，以胡塞尔为肇始并为海德格尔所继承的现象学传统，同黑格尔的"精神现象学"有着某种学理上的关联。叶秀山先生说："胡塞尔'现象学'和黑格尔《精神现象学》据说没有史料证明有多大关系，不过我总觉得在思想影响上是不可能没有关系的。胡塞尔的现象学是康德、黑格尔哲学的现代发展。康德的'理念'是不显现的，而黑格尔的'理念'是'显现'出来的，这一点胡塞尔很像黑格尔，但黑格尔在'存在论'方面的思想，胡塞尔没有，这方面是海德格尔发展了，所以海德格尔更接近黑格尔。"② 张世英先生从另一个角度认为："西方现当代现象学的标志性口号是'面向事情本身'，而这个口号最早是黑格尔在《精神现象学》的序言中提出的。这个口号的内涵，即使在现当代现象学这里，其实质也只有从黑格尔《精神现象学》关于'实体本质上即是主体'的命题和思想中得到真切的理解和说明。"③

关于黑格尔现象学与海德格尔和萨特思想的关系，宾克莱强调说："虽然萨特最先是从胡塞尔那里学到现象学方法的，但他自己在运用这方法时却更接近黑格尔和海德格的方法。黑格尔在他的第一部大部头著

① ［德］海德格尔：《存在与时间》，陈嘉映、王庆节译，生活·读书·新知三联书店1987年版，第73页。

② 叶秀山：《古今中外 有分有合》，载《中国社会科学院研究生院学报》1998年第5期，第65页。

③ 张世英：《现象学口号"面向事情本身"的源头：黑格尔的〈精神现象学〉——胡塞尔与黑格尔的一点对照》，载《江海学刊》2007年第2期，第14–15页。

作《精神现象学》里试图从人的经验的最广泛的方面来描述它。他在描述中发现经验根本不是静止的，只能把现在看成来自过去、走向未来的运动。海德格和萨特都没有跟随黑格尔走进他那些抽象的思辨领域，可是都同意他把人的经验看成是走向未来的不断运动。然而他们并不研究抽象的人，却企图研究个人实际上过的具体生活。海德格和萨特都发现，在科学知识和有反省力的自我知觉后面有一个更基本的 Lebenswelt（生活界），是我们人类永远生活于其中的，它给了我们对于自己和周围世界的最初知觉"①。阿隆认为，萨特和梅洛－庞蒂试图"从现象学、存在主义哲学出发，重新找回马克思主义的基本主题"②。这种"找回"的努力不管是否成功，毕竟开辟了一个新的方向和路径。其实，只有马克思哲学在新的基础上承续现象学传统，从现象学角度"找回"其"基本主题"才是可能的。

　　纵观马克思的全部哲学，其真正用心就在于让人们摆脱意识形态的陷阱和纠缠，而直面"事情本身"。在一定意义上可以说，马克思终其一生所做的工作，就是为了使这一方式从学理上得以奠基，以便为克服意识形态迷障提供可靠的原初基础。所谓现象学，无非就是让人从显现的事情那里如其所是地那般去看它，亦即本真性地把握事情本身，以摆脱一切成见的干扰和遮蔽。胡塞尔说过："合理化和科学地判断事物就意谓着朝向事物本身（Sachen selbst），或从语言和意见返回事物本身，在其自身所与性中探索事物并摆脱一切不符合事物的偏见"③。他认为，现象学原则带有自明性，因为"没有任何可想象出的理论会使我们误解如下这一切原则之原则：即每一种原初给与的直观都是认识的合法来源，在直观中原初地（可说是在其机体的现实中）给与我们的东西，只

---

① ［美］宾克莱：《理想的冲突》，马元德等译，商务印书馆 1983 年版，第 214-215 页。

② ［法］雷蒙·阿隆：《论治史——法兰西学院课程》，冯学俊、吴泓缈译，生活·读书·新知三联书店 2003 年版，第 45 页。

③ ［德］胡塞尔：《纯粹现象学通论》，李幼蒸译，商务印书馆 1992 年版，第 75 页。

应按如其被给与的那样，而且也只在它在此被给与的限度之内被理解"①。伽达默尔认为："胡塞尔以此（指通过'还原'——引者注）表示向现象地给定的东西本身回归，这种回归抛弃一切理论和形而上学的构筑"；因为"它的目的实际上不在于由还原达到某个原则的统一，相反，它是以一种不带偏见的方式揭示所有自我给定的现象"②。巴雷特也指出："在胡塞尔看来，现象学是这样一门学问，它企图不待任何使人糊涂的预设概念或假设性的思辨推想，去描绘经验给予我们的东西。"③这种让人从"现象"那里如其所是地去看的立场，就是所谓的"回到事情本身"。其实，早在马克思哲学或曰人的存在的现象学那里，这原本是已被深刻地触及的问题。在一定意义上，所谓人的存在的现象学，也就是人的存在的展现（现象）及其完成的反思形式。这里的"完成"，借用海德格尔的说法就是，"把一种东西展开出它的本质的丰富内容来，把它的本质的丰富内容带出来，producere（完成）。"④ 人的本质的"原始丰富性"，经由人的"异化"所造成的贫乏，再复归于人的"全面而自由的发展"所达成的充实，这正是马克思的现象学的旨趣所在。

现象学并非没有自己的出发点，问题仅仅在于这个出发点带来的究竟是本真性的敞显还是遮蔽。马克思试图从哲学上揭示并回到那个未经"意识形态"中介过的原初基础上来，首先使人的历史存在得以澄明，以便从本根处暴露意识形态的真实根源和秘密。这意味着在正式着手意识形态批判工作之前，需要先行地对意识形态本身实施一种免疫性的撇开。这个工作是克服意识形态偏见以避免其陷阱的一种预备性步骤，也就是找到一种优先于意识形态的原初前提。这也可称作一种"元清理"，是哲学上的一项基础性的工作。正是这一工作，非常类似于现象学的进

---

① ［德］胡塞尔：《纯粹现象学通论》，李幼蒸译，商务印书馆1992年版，第84页。

② ［德］加德默尔：《哲学解释学》，夏镇平、宋建平译，上海译文出版社1994年版，第144-145页。

③ ［美］威廉·巴雷特：《非理性的人——存在主义哲学研究》，段德智译，上海译文出版社1992年版，第226页。

④ 孙周兴选编：《海德格尔选集》上，上海三联书店1996年版，第358页。

路和方法。在此意义上，马克思是从哲学上引领我们走上一条真正摆脱意识形态符咒所造成的洞穴假相的道路。这正是《德意志意识形态》"费尔巴哈"章的真正用意所在。

在这里，有必要重温马克思本人的有关论述。一旦从现象学角度去领会马克思的这些话，我们便不难从中读出原先不曾体认出来的意味。马克思说过："这些哲学家（指德国的意识形态家们——引者注）没有一个想到要提出关于德国哲学和德国现实之间的联系问题，关于他们所作的批判和他们自身的物质环境之间的联系问题。"① 在马克思看来，德国哲学所构造的思辨体系，完全游离了德国"现实"，游离了人的"此在"性。所以，他强调说："德国哲学从天国降到人间；和它完全相反，这里我们是从人间升到天国。这就是说，我们不是从人们所说的、所设想的、所想象的东西出发，也不是从口头说的、思考出来的、设想出来的、想象出来的人出发，去理解有血有肉的人"②。"从人间升到天国"，作为"从天国降到人间"的"颠倒"，意味着对人的"此在"性的确认和正视。

为此，马克思确立起一种全然不同于旧哲学的独特"考察方法"，它是"符合现实生活的考察方法"，其"现实的前提"就是实践地存在着的人即"现实的历史的人"。因此，马克思指出："这种考察方法不是没有前提的。它从现实的前提出发，它一刻也不离开这种前提。它的前提是人，但不是处在某种虚幻的离群索居和固定不变状态中的人，而是处在现实的、可以通过经验观察到的、在一定条件下进行的发展过程中的人。"③ 在这里，马克思严格地区分了"此在"性的人和抽象性的人即"处在某种虚幻的离群索居和固定不变状态中的人"。为此，他强调说："我们的出发点是从事实际活动的人，而且从他们的现实活动过程

---

① 《马克思恩格斯选集》第 1 卷，人民出版社 1995 年版，第 66 页。
② 《马克思恩格斯选集》第 1 卷，人民出版社 1995 年版，第 73 页。
③ 《马克思恩格斯选集》第 1 卷，人民出版社 1995 年版，第 73 页。

中还可以描绘出这一生活过程在意识形态上的反射和反响的发展"①。这正是马克思所以能够绕开意识形态纠缠和陷阱并发现其背后之秘密的关键所在。显然，马克思确立了一种完全不同于一切旧哲学的"考察方法"，其前提就是实践活动中的人，即作为"此在"的"人"本身。人的这种此在性，恰恰是由实践塑造和建构的。在马克思看来，费尔巴哈之所以未能揭示这种方法的"现实的前提"，就是因为"费尔巴哈设定的是'一般人'（即作为抽象之规定的'人'——引者注），而不是'现实的历史的人'"②。从"现实的历史的人"这个前提出发，我们方能通达不曾被意识形态"污染"的那个本然的"经验"。

马克思所建立的这种"考察方法"，正是基于对"德意志意识形态"的极度不信任。他采取的这种"免疫"步骤，就恰似后来胡塞尔在现象学意义上所做的奠基性工作。胡塞尔说："我们每一个为了自己并在自身中决心彻底从头开始的哲学家，都将重新开始把所有那些迄今为止对我们有效的信念，其中也包括我们的一切科学，暂时都放在一边。"③ 他把这一做法叫作"笛卡尔式的颠覆"。在此意义上，胡塞尔认为："人们几乎可以把现象学称之为新笛卡尔主义。"④ 他之所以对笛卡尔思想情有独钟，就在于后者的"怀疑"为清除既有的成见开辟道路。正是笛卡尔在其"沉思集"中强调："如果我想要在科学上建立起某种坚定可靠、经久不变的东西的话，我就非在我有生之日认真地把我历来信以为真的一切见解统统清除出去，再从根本上重新开始不可。"⑤ 为此，他立志"认真地、自由地来对……全部旧见解进行一次总的清算"⑥。因为在笛卡尔看来，"凡是我早先信以为真的见解，没有一个是我现在不能怀疑

① 《马克思恩格斯选集》第 1 卷，人民出版社 1995 年版，第 73 页。
② 《马克思恩格斯选集》第 1 卷，人民出版社 1995 年版，第 75 页。
③ ［德］胡塞尔：《笛卡尔式的沉思》，张廷国译，中国城市出版社 2002 年版，第 10 页。
④ ［德］胡塞尔：《笛卡尔式的沉思》，张廷国译，中国城市出版社 2002 年版，第 3 页。
⑤ ［法］笛卡尔：《第一哲学沉思集》，庞景仁译，商务印书馆 1986 年版，第 14 页。
⑥ ［法］笛卡尔：《第一哲学沉思集》，庞景仁译，商务印书馆 1986 年版，第 15 页。

的"①。这种为笛卡尔所开辟、并在胡塞尔现象学奠基中被继承下来的方法，即摒弃一切固有成见，从根基处重新开始，非常类似于马克思当年的意识形态清算工作所使用过的方法。通过这一步骤，马克思回到了"事情本身"，达到了现象学意义上的"明证性"，从而为揭露意识形态的根源奠定了哲学基础。如果说，"笛卡尔……寻求直接自明的真理"②；那么也可以说，马克思并未拒绝探寻"直接自明的真理"，而只是进一步揭示通往这种真理的真实路径。

问题在于，在马克思哲学的语境中，"回到事情本身"又意味着什么呢？我们知道，发现并揭露意识形态的真相，既是马克思面临的现实问题，也是他为自己确立的哲学任务，但一个首要的前提是揭示者自身必须先行地摆脱意识形态本身的桎梏。究竟从何入手才恰当呢？这是马克思在其哲学建构中所碰到的首先必须面对的问题。马克思所从事的哲学工作，说到底就是必须确立一个真实的从而也是可靠的原点，并在此基础上先行地揭露人们无可逃避的意识形态蒙蔽，把被掩盖着的真实根源如其所是地揭橥出来。究竟是从意识形态出发，还是从现实生活或曰实践出发？这就是马克思在哲学上同一切旧有学说之间的根本分野。应该说，马克思对哲学的原初基础的奠定所体现出来的现象学方法，为其哲学出发点的选择提供了重要的支持。

马克思指出："只要这样按照事物的真实面目及其产生情况来理解事物，任何深奥的哲学问题（即意识形态的典型形式——引者注）……都可以十分简单地归结为某种经验的事实。"③ 所谓"某种经验的事实"，既非经验论意义上的"事实"，也非自然科学意义上的"事实"，更不是费尔巴哈式的那种试图达到对"存在的事实"作"正确的理解"之对象的"事实"，而是人的存在的现象学意义上的"事实"。所谓

---

① ［法］笛卡尔：《第一哲学沉思集》，庞景仁译，商务印书馆1986年版，第19页。

② ［澳］约翰·巴斯摩尔：《哲学百年·新近哲学家》，洪汉鼎等译，商务印书馆1996年版，第338页。

③ 《马克思恩格斯选集》第1卷，人民出版社1995年版，第76页。

"按照事物的真实面目及其产生情况来理解事物"，正是"回到事情本身"的基本取向和诉求的体现。熊伟先生认为："现象学……是要追究意识及其对象性之混而为一，以求深入'事情'中"。这个立场使得海德格尔拒绝"主客二分"这一"不祥的前提"，主张"必须把'主观的'与'客观的'，'现实的'与'唯心的'，这些名称抛在一边"①。因此，马克思的这一取向恰好同现象学旨趣相契合；毋宁说，它就是马克思意义上的"回到事情本身"。正如海德格尔所言，这是"对'事情本身'最原始的提问"②。马克思所做的一切清除意识形态的准备工作，正是为了实现这种原始的质询，以便使"现实生活"得以本然地呈显。毋宁说，这是一种"元（meta）解蔽"活动。意识形态由于事先注入了一种"成见"，从而破坏了原初的质朴性，造成对这一原始出发点的先验遮蔽。

在马克思那里，"回到事情本身"就意味着把"现实性"当作"现实性"本身。在批评黑格尔时，马克思说："现实性不是被看做这种现实性本身，而是被看做某种其他的现实性"③。他强调指出："德国人习惯于用'历史'和'历史的'这些字眼随心所欲地想象，但就是不涉及现实。"④ 马克思认为，这乃是德意志意识形态家们的致命缺陷所在。这种意识形态的障蔽，正是马克思哲学试图打破并克服的东西。完成这一任务，马克思才能实现他在哲学史上的一次真正意义上的革命。

鲍亨斯基强调说："这个'事物'就是胡塞尔所说的'现象'（希腊语原文是 φαινόμενον）所呈现的或清楚地摆在我们面前的东西"⑤。但现象学特别注重"现象"的动词性而非名词性，如胡塞尔所说：

---

① 熊伟：《自由的真谛——熊伟文选》，中央编译出版社 1997 年版，第 146 页。
② ［德］海德格尔：《存在与时间》，陈嘉映、王庆节译，生活·读书·新知三联书店 1987 年版，第 118 页。
③ 《马克思恩格斯全集》第 1 卷，人民出版社 1956 年版，第 250 页。
④ 《马克思恩格斯选集》第 1 卷，人民出版社 1995 年版，第 78 页。
⑤ ［波兰］J. M. 鲍亨斯基：《当代思维方法》，童世骏等译，上海人民出版社 1987 年版，第 19 页。

"φαινόμενον（现象）实际上叫作显现物，但却首先被用来表示显现本身"①。对"事情本身"的直面，固然是一种直接性和质朴的原初状态，它植根于那种比理论关系更具始源性且先行决定着理论关系（意识形态）的前提之中。在马克思看来，这个前提乃是由实践本身建构和表征的。换言之，动词性的"现象"也就是实践本身的呈现。在马克思那里，"现实生活"（即现象学意义上的所谓"事情本身"）固有其能动地建构的性质，这种建构不是理论的而是实践的。马克思所批判的那些"意识形态家们"，恰恰是把它误认为是理论的建构，从而跌入了意识形态的陷阱。这是马克思同他所批判的意识形态家们的本质区别所在。费尔巴哈何以"把人只看作是'感性对象'"？马克思认为，就是"因为他在这里也仍然停留在理论的领域内"②。所以，在马克思的哲学语境中，"现象"并不是现成地摆在人们面前，供人去旁观式地直观的外在对象，毋宁说它就是人的存在本身的显现，即人的现实活动的实际建构。

问题在于，马克思选择的究竟是一种怎样的合适方法，能够为其提供一种有效的预防意识形态陷阱的策略呢？虽然他从未说过自己的方法是现象学的，但在摆脱意识形态遮蔽的问题上的确带有浓厚的现象学意味。现象学方法的一个绝对要求，就是"在思考现象之前始终忠实于现象"③。按照马克思的说法，他由以出发的"前提"，"不是任意提出的，不是教条，而是一些只有在想象中才能撇开的现实前提"④。无论是"教条"还是"想象"，都不过是马克思试图先行地撇开的意识形态幻相罢了。正是这些"幻相"，才使人无法忠实于"现实"本身。

在马克思看来，只有回到人的"此在"性，才能捕捉到那种未经意

---

① [德] 胡塞尔：《现象学的观念》，倪梁康译，上海译文出版社 1986 年版，第 18 页。

② 《马克思恩格斯选集》第 1 卷，人民出版社 1995 年版，第 77—78 页。

③ [美] 赫伯特·施皮格伯格：《现象学运动》，王炳文、张金言译，商务印书馆 1995 年版，第 964 页。

④ 《马克思恩格斯选集》第 1 卷，人民出版社 1995 年版，第 66—67 页。

识形态"污染"的本然的"经验"①。用这种考察方法去直面事物，就能够"描绘出这个能动的生活过程"。如此一来，"历史就不再像那些本身还是抽象的经验论者所认为的那样，是一些僵死的事实的汇集，也不再像唯心主义者所认为的那样，是想象主体的想象活动"②。"僵死的事实"和"主体的想象"，正是心物二元分裂的体现，它们要么是与人的活动无关的纯粹"事实"，要么是与客体绝缘的主观"想象"，从而都是被现象学方法所拒绝的那个主客二元分裂造成的"不祥的前提"的产物。所以，马克思在其哲学的原初基础的意义上，必须寻找一种能够先于这个"不祥的前提"而有效的规定，它就是作为人的感性活动的"实践"。离开了"这个能动的生活过程"，亦即作为"此在"的"人"的"在"的方式本身，就不能不陷入心与物的抽象割裂（这里的思想显然是马克思《关于费尔巴哈的提纲》第1条内容的贯彻和展开了的结果）。唯有按照马克思所提出的观察方法去直面事物，才能"描绘出这个能动的生活过程"。所谓"抽象的经验论者"，就是那种试图寻求人不在场的唯物论者。之所以是"抽象的"，乃在于它离开了人的实践及其建构，从而与人的存在无关。"僵死的事实"不是此在性的人"在"出来的，而是人的不在场的预成性的规定。"唯心主义者"所把握到的，则不过是"想象的主体的想象的活动"，亦即同人的实践性存在无关的抽象的心灵活动，从而不可避免地沦为思辨的先验规定。因此，"僵死的事实"和"想象的活动"仅仅是心与物的分裂的表现，它们要么是与人的存在纯粹无关的"事实"，要么是虚幻的主体的"想象"，都是被现象学所厌弃的那个"主客二分"的"不祥的前提"的产物。马克思因此才必须在

---

① 海德格尔在《黑格尔的经验概念》（1942—1943年）一文中指出："'经验'所说的就是'现象学'之所是。"（[德]海德格尔：《林中路》，孙周兴译，上海译文出版社1997年版，第111页）但在黑格尔那里，"精神现象学是意识的经验"；因为"精神是现象学的主体，而不是现象学的对象"（同上书，第209页）。倘若作一个类比，也可以说在马克思那里，实践成为现象学的主体，但不是现象学的对象。如此一来，马克思的人的存在的现象学就表征为实践本身的"经验"。

② 《马克思恩格斯选集》第1卷，人民出版社1995年版，第73页。

其哲学原初基础的意义上，寻找一个比"主客二分"先行有效的规定，也就是"实践"。因为"不是意识决定生活，而是生活决定意识"①；而"全部社会生活在本质上是实践的"②。它意味着，要想克服马克思所批评的两种偏执，就不能不在逻辑上确认"这个能动的生活过程"本身的优先地位。

马克思所选择的这种独特的"考察方法"，使"真正的实证科学"成为可能。因此，马克思宣布："在思辨终止的地方，在现实生活面前，正是描述人们实践活动和实际发展过程的真正的实证科学开始的地方。"③ 它意味着"须要'把哲学搁在一旁'……须要跳出哲学的圈子并作为一个普通人（即卸去了意识形态重负的人——引者注）去研究现实"④。"思辨"的"终止"和"真正的实证科学"的"开始"，毋宁说不过是同一个事实的两个方面，它们是互为因果的。马克思为自己确立的哲学任务，就是建立"真正的实证科学"，也就是人的存在的现象学。它所描述的正是"人的实践活动和实际发展过程"。在这种展现及其完成中，人的存在的本真性得以"现象"和澄明。马克思所追求的"真正的实证科学"或"真正的知识"，并非自然科学意义上的知识论建构——因为马克思明确拒绝那种"自然科学的直观"——而是人的存在的现象学叙事方式。对于马克思而言，"回到事情本身"之所以必要，首先在于它是为了避免意识形态陷阱而不得不采取的一种基本态度。唯其如此，真相的开显才成为可能，意识形态的真实根源才如其所是地向我们坦露。因此，现象学方法的运用，便充当了清除意识形态的必要步骤。在马克思那里，"回到事情本身"也就是回到"现实生活"本身；马克思认为，这恰恰是"思辨终止的地方"。因为只有"在现实生活面前"，一切"关于意识的空话"才能"终止"。所以马克思认为，"对现

---

① 《马克思恩格斯选集》第 1 卷，人民出版社 1995 年版，第 73 页。
② 《马克思恩格斯选集》第 1 卷，人民出版社 1995 年版，第 56 页。
③ 《马克思恩格斯选集》第 1 卷，人民出版社 1995 年版，第 73 页。
④ 《马克思恩格斯全集》第 3 卷，人民出版社 1960 年版，第 262 页。

实的描述会使独立的哲学失去生存环境"①。这就意味着，现象学意义上的"回到事情本身"，就是"回到实践本身"。因为"事情"不是作为人的感性直观的对象而被规定的，而是作为先于"主客二分"而有效的现实生活本身，只有将其先行地设定为原初基础，才能从哲学的前提上剪除意识形态的赘疣。如此一来，任何主观性的楔入都成为非法的。这也正是马克思哲学的真正旨趣所在。

只有马克思的这种"考察方法"，才有可能穿透意识形态形成的迷障；而一旦解除意识形态的魔咒带来的遮蔽，事物就会以其本真性的方式向我们敞开和显现，从而达到现象学所说的那种"明证性"。作为现代意义上的现象学之滥觞的布伦坦诺思想，就确立了"明证性"（Evidenz）这一重要概念。在布伦坦诺那里，它的主要含义是："一方面作为对以后要叙述的东西的一种预告，另一方面，同时也可以提示一种批判态度的可能的出发点"②。马克思的理论动机，在一定意义上正是为了清除一切意识形态的遮蔽而建立一个具有明证性的原初基础，以便还原被意识形态的失真而扭曲和遮蔽的真相。黑尔德认为，胡塞尔现象学的基础，是"自身给予的直观或明证性原则"；在此，"'明证性'（Evidenz）具有'原初的被给予性'这样一个宽广含义"③。关于 Evidenz，有学者认为它同明晰性（Klarheit）意思相近，皆可译作明晰性或明白性。但胡塞尔使用的 Evidenz，并非指心理主义、感觉论所说的感觉上的清楚明白，而是指明晰、透彻的直观本身。它不含有证明、论证的意思，因为在胡塞尔看来，"直观是无法论证的"④。另有学者指出，Evidenz 源于拉丁词evidere，意为"显现"、"明见"，与 Einsicht（洞见）、Klarheit（明晰

---

① 《马克思恩格斯选集》第 1 卷，人民出版社 1995 年版，第 73 页。
② ［德］施太格缪勒：《当代哲学主流》上卷，王炳文等译，商务印书馆 1986 年版，第83 页。
③ ［德］克劳斯·黑尔德：《世界现象学》，倪梁康等译，生活·读书·新知三联书店2003 年版，第 136 页。
④ 参见［德］胡塞尔：《现象学的观念》，倪梁康译，上海译文出版社 1986 年版，第 9页译者注。

性）义近，都是明白无疑的意思；故将 Evidenz 译为"自明性"更恰当些，因为这里的明晰不是来自别处，而是来自自身。因此，明证性也就是自明性①。

对于马克思来说，"现实生活"本身就是"明证性"的，因为它是无需任何中介的直接给予性。立足于"现实生活"的这种直接给予性，就能够回到本真性得以开启的根基处，先行地避免意识形态偏见先入为主的干扰。作为实践的能动建构，"现实生活"构成马克思哲学的终极的原初基础。马克思的这一立场，标志着一种哲学转变的来临，即由相信思想的力量走向相信现实生活的力量。于是，整个哲学立足其上的原初基础缘此得以根本的重建。从一定意义上说，确立这种明证性乃是《德意志意识形态》"费尔巴哈"章在哲学上的最大贡献。也正因此，马克思方能突破一切意识形态屏障必然导致的遮蔽。在《黑格尔法哲学批判·导言》中，马克思就提出过"实践能力的明证（evidente）"的问题②。在他看来，这个问题的解决，取决于"宗教的积极的扬弃"（positiven Aufhebung der Religion③），即实际地"推翻那些使人成为被侮辱、被奴役、被遗弃和被蔑视的东西的一切关系"④。这正是马克思所说的那种实践的批判活动。于此可见，马克思哲学意义上的"明证性"，

① 参见魏敦友：《论胡塞尔现象学对实体主义的超越》，载《德国哲学论丛（1999年）》，中国人民大学出版社 2000 年版，第 147 页脚注。

② 参见［俄］梁赞诺夫、［俄］阿多拉茨基编：《马克思恩格斯全集》历史考证版第 1 版（MEGA¹）第 1 卷，上海辞书出版社 2018 年版，第 614 页。

③ ［俄］梁赞诺夫、［俄］阿多拉茨基编：《马克思恩格斯全集》历史考证版第 1 版（MEGA¹）第 1 卷，上海辞书出版社 2018 年版，第 614 页。关于"积极的扬弃"，马克思在稍晚的《1844 年经济学哲学手稿》中也有过类似的措辞，例如他说："共产主义是私有财产即人的自我异化的积极的扬弃"（马克思：《1844 年经济学哲学手稿》，人民出版社 2000 年版，第 81 页）。原文为"Der Kommunismus als positive Aufhebung des Privateigentums, als menschlicher Selbstentfremdung"（［俄］梁赞诺夫、［俄］阿多拉茨基编：《马克思恩格斯全集》历史考证版第 1 版（MEGA¹）第 4 卷，上海辞书出版社 2018 年版，第 114 页）。所谓"积极的扬弃"，其含义之一是指实践地否定，而非观念地否定。因为在马克思看来，"要扬弃现实的私有财产，则必须有现实的共产主义行动"；仅仅有"思想上的共产主义"是不够的（马克思：《1844 年经济学哲学手稿》，人民出版社 2000 年版，第 128 页）。

④ 《马克思恩格斯选集》第 1 卷，人民出版社 1995 年版，第 10 页。

乃是由人的感性活动即实践给予并显现的。在现象学看来，现象就是现象，其他什么也不是；它不是任何别的东西。这意味着必须朝向"事情"本身的纯粹性、直接性、原初性和质朴性。在马克思的意识形态批判活动中，这些特点已然变成了："纯粹性"意味着不包含任何意识形态成见的残留物；"直接性"意味着不经过任何理论框架的中介而直面事情本身；"原初性"意味着作为实践的现实生活才构成终极的"第一原因"；"质朴性"意味着未经任何意识形态修饰的本然状态的本真性呈显。这正是马克思哲学意义上的"明证性"。

胡塞尔所谓的"现象学还原"，在一定意义上就是为排除一切可能的"超越的假设"所履行的防卫步骤。胡塞尔说："超越之物（非实在的内在之物）我不能利用，因而我必须进行现象学的还原，必须排除一切超越的假设"①。"现象学还原……它的含义根本不是指限制在思维领域内，而是指限制在纯粹自身被给予性的领域内"；因为这种"绝对被给予性是最终的东西"②。作为"最终的东西"，它又是"明证性"或"自明性"的。鲍亨斯基指出了现象学还原方法的一个重要特征，即"本真还原之全部要点就在于只观看那个所与对象而完全无视其他东西"③。事实上，马克思所从事的意识形态批判工作，就类似于这种对主观性干扰的清理和排除。所谓应该被"完全无视"的"其他东西"，在马克思那里就意味着各式各样的意识形态偏见，正是它们蒙蔽了历史真相，扭曲了人的存在的本真状态。如此一来，在马克思的语境中，现象学已然变成了一种人的存在及其历史本身的祛蔽活动，这正是马克思意义上的"回到事情本身"。按照鲍亨斯基的说法，"现象学方法的主要原则在于'返回事物本身'。"④ 现象学的诉求就在于让真相非经由任何中

---

① ［德］胡塞尔：《现象学的观念》，倪梁康译，上海译文出版社 1986 年版，第 110 页。
② ［德］胡塞尔：《现象学的观念》，倪梁康译，上海译文出版社 1986 年版，第 53 页。
③ ［波兰］鲍亨斯基：《当代思维方法》，童世骏等译，上海人民出版社 1987 年版，第 18 页。
④ ［波兰］鲍亨斯基：《当代思维方法》，童世骏等译，上海人民出版社 1987 年版，第 19 页。

介而直接地"现身"。"回到事情本身"的过程，亦即这种真相"现身"的过程。对于人的存在的现象学来说，"回到事情本身"就是立足于实践所直接给予的如此这般的原初状态，它无疑是一种前提性的准备或预备性的清理，以便从理论上获得足够的"免疫力"。

总之，在马克思那里，"回到事情本身"只有以实践为视野才是可能的，因为"事情本身"仅仅在实践中才真正"现身"。在某种意义上，马克思提出的所谓"符合现实生活的考察方法"，实质上类似于"回到事情本身"的现象学方法。虽然马克思从未把自己的哲学称作"现象学"，但他在实际的运思中所体现出来的方法论原则同现象学却不乏相通之处，它们本质上具有融贯性。正是基于此，我们才有理由尝试着从现象学维度上阐释马克思哲学。

二、对意识形态"全部戏法"的揭露和拆穿

马克思揭露道："德国的批判，直至它最近所作的种种努力，都没有离开过哲学的基地。"① 也就是说，"德国的批判"始终是在意识形态内部"兜圈子"。因为它们说到底不过是囿于"对宗教观念的批判"这一"哲学批判"范围内的批判活动，而未曾触及使哲学得以确立的世俗基础本身。怎样才能"离开哲学的基地"，拆穿意识形态的"全部戏法"，摆脱它所带来的蔽障，这是马克思首先要直面并考虑的问题。在他看来，只要通过"对现实的描述"，也即通过"对每个时代的个人的现实生活过程和活动的研究"②，就可以建立起哲学同现实之间的联系。如此这般，"任何深奥的哲学问题……都可以十分简单地归结为某种经验的事实"。

---

① 《马克思恩格斯选集》第 1 卷，人民出版社 1995 年版，第 64 页。
② 《马克思恩格斯选集》第 1 卷，人民出版社 1995 年版，第 74 页。

雅斯贝尔斯曾说："哲学为解蔽而言说才有其存在的价值。"① 如果针对马克思哲学而言，这个说法可能更具有适切性。因为马克思的全部哲学叙事，一言以蔽之，就是为了真正意义上的"解蔽"而"言说"的。它不再像一切旧哲学那样囿于语言或观念的层面，而是深入至这一切赖以产生的社会基础和历史根源本身。这恰恰是马克思哲学之存在的理由和合法性所在。从某种意义上说，马克思终其一生所从事的意识形态批判工作，都是为使真理得以历史地发生，这个"祛蔽"的过程正是马克思哲学意义上的"现象"。诚如有学者所说的，"在马克思那里，这一概念（指'意识形态'——引者注）仅仅具有否定的涵义。"② 在马克思的哲学建构中，"意识形态"范畴有其十分要紧的意义。尽管它是一个贬义词，却是马克思终其一生批判和揭露的对象。就此来讲，马克思全部事业可谓是在理论和实践双重意义上的"解蔽"活动，即逻辑地和历史地祛除意识形态之蔽的工作，其根本旨趣在于达到人的实践及其所"在"出来的历史本身的澄明。

同德意志意识形态家们的进路截然相反，马克思重新建立哲学同现实之间的本质联系，从而为拆穿意识形态的"全部戏法"提供了可靠基础。马克思说："在一些哲学家那里，由于思想脱离了它们的基础，即脱离了个人及其经验关系，才产生了纯粹思想的特殊发展和历史的观念。"③ 问题在于，哲学思想又是怎么同现实撅为两截，从而异化为一个独立王国的呢？马克思又是如何揭露这一秘密的呢？

在马克思看来，貌似独立的意识形态实际上并不是自足的。正如福特（J. M. Forte）所言：通过对马克思有关著作的解读，可以得出的一个假设，就是"宗教与意识形态的发展不能被解释为自因（causa

---

① ［德］雅斯贝尔斯：《什么是教育》，邹进译，生活·读书·新知三联书店1991年版，第14页。

② 俞吾金：《意识形态论》，上海人民出版社1993年版，第63页。

③ 《马克思恩格斯全集》第3卷，人民出版社1960年版，第379页。

sui）"①。其实，宗教也是意识形态的一种。这种非自足性，意味着意识形态必然有其深刻的社会根源和历史基础，它植根于相应的现实生活之中，因而其本身不是派生者而是被派生者；只不过是意识形态一经产生，就把派生自身的真正根源掩盖起来（这尽管不是意识形态家们的主观故意），把自身打扮成派生者，看作是现实生活的终极决定者。这正是马克思所谓的"颠倒"，他追问道："为什么玄想家（原文为'die Ideologen'，也可译作'意识形态家'——引者注）使一切本末倒置"②呢？他指出："在通常的意识（即意识形态家们的想象——引者注）中事情被本末倒置了"③；正是"由于这种本末倒置的做法，即一开始就撇开现实条件，所以就可以把整个历史变成意识的发展过程了"④。这恰恰是唯心主义的根源所在。在批判德国思辨哲学时，马克思有保留地赞扬了法国和英国的"历史学家"，因为他们"毕竟作了一些为历史编纂学提供唯物主义基础的初步尝试，首次写出了市民社会史、商业史和工业史"⑤。这种对于现实生活所作的历史叙述，同马克思所追求的关于历史的"平凡的认识"仅有一步之遥。但"历史编纂学"却远远"没有获得这种平凡的认识"。所谓"平凡的认识"之所以"平凡"，就在于它抛弃了意识形态家们的"独断的玄想和曲解"⑥，把"本末倒置"的关系重新"颠倒"过来。

因此，马克思宣布："意识［das Bewuβtsein］在任何时候都只能是被意识到了的存在［das bewuβte Sein］，而人们的存在就是他们的现实的生活过程。"这令人想起笛卡尔的那句名言："我思故我在"。马克思在此实现了一种根本性的颠倒，即"我在故我思"，而且是"我实践故我在"。这种"颠倒"不啻是一场哲学上的"哥白尼式革命"。"我在"

①　俞吾金主编：《国外马克思主义研究报告 2009》，人民出版社 2009 年版，第 75 页。
②　《马克思恩格斯集》第 1 卷，人民出版社 1995 年版，第 134 页。
③　《马克思恩格斯集》第 1 卷，人民出版社 1995 年版，第 135 页。
④　《马克思恩格斯集》第 1 卷，人民出版社 1995 年版，第 130 页。
⑤　《马克思恩格斯选集》第 1 卷，人民出版社 1995 年版，第 79 页。
⑥　《马克思恩格斯选集》第 1 卷，人民出版社 1995 年版，第 102 页。

不仅是"我思"的条件和原因，而且构成"我思"的内容和对象。马克思进而将"实践"同"我在"内在地联系起来，把"我存在"归结为"我实践"。在一定意义上，马克思哲学带有笛卡尔式怀疑论的影子，马克思把意识形态看作"假象"，认为意识形态家们因陷入假象的"洞穴"而浑然不知。要摆脱这种蒙蔽，就必须找到真实而可靠的基础。这正是马克思为自己确立的哲学使命。他在"自白"中正是把"怀疑一切"作为自己"最喜爱的座右铭"①。从马克思一生所从事的意识形态批判看，这里的"怀疑"首先就在于对"意识形态"的不信任。我们的问题是：马克思哲学究竟在何种意义上才是怀疑论的？马克思的怀疑论最主要的表现，就在于对一切可能的意识形态的质疑和解构。

在马克思那里，"我在故我思"变成了一种革除思辨哲学的基本策略；"我实践故我在"则成为先行地引入真正时间性亦即历史维度的一种基本策略。对于意识形态的"本末倒置"及其原因，马克思打了一个比方，他说："如果在全部意识形态中，人们和他们的关系就像在照相机中一样是倒立呈像的，那么这种现象也是从人们生活的历史过程中产生的，正如物体在视网膜上的倒影是直接从人们生活的生理过程中产生的一样。"② 在马克思看来，阶级统治与思想统治的关系之颠倒，不过是历史的一种假象。他指出："只要阶级的统治完全不再是社会制度的形式，也就是说，只要不再有必要把特殊利益说成是普遍利益，或者把'普遍的东西'说成是占统治地位的东西，那么，一定阶级的统治似乎只是某种思想的统治这整个假象当然就会自行消失。"③ 这种"假象"的"自行消失"，归根到底取决于阶级统治在历史上的最后终结。

马克思对于意识形态的世俗基础和学理依据的揭露，乃是其哲学的深刻之处。他说："统治阶级的思想在每一时代都是占统治地位的思想"，它说到底"不过是占统治地位的物质关系在观念上的表现，不过

---

① 中央编译局编：《回忆马克思》，人民出版社 2005 年版，第 386、388 页。
② 《马克思恩格斯选集》第 1 卷，人民出版社 1995 年版，第 72 页。
③ 《马克思恩格斯选集》第 1 卷，人民出版社 1995 年版，第 101 页。

是以思想的形式表现出来的占统治地位的物质关系"①。这意味着"任何一个时代的统治思想始终都不过是统治阶级的思想"②，因为"支配着物质生产资料的阶级，同时也支配着精神生产资料"③。马克思还认为，"意识形态"乃是抽象的普遍利益在观念上的修辞方式。因此，他强调："占统治地位的将是越来越抽象的思想，即越来越具有普遍性形式的思想。因为每一个企图取代旧统治阶级的新阶级，为了达到自己的目的不得不把自己的利益说成是社会全体成员的共同利益，就是说，这在观念上的表达就是：赋予自己的思想以普遍性的形式，把它们描绘成唯一合乎理性的、有普遍意义的思想。"④ 马克思在这里揭示了意识形态的实质，即"虚幻的共同体"所代表的抽象的普遍性。

更具有前提性的问题是，决定意识形态的阶级关系又是由什么来决定的呢？恩格斯说："分工的规律就是阶级划分的基础。"⑤ 马克思所做的溯源工作，致力于揭示意识形态得以发生的最为深刻的根源。他认为，分工构成意识形态的原初历史基础，他通过"分工"来阐明特定阶级的意识形态的历史发生。马克思指出："分工只是从物质劳动和精神劳动分离的时候起才真正成为分工。"⑥ 两种劳动的分离之所以构成真正意义上的分工，就在于它标志着人类学本体论悖论的历史展开，为意识在历史上获得独立提供了条件。因为正是"从这时候起，意识才能摆脱世界而去构造'纯粹的'理论、神学、哲学、道德等等"意识形态诸形式⑦。马克思追溯了物质劳动与精神劳动分工的最庞大的历史形式即城乡分离，认为正是它"使精神活动和物质活动……由不同的个人来分担

---

① 《马克思恩格斯选集》第 1 卷，人民出版社 1995 年版，第 98 页。
② 《马克思恩格斯选集》第 1 卷，人民出版社 1995 年版，第 292 页。
③ 《马克思恩格斯选集》第 1 卷，人民出版社 1995 年版，第 98 页。
④ 《马克思恩格斯选集》第 1 卷，人民出版社 1995 年版，第 100 页。
⑤ 《马克思恩格斯选集》第 3 卷，人民出版社 1995 年版，第 632 页。
⑥ 《马克思恩格斯选集》第 1 卷，人民出版社 1995 年版，第 82 页。
⑦ 《马克思恩格斯选集》第 1 卷，人民出版社 1995 年版，第 82 页。

这种情况成为可能，而且成为现实"①。他进一步指出："分工也以精神劳动和物质劳动的分工的形式在统治阶级中间表现出来，因此在这个阶级内部，一部分人是作为该阶级的思想家出现的，他们是这一阶级的积极的、有概括能力的玄想家，他们把编造这一阶级关于自身的幻想当作主要的谋生之道，而另一些人对于这些思想和幻想则采取比较消极的态度，并且准备接受这些思想和幻想，因为在实际中他们是这个阶级的积极成员，很少有时间来编造关于自身的幻想和思想。"② 在马克思看来，"分工和私有制是相等的表达方式，对同一件事情，一个是就活动而言，另一个是就活动的产品而言。"③ 这一分析就把意识形态同私有制内在地联系起来了。

马克思把意识形态的历史根源一直追溯到"分工"，那么"分工"又取决于什么呢？他写道："分工的阶段依赖于当时生产力的发展水平。"④ 关于"生产力"，马克思指出："生产力与交往形式的关系就是交往形式与个人的行动或活动的关系"⑤。显然，此之所谓"生产力"就是指"个人的行动或活动"，而"这种活动的基本形式当然是物质活动，一切其他的活动，如精神活动、政治活动、宗教活动等取决于它"⑥。但在他看来，唯有生产力发展到足以使物质活动与精神活动的分离成为可能的程度，意识形态的出现才变成一个历史的事实。至此，唯物史观的立场已然显露无遗。

马克思拒绝对人类历史作一种目的论解释，他认为意识形态得以建立的秘密，恰恰在于把历史的顺序误解为逻辑的顺序；如此一来，"事情被思辨地扭曲成这样：好像后期历史是前期历史的目的，例如，好像

---

① 《马克思恩格斯选集》第 1 卷，人民出版社 1995 年版，第 83 页。
② 《马克思恩格斯选集》第 1 卷，人民出版社 1995 年版，第 99 页。
③ 《马克思恩格斯选集》第 1 卷，人民出版社 1995 年版，第 84 页。
④ 《马克思恩格斯选集》第 1 卷，人民出版社 1995 年版，第 135 页。
⑤ 《马克思恩格斯选集》第 1 卷，人民出版社 1995 年版，第 123 页。
⑥ 《马克思恩格斯选集》第 1 卷，人民出版社 1995 年版，第 123 页。

美洲的发现的根本目的就是要促使法国大革命的爆发"①。其实，历史上的任何先验的目的，"终究不过是从后期历史中得出的抽象，不过是从前期历史对后期历史发生的积极影响中得出的抽象"② 而已。也就是说，不过是事后抽象的一种先验误用。所以，它只能沦为"理论上的空中楼阁"③。也正因此，马克思强调"历史向世界历史的转变"这一过程，"是完全物质的、可以通过经验证明的行动，每一个过着实际生活的、需要吃、喝、穿的个人都可以证明这种行动"④。

以"人"的抽象化命运为例，马克思写道："哲学家们在不再屈从于分工的个人身上看到了他们名之为'人'的那种理想，他们把我们所阐述的整个发展过程看作是'人'的发展过程，从而把'人'强加于迄今每一历史阶段中所存在的个人，并把他描述成历史的动力。这样，整个历史过程被看成是'人'的自我异化过程，实质上这是因为，他们总是把后来阶段的普通个人强加于先前阶段的个人并且以后来的意识强加于先前的个人。由于这种本末倒置的做法，即一开始就撇开现实条件，所以就可以把整个历史变成意识的发展过程了。"⑤ 这样的话，"从人的概念、想象中的人、人的本质、一般人中引伸出人们的一切关系，也就很自然了。思辨哲学就是这样做的"⑥。这其实正是马克思试图揭露的所谓意识形态的"全部戏法"的秘密所在。

在法哲学领域，马克思认为那种"把权利归结为纯粹意志"的观点，不过是一种"法律上的错觉"而已⑦。因为在"纯粹意志"的背后，是现实的经济关系（即实际的"占有"）在起决定作用。马克思揭露说，权利的虚幻性本身固然是历史的产物，但这种虚幻性的存在又反

---

① 《马克思恩格斯选集》第 1 卷，人民出版社 1995 年版，第 88 页。
② 《马克思恩格斯选集》第 1 卷，人民出版社 1995 年版，第 88 页。
③ 《马克思恩格斯选集》第 1 卷，人民出版社 1995 年版，第 94 页。
④ 《马克思恩格斯选集》第 1 卷，人民出版社 1995 年版，第 89 页。
⑤ 《马克思恩格斯选集》第 1 卷，人民出版社 1995 年版，第 130 页。
⑥ 《马克思恩格斯选集》第 1 卷，人民出版社 1995 年版，第 101 页。
⑦ 参见《马克思恩格斯选集》第 1 卷，人民出版社 1995 年版，第 133 页。

过来进一步印证了它归根到底取决于现实的占有关系。他举例说："假定由于竞争，某一块土地不再提供地租，虽然这块土地的所有者在法律上享有权利，包括享有使用和滥用的权利。但是这种权利对他毫无用处：只要他还未占有足够的资本来经营自己的土地，他作为土地所有者就一无所有。"① 显然，这里实际上已经触及了人的权利的自由和能力的自由及其关系问题：权利只是法律赋予的，但能力却由资本来支持和维系。由此决定了"每当工业和商业（此即马克思所处的那个时代的基本实践活动的历史形式——引者注）的发展创造出新的交往形式，例如保险公司等等，法便不得不承认它们都是获得财产的方式"②。可见，法的秘密和实质在于其背后的经济基础，而这种经济基础又是历史地形成的，因为它不过是实践的历史产物。

在《德意志意识形态》"费尔巴哈"章中，马克思进一步展开了他在《关于费尔巴哈的提纲》中提出的基本观点，再次澄清了"解释世界"与"改变世界"这样两种态度或立场的截然不同，指出：费尔巴哈只是"希望确立对这一事实的理解，也就是说，和其他的理论家一样，只是希望确立对存在的事实的正确理解，然而一个真正的共产主义者的任务却在于推翻这种存在的东西"③。所谓"推翻这种存在的东西"，就是"改变世界"，亦即历史地"祛蔽"活动，它所带来的正是人的存在之本真性的开显。海德格尔自认他为马克思所吁求的"改变世界"提供了原初基础，即先行地转变对待世界的运思方式。他在《康德的存在论题》一文中说："人们竟也对哲学提出了要求，要求哲学不再满足于解释世界，不再满足于在抽象的思辨中打转，而是要致力于实际地改变世界。不过，如此被思考的对世界的改变首先就要求思想发生转变，正如说到底，甚至在上述要求的背后也已经有一种思想的改变。"④ 海德格尔

① 《马克思恩格斯选集》第 1 卷，人民出版社 1995 年版，第 133–134 页。
② 《马克思恩格斯选集》第 1 卷，人民出版社 1995 年版，第 134 页。
③ 《马克思恩格斯选集》第 1 卷，人民出版社 1995 年版，第 96–97 页。
④ ［德］海德格尔：《路标》，孙周兴译，商务印书馆 2000 年版，第 524 页。

试图以《德意志意识形态》和《关于费尔巴哈的提纲》为例来证明这一点，他追问道："如若思想并没有动身走上通向值得思的东西的道路，那么，这种思想应以何种方式发生转变呢？"① 在这里，海德格尔暗示马克思并未真正完成这种前提性的清理工作，但这却是有违思想史事实的。因为马克思所做的全部哲学工作，从某种意义上说正是为此而进行的，即先行地揭示一条通达恰当地思的正确道路，那就是在哲学上为"改变世界"的优先性奠基。在这一点上，《德意志意识形态》"费尔巴哈"章本身就具有里程碑意义。

那些被马克思批判的意识形态家们，在乎的仅仅是与现实的理论关系，并把这种关系作为优先规定加以确认。这种态度其实已然隐含着同现实的分裂了，因为它意味着"主客二分"框架的预设这一对象性姿态，即使是费尔巴哈的"感性直观"也无从逃避这一局限。费尔巴哈认为，理论关系优越于实践关系。他说："实践的直观，是不洁的、为利己主义所玷污的直观，因为，在这样的直观中，我完全以自私的态度来对待事物，它是一种并非在自身中得到满足的直观，因为，在这里，我并不把对象看作是跟自己平等的。与此相反，理论的直观却是充满喜悦的、在自身之中得到满足的、福乐的直观"②。马克思在《关于费尔巴哈的提纲》中批评道："他（指费尔巴哈——引者注）在《基督教的本质》中仅仅把理论的活动看作是真正人的活动，而对于实践则只是从它的卑污的犹太人的表现形式去理解和确定。因此，他不了解'革命的'、'实践批判的'活动的意义"③。费尔巴哈的这种局限性，说到底就源自他的"旧唯物主义的立脚点是市民社会"，由此决定了他所能够看到的只能是实践的"卑污的犹太人的表现形式"，而无法超越实践的特定历史形式的羁绊去领会实践的真正历史含义。

---

① ［德］海德格尔：《路标》，孙周兴译，商务印书馆 2000 年版，第 524 页。

② 《费尔巴哈哲学著作选集》下卷，荣震华等译，生活·读书·新知三联书店 1962 年版，第 235—236 页。

③ 《马克思恩格斯选集》第 1 卷，人民出版社 1995 年版，第 54 页。

马克思在评论阿·瓦格纳的"政治经济学教科书"时指出："在一个学究教授（指黑格尔——引者注）看来，人对自然的关系首先并不是实践的即以活动为基础的关系，而是理论的关系"；然而，"人们决不是首先'处在这种对外界物的理论关系中'。正如任何动物一样，他们首先是要吃、喝等等，也就是说，并不'处在'某一种关系中，而是积极地活动，通过活动来取得一定的外界物，从而满足自己的需要"①。这正是"实存"之所以先于"本质"的原因之一。正如宾克莱所言："具体的人的存在，要先于他运用理论上的本质所作的处理；这一点至少部分地说明了为什么要强调存在先于本质"②。正是基于这一实践优先性的立场，马克思才真正窥破了"意识形态"的秘密，从而着手一种类似于现象学还原的工作：回到先于一切可能的意识形态及其遮蔽的终极的原初性基础上去。

在《德意志意识形态》"费尔巴哈"章中，马克思同时批判了老年黑格尔派和青年黑格尔派，认为它们的共同之处在于都是认为思辨的规定决定着现存世界而非相反；两者的区别仅仅在于，前者认为这种决定是合法的，而后者认为这种决定不过是一种"篡夺"，从而需要用一种恰当的意识来取代这种僭越。因此，青年黑格尔派认为"改变意识"是"改变世界"的前提，而不是相反。显然，青年黑格尔派依旧拘泥于意识形态本身而难以自拔，试图通过意识形态范围内的"革命"来实现"改变世界"的"宏愿"注定要落空，因为这样做丝毫未曾触动意识形态本身的根基。这一立场决定了青年黑格尔派的"革命"是不彻底的。马克思批评青年黑格尔派的不彻底性，指出：他们都不过是用一种新的意识去代替旧有的意识而已，所谓"要用人的、批判的或利己的意识来代替他们现存的意识"③。其结果依旧不过是在意识形态的范围之内"兜

① 《马克思恩格斯全集》第 19 卷，人民出版社 1963 年版，第 405 页。
② ［美］L. G. 宾克莱：《理想的冲突——西方社会中变化着的价值观念》，马元德等译，商务印书馆 1983 年版，第 214 页。
③ 《马克思恩格斯选集》第 1 卷，人民出版社 1995 年版，第 66 页。

圈子"。"这种改变意识的要求，就是要求用另一种方式来解释存在的东西，也就是说，借助于另外的解释来承认它"①；正因此，"这个德意志意识形态的理论原来是用以迁就现存世界的"②。就像马克思批评老黑格尔时所说的，"在黑格尔的'现象学'中，人类自我意识的各种异化形式所具有的物质的、感觉的、实物的基础被置之不理，而全部破坏性工作的结果就是最保守的哲学"③。从哲学上说，这就是以最激进的姿态表达的最大的保守。所以，马克思揭露道："黑格尔把世界头足倒置起来，因此，他也就能够在头脑中消灭一切界限；可是，对于坏的感性来说，对于现实的人来说，这当然丝毫不妨碍这些界限仍然继续存在。"④ 马克思认为，恰恰是"异化形式"的"物质的、感觉的、实物的基础"才具有本质的意义，而黑格尔哲学及其学派把这一切都本末倒置了。马克思认为，对于黑格尔来说，"现实的即真实的出现的异化，就其潜藏在内部最深处的——并且只有哲学才能揭示出来的——本质来说，不过是现实的人的本质即自我意识的异化现象。因此，掌握了这一点的科学就叫作现象学。"⑤ 在马克思看来，黑格尔把人的自我意识的异化同人的现实异化的关系弄颠倒了。所以，这成为马克思彻底改造黑格尔精神现象学的重要契机。马克思立志完成"为历史服务的哲学的迫切任务"，即"揭露具有非神圣形象的自我异化"⑥。为了完成这个任务，就必须建立人的存在的现象学；因为人的现实异化在其本质上不过是人的存在的异化的"现象"罢了。

例如，布鲁诺·鲍威尔所代表的那种"批判的批判"，由于离开了实践，未能触及社会现实，无法真正摆脱意识形态陷阱的束缚，不得不依旧在意识的范围内兜圈子。这些意识形态家天真地以为，只要拿一种

① 《马克思恩格斯选集》第 1 卷，人民出版社 1995 年版，第 66 页。
② 《马克思恩格斯全集》第 3 卷，人民出版社 1960 年版，第 610-611 页。
③ 《马克思恩格斯全集》第 2 卷，人民出版社 1957 年版，第 244 页。
④ 《马克思恩格斯全集》第 2 卷，人民出版社 1957 年版，第 245 页。
⑤ 马克思：《1844 年经济学哲学手稿》，人民出版社 2000 年版，第 103 页。
⑥ 《马克思恩格斯选集》第 1 卷，人民出版社 1995 年版，第 2 页。

意识形态去取代另一种意识形态，整个现实世界就将为之改观。马克思认为这不过是一种幼稚的想象罢了。他们貌似激进实则保守。马克思讽刺地指出，他们不过是些"自以为是狼的绵羊"，他们所从事的工作只是"同现实的影子所做的哲学斗争"，而不是同现实本身所做的斗争。其原因就在于他们的批判从未想到要诉诸实践活动，实际地触动使意识形态赖以产生的物质根源。与此相反，马克思为自己确立的哲学任务，则在于揭穿意识形态的秘密，"使之信誉扫地"①；进而诉诸"实际的反对和改变"，也就是实践活动本身。这正是马克思哲学的意识形态批判的真正诉求。马克思所谓的"革命"，作为"实际地反对和改变现存的一切"，真正越出了意识的狭隘范围，从而属于实践活动本身，这就从哲学的原初基础上彻底突破了意识形态的桎梏和限囿。

马克思对意识形态家们所从事的"批判"表示失望，那么能否企求"国民经济学"来弥补这种缺陷呢？回答是否定的。因为国民经济学存在着相似的缺陷，这正是马克思之所以进行政治经济学批判的原因所在。在《1844年经济学哲学手稿》中，马克思揭露道：国民经济学"把应当加以阐明的东西当作前提"②。这种颠倒使国民经济学根本不可能回到原初基础上来。马克思承认，"国民经济学从私有财产的事实出发"，譬如"李嘉图是从资本主义生产的现有事实出发的"③；但是，"它没有给我们说明这个事实"④。在马克思看来，国民经济学家"总是置身于一种虚构的原始状态（这正是意识形态幻象所形成的陷阱——引者注）"，而"把应当加以推论的东西……假定为事实、事件"⑤。这就犯了与神学家类似的错误，因为"神学家也是这样用原罪来说明恶的起

---

① 参见马克思、恩格斯：《德意志意识形态》（节选本），人民出版社2003年版，第3-4页。

② 马克思：《1844年经济学哲学手稿》，人民出版社2000年版，第50页。

③ 《马克思恩格斯全集》第26卷第2册，人民出版社1973年版，第461页。

④ 马克思：《1844年经济学哲学手稿》，人民出版社2000年版，第50页。

⑤ 马克思：《1844年经济学哲学手稿》，人民出版社2000年版，第51页。

源，就是说，他把他应当加以说明的东西假定为一种具有历史形式的事实"①。显然，无论是哲学还是经济学都需要进行一场釜底抽薪式的现象学革命，以便做一种原初基础的清理工作。正是这一工作，才使得马克思能够回到真实的出发点，即"当前的经济事实"②，亦即"回到事情本身"。这正是马克思在哲学史上实现的革命性变革的实质所在。

马克思认为，揭露意识形态的社会根源和历史基础，只是为它的解构准备了认识条件；而实际地解构意识形态，还必须由人的感性活动本身所带来的实践的"批判"来完成。他说："意识的一切形式和产物不是可以通过精神的批判来消灭的，不是可以通过把它们消融在'自我意识'中或化为'幽灵'、'怪影'、'怪想'等等来消灭的，而只有通过实际地推翻这一切唯心主义谬论所由产生的现实的社会关系，才能把它们消灭"③。这意味着，意识形态解构不能通过"精神的批判"来完成，它只有诉诸实践的批判才能完成。在马克思那里，意识形态被历史地解构，归根到底取决于"共产主义革命"。因为在他看来，"历史的动力以及宗教、哲学和任何其他理论的动力是革命，而不是批判"④。也正因此，"随着现存社会制度被共产主义革命所推翻（……）以及与这一革命具有同等意义的私有制的消灭，这种对德国理论家们来说是如此神秘的力量也将被消灭"⑤。这是因为，就像马克思所说的那样，共产主义并不是"从寻找'本质'开始的"；恰恰相反，"共产主义是用实际手段来追求实际目的的最实际的运动"⑥，因为它"只有在实际运动中，在革命中才有可能实现"⑦。由此也就不难理解，为什么马克思说"建立共产主义实质上具有经济的性质"；因为"共产主义所造成的存在状况，正

① 马克思：《1844 年经济学哲学手稿》，人民出版社 2000 年版，第 51 页。
② 马克思：《1844 年经济学哲学手稿》，人民出版社 2000 年版，第 51 页。
③ 《马克思恩格斯选集》第 1 卷，人民出版社 1995 年版，第 92 页。
④ 《马克思恩格斯选集》第 1 卷，人民出版社 1995 年版，第 92 页。
⑤ 《马克思恩格斯选集》第 1 卷，人民出版社 1995 年版，第 89 页。
⑥ 《马克思恩格斯全集》第 3 卷，人民出版社 1960 年版，第 236 页。
⑦ 《马克思恩格斯选集》第 1 卷，人民出版社 1995 年版，第 91 页。

是这样一种现实基础，它使一切不依赖于个人而存在的状况（譬如马克思所谓的'虚幻的共同体'——引者注）不可能发生，因为这种存在状况只不过是各个人之间迄今为止的交往的产物"①。因此，"消灭分工""消灭劳动""消灭私有制"，在马克思那里，绝不是思想活动，而只能是基于实践的历史活动。也正因此，马克思才把"实践的唯物主义者"同"共产主义者"看作等价的概念②。

若从现象学维度加以领会，"共产主义"不过是一种历史的祛蔽活动，人的本真性的存在只有通过它才能得以敞显。马克思指出：千百万无产者或共产主义者，"在实践中，即通过革命使自己的'存在'同自己的'本质'协调一致"③。而人的异化状态正是人的存在与其本质的乖戾，它意味着人的本质被遮蔽。劳动的异化就是这种遮蔽的最初历史形式，而其发达形式则是意识形态及其造成的本末倒置。在这里，马克思提示了人的存在的现象学得以展现的现实力量之阶级承担者或曰阶级基础，那就是无产阶级。马克思特别强调"共产主义"的"活动"的性质。在他那里，共产主义是一种活动，是一种历史地展现，即动词性的"现象"。正是在这一展开中，人的存在与本质才达成历史地统一。所以，马克思写道："我们所称为共产主义的是那种消灭现存状况的现实的运动。这个运动的条件是由现有的前提产生的。"④ 正因为共产主义被了解为实践的展开着的过程，也就凸显了马克思所主张的"从感性活动的角度去理解"的视野。可见，实践之原初地位的自觉确立，必将走向这样一种立场，即对共产主义作一种实践意义上的领会；反过来，对共产主义的活动性质的自觉确认，也内在地要求在哲学上奠定实践的本体

---

① 《马克思恩格斯选集》第 1 卷，人民出版社 1995 年版，第 122 页。
② 请注意：依据《德意志意识形态》手稿，马克思在"实践的唯物主义者"中的"实践的"（praktischen）以及"共产主义者"（Kommunisten）下面划线，以示强调（参见［日］广松涉编注：《文献学语境中的〈德意志意识形态〉》，彭曦译，南京大学出版社 2005 年版，第 190 页）。
③ 《马克思恩格斯选集》第 1 卷，人民出版社 1995 年版，第 97 页。
④ 《马克思恩格斯选集》第 1 卷，人民出版社 1995 年版，第 87 页。

论地位。

马克思哲学的现象学意味，还在于它让事情本身自行绽放，拿黑格尔的话说就是事物"自己构成自己"的"理性的狡计"。在马克思那里，这一原则表征为一种历史主义的态度。例如，他完全立足于历史的自律性，从历史的必然性、必要性和暂时性角度去看待意识形态及其产生的历史条件。马克思承认，在历史的特定阶段上，"还必须有分工和私有制"①。对于这种历史必要性，他甚至说："私有财产是生产力发展一定阶段上必然的交往形式，这种交往形式在私有财产成为新出现的生产力的桎梏以前是不会消灭的，并且是直接的物质生活的生产所必不可少的条件。"② 这体现了马克思对现代私有制所采取的历史主义的态度。后来，在《资本论》第1卷中谈到"资本的生产过程"时，他说："资本主义生产由于自然过程的必然性，造成了对自身的否定。这是否定的否定。"③ 所谓否定之否定，乃是内在的自我否定形式，它在本质上区别于机械否定的外在性。早在《神圣家族》中，马克思就已指出："的确，私有制在自己的经济运动中自己把自己推向灭亡"④。在他看来，资本的内在限制在于，它使雇佣劳动者"不是把他自己创造出来的东西当作他自己的财富的条件，而是当作他人财富和自己贫困的条件。但是这种对立的形式本身是暂时的，它产生出消灭它自身的现实条件"⑤。在《共产党宣言》中，马克思强调说："随着大工业的发展，资产阶级赖以生产和占有产品的基础本身也就从它的脚下被挖掉了。它首先生产的是它自身的掘墓人。"⑥ 从内在理路上说，这里的思想是一以贯之的。它可以追溯到黑格尔的"自己构成自己"，也可以进一步远溯至斯宾诺莎的"自因"。但在马克思这里，这一原则被赋予了人的存在的含义。在某种意

---

① 《马克思恩格斯全集》第3卷，人民出版社1960年版，第377页。
② 《马克思恩格斯全集》第3卷，人民出版社1960年版，第410—411页。
③ 《马克思恩格斯全集》第23卷，人民出版社1972年版，第832页。
④ 《马克思恩格斯全集》第2卷，人民出版社1957年版，第44页。
⑤ 《马克思恩格斯全集》第46卷下册，人民出版社1980年版，第35—36页。
⑥ 《马克思恩格斯选集》第1卷，人民出版社1995年版，第284页。

义上，资本主义自我解构的逻辑，正是马克思的人的存在的现象学之历史表征的一个内在环节。作为他的现象学方法论之特征的"自己构成自己"的原则，乃是革命性地改造黑格尔哲学的结果。正如有人指出的，马克思"再一次依靠黑格尔，他说人的异化将被历史运动的本身所克服，事件当中有一种努力，它将结束异化的一切形式"①。但必须强调的是，这种所谓"依靠"完全是以对黑格尔辩证法的扬弃和超越为前提的。

在马克思那里，"现实生活"不是可以期待着对其作一种对象性处置的规定，因此它不能被作为感性直观的对象来看待。马克思说得很清楚，现实生活对人来说是"存在"性的，不是旁观的对象，因为"人们的存在就是他们的现实生活过程"②，而社会生活在本质上是实践的。在谈及"回到事情本身"时，伽达默尔说："把这口号解释为转向客体……这是荒谬的"；因为"现象学的研究原则上超越主客体之间的对立并把揭示行为与对象的相互关系作为自己研究的广阔领域"，由此决定了不能"从主客体对立的观点来解释'面向事物本身'的格言"③。马克思的回到"现实生活"，也应该作如是观。作为现象学意义上的"事情本身"，"现实生活"不是客体意义上的对象规定，而是人的存在本身的直接显现。它不是宾格的，而是主格的。正如海德格尔所说的："首先我们必须排除所有会在对物的理解和陈述中挤身到物与我们之间的东西，唯有这样，我们才能沉浸于物的无伪装的在场（Anwesen）"④。所谓"物的无伪装的在场"，唯有先行地确认"现实生活"的优先地位才是可能的。按照马克思的观点，只有首先回到"现实生活"（亦即现象学意义上的"回到事情本身"），才能清除一切意识形态偏见

① ［美］伊斯顿：《马克思早期著作中的异化与历史》，载《哲学研究》编辑部编：《资产阶级哲学资料选辑》第1辑，上海人民出版社1964年版，第415页。

② 《马克思恩格斯选集》第1卷，人民出版社1995年版，第72页。

③ ［德］加德默尔：《哲学解释学》，夏镇平、宋建平译，上海译文出版社1994年版，第143页。

④ 孙周兴选编：《海德格尔选集》上卷，上海三联书店1996年版，第246页。

及其"污染",摆脱一切可能的意识形态陷阱,从而同"事情本身"的本真状态照面。马克思所批判的德意志意识形态家们,总是戴着意识形态的有色眼镜去审视问题,从而期待那个在他们看来是由其大脑中的意识或观念支配并决定的现实作为对象性规定"现身",这不过是这些人的天真的想象罢了。与此相反,马克思一经在原初基础的意义上确立起实践或曰现实生活的优先性地位,其哲学便获得了自身的免疫力。因为马克思哲学立足其上的"现实生活",不过是实践的建构活动及其结果本身,它既是意识形态的历史根源的显现者,又是意识形态根源得以消解的物质力量。"现实生活"固然是"某种经验的事实",它"可以用纯粹经验的方法来确认"①,因为它是"现实的、可以通过经验观察到的"②。但在马克思那里,这种作为经验事实的"现实生活"并未被纳入认识论语境中,这当然是出于摆脱意识形态先入为主的成见之需要。

在马克思哲学语境中,人的实践所建构的"现实生活",其"解蔽"作用主要表现在:一是使我们能够"回到事情本身",从而先行地避免意识形态的干扰。这是马克思在作出意识形态"诊疗学"方案之前的一种自我免疫工作。二是给出意识形态的派生者,揭明意识形态作为被派生者的身份,把本末倒置的关系颠倒过来,把其中的真相和秘密说破。这属于"诊断"活动,即把意识形态背后的"病理学"本质揭露出来。三是通过它而实际地解构掉使意识形态矗立其上从而使其成为可能的那个物质根源。这是马克思所提供的"治疗"方案,即解构意识形态必须诉诸人的感性活动。在马克思的语境中,这些作用构成"拆穿"意识形态"全部戏法"的基本步骤。意识形态的解蔽活动,也就是人类的历史解放活动。正如马克思所言,"这个解放的头脑是哲学,它的心脏是无产阶级"③。而"'解放'是一种历史活动,不是思想活动",因为"'解放'是由历史的关系,是由工业状况、商业状况、农业状况、交往状况

---

① 《马克思恩格斯选集》第1卷,人民出版社1995年版,第67页。
② 《马克思恩格斯选集》第1卷,人民出版社1995年版,第73页。
③ 《马克思恩格斯选集》第1卷,人民出版社1995年版,第16页。

促成的"①。

三、马克思哲学对现象学方法本身的扬弃和超越

马克思的现象学运思方式可谓是其来有自。"回到事情本身",让"事情本身"自我揭示,这一取向其实早在青年马克思那里就已初现端倪。1837 年 11 月,马克思在写给父亲的信中承认,"先前我读过黑格尔哲学的一些片断";但"在患病期间,我从头到尾读了黑格尔的著作,也读了他大部分弟子的著作"②。已经系统地掌握了黑格尔哲学的马克思,在思路上有了现象学的特征,也就不足为奇了。例如就在同一封信中,马克思强调"思想世界"的生动性,他写道:"在生动的思想世界的具体表现方面,例如,在法、国家、自然界、全部哲学方面……我们必须从对象的发展上细心研究对象本身,决不应任意分割它们:事物本身的理性在这里应当作为一种自身矛盾的东西展开,并且在自身求得自己的统一。"③ 马克思还说:"我……通过概念本身、宗教、自然、历史这些神性的表现从哲学上辩证地揭示神性。"④

伯林说:"和黑格尔一样,马克思也将历史看作是一门现象学。"⑤应该承认,关于马克思同黑格尔在现象学意义上的关联,伯林的这个判断是不乏洞察力的。不管它是通过直觉还是深入考察而得出的,都具有启示意义;但马克思究竟在何种意义上又不同于并优越于黑格尔现象学,才是真正值得我们关注的。

在马克思看来,黑格尔的那种以绝对精神为原初基础的现象学,只有加以革命性地彻底改造,才能够在其"终结"中寻找到"出路"。马

---

① 《马克思恩格斯选集》第 1 卷,人民出版社 1995 年版,第 74—75 页。
② 《马克思恩格斯全集》第 40 卷,人民出版社 1982 年版,第 15、16 页。
③ 《马克思恩格斯全集》第 40 卷,人民出版社 1982 年版,第 10—11 页。
④ 《马克思恩格斯全集》第 40 卷,人民出版社 1982 年版,第 15 页。
⑤ [英] 以赛亚·伯林:《卡尔·马克思》,李寅译,译林出版社 2018 年版,第 151 页。

克思认为，黑格尔的"绝对精神"不过是"形而上学地改了装"的"现实的人和现实的人类"①。为了完成这一革命，马克思就必须做一种"颠倒"的工作，亦即把被黑格尔哲学"头足倒置"的关系重新颠倒过来。但是，要回到"现实的人和现实的人类"，并不容易。费尔巴哈的人本学何以陷入抽象的人，从而离开了人的现实性？因为人只有通过自己的感性活动才能把自己的现实性"在"出来，从而变成"现实的人和现实的人类"。而揭示这一点，乃是马克思哲学的贡献。

方法毕竟是工具性的，它究竟导致怎样的结果，并不完全取决于其本身，还取决于它所处理的问题，以及它被置于怎样的原初基础。例如，现象学的"回到事情本身"，虽然同黑格尔的精神现象学之间有着难以割舍的联系，但黑格尔却并未因此而克服"醉醺醺的思辨"。按马克思的说法，黑格尔现象学带有"思辨的原罪"②。马克思要重建这种现象学，就必须进行一场脱胎换骨式的革命性变革，使其获得全新的根基。这一任务是通过把精神现象学改造成人的存在的现象学来实现的。如此一来，实践就成为马克思的人的存在的现象学之绝对的终极根据。在马克思看来，以往的一切哲学家所从事的工作，都无非是在那里"解释世界"，这种态度是建立在对"理论关系"优先性的确认基础上的，从而无法逃避走向意识形态修辞的命运。马克思则从根本上重建了哲学，改变了它的使命，将其了解为"改变世界"，也就是实践本身。实践的终极原初性地位的奠定，使意识形态的遮蔽不再成为可能，因为它让"事情"自行"道出"、自我敞显和绽现，从而能够在根本上剪除意识形态之蔽。

诚如蒂利希所说："在马克思看来，决定历史的是纯粹的历史内在因素"③。马克思并不需要从历史之外援引一种超历史的主宰者或建构者来诠释历史。在一定意义上，这种内在化的自足性，毋宁说是黑格尔精

① 参见《马克思恩格斯全集》第 2 卷，人民出版社 1957 年版，第 177 页。
② 《马克思恩格斯全集》第 2 卷，人民出版社 1957 年版，第 246 页。
③ 何光沪选编：《蒂利希选集》上，上海三联书店 1999 年版，第 58 页。

神现象学的"自己构成自己"原则在唯物史观上的被扬弃了的体现。在黑格尔那里，这种内在性是绝对精神所固有的性质，即如他所指出的，"精神的运动就是概念的内在发展"，这个过程是"沿着这条自己构成自己的道路"展开并完成的①。马克思在《神圣家族》中说过："把实体了解为主体，了解为内部的过程，了解为绝对的人格。这种了解方式就是黑格尔方法的基本特征。"② 关于黑格尔方法的这个论断，既可以指辩证法，也可以指现象学。但是，在马克思那里，这种内在性得到了彻底的重建，它已然被改造成了人的存在及其历史本身所固有的性质。马克思说："迄今为止的一切历史观不是完全忽视了历史的这一现实基础，就是把它仅仅看成与历史过程没有任何联系的附带因素。因此，历史总是遵照在它之外的某种尺度来编写的；现实的生活生产被看成是某种非历史的东西，而历史的东西则被看成是某种脱离日常生活的东西，某种处于世界之外和超乎世界之上的东西。这样，就把人对自然界的关系从历史中排除出去了，因而造成了自然界和历史之间的对立。"③ 从现象学意义上重新领会这段话，或许可以从中读出新的意味。在马克思看来，所有外在于历史本身自我展现的观察历史的方法，都是同人的存在的现象学相对立的。历史不能按照外在尺度来编写，而是必须回到历史本身。一切旧的历史观把历史的现实基础看作同历史过程无关的"附带因素"，所以只能按照外在尺度来编写历史。现实生活同历史因此被割裂开来，历史的东西被当作非历史的永恒之物，从而造成了自然史同人类史的对立和隔膜。这从否定的方面折射出马克思的现象学方法把握历史所特有的优点。

于是，马克思哲学便有了一种"解放"的意义。就马克思哲学本身来说，这种意义在于：第一，它把"超验性"从宗教的和形而上学的含义中"解放"了出来，使其变成人的实存本身通过感性活动不断地建构

---

① 参见［德］黑格尔：《逻辑学》上卷，杨一之译，商务印书馆 1976 年版，第 5 页。
② 《马克思恩格斯全集》第 2 卷，人民出版社 1957 年版，第 75 页。
③ 《马克思恩格斯选集》第 1 卷，人民出版社 1995 年版，第 93 页。

过程，并永远固有其向未来敞开着的可能性。这表征为人的存在方式在实践中不断地重建和实际地超越并趋向其目标。这种"解放"既保持了人的存在的超越性，又避免了这种超越通过思辨或观念来完成所隐藏着的意识形态陷阱。这正是马克思哲学变革的深刻性所在。存在主义理解现实的方式在一定意义上是现象学的，但在它看来，物是它所是的那个样子，人却从来不是他所是的样子，从而呈现为两种截然不同的存在样式。与物的存在不同，人的存在乃是永恒的超验性，是无穷无尽地成为另一种东西的能力[1]。其实，这一点首先在马克思哲学那里得到了揭示。马克思不再把"超验"理解为一个脱离或逃避经验的规定，而是视作对"现存的一切"所进行的"批判"，即实践地克服和超越。正如马克思在《共产党宣言》中所说的："共产党人为工人阶级的最近的目的和利益而斗争，但是他们在当前的运动中同时代表运动的未来。"[2] 实践在实际地建构历史的同时，内蕴着朝向未来的可能性，这正是事实上的"超验"。因此，"超验"不再像旧哲学那样，是在哲学家的头脑和书房里完成的，而是在人的实践活动及其塑造的实际历史中完成的。正是在此意义上，马克思真正把哲学广义化了。第二，它把哲学本身从思辨及其狭隘性中"解放"出来，使其广义化为历史活动。诚如萨特所言："自马克思以后，哲学就是一种具体的社会活动，一种介入。"[3] 洛维特也指出："世界曾由于黑格尔而变成为哲学的，变成为一个精神的王国，而如今，哲学则由于马克思而变为世俗的，变为政治经济学，变为马克思主义。"因此，马克思哲学"成为一种实践的理论"[4]。实际上，与其说是一种"实践的理论"，倒不如说是理论地把握住了的实践更恰当。

---

① 参见［法］R. 埃斯卡尔皮特、［法］D. 奥利埃：《存在主义》，载《文艺理论译丛》第 3 辑，中国文联出版公司 1985 年版，第 491 页。
② 《马克思恩格斯选集》第 1 卷，人民出版社 1995 年版，第 306 页。
③ ［法］萨特：《他人就是地狱：萨特自由选择论集》，周煦良等译，陕西师范大学出版社 2003 年版，第 5 页。
④ ［德］洛维特：《世界历史与救赎历史——历史哲学的神学前提》，李秋零、田薇译，生活·读书·新知三联书店 2002 年版，第 41 页。

只有当"现象"被作为哲学的一种把握方式来对待的时候，它才具有现象学含义。但这似乎同哲学的超验性相悖，因为现象终究是经验世界的表征形式。其实，在马克思哲学那里，这种超验性一方面表现在先行地确立实践本身的原初地位，以便从哲学上为现象的显现提供学理上的合法性；另一方面在于实践对现有经验事实的不断变革及其所展示的朝向未来的可能性本身，而不再是像旧哲学那样一劳永逸地宣布一个超越的目标。这正是马克思哲学的批判本性及其理论的彻底性所在。因此，在马克思那里不能设想经验与超验在知性意义上的紧张，它只能被理解为在实践基础上达成和解。将经验与超验知性地割裂开来并对立起来，既不是也不符合马克思哲学的旨趣。

雅斯贝尔斯在《当代的精神处境》一书中说："人的存有首先基于他在经济、社会和政治等处境中的存在，这些处境的实在性，是其他一切事情所依赖的；或许，只有通过这些处境的实在，其他一切事情才能成为真实"①。必须承认，这与马克思的思想具有某种相似性。我们有理由说，马克思哲学的历史感，在一定意义上无非就在于给出作为"此在"的"人"的"处境"罢了。在伽达默尔看来，"处境"（Situation）一词的意义非同小可。因为雅斯贝尔斯"这本书的核心思想却在书名上，在'处境'这个字里。一种处境绝非像科学认知的对象那么简单，想必这个区别不难理解。处境这个概念是画龙点睛之笔，将研究主体与客体世界的隔离感一笔拆去。'处境'的本义清晰地表明为一种知，这种知不是隐身在科学当中的客体性，而是烙入自己存在中去的那种领域视野、那种担当感和明晰的见识"②。显然，"处境"表明了对"主客二分"这一"不祥的前提"的拒绝，隐藏着"回到事情本身"的诉求。正因为有了这一立场，雅斯贝尔斯对马克思同黑格尔在哲学上的本质区

---

① ［德］雅斯贝尔斯：《当代的精神处境》，黄藿译，生活·读书·新知三联书店1992年版，第22-23页。

② ［德］汉斯-格奥尔格·伽达默尔：《哲学生涯——我的回顾》，陈春文译，商务印书馆2003年版，第192-193页。

别和一致性，才会形成一种罕有的洞见，他指出："这两个人，黑格尔和马克思，都是从他们所认为的核心里引申出一切现象来"，其"差别只在于，在黑格尔那里，历史发展的核心是他所说的'理念'，而在马克思那里，则是与动物不同的、以有计划的劳动来生产自己的生活资料的人的生产方式。"① 在黑格尔和马克思之间，究竟是谁才真正把握住了"处境"的真实性呢？如果正视马克思所先行地肯定的人的感性活动对人的"此在"性的塑造，就不难得出答案。

黑尔德认为："赫拉克利特似乎是第一个提出下列问题的人：承载着哲学思想的那种观点与自然观点——即他所说的'多数人'的观点——的区别究竟何在。"② 在此意义上，哲学的任务毋宁说就是对人的有限视域之局限性的克服和超越。因为"在赫拉克利特看来，哲学是从我们有限境域的私人梦幻世界之盒中的苏醒。这种苏醒开启了一个对所有人而言的共同世界。……哲学就是人对如此理解的一个世界的开启。"③ 此处的关键在于，现象学被黑尔德归结为对这种开启的再尝试。例如他说："现象学是以一种新的方式来再次尝试克服意见之争。"④ 在赫拉克利特那里，对有限视域之局限性的克服和超越正是哲学的任务。通过哲学克服"视角主义"的狭隘性，并不是走向全息性，而是达到背后的那个共享基础的澄明。如此一来，哲学便被归结为：从有限到无限、从遮蔽到祛蔽、从存在到真理的过渡。

阿伦特也从政治哲学的角度指出：在希腊城邦，"个人以各种方式来表达事物，假定是明确地表达的。他（指苏格拉底——引者注）让大家都转向注目于所谓助产婆法（meautics）……尽管人是通过各种各样

---

① 熊伟主编：《存在主义哲学资料选辑》上卷，商务印书馆1997年版，第731页。

② ［德］克劳德·黑尔德：《世界现象学》，倪梁康等译，生活·读书·新知三联书店2003年版，第37页。

③ ［德］克劳德·黑尔德：《世界现象学》，倪梁康等译，生活·读书·新知三联书店2003年版，第37页。

④ ［德］克劳德·黑尔德：《世界现象学》，倪梁康等译，生活·读书·新知三联书店2003年版，第36页。

表达的路径来拥有各自意见的，但是，人们实际上对自己表现出来的那一事物的真理一无所知。而且，苏格拉底想要通过'助产'诱导出的就是这个真理。"① 在这里，辩证法乃是实现由偶然的"意见"向必然的"真理"过渡的不可或缺的中介。显然，在苏格拉底那里，意见和真理并非外在的和并列的关系，而是一种发展和转换的关系，是一种内在的过渡，它们统一于展开了的过程，其中的结构就是辩证法逻辑。但在柏拉图那里，意见和真理则变成了两种彼此平行的规定，而不再是一种由此及彼的辩证的过渡和转化。所以，阿伦特强调说："真理（aletheia）与意见（doxa）的对峙，是柏拉图的材料中最革命的，也是最非苏格拉底的东西。"②

在古希腊哲学中，"存在"（Being）与"真理"（truth）之间具有一种本然的联系。从一定意义上说，马克思关于人的存在的真理的显现，是古希腊哲学原初含义在被创造性地改造了之后的"复活"。汪子嵩先生认为："在早期希腊哲学的发展中，巴门尼德是一个转折点，他提出了一个新的问题，与以前的哲学家根本不同。他以前的哲学家从泰勒斯到赫拉克利特都思考万物的'本原'是什么，以及万物是如何生成的，这些都是凡人的意见，属于他所说的'意见之路'；而巴门尼德却要在这多样变动的意见之上，寻求唯一的永恒不变的真理，这才是'真理之路'。这个真理之路，就是：只承认 Being，不承认 non-Being 产生的任何东西。……Being 有'真'的含义，是'永恒真'的，而 non-Being 则是假的，它们有'真和假'之分。"③ 可见，"存在"在巴门尼德哲学中含有"真理"的意蕴。但巴门尼德作为古希腊哲学的一个拐点，正是他开启了对时间性（变动不居）的不信任。马克思是一方面试图重新把

① ［美］汉娜·阿伦特：《马克思与西方政治思想传统》，孙传钊译，江苏人民出版社 2007 年版，第 72 页。
② ［美］汉娜·阿伦特：《马克思与西方政治思想传统》，孙传钊译，江苏人民出版社 2007 年版，第 72 页。
③ 汪子嵩等：《希腊哲学史》第 4 卷，人民出版社 2014 年版，第 10—11 页。

"存在"与"真理"联系起来，一方面又恢复了对时间性的信赖。在巴门尼德那里，"存在"虽然同"真理"相关，但两者之间缺乏一个辩证的和历史的展开。与此不同的是，马克思认为"存在"被意识形态所遮蔽，便是"真理"的丧失，通过意识形态的批判（揭露其社会根源正是马克思所谓的"为历史服务的哲学"的任务），使"真理"失而复得。所以，无论"存在"还是"真理"以及两者的关系，都是"活"的而不是"死"的。换言之，它们是辩证的，是通过人的实存"在"出来的。再者，存在和思维在巴门尼德那里是抽象的，但到了马克思那里则变成了社会的规定，即内在地蕴含着人的在场性的维度。于是，存在与思维的关系被置换成社会存在与社会意识的关系。在马克思的语境中，真理发生在人的存在的历史展现及其完成之中。这个过程既是实践不断建构的能动过程，又是作为动词的现象之显现过程。

因此，在马克思那里，"存在"即"真理"是历史地发生的，而非逻辑地预决的。依此理路，意识形态正是"视角主义"的，它把原本基于狭隘的阶级立场和阶级利益而形成的偏见，以普遍性共识的假相予以呈现。就此而言，意识形态在其本质上是把"意见"当作"真理"。它把特殊性冒充为普遍性，从而使其沦为一种虚假的普遍性。就像马克思所揭露的那样，资产阶级总是"使自己通常的利益具有一种普遍的形式"[1]。这正是意识形态造成遮蔽的原因。其实，青年马克思在《〈科伦日报〉记者和〈莱茵报〉的立场》中就指出："把自己个人的狭隘界限当作全世界固有的界限，当作它的柱石，这是狭隘性的本性。"[2] 从某种意义上说，所谓"个人的狭隘界限"，是"偶然的个人"所必然具有的性质。按照马克思后来的观点（例如在《德意志意识形态》"费尔巴哈"章中），它还表现为"阶级的个人"，这种狭隘性因此便表现为阶级的狭隘性。

---

[1] 《马克思恩格斯选集》第 1 卷，人民出版社 1995 年版，第 132 页。
[2] 《马克思恩格斯全集》第 40 卷，人民出版社 1982 年版，第 314 页。

在马克思那里，"真理"是一个存在论概念。海德格尔说过："真理是存在者之为存在者的无蔽状态。真理是存在之真理。"① 这一说法有助于我们更好地领会和把握马克思意义上的"真理"概念。意识形态的消解和排除，也就是真理的发生。马克思所从事的意识形态批判工作，其意义不仅在于区分"意见"和"真理"（借用古希腊哲学的概念），更重要的是把这两者展开为一种历史的关系和过程。这样一来，它们的关系就不再是一种空洞的、毫无内容的知性规定或抽象形式，而是变成了具体的历史的规定和有内容的形式。这也是马克思哲学的现象学意味所显示出来的一个超越之处。

处在观念蒙蔽中的人们何以陷入并走出假象的洞穴？在马克思那里，这种蒙蔽及其解除都成为一个历史的问题，亦即人的时间性存在的问题。海德格尔强调说："只有着眼于时间才可能把捉存在"②。在现象学那里，时间性被重新开启并获得信赖。其实，就马克思哲学而言，时间性早已成为存在得以现身的方式，这种时间性的真正形式，不是物理世界的历时性，而是人的实践不断建构着的历史性。

柏拉图作为古典本体论的代表，他所提供的不过是一种本质主义的解决方案。正如巴斯摩尔所言："对于柏拉图来说，'存在［existence］'是微不足道的，第二流的存在［being］方式；存在的实体仅就它们表现一个'形式'或者'本质'而言，才是实在的。"③ 马克思重新恢复了对"实存"及其时间性的信赖。在马克思那里，本质只有通过实存并在实存的"现象"中展现出来，才能够被我们反思性地把握到。在此意义上，马克思开辟了非本质主义的本体论路径，这也正是其哲学的现象学意味所在。

---

① 孙周兴选编：《海德格尔选集》上，上海三联书店 1996 年版，第 302 页。
② ［德］海德格尔：《存在与时间》，陈嘉映、王庆节译，生活·读书·新知三联书店 1987 年版，第 24 页。
③ ［澳］约翰·巴斯摩尔：《哲学百年·新近哲学家》，洪汉鼎等译，商务印书馆 1996 年版，第 524 页。

马克思说过："人的存在是有机生命所经历的前一个过程的结果。只是在这个过程的一定阶段上，人才成为人。但是一旦人已经存在，人，作为人类历史的经常前提，也是人类历史的经常的产物和结果，而人只有作为自己本身的产物和结果才成为前提。"① 在此意义上，人的存在本身不过是人的活动的表现或产物，因而它是由人的活动能动地建构起来的，是由人的活动创造出来的，因此，人的存在不是所与（given），而是生成（becoming）。正因此，马克思才强调说人只有作为自己本身的产物和结果才成为历史的前提。

马克思哲学的"历史感"，只有被置于人的存在的现象学语境中加以领会，才能获得其充分而真实的含义。海德格尔在《论人道主义的信》中承认："马克思在体会到异化的时候深入到历史的本质性的一度中去了，所以马克思主义关于历史的观点比其余的历史学优越。"② 他甚至认为胡塞尔现象学和萨特存在主义由于未曾达到过马克思的这个高度，从而缺乏同其哲学对话的资格。在海德格尔看来，马克思比胡塞尔和萨特更深刻地触及了历史性的维度。海德格尔的这个说法是真实的。马克思哲学的优越性就在于它比一般的历史学更本真地进入了"历史"。因为海德格尔所谓"关于历史的观点"，在马克思那里不再是作为一种"对历史的把握"（那不过是历史编纂学的任务），而是"历史地把握"本身（这才是人的存在的现象学的任务）。这种优越性鲜明地体现在马克思以《资本论》为代表所建构的现象学叙事之中。在马克思那里，恢复时间性并不是一种主观的偏好，而是一种思想的必然性。从一定意义上说，海德格尔把存在与时间联系起来，最多不过是达到了前者，未曾达到后者；马克思哲学则是超越了前者，进而达到了后者。

在海德格尔那里，所谓"时间"当然不是物理时间，而毋宁说是人本学意义上的时间，它"谋划着'将来'而安然于过去已'曾是'的

---

① 《马克思恩格斯全集》第 26 卷第 3 册，人民出版社 1974 年版，第 545 页。
② 孙周兴选编：《海德格尔选集》上，上海三联书店 1996 年版，第 383 页。

可能性并即体现为'当今'"①。而这首先就是实践的本质特征。马克思的"从后思索"既是对"过去时"的回眸，同时又是对"将来时"的筹划，其立足点却是实践所塑造的人的"此在"性。离开了"从后思索"，就像空想社会主义那样只能耽于玄想。因为"人类始终只提出自己能够解决的任务，因为只要仔细考察就可以发现，任务本身，只有在解决它的物质条件已经存在或者至少是在生成过程中的时候，才会产生。"② 科学社会主义之所以比空想社会主义优越，说到底就在于历史本身的成熟。历史未曾给空想社会主义提供解决任务的条件。这凸显出"从后思索"的重要性。马克思在《资本论》第 1 卷中说："对人类生活形式的思索，从而对它的科学分析，总是采取同实际发展相反的道路。这种思索是从事后开始的，就是说，是从发展过程的完成的结果开始的。"③ 有学者指出了马克思的这种方法同胡塞尔现象学之间的相关性④。胡塞尔的确说过："对开端的了解只有从以现今的形态给定的科学出发，从对它的发展的回溯中，才能获得。"⑤ 马克思在《政治经济学批判·导言》中就认为，现代资产阶级社会中的"相互关系"所决定的经济范畴的次序，是同它们的"自然次序或者符合历史发展的次序"恰好相反的⑥。

另一方面，马克思哲学同样也筹划着未来。马克思说："蜘蛛的活动和织工的活动相似，蜜蜂建筑蜂房的本领使人间的许多建筑师感到惭愧。但是最蹩脚的建筑师比最灵巧的蜜蜂高明的地方，是他在用蜂蜡建筑蜂房前，已经在自己的头脑中把它建成了。"⑦ 这个例子说明个体的人

① 熊伟：《自由的真谛——熊伟文选》，中央编译出版社 1997 年版，第 153 页。
② 《马克思恩格斯选集》第 2 卷，人民出版社 1995 年版，第 33 页。
③ 《马克思恩格斯全集》第 23 卷，人民出版社 1972 年版，第 92 页。
④ 参见刘炳忠：《〈资本论〉方法论研究》，中国人民大学出版社 1991 年版，第 418 页。
⑤ ［德］胡塞尔：《欧洲科学的危机与超越论的现象学》，王炳文译，商务印书馆 2001 年版，第 74 页。
⑥ 参见《马克思恩格斯选集》第 2 卷，人民出版社 1995 年版，第 25 页。
⑦ 《马克思恩格斯全集》第 23 卷，人民出版社 1972 年版，第 202 页。

的具体活动的目的性所体现的对于未来的筹划。马克思关于"自由王国"的期待，则是在人的类的层面上表现出来的这种筹划的典型形态，它意味着共产主义的目的性指向。马克思在《关于费尔巴哈的提纲》中明确指出："旧唯物主义的立脚点是市民社会，新唯物主义的立脚点则是人类社会或社会的人类。"[①]"立脚点"的这种"后移"，使历史的叙事呈现出某种貌似先验的顺序。诚如马克思所说的："科学和其他建筑师不同，它不仅画出空中楼阁，而且在打下地基之前就造起大厦的各层住室。"[②] 因为"现实的运动"一旦被"适当地叙述出来"，"呈现在我们面前的就好像是一个先验的结构了"[③]。

没有"未来"的昭示和召唤（意识形态是蒙蔽的力量，不是召唤的力量，从而是保守的），我们何以领会"现在"，何以领会"过去"；同样地，没有"过去"所固有的内在可能性，我们又怎么把握"现在"，怎么看清"未来"？过去、现在、将来是浓缩于人的"此在"之中并作为整体呈现出来的。这就是人作为"此在"的全部丰富性，它就像一个"全息元"在不断地展现中涵摄一切历史之维。这一性质，唯独属于"此在"性的人。作为整体，它构成人所特有的存在方式的内在要求和本质特征。对此，马克思的人的存在的现象学作了一种优越于其他可能性的深刻揭示。

黑格尔说："因为事情并不穷尽于它的目的，却穷尽于它的实现，现实的整体也不仅是结果，而是结果连同其产生过程；目的本身是僵死的共相，正如倾向是一种还缺少现实性的空洞的冲动一样"[④]。只是在强调过程性的意义上，马克思说："共产主义对我们来说不是应当确立的状况，不是现实应当与之相适应的理想。我们所称为共产主义的是那种

---

① 《马克思恩格斯选集》第1卷，人民出版社1995年版，第57页。
② 《马克思恩格斯全集》第13卷，人民出版社1962年版，第47页。
③ 《马克思恩格斯选集》第2卷，人民出版社1995年版，第111页。
④ ［德］黑格尔：《精神现象学》上卷，贺麟、王玖兴译，商务印书馆1979年版，第2—3页。

消灭现存状况的现实的运动。这个运动的条件是由现有的前提产生的。"① 这种关于共产主义的理解方式，类似于黑格尔现象学方法的要求。但与黑格尔不同的是，对"这个运动的条件"及其赖以"产生"的"现有的前提"的揭示，使马克思的人的存在的现象学真正找到了真实的原初基础，从而扬弃并超越了黑格尔的精神现象学。

---

① 《马克思恩格斯选集》第 1 卷，人民出版社 1995 年版，第 87 页。

第六章　解释世界和改变世界：补充抑或超越

　　马克思在《关于费尔巴哈的提纲》第 11 条中所说的解释世界和改变世界的关系，很多学者倾向于认为是加和性的补充关系，但这其实是一种误解。从整个《提纲》的立意和马克思哲学的用心看，解释世界和改变世界只能是超越和替代的关系，它们是"非此即彼"的，亦即体现着两种完全不同、互盲互斥的哲学视野和立场。如果说解释世界是认识论的、静观的、形式逻辑的看待方式，那么改变世界则是存在论的、动观的、辩证逻辑的看待方式。从解释世界向改变世界的"格式塔"转变和过渡，标志着马克思所建构的新哲学观的确立，也标志着马克思所引发并完成的哲学范式的革命性重建。

　　马克思的《关于费尔巴哈的提纲》（以下简称《提纲》），被恩格斯称作"包含着新世界观的天才萌芽的第一个文件"[1]，其重要性不言而喻。勒斐弗尔认为《提纲》是"马克思的最有名的、最精炼的、最难解的著作"[2]。而《提纲》的第 11 条也是最后一条，它的文字最短，但其分量却最大、重要性最强。据苏联马克思文献学家巴加图里亚的考证："马克思划了一条线，把最后一条即第十一条提纲同前十条分开，似乎以此来强调这最重要的一条提纲具有总结的性质。"[3] 这一文献学事实，

---

　　① 《马克思恩格斯选集》第 4 卷，人民出版社 1995 年版，第 213 页。
　　② ［法］亨利·勒斐弗尔：《马克思主义的当前问题》，李元明译，生活·读书·新知三联书店 1966 年版，第 35 页。
　　③ ［苏联］Г. А. 巴加图里亚：《〈关于费尔巴哈的提纲〉和〈德意志意识形态〉》，载《马列主义研究资料》1984 年第 1 辑，人民出版社 1984 年版，第 28 页。

意味着第 11 条具有哲学观的性质和意义，而且整个《提纲》正是马克思为了告别一切旧哲学、建构一种全新的哲学而匆匆写下的；作为总结性的最后一条，我们只有从哲学观高度去领会马克思新哲学的基本立场和主张才恰当，由此也决定了我们的解读所应秉持的期待视野和基本意向。

一、解释世界和改变世界何以成为问题

《提纲》第 11 条虽然格外重要，但令人遗憾的是，它被人们误解得也最多、最为严重。马克思所说的解释世界与改变世界，这两者究竟是什么关系？是连续的还是断裂的？是补充性的还是替代性的？是加和性的还是超越性的呢？应该说，国内外学术界对此存在着不同甚至截然相反的理解。因为这个问题直接涉及如何看待马克思学说同以往哲学的关系的性质，也关乎对马克思学说本身的性质及实质的认定，所以不可不察。

大致说来，学者们在此问题上主要有两类观点。一类是认为解释世界与改变世界是补充关系、连续性的关系、加和性的关系，亦即在解释世界的基础上再加上改变世界。这是为大多数学者所持的观点，我们把它称作"补充论"。另一类则认为是断裂的、替代性的、非加和的关系，这种观点可被称作"超越论"，但对它又有着完全相反的解释：一是认为马克思是在哲学的范围内实现这种断裂、超越和替代的，从而是哲学内部的革命。这种解释当以巴加图里亚为代表，他明确认为：马克思"在第十一条中把理解同解释对立起来，把实践的哲学同直观的哲学对立起来，把以理解世界（目的在于改变世界）为己任的哲学同以解释世界（目的在于与世界调和）为己任的哲学对立起来。"① 显然，在巴氏看来，解释世界和改变世界体现了两种哲学类型即所谓"直观的哲学"

① ［苏联］Г. А. 巴加图里亚：《〈关于费尔巴哈的提纲〉和〈德意志意识形态〉》，载《马列主义研究资料》1984 年第 1 辑，人民出版社 1984 年版，第 50 页。

同"实践的哲学"的本质差别，它们作为两种视野是互斥的、"非此即彼"的。笔者同意巴氏的观点，但他未能为自己的观点提供具体的理由，也未能对这一观点所蕴含的深刻意义作出充分揭示。二是认为马克思把哲学变成了科学，所以这种断裂体现的是哲学与非哲学的互斥。阿尔都塞就持这样的见解，例如他说："我们不应该把关于费尔巴哈的第十一条提纲看作是宣布一种新的哲学，而应该把它看作是宣布与哲学决裂，以便为建立一种新的科学扫清道路。"阿尔都塞认为，"这种新的科学是唯物主义的，但是任何科学都是这样的……这里的唯物主义完全只是科学家对其对象的现实的严格态度"①。但具有讽刺意味的是，这里存在着巴里巴尔所指出的一个吊诡：尽管可以认为"马克思的理论思想不是作为一种哲学出现，而是体现为对哲学的替代多次出现，体现为一种非哲学，甚至是一种反哲学"②；然而马克思的学说"不仅没有给哲学画上句号，反而就它本身提出了一个永久开放的问题，维系哲学的继续存在并有助于它的更新。……发生在马克思身上的仅仅是哲学地点、问题和目的的变迁，我们可以接受也可以拒绝，但是它却具有足够的约束力，使我们无法无视它的存在"。因此，我们对于马克思依旧应该"把他作为哲学家来解读"③。

我们再来看"补充论"的观点。斯大林在《列宁是俄国共产党的组织者和领袖》（1920 年 4 月 23 日）一文中明确指出："马克思主义者不能停留于解释世界，而应当更进一步去改变世界。"④ 我认为，这种理解并不符合马克思的真实意图，它在一定意义上遮蔽了马克思哲学革命的实质和意涵，因而是一种对马克思《提纲》第 11 条及整个《提纲》总体命意的曲解和误读。为了表明这种误解的广泛程度，我们在此列举国

---

① ［法］路易·阿尔都塞：《列宁和哲学》，劳徒译，载《马列主义研究资料》1984 年第3 辑，人民出版社 1984 年版，第 170 页。

② ［法］埃蒂安·巴里巴尔：《马克思的哲学》，王吉会译，中央编译出版社 2007 年版，第 3 页。

③ ［法］埃蒂安·巴里巴尔：《马克思的哲学》，王吉会译，中央编译出版社 2007 年版，第 7 页

④ 《斯大林选集》上卷，人民出版社 1979 年版，第 130 页。

内外学者的一些有相当代表性的说法作为例证。

先看国内学术界。黄枬森先生认为："马克思说：'哲学家们只是用不同方式解释世界，问题在于改变世界。'这话常常被理解为旧哲学与马克思主义哲学的根本区别之一，旧哲学只是解释世界，马克思的哲学只是改变世界。难道马克思的哲学就不解释世界？如果马克思真正认为他的哲学不解释世界，他还有必要写文章吗？他的文章中能不包含对世界的解释吗？旧哲学与马克思的哲学的区别除了在于是否要改变世界之外，并不在于是否要解释世界，而在于如何解释，在于是否科学地解释。马克思并未批评旧哲学解释世界，而是批评旧哲学'只是'解释世界。因此，说马克思的哲学不解释世界，是一种误解。"① 陈先达先生认为："马克思主义主张改造世界，但并不否定解释世界或者说认识世界的重要性，它反对的是只解释世界而轻视改变世界的哲学。马克思的话是新旧哲学本质的对比，而不是认识世界和改造世界哪个重要哪个不重要的对比"；因为"马克思主义哲学同样重视解释世界。不能正确解释世界，改造世界就没有依据，没有方向。马克思主义之所以是科学的世界观、历史观和科学的认识方法，就是因为它建立在正确把握世界和人类历史规律的基础上。脱离革命实践的理论是空洞的理论，没有革命理论的实践是盲目的实践。决不能把《关于费尔巴哈的提纲》第十一条中对旧哲学'只是解释世界'的批评，变为马克思主义只重视改造世界不重视解释世界的误读。实践论变为经验论，这当然是误读"②。齐良骥先生认为："马克思在《关于费尔巴哈的提纲》中宣布了哲学的改变世界的根本目的。马克思主义哲学不仅是解释世界，更是改变世界的哲学。"③ 这意味着，"改变世界"虽然更具有根本性，但它毕竟同"解释世界"相并列。曾枝盛先生认为，"事实说明，马克思终生遵守自己年

---

① 黄枬森：《正确理解马克思的哲学观点——从"和而不同"谈起》，载《人民论坛》2005 年第 2 期。

② 《中国社会科学报》记者王宙：《马克思主义哲学的时代思辨——访陈先达教授》，载《中国社会科学报》2010 年 7 月 8 日第 5 版。

③ 齐良骥：《康德论哲学（续）》，载《哲学研究》1987 年第 2 期，第 65 页。

轻时立下的诺言，不仅仅着眼于'解释世界'，更重要的是'改变世界'。"① 王东先生等认为："马克思认为他的新哲学不仅'解释世界'，而且'改造世界'。这里马克思更多的是强调新哲学的两种功能——解释世界和改造世界之间是一种递进的关系。新唯物主义不仅可以解释世界，更重要的是它可以改造世界。"②

当然，还有一种别致的解释，即已故俞吾金先生提出的观点：《提纲》第 11 条"常常引起人们的误解，似乎马克思哲学是只'改造世界'而不'解释世界'的。其实，对于马克思哲学来说，'解释世界'与'改造世界'是统一在一起的。假如它不能'解释世界'，又怎么能动员人们去'改造世界'呢？事实上，《提纲》的第八条就深刻地揭示了实践的'解释世界'的功能。马克思这样写道：'社会生活在本质上是实践的。凡是把理论导致神秘主义方面去的神秘的东西，都能在人的实践中以及对这个实践的理解中得到合理的解决。'"因此，在俞吾金先生看来，"如果说，旧唯物主义的根本特征是以直观的方式认识世界和解释世界的话，那么，马克思的新唯物主义则是以实践的方式解释世界和改造世界"③。这种理解，存在着两个问题：一是说"以实践的方式解释世界和改造世界"，在逻辑上难以讲通。因为解释世界同改造世界的比较本身就是对理论和实践所作的区分，所谓"以实践的方式……改造世界"，不过是同义反复，难道还存在着改造世界的非实践方式吗？二是这种理解仍然无法摆脱解释世界同改变世界相提并论的窠臼，无论是在什么基础上恐怕都无济于事。

再看国外学术界。英国学者霍布斯鲍姆认为："马克思主义……它

① 曾枝盛：《吕贝尔马克思学文集评介》，载曾枝盛编选：《吕贝尔马克思学文集》上，郑吉伟等译，北京师范大学出版社 2009 年版，第 28 页。
② 王东、郭丽兰：《〈关于费尔巴哈的提纲〉新解读——马克思原始稿与恩格斯修订稿的比较研究》，载《武汉大学学报》（人文科学版）2007 年第 6 期，第 737 页。
③ 俞吾金：《论马克思的唯物主义学说的基本特征》，载复旦大学当代国外马克思主义研究中心编：《当代国外马克思主义评论》第 2 辑，复旦大学出版社 2001 年版，第 21 页。

致力于改变世界而不只是解释世界"①；因此，人们总是试图"把马克思主义的基本原理表述为一个既说明世界又改变世界的体系"②。美国学者麦金泰尔认为："提纲第十一条并没有告诉哲学家们放弃去理解世界的企图，而是告诉他们，指导他们理解任务的则是一个特定目的的实现。什么目的呢？这一目的就是马克思在第一条提纲中所说的客观的活动"③。苏联学者奥伊泽尔曼认为："与对这一条提纲的许多非马克思主义的解释相反，必须强调：马克思决没有否定对世界作出哲学解释的必要性。他所反对的是把哲学的任务仅仅限于解释现存事物，因为这种自我限制把哲学和根本改造现实的斗争对立起来了。可见，这一条提纲的真正含义在于这样一个绝对命令：使哲学成为革命地改造世界的必要性的理论论证"④。法国学者勒斐弗尔指出："迄今为止，哲学家们只是说明世界（提纲第十一条）。……现在，仅仅说明世界是不够的，应该改

---

① ［英］艾里克·霍布斯鲍姆：《判断马克思主义思想观点的标准》，载《马列主义研究资料》1985 年第 5 辑，人民出版社 1985 年版，第 192 页。

② ［英］艾里克·霍布斯鲍姆：《判断马克思主义思想观点的标准》，载《马列主义研究资料》1985 年第 5 辑，人民出版社 1985 年版，第 189 页。

③ ［美］A. 麦金太尔：《马克思的〈关于费尔巴哈的提纲〉：一条未走之路》，载《国外社会科学》1995 年第 6 期，第 22 页。

④ ［苏联］Т. И. 奥伊泽尔曼：《辩证唯物主义与哲学史》，娄自良译，上海译文出版社 1985 年版，第 58 页。这段话存在着两个问题：（1）说在解释世界之外，再加上改变世界（即把二者理解为补充和加和的关系），这是错误的。因为这种解释没有真正体会马克思《提纲》第 11 条的真实用心之所在。马克思的旨趣在于确立一种全新的哲学视野，它完全不同于以往的哲学。这一条是通过两种视野的比较和互斥来超越旧哲学的。（2）说"使哲学成为革命地改造世界的必要性的理论论证"是对的，但这种"论证"同解释世界完全不可同日而语，而且没有关系，它仅仅体现马克思哲学的反思的性质和层面罢了。因为这种"论证"属于元哲学性质的工作，解释世界却不属于这种性质的工作，而是一种认识论建构活动。马克思哲学当然存在着反思性。例如，在《提纲》第 8 条中，马克思就写道："凡是把理论引向神秘主义的神秘的东西，都能够在人的实践中以及对这个实践的理解中得到合理的解决"（《马克思恩格斯选集》第 1 卷，人民出版社 1995 年版，第 56 页）。显然，马克思区分了两个层面：一为"人的实践"本身，一为"对这个实践的理解"。但后者并非解释世界，而只是对实践的原初性和本质意义的自觉确认。另外的有关论述，可参考马克思《1844 年经济学哲学手稿》中的说法。在《政治经济学批判·导言》中，马克思提出了理论建构的方法和原则，就是从抽象到具体的过渡和展开。诚如古留加所说的，"马克思深信从抽象上升到具体的方法，对于从理论上认识一个发展着的整体，是卓有成效的，甚至是唯一正确的。马克思撰述《资本论》时，就运用了这种方法"（［苏联］古留加：《黑格尔小传》，卞伊始、桑植译，商务印书馆 1978 年版，第 75 页）。这种建构理论的方法和原则，无疑是马克思学说的反思层面的一个突出表现。

造世界。这是否说人们将拒绝各种说明呢？不是的。因为如果是这样，人们就同时抛弃了唯物主义哲学和唯心主义哲学。这个命题意味着人们要使各种哲学受行动的考验。"① 英国学者米歇尔·麦克劳根认为："从马克思的观点来看，哲学应该是什么。……我们只需看看费尔巴哈论纲著名的第十一条就够了……当然马克思并不是蔑视解释，不过他更强调的是解释应该导向变革的实践。但问题是，解释和改变之间如何联系起来？如果把理解世界和改变世界、理论和实践这二个过程视为相对独立的，那么，将它们联系起来的最直截了当的方式就是承认，为了能够改变世界我们必须解释世界。"② 美国学者保罗·斯威齐强调：《提纲》第11条，"不用说，这不是否认解释（理解）世界的必要，而只是肯定理解世界的目的是为改变世界奠定基础。马克思主义就是这样，从一开始就具有两重性：一方面它是一门社会的和历史的科学；而另一方面它更是一个改变世界的纲领。"③ 英国学者约·霍夫曼认为："在那里（指《提纲》第11条——引者注），马克思用'解释'世界同积极改变世界的行动对照，难道他的意思是，如果我们要改变世界，我们就必须停止解释世界吗？难道他是说任何理论都妨碍实践，必须予以取消吗？甚至单是这样提出问题，就能揭示出它的明显的荒谬。马克思的意思不是说我们必须停止思想，而是说，仅仅通过思想不能改变世界；革命不是在哲学家的书房中，而是在现实世界中进行的。因此，这意味着，我们并不拒绝一切形式的哲学（即不停止思想），而只是想提出新的思想概念，

① ［法］亨利·勒斐弗尔：《马克思主义的当前问题》，李元明译，生活·读书·新知三联书店1966年版，第37-38页。其实，第11条提纲绝对不是要解决认识和实践及其在认识论的意义上的排列顺序或者必要性的问题，而是要解决以什么样的姿态作为哲学的原初立场或视野的问题。在认识论意义上，毫无疑问既需要认识也需要实践，而且是知先行后的。但《提纲》在这里并不是谈论这个问题的，而是确立怎样的哲学观的问题。这个语境倘若弄错了的话，就无法读懂第11条乃至整个《提纲》的真正用心。

② ［英］米歇尔·麦克劳根：《改变世界？马克思主义与哲学宗旨》，张大卫译，载复旦大学国外马克思主义与国外思潮研究国家创新基地、复旦大学当代国外马克思主义研究中心、复旦大学哲学学院编：《国外马克思主义研究报告2010》，人民出版社2010年版，第468页。

③ ［美］保罗·斯威齐：《马克思逝世后一百年的马克思主义和革命运动》，载外国经济学说研究会编：《现代国外经济学论文选》第12辑，商务印书馆1987年版，第1页。

这种思想将自觉地把改变世界作为自己的目的，而不是像过去哲学家做的那样，极力讨好反动派，把世界固定起来。是要用导致行动的革命解释代替无所作为的保守解释。用具体的、实际的思维方法取代抽象的、形而上学的思维方法。"①

我想，不必再举出更多的例子来了，这种正统的观点可谓是俯拾即是。我认为，国内外学界的上述这些"补充论"的说法，对于马克思在《提纲》第11条关于解释世界和改变世界所作的区分及其真实用意，存在着明显的误解。在我看来，在马克思的语境中，改变世界同解释世界的关系并不是一种补充和加和性的关系，而是替代和超越的关系。只有从哲学观重建的高度来领会这种关系的性质才是恰当的。它意味着马克思实现了哲学观层面上的一场"格式塔"转变或曰革命。我认为，这样一条理解思路才符合马克思的真正意图和用心。

那么，何以会有如此多的学者把解释世界和改变世界了解为加和关系或补充关系呢？一个重要的原因，大概就是他们大都忽视了《提纲》第11条乃至整个《提纲》的总体命意和性质。要知道，它并不是为了去一般地刻画个人的具体活动顺序，譬如人总是要先知后行嘛，也不是为了解决一个认识论意义上的认识和实践的关系问题，而是要同以往的一切可能的旧哲学彻底划清界限，进而建构一种全新的哲学观。只有在这个意义上去理解，才有可能读懂这一条以及整个《提纲》的基本意蕴。终结一切可能的旧哲学，无法靠修补旧哲学来完成，它只有通过哲学观层面上的根本转变才能完成。这正是马克思在哲学领域所做的一次脱胎换骨式的范式重建。

二、两种视野的划界与新哲学观的确立

我认为，《提纲》所说的解释世界和改变世界，标志着两种根本不

---

① ［英］约·霍夫曼：《马克思主义和"实践派"理论》，载《马列主义研究资料》1982年第4期，人民出版社1982年版，第192页。

同的哲学范式和哲学视野，它们彼此不是互补或加和性的关系，而是互斥和互盲的关系，是非此即彼的。由解释世界到改变世界的"格式塔"转变，意味着两种完全不同的哲学视野的置换。正是在此意义上，笔者同意巴加图里亚对于《提纲》第 11 条所作的理解。

马克思之所以拒绝并摒弃"解释（interpretiet）世界"的哲学视野或立场，主要是为了从根本上彻底摆脱旧哲学观，这种旧哲学观的主要代表是青年黑格尔派和费尔巴哈。当然，马克思并未一般地拒绝"哲学"，而仅仅是拒绝传统意义上的哲学。正如阿伦特所指出的："马克思不是向哲学挑战，而是向哲学家们的对非实践的屈从进行挑战，他不想像他们那样，把这个世界变革为'哲学的世界'之前的样子，只在世界上为自己寻找一个安身之处，而不去改变这个世界。"[1] 在《德意志意识形态》"费尔巴哈"章中，马克思明确指出：青年黑格尔派的"这种改变意识的要求，就是要求用另一种方式来解释（德文 interpretieren——引者注）存在的东西，也就是说，借助于另外的解释（德文 Interpretation——引者注）来承认它"[2]。因为"这些英雄们仅仅想消灭言词，而根本不想改变那些一定会产生这些言词的关系……他们要做的全部事情就是编造新的词句来解释现存的世界"[3]。因此，他们虽然表现出激进的批判姿态，但仍然不过是最大的保守派。就像马克思所批评的那样，"青年黑格尔派玄想家们尽管满口讲的都是所谓'震撼世界的'词句，却是最大的保守派。"[4] 因为他们只是用一种新的"解释"去替换已有的"解释"，而没有能够超越和克服这种"解释"的方式本身，未曾实现由解释世界向改变世界的转变。在《德意志意识形态》第 2 卷批判"真正的社会主义"时，马克思尖锐地指出："据说只要能正确地解释这

---

① ［美］汉娜·阿伦特：《马克思与西方政治思想传统》，孙传钊译，江苏人民出版社2007 年版，第 70 页。

② 《马克思恩格斯选集》第 1 卷，人民出版社 1995 年版，第 66 页。

③ 《马克思恩格斯全集》第 3 卷，人民出版社 1960 年版，第 460-461 页。

④ 《马克思恩格斯选集》第 1 卷，人民出版社 1995 年版，第 66 页。

种矛盾（指生产和消费的矛盾——引者注），只要能理解生产和消费的真正的本质，就足以确立二者的统一和消除任何矛盾"；因此，"这个德意志意识形态的理论原来是用以迁就现存世界的"①。在马克思看来，改变意识决不能通过给出一种新的意识来实现，否则就只能在意识形态范围内兜圈子，而无法终结一切可能的意识形态。马克思认为，改变意识只有诉诸改变世界，亦即改变派生意识形态的社会根源和历史基础本身才是可能的。在《德意志意识形态》"费尔巴哈"章中，马克思批评说：费尔巴哈只是"希望确立对这一事实的理解（德文 Bewußtsein——引者注），也就是说，和其他的理论家一样，只是希望确立对存在的事实的正确理解（德文 Bewußtsein——引者注），然而一个真正的共产主义者的任务却在于推翻这种存在的东西"②。显然，这些意识形态家们都是局限于解释世界，而未能从哲学上找到诉诸改变世界的内在理由和根据。费尔巴哈的感性原则，也不过是诉诸感性直观而不是感性活动。无论是思辨哲学，还是费尔巴哈的人本学，都不能不局限在意识的范围内，而根本无法真正触及现实。

如果说解释世界是认识论的，那么改变世界则是存在论（Ontology）的；换言之，"解释"属于认识论论域，改变世界才属于存在论论域。"解释"是事后的，是对"已成之物"的把握，"改变"却是事先的，是对"方成之物"的开启。它们在性质上迥异，在视野上互盲，在归属上完全不同。存在论所试图把握的 being 作为动名词，源自 to be，即"去在"③，它内在地含有能动性，因而是建构性的，而不是预成性的。改变世界是创造性的活动，它昭示着一种向未来敞开着的可能性，因为这本身正是实践所固有的本质特征。当然，也许有人会发生这样的疑

---

① 《马克思恩格斯全集》第 3 卷，人民出版社 1960 年版，第 610-611 页。

② 《马克思恩格斯选集》第 1 卷，人民出版社 1995 年版，第 96-97 页。

③ 巴雷特指出："'being'这个词在英文里意义暧昧，模棱两可，作为分词，它同时具有动词和名词的特征。作为名词，它是存在者、事物的名称……但是，就它作为一个动词方面看，'being'意指事物的'去存在'、'去成为'……"（［美］威廉·巴雷特：《非理性的人——存在主义哲学研究》，段德智译，上海译文出版社 1992 年版，第 223 页）。

问，即"解释世界"作为全部旧哲学的基本取向，能够被简单地归结为认识论态度吗？旧哲学中不是也有其存在论方案（即古典存在论）及其探究吗？这又当作何解释呢？问题在于，传统的或古典的存在论，归根到底固有着海德格尔所谓的"在的遗忘"的致命缺陷，它把"存在"本身问成了"存在者"，而存在者作为"形而下者"，亦即经验世界，原本属于认识论论域，这是因为认识论试图解决的就是人对经验世界的认识如何可能的问题。在此意义上，古典存在论虽然自以为是在进行形而上学追问，但事实上却陷入了认识论的窠臼。正是基于这一点，我们把解释世界的立场同认识论的态度联系起来。由此也可以看出，古典存在论的认识论化，恰恰造成了海德格尔所谓的"在的遗忘"，使得存在论所捕捉到的只能是"在者"而非"在"本身。马克思所实现的存在论革命，则摆脱了这种认识论化的倾向，不再在认识论范围内提出并讨论"存在何以可能"的问题，从而把它引向人的存在。只有在这一语境中来领会解释世界和改变世界及其关系的实质，才能真正发现马克思哲学的深意。

作为认识论意义上的规定，解释世界只能以主体—客体这一对象性框架作为先行有效的绝对前提，海德格尔从现象学立场出发把它称作"不祥的前提"。解释世界体现的是旁观者的姿态而非参与者的姿态，而改变世界则全然不同，它不能被领会为一种对象性的关系，而是"参与"性的"亲在"（Dasein）。倘若把它了解为对象性的关系，就不能将其同解释世界真正区分开来，也不能凸显改变世界的存在论含义和现象学意味。按海德格尔的说法，解释世界属于"现成在手状态"，从而是预成性的、静态的，它无法导致变革和超越；改变世界则属于"当下上手状态"，从而是生成性的、动态的，它必然导致变革和超越，即通过实践而实现能动的建构。这是因为，解释世界体现的是一种认识论立场，它所适用的逻辑不过是静态的形式逻辑，而改变世界体现的则是一种实践论立场，它所适用的逻辑才是动态的辩证逻辑。资产阶级学者囿于自己的狭隘眼界，不能理解辩证逻辑也就没有什么可奇怪的了。胡克责难说："辩证法的各个基本规律，被认为是辩证法概念的主要东西……这些规律违反了逻辑、科学方法的基本原则，而且处处违反了首尾一贯的造句法的基本原则。"① 波普尔也批评道："如果一种理论含有矛盾，则它可以导出一切，因而实际上什么也导不出。如果一种理论给它所肯定的每一信息都加上其否定，那就不能给我们任何信息。因此，一种包含着矛盾的理论作为一种理论是毫无用处的。"② 在波普尔看来，矛盾导致不确定性，所以信息量为零，因为信息乃是不确定性的消除。但他恰恰不能了解确定性与不确定性之间的辩证法。对此，海尔布隆纳正确地指出："难题产生是因为许多批评者仍然用亚里士多德哲学的逻辑来解释'矛盾'"；这种对于辩证法的批评，其实质在于"将辩证法的运用贬低为违反常识和意义的混乱，但是那不是矛盾作为一种联系的世界观具有的意义"③。恩格斯曾经做过一个类比，即形式逻辑与辩证法的关系，就类似于初等数学与高等数学的关系④。按照马克思"从后思索"的观点，我们只能是从高级形式去理解低级形式，所谓"人体解剖是猴体解剖的一把钥匙"；而不能相反，把这种顺序颠倒过来。这也就意味着从辩证逻辑可以理解形式逻辑，因为前者是以扬弃的方式内在地包含了后者的；但不能反过来，因为从形式逻辑则根本就理解不了辩证逻辑。胡克和波普尔对于辩证法的指责，就类似于拿初等数学来否定高等数学，是不恰当的。

当然，我们在把解释世界指认为"现成在手状态"，把改变世界指认为"当下上手状态"时，不能无视和回避晚年海德格尔曾在讨论班上对《提纲》第 11 条提出的质疑，他说："［让我们］来考察以下这个论

---

① ［美］悉尼·胡克：《理性、社会神话和民主》，金克、徐崇温译，上海人民出版社 1965 年版，第 220 页。

② ［英］卡尔·波普尔：《猜想与反驳——科学知识的增长》，傅季重、纪树立、周昌忠、蒋弋为译，上海译文出版社 1986 年版，第 456 页。

③ ［美］罗伯特·L. 海尔布隆纳：《马克思主义：支持与反对》，马林梅译，东方出版社 2014 年版，第 22 页。

④ 在《自然辩证法》中，恩格斯说："固定不变的范畴""就好像是逻辑的初等数学"（《马克思恩格斯全集》第 20 卷，人民出版社 1971 年版，第 546 页）；在《反杜林论》中，恩格斯又指出："初等数学，即常数数学，是在形式逻辑的范围内运作的，至少总的说来是这样；而变数数学——其中最重要的部分是微积分——本质上不外是辩证法在数学方面的运用。"（《马克思恩格斯选集》第 3 卷，人民出版社 1995 年版，第 477 页）

题：解释世界与改变世界之间是否存在着真正的对立？难道对世界每一个解释不都已经是对世界的改变了吗？对世界的每一个解释不都预设了：解释是一种真正的思之事业吗？另一方面，对世界的每一个改变不都把一种理论前见（Vorblick）预设为工具吗？"① 问题在于，马克思当年并不是在实践与理论相互渗透这个一般的意义上去讨论的，而是在确立怎样的哲学视野和立场才能同人的本真存在照面的意义上去讨论的。海德格尔还追溯"理论"（theoria）的词源学含义，并把它同实践本身联系起来，例如他说："理论就是古希腊语的 theoria。Theoria 指逗留盘桓在对存在的观照之中。在《尼各马可伦理学》（Ⅹ，第 5 页到第 6 页）中，理论是人类活动的最高形式；由此它也是最高的人类实践。波弗埃详细解释说，theoria 的特性在于区分为三种 pragmateiai（活动）。"② 事实上，恰恰是亚里士多德在《尼各马可伦理学》第 10 卷中明确区分了"理论思维"和"实践活动"，他说："在理论思维之外，从这种活动（指思辨——引者注）中什么也不生成。而从实践活动中，我们或多或少总要得到另外的东西。"③ 海德格尔在此批评马克思的时候，似乎遗忘了他早年曾做过的那个正确的划分，即"现成在手状态"和"当下上手状态"。而海德格尔当时曾清楚地说过："上手的东西根本不是从理论上来把握的"④。如果用马克思的话说，前者体现的就是"理论关系"⑤，

①　[法] F·费迪耶等辑录：《晚期海德格尔的三天讨论班纪要》，丁耘摘译，载《哲学译丛》2001 年第 3 期，第 53 页。

②　[法] F·费迪耶等辑录：《晚期海德格尔的三天讨论班纪要》，丁耘摘译，载《哲学译丛》2001 年第 3 期，第 53 页。

③　[古希腊] 亚里士多德：《尼各马可伦理学》，苗力田译，中国社会科学出版社 1990 年版，第 225 页。

④　[德] 海德格尔：《存在与时间》，陈嘉映、王庆节译，生活·读书·新知三联书店 1987 年版，第 86 页。

⑤　在"理论关系"上，海德格尔也强调"凝视"或"观看"，但他认为这种姿态只能造成对本真性的遮蔽而非敞显。譬如，他以"锤子"为例指出："对锤子这物越少瞠目凝视，用它用得越起劲，对它的关系也就越变得原始，它就越发昭然若揭地作为它所是的东西来照面，作为用具来照面。"这是因为"物具有着各种各样属性的'外观'，如果对这种'外观''仅仅作一种观看'，那么这种'观看'哪怕再敏锐也不能揭示上手的东西。只是对物作'理论上的'观看的那种眼光缺乏对上手状态的领会。"（[德] 海德格尔：《存在与时间》，陈嘉映、王庆节译，生活·读书·新知三联书店 1987 年版，第 86 页）

后者体现的则是"实践关系"。在人的现实活动中，理论和实践当然是无法截然二分的，就像我们在实际的社会存在中既找不到纯粹的生产力，也找不到纯粹的生产关系。但这并不妨碍我们在思维上对它们作出一种必要的抽象。不然的话，任何谈论都将变得多余和非法，从而在现实面前只能保持沉默。马克思之所以能够超越资产阶级经济学的局限，能够在物与物的关系（属于生产力范畴）背后揭示出人与人的关系（属于生产关系范畴），从方法论上说就在于他凭借抽象力所作的必要划分。

如果说黑格尔通过把斯宾诺莎的"实体"改造成"主体"，实现了哲学上的一次由"静"到"动"的转变；那么马克思则通过把费尔巴哈的"感性直观"改造成"感性活动"，再一次实现了哲学上的由"静"到"动"的转变。关于解释世界的静态特点，科尔纽曾指出，费尔巴哈所代表的那种立足于解释世界的旧唯物主义，不过是"对感性客观现实的静观的考察方法"，而"这种考察方法使得人对感性客观现实采取消极态度"[①]。麦克莱伦也认为，"马克思对费尔巴哈总的批判是：认为费尔巴哈的学说纯粹是'静观的'，只是说明事物而不指导行动。他的学说似乎无视了经济和历史的发展。马克思认为，这种静观不是认识的唯一方法，而必须用'实践'来补充。"[②] 其实，马克思所做的工作，不是用动态的实践去补充静观的解释，而是用动态的实践去取代静态的解释。这才是《提纲》第 11 条的真正的旨趣和用意所在，也是它对于哲学革命所贡献的最大价值所在。值得一提的是，罗素同样注意到了这种静与动的差别，他把这种静态的哲学一直追溯到古希腊，强调说："哲学曾经从希腊人那里接受了一种消极静观的概念，并且认为知识是靠静观而获得的。马克思则坚持认为，我们始终是积极主动的，即使当我们最接近于纯'感觉'的时候，我们决不只是觉察到我们周围的环境而

---

① ［法］奥·科尔纽：《马克思的〈关于费尔巴哈的提纲〉》，载中国社会科学院哲学研究所马克思主义哲学史研究室、《哲学译丛》编辑部编译：《马克思哲学思想研究译文集》，人民出版社 1983 年版，第 137 页。

② ［英］戴维·麦克莱伦：《青年黑格尔派与马克思》，夏威仪、陈启伟、金海民译，商务印书馆 1982 年版，第 119 页。

已，而始终是同时在改变着它。"① 这一刻画无疑是准确的，但他所作的解释却值得怀疑。由静到动的过渡，直接地取决于马克思所完成的存在论由古典形态向现代形态的转变，亦即本质主义向实存主义的过渡。前者是预成论的，后者才是生成论的。巴曼尼德区分了真理之路和意见之路，他信任的是前者而非后者，前者才是变中之不变的规定。柏拉图认为"哲学就是给不确定者以确定。"古典存在论并不信任时间性，所以它对"动"不感兴趣，而对"静"则抱有高度的热情。古希腊哲学"通过柏拉图制造了这样一个王国，以便在思想上从时间的恶中解脱出来"②。但马克思何以能够完成由古典存在论向现代存在论的转变呢？罗素认为它源自马克思的辩证法③，这很类似于海尔布隆纳所作的解释④。其实真正的原因并不在这里，而在于马克思从哲学上自觉地确立了实践这一绝对的原初性范畴。只有在实践这一原初基础上，辩证法才能获得真正可靠的立足点。只要想一想黑格尔辩证法，就不难理解这一点。尽管黑格尔是"辩证法大师"，但他最终仍未能摆脱本质主义的桎梏，其哲学在总体上依旧未曾突破其保守性，以至于沦为替普鲁士王国作辩护的官方哲学。造成这种保守性的原因，从哲学上说不能不归咎于黑格尔未能把哲学的原初基础归结为实践。有趣的是，早在 20 世纪 40 年代，对马克思主义持拒绝和反对态度的张东荪，从否定的方面看出了马克思主义哲学的"动"的特征。公允地说，这比那些从正面竟然看不出这一特征的人要高明得多。张东荪写道："坊间有许多自命为马氏（指马克思——引者注）派的著作反而把马克思化为僵石，又硬又古，不复与现

① ［英］罗素：《辩证唯物主义》，载何兆武、张文杰主编：《现代西方历史哲学译文集》，上海译文出版社 1984 年版，第 120-121 页。

② ［美］威廉·巴雷特：《非理性的人——存在主义哲学研究》，段德智译，上海译文出版社 1992 年版，第 79 页。

③ ［英］罗素：《辩证唯物主义》，载何兆武、张文杰主编：《现代西方历史哲学译文集》，上海译文出版社 1984 年版，第 121 页。

④ 海尔布隆纳认为："矛盾的观念可以让我们洞察社会中的存在与变化——也就是说，洞察历史。"（［美］罗伯特·L. 海尔布隆纳：《马克思主义：支持与反对》，马林梅译，东方出版社 2014 年版，第 18 页）

代相通了。就中如此辈人解释唯物以为是主张地球先人类而存在，此语虽出自列宁之口，然而严格照马氏系统言之，这个问题根本不能成立。以为问地球以前存在抑在人心以后始有，这乃是'静观的哲学'（contemplative philosophy）所从事之问题。马氏最反对静观的哲学，以为这些争论都是坐食而不劳力的人们玩艺。真的知识决不能与实践分离，所以讨论这个地球先在的问题是与陷入于中古经院哲学的思维法中。"①

解释世界体现的是把事物当作"感性对象"的理论态度，改变世界才是把事物当作"感性活动"的实践态度，它们是人的两种完全不同的存在方式，不可混淆。马克思正是通过这种划界，来澄清自己同费尔巴哈哲学乃至整个旧哲学的原则区别。在《德意志意识形态》"费尔巴哈"章中，马克思批评费尔巴哈把事物或人当作"感性对象"，认为这是一种"停留在理论的领域内"的态度②。在马克思看来，只有把事物或人当作"感性活动"来看待，才是超越这种理论领域的实践态度。理论的态度只能导致对世界的"解释"，而不能导致对世界的"改变"。所以，正如马克思所批评的，费尔巴哈"只是希望确立对存在的事实的正确理解"，而不是"推翻这种存在的东西"。在马克思那里，异化的扬弃说到底不是理论的任务，而是实践的任务。他强调：无产者或共产主义者正是"在实践中，即通过革命使自己的'存在'同自己的'本质'协调一致"③。也正因此，马克思才把"共产主义者"和"实践的唯物主义者"看成是彼此等价的同义词。

"改变世界"本身就意味着实践，即马克思所说的"革命的"、"实践批判的"活动④。实践范畴具有总体性。诚如伽达默尔所言："'实践'（Praxis）一词，这里不应予以狭隘的理解，例如，不能只是理解为

① 张东荪：《思想与社会》，辽宁教育出版社1998年版，第190页。
② 参见《马克思恩格斯选集》第1卷，人民出版社1995年版，第77-78页。
③ 《马克思恩格斯选集》第1卷，人民出版社1995年版，第96-97页。
④ 《马克思恩格斯选集》第1卷，人民出版社1995年版，第54页。

科学理论的实践性运用。……'实践'还有更多的意味。它是一个整体，其中包括了我们所有的活动和行为，我们人类全体在这一世界的自我调整……。我们的实践——它是我们的生活形式（Lebensform）。"①值得注意的是，马克思在《提纲》第1、2、3、8条中作为名词使用的"实践"，即"Praxis"，先后共出现过7次之多②。这个意义上的实践，固有其辩证本性和内在张力。实践具有双重品格。按照黑格尔的说法，"实践的理念"作为"行动"，比"认识的理念"更高，"因为它不仅具有普遍的资格，而且具有绝对现实的资格"③。列宁在《哲学笔记》中予以引述："实践高于（理论的）认识，因为它不但有普遍性的品格，而且还有直接现实性的品格。"④ 那种立足于市民社会的资产阶级狭隘眼界，其想象力是极其贫乏的，它只能被束缚在"现存"性之内，把一切对未来可能性的敞开和筹划，都斥之为"乌托邦"。但正像伽达默尔所说的那样，"乌托邦的首要功能恰在于：对当前进行批判，而不是设计出行动的方案。"在伽达默尔看来，它"属于一种想像力（Blidkraft），它能够给反思以有效的推动"⑤。离开了这种超越性诉求，我们在现存的一切面前，就将丧失批判地反思的冲动和能力，进而陷入马克思所憎恶的那种保守和辩护立场。而要做到这一点，解释世界的态度是无能为力的。就像伯林所指出的，在西方有"一种古代观点"，这种观点认为"存在的东西（'客观地说'）就是最好的；解释（'归根到底'）就是辩护；或者，知道一切就能原谅一切"⑥。

实践首先是马克思哲学的逻辑特征，同时也是它的功能性特征，而这两者又是内在相关的。诚如有学者所指出的，"改变世界既是人类活

---

① ［德］伽达默尔、［德］杜特：《解释学·美学·实践哲学——伽达默尔与杜特对谈录》，金惠敏译，商务印书馆2005年版，第67—68页。

② 参见 *Karl Marx-Friedrich Engels Werke*, Band 3. Dietz Verlag, Berlin, 1978. S. 5–7.

③ ［德］黑格尔：《逻辑学》下卷，杨一之译，商务印书馆1976年版，第522—523页。

④ 列宁：《哲学笔记》，人民出版社1974年版，第230页。

⑤ ［德］伽达默尔、［德］杜特：《解释学·美学·实践哲学——伽达默尔与杜特对谈录》，金惠敏译，商务印书馆2005年版，第78页。

⑥ ［英］以赛亚·伯林：《自由论》，胡传胜译，译林出版社2011年版，第94页。

动的意义（目的），也是理解它的合适视角。"① 马克思哲学的逻辑特征，亦即对实践的原初性地位的自觉确认，决定了实践必然构成马克思哲学的功能性特征。反过来说，马克思哲学的实践批判的功能，又为其逻辑特征提出了内在要求，也是逻辑特征的确证和表征。从哲学史上看，马克思哲学提供了一种全新的批判方式，这就是实践的批判②。马克思所处的时代的哲学也进行批判，因为当时就是一个批判的时代。以至于弗里德里希·施勒格尔抱怨"批判"的泛滥，他说："正因为现在哲学碰到什么就批判什么，所以对哲学的批判也许不外乎是一个正当的报复手段。"③ 但它们所作的批判，从根本上说都未曾超出思辨的批判和道德的批判的范围。因为马克思在《神圣家族》中就说过："思想根本不能实现什么东西，为了实现思想，就要有使用实践力量的人。"④ 马克思不满意于旧的批判方式在现实面前所显示出来的苍白无力，提出了实践的批判这一全新的批判方式。这种实践的批判，只有诉诸人的感性活动才是可能的，亦即马克思在《德意志意识形态》"费尔巴哈"章提出的"实际地反对并改变现存的事物"，以便"使现存世界革命化"⑤。这

---

① ［英］彼得·奥斯本：《问题在于改变世界》，王小娥、谢昉译，中信出版社 2016 年版，第 36 页。

② 马克思甚至把自己所创立的新社会主义学说叫作"批判的社会主义"。例如在 1877 年 10 月 19 日致弗·阿·左尔格的信中，马克思曾说过："当然，在唯物主义的批判的社会主义出现以前，空想主义本身包含着这种社会主义的萌芽，可是现在，在这个时代以后它又出现，就只能是愚蠢的——愚蠢的、无聊的和根本反动的。"（《马克思恩格斯全集》第 34 卷，人民出版社 1972 年版，第 281 页）沃尔夫冈·席德尔甚至认为："马克思根本不把他的学说理解为科学社会主义，而是理解为批判的社会主义。"（［德］沃尔夫冈·席德尔：《关于 1914 年以前"科学社会主义"概念的历史》，载《科学社会主义和工人运动。概念的历史和杜林接受的情况》，特利尔卡尔·马克思故居著作集第 24 辑，1980 年特利尔版，第 20、24 页。转引自［德］雷纳特·梅尔克耳：《论恩格斯的著作〈社会主义从空想到科学的发展〉的产生、意义和影响》屏羽译，载《马列主义研究资料》1984 年第 4 辑，人民出版社 1984 年版，第 16 页）习德尔的观点是否偏颇我们这里暂且不论，但批判无疑是马克思社会主义学说的基本品格，无论这种批判是针对以往的理论还是针对现实的实践而言，都是如此。

③ ［德］弗里德里希·施勒格尔：《雅典娜神殿断片集》，李伯杰译，生活·读书·新知三联书店 1996 年版，第 61 页。

④ 《马克思恩格斯全集》第 2 卷，人民出版社 1957 年版，第 152 页。

⑤ 《马克思恩格斯选集》第 1 卷，人民出版社 1995 年版，第 75 页。

正是《提纲》第 11 条所谓改变世界的内涵，它的实现和落实也就是马克思哲学之功能的发挥和表征。马克思说："……是实证的，也就是说，是非批判的"①。如果不把改变世界和解释世界了解为两种完全不同的哲学观、两种彼此互盲的哲学视野，那么我们就无法从哲学意义上去理解马克思何以要进行政治经济学批判，并且把这种批判作为他自己终其一生的理论事业。从哲学上说，政治经济学的保守性正是源自它的解释世界的性质，它作为对既有事实的"解释"，无法以超然的态度去看待现存的事物，只能把"暂时的必然性"误解为"永恒的必然性"，不可避免地陷于保守立场，扮演"辩护士"的角色。它在哲学上的原因，归根到底就在于跌入了解释世界的窠臼。马克思揭示了这样一种关系：倘若排除掉实践关系，就无法把握历史。他在批评布鲁诺·鲍威尔时说："难道批判的批判以为，它不去认识（比如说）某一历史时期的工业和生活本身的直接的生产方式，它就能真正地认识这个历史时期吗?"② 辩证法之所以能够从暂时性的角度看待现存事物，归根到底就在于实践范畴的先行地有效，因为回到历史就必须首先回到实践。

　　在认识论框架内，人的认知活动所导致的后果就是理论和思辨。我们知道，理论（theoria）一词的本来意思就是"看"。从词源学角度追溯，希腊词 theoria 意指"心灵中关于真实的影像，得自 theorein（沉思或思辨）和 theasthai（注视），赋予沉思以视觉上的联系"③。如阿伦特所说的，"'理论'一词就来自希腊语的'旁观者'（theatai），在几百年之前，'理论性的'这个仍然表示'沉思'，也就是从外边、从位于参与演出和完成演出的那些人后面的角度来观察某种东西。根据行动和理解之间的这种最早区分，显然能得出一个结论：作为旁观者，你能理解演

---

① 《马克思恩格斯全集》第 1 卷，人民出版社 1956 年版，第 99 页。
② 《马克思恩格斯全集》第 2 卷，人民出版社 1957 年版，第 191 页。
③ ［英］尼古拉斯·布宁、［美］余纪元编著：《西方哲学英汉对照辞典》，人民出版社 2001 年版，第 993 页。

出所包含的'真理'，不过，你必须付出的代价是不参与演出。"① 她强调的是"旁观者"的角度和姿态，外在地"观看"乃是理论一词的最不可剥夺的原初含义。巴雷特同样指出："'理论'一词源于希腊动词，意即注视，看，而且也是戏院这个词的词根。在戏院里，我们是我们自己并未卷入的行为的旁观者。同样地，专擅理论的人，哲学家或纯粹科学家，也是以超然的态度看存在，一如我们坐在戏院里观看台上的场面一样。"② 另外也有学者认为， "本来从巴门尼德所说，哲学的思辨（theoretical 本意有看的意思）是作为奥运会旁观者的看，而不是参与者的看"③。这从另一个意义上揭示了"理论"与作为旁观者的"看"之间的始源性联系，尽管所依据的原初关系不是剧场而是体育赛事。

但问题的复杂性在于，在人类史的范围内，马克思揭示出这样一种关系，即人既是"剧作者"又是"剧中人"，既是"演员"又是"观众"。人的这种自我缠绕、自我相关、自我指涉关系，使得人们对于历史的认识持一种纯粹旁观的姿态成为不可能。这正是人类史不同于自然史的一个重要差别。正如阿隆所说："历史认识的对象既然是人类现象，那么对它们的理解与对自然现象之关系的理解显然就不一样。"④ 人类史领域存在的这种人的自我相关性，早已为近代意大利思想家维科所提示，而到了马克思那里，这一点又得到了重申和自觉的强调。人类史的这一特殊性，造成了"历史叙事与自然科学的表述方式的截然不同"⑤。由此凸显出"理论"视域所固有的局限性和致命困难。正是由于这个原因，马克思特别强调实践关系必须取代理论关系而被置于哲学上的优先

---

① ［德］阿伦特：《精神生活·思维》，姜志辉译，江苏教育出版社 2006 年版，第 102 页。

② ［美］威廉·巴雷特：《非理性的人——存在主义哲学研究》，段德智译，上海译文出版社 1992 年版，第 80 页。

③ 浦永春：《古希腊哲学家与奥运会》，载《世界哲学》2008 年第 5 期，第 18 页。

④ ［法］雷蒙·阿隆：《论治史——法兰西学院课程》，冯学俊、吴泓缈译，生活·读书·新知三联书店 2003 年版，第 444 页。

⑤ ［法］雷蒙·阿隆：《论治史——法兰西学院课程》，冯学俊、吴泓缈译，生活·读书·新知三联书店 2003 年版，第 285 页。

地位，理论关系则应让位于实践关系而退居次要位置。在此意义上，就像马克思所说的：“实践胜于一切理论”①。

据海德格尔考证，“‘理论’这个名称起源于希腊语动词 θεωρειν［观审］。相应的名词是 θεωρια［知识、理论、观审］。”② 而“与此相区别，βιος πρακτικος［实践之生活］则是一种投身于行动和生产的生活方式。但在这样一种区分中，我们始终必须牢记一点：对于希腊人来说，βιος θεωρητικος，观审之生活（das schauende Leben），尤其在其作为思想的最纯粹形态中，乃是最高的行为。θεωρια［理论、观审］本身——不只是通过一种附加的有用性——就是人类此在的完善形态。”③显然，依照古希腊传统的这一分类，理论是高于实践的。也正因此，才尤显马克思哲学重建的革命性意义。当马克思把哲学的立场由解释世界移向改变世界之后，他事实上在一定意义上已经解构了自古希腊以来的整个哲学传统。

“理论”所把握的事实上不过是人的“亲在”，但它却误以为把握的是与人的存在无关的外在对象，而自身只是纯粹旁观的客观结果。这正是“理论”何以成为一种遮蔽的力量，从而沦为马克思所批判的意识形态修辞的重要原因。正是它造成了马克思所试图揭露并解构的“虚假意识”的蒙蔽。“理论”的这种“原罪”，往往使人从现实生活中抽身而出，逗留在脱离历史和现实生活的抽象观念之中。马克思强调说：“我们需要深入研究的是人类史，因为几乎整个意识形态不是曲解人类史，就是完全撇开人类史”④。之所以“曲解”人类史，是因为意识形态作为“理论”不能恰当地把握自身同现实生活之间的关系；之所以“撇开”人类史，是因为意识形态作为“理论”误以为可以不受自身的真实

①《马克思恩格斯全集》第 32 卷，人民出版社 1975 年版，第 191 页。
②［德］马丁·海德格尔：《演讲与论文集》，孙周兴译，生活·读书·新知三联书店 2005 年版，第 46 页。
③［德］马丁·海德格尔：《演讲与论文集》，孙周兴译，生活·读书·新知三联书店 2005 年版，第 47 页。
④《马克思恩格斯选集》第 1 卷，人民出版社 1995 年版，第 66 页。

基础制约的独立的抽象王国。这也正是马克思何以不把自然科学作为意识形态的原因所在。由于自然科学所把握的是自然史，人同它之间不存在自我缠绕和自我指涉的关系，所以自然科学没有沦为意识形态的危险。

如果说"解释"（interpretiert）是形式逻辑的，那么"改变"（verändern）则是辩证法的。因为"解释"属于认识论建构，它不过是为了获得某种关于世界的科学知识。就像恩格斯所说的，"自然，对于日常应用，对于科学的小买卖，形而上学的范畴仍然是有效的。"① 对于科学这种"小买卖"来说，形而上学是必要的，也是有用的。形式逻辑是静态的把握方式，例如它的同一律就是不包含差异于自身的绝对自我等同（即"A＝A"），因而无法自我展开，由此决定了其概念、判断和推理之间不存在内在的过渡。形式逻辑在思维方式上就表现为近代意义上的形而上学。辩证法作为人的实践本身的反思形式，才是人的实践逻辑。改变世界中的所谓"改变"，其逻辑就是辩证法的，而非知性的形式逻辑。我们需要注意"改变"（verändern）一词同黑格尔逻辑学所谓的"变易"之间的词源学和哲学上的内在关联。罗素说过，"一个哲学家的任务不是要改变世界，而是去理解世界，这与马克思的主张恰恰相反。"在罗素看来，"把维护现状或推翻现状作为一个哲学家的正宗事情是应予反对的"。这意味着哲学不应该存在价值立场，而应该以价值中立的姿态去理解这个世界。这个说法，在某种程度上反映了罗素的逻辑实证主义偏好，这一偏好使他相信"哲学仅是不完善的科学"②。从罗素的这一观点，既可以看出科学式的"解释"态度的保守性，也可以从否定的方面映射出马克思哲学之"改变世界"的革命性。

其实，通过《提纲》本身的第 3 条第 2 段论述，即"环境的改变和

① 《马克思恩格斯全集》第 20 卷，人民出版社 1971 年版，第 555 页。
② 《哲学·科学·宗教——罗素答 W. 魏亚特问》，载《哲学译丛》1983 年第 5 期，第 70 页。

人的活动或自我改变的一致，只能被看作是并合理地理解为革命的实践"①，我们对改变世界所蕴含的实践意义和辩证法意义，可以看得更加清晰。马克思所说的"环境的改变"和"人的活动的改变"，其"改变"一词的原文是"das Ändern"，而所谓人的"自我改变"，其"改变"一词的原文是"Veränderung"。在《提纲》的英文版中，这两者一般被译作"change"或它的现在分词形式"changing"。有学者认为："从文中看，环境的改变和人的活动的改变的'改变'一词为Ändern，而自我改造一词是Veränderung，两字词根相同，意义也是相同的，而且统一译法文气较为贯通，理解也较容易。"② 应该说，这个意见是有道理的。而马克思所谓的"革命的实践"（revolutionäre Praxis）用 revolutionäre 来修饰 Praxis，我们只能在辩证法的意义上来理解"革命"的含义。因为马克思在《资本论》第 1 卷第 2 版跋中说得十分明确："辩证法不崇拜任何东西，按其本质来说，它是批判的和革命的。"③ 总之，《提纲》第3 条第 2 段论述和《提纲》第 11 条论述中的关键词"改变"，在特定语境上的一致和德文原词在词源学上的勾连，使我们把两者联系起来诠释并使之相互发明获得了一种合法性。

黑格尔的思辨辩证法在其逻辑的展开中，"有"（das Sein）、"无"（das Nichts）、"变"（das Werden）是它的最原初的一个"三一式"。黑格尔说："'有'与'无'的真理，就是两者的统一。这种统一就是变易（das Werden）。"④ 我认为，《提纲》第 11 条所谓的改变世界的"改变"，应从黑格尔辩证法的"变"的角度来领会。贺麟先生认为，"Werden 作为动词可译成'变为'或'变成'，法文是 devemr 译为'形成'。作为名词，以译为'变易'较为适当，因为变易既包含有变化（德文是

---

① 《马克思恩格斯选集》第 1 卷，人民出版社 1995 年版，第 55 页。
② 周敦耀：《也谈恩格斯对〈关于费尔巴哈的提纲〉的修改》，载《哲学研究》1983 年第 7 期，第 23 页。
③ 《马克思恩格斯选集》第 2 卷，人民出版社 1995 年版，第 112 页。
④ ［德］黑格尔：《小逻辑》，贺麟译，商务印书馆 1980 年版，第 195 页。

Veränderung，英文是 change），又包含有发生和消灭两个环节，简称生灭"①。由此可见，仅就这种词源学勾连而言，马克思所谓改变世界的"改变"（verändern），应该同黑格尔的那种作为有无之扬弃的"变"（Werden）联系起来，并从这种辩证法意义上的"变易"之高度去理解。当然，马克思的辩证法作为实践辩证法，乃是对黑格尔思辨辩证法加以根本改造的产物。如果说辩证法的本义乃是"对话"，在苏格拉底那里它不过是语言层面的辩证法，那么到了黑格尔那里，辩证法则变成了通过反思实现的逻辑的自我展开及其完成。马克思则开辟了辩证法的第三种形态即实践的辩证法，其实质在于它是以反思的方式对人的存在本身的自我绽现及其完成的把握。辩证法在黑格尔那里只是纯粹的逻辑构造，在马克思那里则变成了人的实践本身的结构或关系。所以，马克思意义上的辩证法本然地有赖于人的感性活动，它不再是与实践无关的，而是其本身就是实践的。正因为立足于实践，所以马克思才能够"在对现存事物的肯定的理解中同时包含对现存事物的否定的理解，即对现存事物的必然灭亡的理解"；在"对每一种既成的形式都是从不断的运动中，因而也是从它的暂时性方面去理解"②。

在作为《提纲》思想之展开和进一步完善的《德意志意识形态》中，马克思写道："人创造环境，同样，环境也创造人"③。环境与人之间充满张力的关系，恰恰是通过实践的辩证法不断地建构起来的。马克思还说过：无产阶级"非常清楚地知道：只有改变了环境，他们才会不再是'旧人'，因此他们一有机会就坚决地去改变这种环境。在革命活动中，在改变环境的同时也改变着自己"④。显然，在马克思看来，改变世界并不是无产阶级的单向度的建构活动；相反，而是无产阶级和世界

① 贺麟：《新版序言》，载［德］黑格尔：《小逻辑》，贺麟译，商务印书馆 1980 年版，第 xviii 页。
② 《马克思恩格斯选集》第 2 卷，人民出版社 1995 年版，第 112 页。
③ 《马克思恩格斯选集》第 1 卷，人民出版社 1995 年版，第 92 页。
④ 《马克思恩格斯全集》第 3 卷，人民出版社 1960 年版，第 234 页。

（环境）在相互建构中实现的同时"改变"。这种主客体之间的辩证法，正是通过无产阶级的革命实践才得以实现并被历史地表达。

三、"改变世界"的哲学观之思想滥觞

马克思的改变世界的哲学立场，为人们以内在的方式彻底克服旧哲学同现实生活撅为两截这一致命缺陷提供了可靠的保障。这一哲学上的实践诉求，可谓是青年马克思在思想上逐渐形成而又持续不断的一条主线。对马克思来说，"问题在于改变世界"的哲学观，并不是一时心血来潮的产物，也不是横空出世、突然降临的结果，它有一个相当长（这当然主要不是指时间上的，而是指思想步骤和节奏上的）的酝酿过程。

从马克思本人的思想发生和发展史看，他在《提纲》第 11 条对解释世界与改变世界所作的划分及褒贬态度，其滥觞可以一直追溯到马克思博士论文写作时期的思想胚芽。

马克思在博士论文中比较了德谟克利特和伊壁鸠鲁的自然哲学，指出："德谟克利特被迫改用经验的观察。他不满足于哲学，便投入实证知识的怀抱。"① 后来在《德意志意识形态》中，马克思又说："德谟克利特不仅不排斥世界，反而是经验的自然科学家"②。而在马克思看来，"伊壁鸠鲁则以一个相反的形象出现在我们面前"，因为"伊壁鸠鲁在哲学中感到满足和幸福"。因此，伊壁鸠鲁"轻视实证科学，因为按照他的意见，这种科学丝毫无助于达到真正的完善"③。马克思总结道："德谟克利特注重必然性，伊壁鸠鲁注重偶然性"④，因此，他们"所体现的是两个相反的方向"⑤。

---

① 《马克思恩格斯全集》第 40 卷，人民出版社 1982 年版，第 201 页。
② 《马克思恩格斯全集》第 3 卷，人民出版社 1960 年版，第 146 页。
③ 《马克思恩格斯全集》第 40 卷，人民出版社 1982 年版，第 202 页。
④ 《马克思恩格斯全集》第 40 卷，人民出版社 1982 年版，第 205 页。
⑤ 《马克思恩格斯全集》第 40 卷，人民出版社 1982 年版，第 203 页。

正如梅林所说的："德谟克利特所从事的是自然科学，并认为这就是目的。伊壁鸠鲁所需要的只是自然见解，以便来论证他的哲学体系。"① 物理学作为解释世界的方式是过去时的，哲学作为改变世界的方式则是将来时的，它蕴含着向未来敞开着的可能性。实证的也就是非批判的，亦即保守的。梅林说得好："马克思决不否认伊壁鸠鲁的学说在物理学上是不合理的"；但他"竭力在伊壁鸠鲁的物理学说的不合理中去探求哲学上的合理"②。马克思对德谟克利特和伊壁鸠鲁的比较研究，并不是对思想史事实作纯客观的描述和比对，不属于思想史范式的研究，而是怀有哲学建构的自觉诉求的，从而有其价值上的偏好和取舍。总之，马克思是作为哲学家而不是作为哲学史家去从事这一研究的。马克思在比较德谟克利特和伊壁鸠鲁这两个哲学家时，并不是平分秋色，而是像梅林所说的："他（指马克思——引者注）在'区别这两位哲学家的精神和实践'时站在伊壁鸠鲁一方，而不站在德谟克利特一方。"③ 而"他（指马克思——引者注）之所以对德谟克利特有反感，就是因为后者缺乏'能动的原则'"④。诚然，倾向于伊壁鸠鲁，向往"能动的原则"并不是唯一的原因。有学者认为，"最重要的是，他为伊壁鸠鲁——古希腊最伟大的启蒙者和公开反对信仰上帝的人——的无神论辩护。"⑤ 马克思在"博士论文"中说："伊壁鸠鲁是最伟大的希腊启蒙思想家"⑥。马克思后来在《德意志意识形态》中又说："他（指伊壁鸠鲁——引者注）是古代真正激进的启蒙者，他公开地攻击古代的宗教，如果说罗马人有过无神论，那末这种无神论就是由伊壁鸠鲁奠定的"⑦。

① ［德］梅林：《保卫马克思主义》，吉洪译，人民出版社1982年版，第180页。
② ［德］梅林：《马克思传》上，樊集译，人民出版社1973年版，第41页。
③ ［德］梅林：《保卫马克思主义》，吉洪译，人民出版社1982年版，第184页。
④ ［德］梅林：《马克思传》上，樊集译，人民出版社1973年版，第44页。
⑤ ［德］海因里希·格姆科夫等：《马克思传》，易廷镇、侯焕良译，人民出版社2000年版，第23页。
⑥ 《马克思恩格斯全集》第40卷，人民出版社1982年版，第242页。
⑦ 《马克思恩格斯全集》第3卷，人民出版社1960年版，第147页。

必须承认，马克思的确是在无神论的意义上把伊壁鸠鲁称作"古代真正激进的启蒙者"的。马克思之所以推崇的是伊壁鸠鲁而不是德谟克利特，这无疑是一个重要的原因。但也应指出，自由理想与无神论信念在启蒙的意义上具有某种相关性，因为对于宗教的否定恰恰意味着精神束缚的解除也就是自由。从更深层的意义上说，马克思对伊壁鸠鲁思想的偏爱和欣赏无疑包含着对自由的追求这一强烈动机。就此而言，麦克莱伦的说法完全正确："马克思赞美的正是伊壁鸠鲁思想的这种最重要的自由因素。"① 马克思的确借普罗米修斯之口说过："老实说，我痛恨所有的神。"② 但他又强调："普罗米修斯是哲学日历中最高尚的圣者和殉道者。"③ 普罗米修斯固然是拯救者和殉道者的角色，但他同时又象征着解放和自由。而"哲学研究的首要基础是勇敢的自由的精神"④。这个论断具有双重的意义：一是自由构成哲学研究的条件，二是自由精神也构成哲学研究的初衷。马克思后来的思想演进表明，他对自由的渴望正是通过在哲学上诉诸能动的实践实现的。

马克思在《关于伊壁鸠鲁哲学的笔记》中写道："伊壁鸠鲁哲学的原则，就是证明世界和思想是某种可想象的，可能的东西……这可能性在自然界的表现是原子，它在精神上的表现则为偶然和任意。"⑤ 而"对于伊壁鸠鲁宇宙观的方法来说，具有代表性的是创造世界的问题"⑥。马克思关注的是伊壁鸠鲁对创造世界的肯定。马克思认为："应该把'科学'和'哲学'区别开来，伊壁鸠鲁对科学的轻视涉及我们称之为知识的东西，这一论断完全符合他的整个体系。"⑦ 显然，马克思注意到了伊

① ［英］戴维·麦克莱伦：《卡尔·马克思传》，王珍译，中国人民大学出版社 2005 年版，第 30 页。

② 《马克思恩格斯全集》第 40 卷，人民出版社 1982 年版，第 189 页。

③ 《马克思恩格斯全集》第 40 卷，人民出版社 1982 年版，第 190 页。

④ 《马克思恩格斯全集》第 40 卷，人民出版社 1982 年版，第 112 页。

⑤ 《马克思恩格斯全集》第 40 卷，人民出版社 1982 年版，第 41 页。

⑥ 《马克思恩格斯全集》第 40 卷，人民出版社 1982 年版，第 53 页。

⑦ 《马克思恩格斯全集》第 40 卷，人民出版社 1982 年版，第 59 页。

壁鸠鲁对于认识论的"轻视"。马克思还指出："伊壁鸠鲁表示反对毫无意义的惊愕地直观天体，这种直观束缚人，使人产生恐惧。他主张精神的绝对自由"①。从某个角度说，马克思所比较的两个古希腊哲学家典型，在马克思哲学的意义上，构成解释世界和改变世界的最原初的象征。

马克思强调说："自为存在是伊壁鸠鲁哲学唯一的、直接的原则"②。因为按照伊壁鸠鲁的"原子偏斜说"，"原子显示，它的本性不在于空间性，而在于自为存在。它服从的不是空间性的规律，而是别的规律"③。只有"自为存在"才是时间性的。这正是它的能动性和创造性的表征。而马克思在博士论文中认为，"他（指德谟克利特——引者注）解释时间，目的是为了取消时间"④。而"'偏离直线'就是'自由意志'，是特殊的实体，原子真正的质。"⑤ 马克思写道："卢克莱修说得对，如果原子不偏斜，就不会有原子的冲击，原子的碰撞，因而世界永远也不会创造出来"⑥。按照梅林的说法，"在卢克莱修那里，伊壁鸠鲁的哲学是完全按照原来创始者的精神被阐述的"。⑦

马克思在博士论文"附注"中指出："世界的哲学化同时也就是哲学的世界化，哲学的实现同时也就是它的丧失"⑧。这以思辨的语言体现着青年马克思的哲学理想。因为"哲学的实现"，不是通过解释世界完成的，而是通过改变世界完成的。其实，从马克思后来的思想发展看，这一理想不过是《提纲》第 11 条中所说的改变世界这一哲学的双重特征——内在的逻辑特征和外在的功能性特征——的抽象预言或预演罢

① 《马克思恩格斯全集》第 40 卷，人民出版社 1982 年版，第 46 页。
② 《马克思恩格斯全集》第 40 卷，人民出版社 1982 年版，第 120 页。
③ 《马克思恩格斯全集》第 40 卷，人民出版社 1982 年版，第 119 页。
④ 《马克思恩格斯全集》第 40 卷，人民出版社 1982 年版，第 230 页。
⑤ 《马克思恩格斯全集》第 40 卷，人民出版社 1982 年版，第 121 页。
⑥ 《马克思恩格斯全集》第 40 卷，人民出版社 1982 年版，第 216 页。
⑦ ［德］梅林：《保卫马克思主义》，吉洪译，人民出版社 1982 年版，第 179 页。
⑧ 《马克思恩格斯全集》第 40 卷，人民出版社 1982 年版，第 258 页。

了。因为"哲学的世界化"和"世界的哲学化",亦即所谓的"哲学的实现",它既是马克思哲学的逻辑本性的内在要求,也是马克思哲学通过人的实践活动这一最本然的存在方式"在"出来的历史结果,或曰其功能性特征的体现。马克思写道:"哲学自我意识""永远具有一个双刃的要求:其中一面针对着世界,另一面针对着哲学本身"①。这种"双刃的要求"不正是马克思哲学的逻辑特征和功能性特征的表达吗?马克思学说自诞生之后,的确深刻地"改变"了"世界",实际地创造了历史。在人类发展史上,有哪一种学说像它那样能够如此广泛而深刻地得到过"实践能力的明证"呢?如果说改变世界作为马克思哲学的内在逻辑特征,使其获得了"理论的彻底性";那么改变世界作为马克思哲学的外在功能性特征,则使其获得了"实践能力的明证"。

马克思说:"哲学把握了整个世界以后就起来反对现象世界"②。如果说此时的马克思这一论述还只是一种抽象的断言,那么当马克思在《黑格尔法哲学批判·导言》中指出哲学把无产阶级当作自己的物质武器的时候,这种哲学"起来反对现象世界"的诉求,就已然蕴含着无产阶级作为历史主体通过实践来"实际地反对现存的一切"这一具体内涵了。

在1842年6、7月间写的《第179号"科伦日报"社论》中,马克思写道:"哲学不仅从内部即就其内容说,而且从外部即就其表现来说,都要和自己时代的现实世界接触并相互作用。"③ 可以说,马克思的新哲学观在这里已初见端倪。问题在于,怎么才能避免这不是一时的心血来潮或哲学的一厢情愿呢?倘若不能从哲学观革命的高度为这一诉求奠基,它就不可能成为一种哲学上的必然性。在一定意义上,可以说马克思上面这段话中所谓的"内容"和"表现",就已经隐含着后来《提

① 《马克思恩格斯全集》第40卷,人民出版社1982年版,第259页。
② 《马克思恩格斯全集》第40卷,人民出版社1982年版,第136页。
③ 《马克思恩格斯全集》第1卷,人民出版社1956年版,第121页。

纲》第 11 条所说的改变世界的双重内涵，即一方面就哲学的逻辑特征来说——它属于"内部"或"内容"；另一方面就哲学的功能性特征来说——它属于"外部"或"表现"，而这两个方面都是实践的。

1843 年 9 月，马克思在给卢格的信中提出，"我们的任务是要揭露旧世界，并为建立一个新世界而积极工作。"① 用"新世界"来取代"旧世界"，这显然是一种革命的诉求。问题在于，它是如何可能的呢？马克思写道："新思潮的优点就恰恰在于我们不想教条式地预料未来，而只是希望在批判旧世界中发现新世界。"② 这就明确地提出了"批判"的主题。马克思进一步指出："我们的任务不是推断未来和宣布一些适合将来任何时候的一劳永逸的决定"，而是"要对现存的一切进行无情的批判"③。马克思所谓的"批判"不是理论的，而是实践的，因为他明确强调："什么也阻碍不了我们……把我们的批判和实际斗争结合起来，并把批判和实际斗争看做同一件事情。"④ 显然，这种"批判"已经超出了思辨的拘囿，而同现实的变革内在地联系起来了。

1843 年 10—12 月，马克思在《黑格尔法哲学批判·导言》中为自己提出的哲学任务，就是建立那种"为历史服务的哲学"。这种"哲学"的使命，就是"确立此岸世界的真理"⑤。这种此岸性，离开了改变世界的哲学是根本不可能达成的。所谓"为历史服务的哲学"，其内涵就在于马克思所说的"物质的力量只能用物质的力量来摧毁"⑥；而哲学要变成"物质力量"，就必须诉诸实践本身。改变世界只有借助于"物质的力量"才成为可能。而且此时的马克思已经找到了改变世界即实践的主体，这就是无产阶级，进而揭示了"无产阶级"和"哲学"互为"武

① 《马克思恩格斯全集》第 1 卷，人民出版社 1956 年版，第 414 页。
② 《马克思恩格斯全集》第 1 卷，人民出版社 1956 年版，第 416 页。
③ 《马克思恩格斯全集》第 1 卷，人民出版社 1956 年版，第 416 页。
④ 《马克思恩格斯全集》第 1 卷，人民出版社 1956 年版，第 417-418 页。
⑤ 《马克思恩格斯选集》第 1 卷，人民出版社 1995 年版，第 2 页。
⑥ 《马克思恩格斯选集》第 1 卷，人民出版社 1995 年版，第 9 页。

器"的关系:"哲学把无产阶级当作自己的物质武器,同样,无产阶级也把哲学当作自己的精神武器"①。"哲学变成现实"已经成为此时的马克思的自觉诉求,而且在马克思看来,它只有诉诸改变世界才是可能的。"确立此岸世界的真理",意味着通过"实践能力的明证"来显示"理论的彻底性"。

在《1844年经济学哲学手稿》中,马克思指出:"要扬弃私有财产的思想,有思想上的共产主义就完全够了。而要扬弃现实的私有财产,则必须有现实的共产主义行动"②。其实,这里已经隐含着"共产主义者"何以必须同时又是"实践的唯物主义者"的答案了。马克思批评说,思辨的批判存在着一个致命的错觉,即"思维自以为直接就是和自身不同的另一个东西,即感性的现实,从而认为自己的活动也是感性的现实活动,所以这种思想上的扬弃,在现实中没有触动自己的对象,却以为实际上克服了自己的对象"③。这不过是一种自欺欺人的把戏罢了。而马克思所追求的哲学目标,当然是共产主义。那么,在马克思的语境中,"共产主义"又意味着什么呢?他写道:"共产主义是私有财产即人的自我异化的积极的扬弃"④。所谓"积极的扬弃",用马克思自己的话说,就是"为了人并且通过人对人的本质和人的生命、对象性的人和人的作品的感性的占有"⑤。这里的要害在于"感性的占有"。这种"占有"无法在思想中实现,而只能在实践中实现。这一思想萌芽,在后来《德意志意识形态》"费尔巴哈"章中得以展开。马克思写道:"'解放'是一种历史活动,不是思想活动,'解放'是由历史的关系,是由工业状况、商业状况、农业状况、交往状况促成的"⑥。这意味着人"只有在

---

① 《马克思恩格斯选集》第1卷,人民出版社1995年版,第15页。
② 马克思:《1844年经济学哲学手稿》,人民出版社2000年版,第128页。
③ 马克思:《1844年经济学哲学手稿》,人民出版社2000年版,第111页。
④ 马克思:《1844年经济学哲学手稿》,人民出版社2000年版,第81页。
⑤ 马克思:《1844年经济学哲学手稿》,人民出版社2000年版,第85页。
⑥ 《马克思恩格斯选集》第1卷,人民出版社1995年版,第74-75页。

现实的世界中并使用现实的手段才能实现真正的解放"①。因此，在马克思的意义上，共产主义只有作为实践活动的结果才是可能的。因为在他看来，"历史的全部运动，既是它（指共产主义——引者注）的现实的产生活动——它的经验存在的诞生活动，——同时，对它的思维着的意识来说，又是它的被理解和被认识到的生成运动。"② 而"历史"又是什么呢？按照马克思的说法，"整个所谓世界历史不外是人通过人的劳动而诞生的过程"③。它是人的实践活动不断建构着的过程，同时也是它不断积淀的结果。

在《1844 年经济学哲学手稿》中，马克思还明确区分了"实践的态度"和"理论的态度"，他写道："工人在生产中的现实的、实践的态度，以及他对产品的态度（作为一种内心状态），在同他相对立的非工人那里表现为理论的态度。"④ 晚年马克思在《评阿·瓦格纳的"政治经济学教科书"》中指出："人们决不是首先'处在这种对外界物的理论关系中'。正如任何动物一样，他们首先是要吃、喝等等，也就是说，并不'处在'某一种关系中，而是积极地活动，通过活动来取得一定的外界物，从而满足自己的需要。"⑤ 显然，在马克思看来，相对于"理论关系"而言，人的实践性的存在才具有本然性和始源性的地位，它不仅在时间上而且在逻辑上也优先于"理论关系"。这正是改变世界的哲学含义所在。

马克思在《德意志意识形态》中批评了德国的意识形态家们的致命缺陷和错误："这些哲学家没有一个想到要提出关于德国哲学和德国现实之间的联系问题，关于他们所作的批判和他们自身的物质环境之间的

---

① 《马克思恩格斯选集》第 1 卷，人民出版社 1995 年版，第 74 页。
② 马克思：《1844 年经济学哲学手稿》，人民出版社 2000 年版，第 81 页。
③ 马克思：《1844 年经济学哲学手稿》，人民出版社 2000 年版，第 92 页。
④ 马克思：《1844 年经济学哲学手稿》，人民出版社 2000 年版，第 64 页。
⑤ 《马克思恩格斯全集》第 19 卷，人民出版社 1963 年版，第 405 页。

联系问题。"① 要克服这种错误和缺陷，弥合哲学与现实之间的割裂和鸿沟，就必须把改变世界作为哲学的根本出发点或立足点。而这一点恰恰是马克思在稍早时候写的《提纲》第 11 条中正式宣布了的。

在一定意义上，可以说，所有这些都不过是在与马克思的《提纲》内在相关的前后不同时期和不同文本所蕴含的改变世界这一哲学立场的发生和发展史的展现。

---

① 《马克思恩格斯选集》第 1 卷，人民出版社 1995 年版，第 66 页。

第七章　人的存在的现象学之真理观的建构

马克思《关于费尔巴哈的提纲》（以下简称《提纲》）第 2 条写道："人的思维是否具有客观的［gegenständliche］真理性，这不是一个理论的问题，而是一个实践的问题。人应该在实践中证明自己思维的真理性，即自己思维的现实性和力量，自己思维的此岸性。关于思维——离开实践的思维——的现实性或非现实性的争论，是一个纯粹经院哲学的问题。"① 以往人们对它的阐释，其成果可谓是汗牛充栋。尽管如此，依旧存在着某些不同于已有阐释的可能性。本章拟从马克思的人的存在的现象学角度，尝试作出一种新的可能的解读。

一、《提纲》第 2 条是认识论的还是存在论的

《提纲》第 2 条究竟是在认识论意义上谈论的，还是在存在论意义上谈论的？这是一个具有前提性的问题，因为它直接决定着我们在什么维度上去解读，才能彰显而非遮蔽马克思的真正用心和真实用意。

我认为，马克思在《提纲》第 2 条所确立的真理观，不是认识论的，而是存在论的。它只有从存在论维度上被领会，才能彰示其丰富内涵和马克思的独特贡献。在马克思那里，真理不过是人的存在本身的"祛蔽"。人的异己化意味着人的实存以扭曲的方式同人的本质相悖反，

① 《马克思恩格斯选集》第 1 卷，人民出版社 1995 年版，第 55 页。

人的存在之思：马克思哲学再诠释

186

其典型表现就是意识形态。因此，马克思把意识形态批判作为自己终其一生的事业。当意识形态遮蔽被逻辑地和历史地超越之后，人的存在及其历史才能以本真性的方式显现，这便是真理的发生。人的存在的"祛蔽"，也就是人的历史解放，它只有通过人的实践的批判才能实现。如此一来，哲学不再是哲学家头脑中或书房里的思辨活动，而是变成了人的存在的历史展现及其完成本身的反思形式。

然而，人们以往大多是从认识论角度去阐释《提纲》第 2 条的内涵，从而未能领会马克思实际上是在存在论意义上论述的这一事实，因而陷入了某种误读。国内的马克思主义哲学教科书相当普遍地在认识论意义上去引证《提纲》第 2 条。例如，艾思奇在其《辩证唯物主义纲要》认识论部分第 6 章"认识过程的辩证规律性"的第 3 节"理论和实践"中援引《提纲》第 2 条的内容，以其作为自己立论的根据①。他主编的《辩证唯物主义历史唯物主义》一书，在第 9 章"真理"的第 3 节"实践是真理的标准"中，也是援引《提纲》第 2 条的论述作为说明的依据②。另外，肖前、李秀林、汪永祥主编的《辩证唯物主义原理》，同样是在认识论部分第 11 章"真理"的第 4 节"实践在检验真理中的作用"中引用《提纲》第 2 条内容作为论据③。再如，1978 年 5 月 11 日《光明日报》特约评论员文章《实践是检验真理的唯一标准》，把《提纲》第 2 条的部分内容作为认识论意义上的真理如何检验的论述加以引述，如此等等。所有这些都表明，《提纲》第 2 条一般是被人们当作一个认识论问题来理解的。

其实，对《提纲》第 2 条的这类误解由来已久，它甚至可以一直追溯到恩格斯。在《路德维希·费尔巴哈和德国古典哲学的终结》一书第 2 部分揭示世界的可知性问题时，恩格斯曾以"人工茜素"为例加以证

---

① 艾思奇：《辩证唯物主义纲要》，人民出版社 1959 年版，第 116 页。
② 艾思奇主编：《辩证唯物主义历史唯物主义》，人民出版社 1961 年版，第 192 页。
③ 肖前、李秀林、汪永祥主编：《辩证唯物主义原理》，人民出版社 1981 年版，第 385 页。

明，得出的结论是："既然我们能够制造出某一自然过程，按照它的条件把它生产出来，并使它为我们的目的服务，从而证明我们对这一过程的理解是正确的，那么康德的不可捉摸的'自在之物'就完结了。"①由此也可以理解，恩格斯何以在谈论由必然王国向自由王国的转变时，主要是从认识论角度去考虑，而非像马克思那样主要着眼于人类社会发展的历史条件本身的成熟。恩格斯把这一转变赖以实现的条件，归结为人们对必然性的认识和把握。恩格斯在 1888 年出版《终结》单行本时，把马克思的《提纲》作为该书的"附录"一并发表，其用意当然是多方面的。恩格斯的重要考虑之一，大概在于为其《终结》提供某种支持和佐证。恩格斯可能认为，作为"包含着天才思想萌芽的第一个文件"的《提纲》，能够为《终结》的各个部分提供一种相对应的思想雏形。依此思路，《提纲》第 2 条就该对应于《终结》关于世界可知性及认识真理性的检验和证明的那部分内容。但如此一来，《提纲》第 2 条的内容恰恰被引向了认识论的理解，从而把它的存在论含义给遮蔽掉了。恩格斯很可能是把马克思的《提纲》看作他的《终结》的一个"缩影"，尽管这个"缩影"先于《终结》40 年，也就是早在 19 世纪 40 年代就已经产生了。

对于《提纲》第 2 条，列宁则是沿着恩格斯所建立的解释学传统在认识论的意义上援引的。譬如，列宁在《唯物主义和经验批判主义》中论述世界可知性这一认识论问题时②，引证了《提纲》第 2 条，并明确指出："思维的'对象的真理性（gegenständliche Wahrheit）'无非是指

---

① 《马克思恩格斯选集》第 4 卷，人民出版社 1995 年版，第 225–226 页。

② 顺便指出，思维与存在的关系问题，原本属于本体论问题，但恩格斯却把它劈分为两个方面：一是何者为第一性；二是两者有无同一性。这实际上是混淆了本体论和认识论的不同论域。

思维所真实反映的对象（＝'自在之物'）的存在"①。列宁显然是沿用了恩格斯的思路和语境，同样利用"人工茜素"的例子，并指出："对象、物、物体是在我们之外、不依赖于我们而存在着的，我们的感觉是外部世界的映像"②。后来，列宁在《黑格尔〈逻辑学〉一书摘要》中又写道："当马克思把实践的标准列入认识论时，他的观点是直接和黑格尔接近的：见关于费尔巴哈的提纲"③。他稍后在《拉萨尔〈爱非斯的晦涩哲人赫拉克利特的哲学〉一书摘要》中谈及赫拉克利特的真理概念和真理标准问题时，又提示"参看马克思1845年写的关于费尔巴哈的提纲"④。由于未曾注意马克思语境中的实践和真理等范畴的存在论含义，列宁也就更倾向于接受恩格斯的观点。恩格斯在《路德维希·费

① 《列宁选集》第2卷，人民出版社2012年版，第79页。这里需要指出：《列宁专题文集·论辩证唯物主义和历史唯物主义》人民出版社2009年版和《列宁选集》第2卷人民出版社2012年版，在翻译列宁《唯物主义和经验批判主义》引用的《提纲》第2条文字时，分别标明依据的是《马克思恩格斯选集》第1卷人民出版社1972年版和《马克思恩格斯文集》第1卷人民出版社2009年版的中译文。但经核对发现，《列宁选集》的译文作了改动，即把"人的思维是否具有客观的真理性"改译为"人的思维是否具有对象的真理性"。这一改动不仅仅是形式上的，更是涉及内容本身及对它的理解。我认为，这个新译文不如旧译贴切和准确。或许新译文更合乎列宁在这里的论述和思想，但与马克思的原意出入颇大。马克思说"人的思维是否具有客观的［gegenständliche］真理性，这不是一个理论的问题，而是一个实践的问题"，他试图反对的是存在论上的思辨性，而非认识论上的主体性。其实，马克思早在《1844年经济学哲学手稿》中就已强调："我们看到，理论的对立本身的解决，只有通过实践方式，只有借助于人的实践力量，才是可能的；因此，这种对立的解决绝对不只是认识的任务，而是现实生活的任务"（马克思：《1844年经济学哲学手稿》，人民出版社2000年版，第88页）。在他看来，"主观主义和客观主义，唯灵主义和唯物主义"，都游离了实践本身，存在着《提纲》第1条所批评的那个致命缺陷。因此，它们都不可能具有"客观的真理性"或"思维的此岸性"。马克思所做的这种揭露和批判，当然属于认识上的反驳（"认识的任务"），但问题是这种反驳不仅仅是认识的任务，它还需要实践上的反驳，即必须诉诸现实的历史本身的发展，以便使"主观主义和客观主义，唯灵主义和唯物主义"及其对立赖以存在的社会基础和历史根源本身被消解和被超越，从而历史地克服它们的对立。要完成"认识的任务"，即进行认识上的反驳，就需要找到判准。为此，马克思揭示出能否具有"客观的真理性"亦即"思维的此岸性"，能否获得"实践能力的明证"。由于唯物主义和唯灵主义都不具有"理论的彻底性"，所以它们都无法获得"实践能力的明证"，从而没有"客观的真理性"或曰"思维的此岸性"。显然，这同人的某个具体的认识是不是真理无关。

② 《列宁选集》第2卷，人民出版社2012年版，第78页。

③ 列宁：《哲学笔记》，人民出版社1974年版，第228页。

④ 列宁：《哲学笔记》，人民出版社1974年版，第397页。

尔巴哈和德国古典哲学的终结》中谈到"哲学基本问题"时，把思维与存在的关系同精神和自然界的关系相等价；其实，前者是存在论的问题，后者则是认识论的问题。恩格斯把马克思的《提纲》作为《终结》的附录，是为了借助于《提纲》来支持《终结》的立场和观点，但二者却存在着不容忽视的距离。按照恩格斯的理路，《提纲》第2条的"实践"，应该被看作"人工茜素"的例子的一种理论上的说明。这显然是从认识论意义上去领会《提纲》第2条的内涵了，但它却并不符合马克思的本意。

早在1995年，高清海先生发表了《突破真理论的传统狭隘视界》一文①。该文给予我们的最大启示，就在于打破了以往马克思主义哲学界对于"真理"只作认识论范畴来理解的褊狭性，开启了人们从广义亦即从存在论角度去领会的方向。就我阅读所及，这篇文章应该是国内马克思主义哲学界较早涉及真理的存在论含义的出处，尽管该文未能明确阐释这个含义，但它所指示的方向无疑隐含着这一存在论真理观的诉求。应该说，高先生以其特有的方式和理路，触及到了真理的存在论维度。对于后来的国内马克思主义哲学研究来说，这一工作无疑具有某种开拓之功。

苏联马克思文献学家巴加图里亚在考证马克思的《提纲》时，强调指出："马克思划了一条线，把最后一条即第十一条提纲同前十条分开，似乎以此来强调这最重要的一条提纲具有总结的性质。"② 我认为，巴加图里亚的这个判断是恰当的。既然《提纲》的最后一条规定了其他诸条的性质，那么对于《提纲》第2条也应该从"改变世界"这一存在论立场被领会。在马克思那里，"解释世界"不过是一种认识论建构，它仅仅是对实然的"已成之物"所作的事后把握。对"世界"所作的"解释"是否含有真值，其判准乃是一个认识论规定。"改变世界"则是一

---

① 载《哲学研究》1995年第8期，第13—18页。
② ［苏联］Г. А. 巴加图里亚：《〈关于费尔巴哈的提纲〉和〈德意志意识形态〉》，载《马列主义研究资料》1984年第1辑，人民出版社1984年版，第28页。

种存在论意义上的建构活动，它是在实然与应然的张力中把握"方成之物"的基本方式。马克思拒绝"解释世界"这一非批判的立场，而推崇"改变世界"的革命立场。这恰恰体现了他所建立的实践唯物主义的内在要求。

二、"真理"不过是人的存在本身的"祛蔽"

真理观上的"存在论转向"，并不是从海德格尔开始的。在一定意义上，马克思早已开启了这个过程。从西方思想史上看，原有的真理观往往是狭义的，大都侧重于认识与对象的关系或认识本身在形式上的自洽，因而"真"的含义只是涉及认识本身的属性。例如，亚里士多德在《形而上学》第6卷第4章中说："在事物中并没有真与假……而在思想之中。"① 按照亚里士多德的这种说法，真理并不发生于事物之中，因为事物本身无所谓真假，真理仅仅发生于思想之中。康德在演讲中则认为："错误与真理只存在于判断中，而不存在于概念中。……判断是知性和理性的活动。每一真理只在于知识与知性和理性法则的一致，所以，说真理就是认识与客体一致，这种解释是不够准确的，因为不存在同认识相一致的客体。知识与知性和理性法则相冲突就是错误。……知识与知性和理性法则相一致就是真理，知识与理性法则相冲突便是错误"②。按照康德的这个说法，真理仅仅意味着逻辑上的自洽，即他所说的"知识与知性和理性法则相一致"，而并不涉及它同客体的关系。但不论怎样，上述意义上的真理范畴都是在认识论范围内成立的。但是，在马克思那里，真理观的传统含义被彻底重构了。

马克思在《提纲》第1条中所确立的那个先行有效的立场，使主—客二分的对象性模式这一被海德格尔称之为"不祥的前提"

---

① 苗力田主编：《亚里士多德全集》第7卷，中国人民大学出版社1993年版，第151页。
② ［德］康德：《获得真理的方法》，载《哲学译丛》1987年第1期，第1页。

（verhängnisvolle Voraussetzung）① 的规定，消弭于一个更具有始源性和本然性的基础，一个终极原初性的基础，即作为人的感性活动的实践。如此一来，就从根本上排除了把"真理"引向认识论一途的可能性。因为《提纲》第 1 条所剪除的，正是作为主—客二元之分裂的这一前提本身。而任何认识论的言说和建构，只有基于该前提才具有合法性，从而才成为可能。

黑格尔在《逻辑学》第 2 版序言中明确地区分了知性逻辑和辩证法，认为前者"只涉及知识的正确性而不涉及真理"②；后者才"涉及真理"。显然，黑格尔所谓的"真理"是辩证法意义上的，而不是知性逻辑意义上的，它不是指"知识的正确性"这一狭隘的认识论含义，而是一个存在论意义上的概念。《提纲》第 2 条的真理观，无疑是批判地继承了黑格尔的存在论真理含义。但是，马克思的真理观固然是存在论的，但又不是一般意义上的存在论的，而是实践本体论的，亦即人的存在的现象学的。因为在马克思那里，存在论只有作为人的存在的现象学才是可能的③。这就从真理观的原初基础上超越了黑格尔。

我们在阐释马克思的时候，决不应忽视其思想形成期的费尔巴哈阶段，尽管这个阶段极其短暂，以至于不甚明显。马克思同费尔巴哈在思想上是超越关系，而不是把费尔巴哈撇在一旁而不予理会的无视和排斥关系。忽视了费尔巴哈，就不能充分地理解马克思哲学的实质及其赖以建立的思想史前提。整个《提纲》固然是清算费尔巴哈的，但马克思在思想上由"天国"回到"人间"的这一人本学转向，却深受费尔巴哈哲

---

① 参见［德］海德格尔：《存在与时间》，陈嘉映、王庆节译，生活·读书·新知三联书店 1987 年版，第 73 页。

② ［德］黑格尔：《逻辑学》上卷，杨一之译，商务印书馆 1966 年版，第 16 页。

③ 海德格尔说："存在论只有作为现象学才是可能的"（［德］海德格尔：《存在与时间》，陈嘉映、王庆节译，生活·读书·新知三联书店 1987 年版，第 45 页）。在马克思的哲学中，这句话应当被修正为：实践本体论只有作为人的存在的现象学才是可能的。马克思认为，"真理"不是"已成之物"，而是"方成之物"；真理是人在其感性活动的建构中不断地"现→象"出来的。

学的影响。在一定意义上，马克思所创立的那种"把感性理解为实践活动的唯物主义"，不过是对费尔巴哈的感性原则加以批判地扬弃或改造的结果。马克思的这一立场构成他超越旧唯物主义和唯心主义的立足点，这从《提纲》第1条能够看得很清楚。马克思哲学立足于人的存在本身，其真理观便内在地获得了存在论维度。

费尔巴哈试图用感性原则来对抗思辨哲学，但其目的却注定要落空。因为感性直观的态度不过是思辨哲学之反思性的反题罢了。对此，马克思从两个方面展开批判：一是指出感性直观相对于思辨而言的外在性（这一点在《提纲》第1条那里看得至为清晰）；二是指出并揭示它的历史基础和社会根源——市民社会和政治国家及其二元对立（所以在《提纲》第10条中，马克思说"旧唯物主义的立脚点是市民社会"）。从历史基础和社会根源层面上说，市民社会也只是作为政治国家的反题而成立的。感性原则不过是市民社会成员所秉持的原则而已。如果说思辨哲学是对政治国家的辩护（黑格尔哲学成为普鲁士王国的官方哲学实非偶然），那么费尔巴哈的感性哲学则不过是对市民社会的辩护。费尔巴哈写道："感觉是禁欲主义哲学的直接对立物；它忘形于快乐和痛苦，它爱好交往并喜欢交谈，它贪图生活和享受，也就是贪图客体，因为没有客体就没有享受。"[1] 这不正是赤裸裸的市民社会成员的偏好吗?!

正如马克思在《提纲》第5条中所批评的那样："费尔巴哈不满意抽象的思维而诉诸感性的直观；但是他把感性不是看作实践的、人的感性的活动。"[2] 只有像马克思那样，把人的感性活动作为第一原则加以确认，才能在逻辑预设这一先行有效的前提上真正找到超越思辨与直观之对立的可靠的原初基础。总之，马克思实现了双重的克服：在逻辑上，寻求的是比思辨与直观之分裂和对立更原始、更本然的基础；在历史上，寻求的则是使思辨与直观之分裂和对立赖以存在的历史基础本身的

---

① 《费尔巴哈哲学著作选集》上卷，荣震华等译，生活·读书·新知三联书店1959年版，第528页。

② 《马克思恩格斯选集》第1卷，人民出版社1995年版，第59-60页。

解构和超越。这两种克服都指向了人的存在的现象学之域。前者正是这种现象学在逻辑上的奠基；后者则是这种现象学的最本然的展现方式及其完成。

黑格尔就曾把他所说的"真理"理解为无遮蔽状态，例如他在《逻辑学》中指出："逻辑须要作为纯粹理性的体系，作为纯粹思维的王国来把握。这个王国就是真理，正如真理是毫无蔽障，自在自为的那样。"① 显然，这里所谓的"真理"乃是大写的，它不是指一个具体的认识结果之包含着"真值"，而是指黑格尔意义上的逻辑学（存在论）的展开及其完成，而且这种展开是自我绽现，它是自因自律、亦即自在自为的，而且是一种"现象"（精神现象学意义上的），是一种"祛蔽"（所谓"毫无蔽障"）。正如有学者指出的，"黑格尔经常使用'真理'一词，而使人们往往误认为他谈的是传统的认识论。从萨特对于黑格尔的批评中看，似乎他也误解了黑格尔。"②

诚然，马克思所谓的"真理"，也是存在论意义上的"真理"；但由于马克思对黑格尔哲学的批判和超越，它已经不再是思辨的规定，而是变成了人的存在的历史展现及其完成本身，也就是真理范畴在人的存在的现象学意义上被谈论、被规定。但在马克思哲学的语境中，"真理"一词的"祛蔽"这一原初含义却被保留了下来；不过这里的"祛蔽"，已经是指人的存在本身的敞显和澄明了。

尽管海德格尔比马克思后出，但由于马克思与海德格尔在思想上有相互发明的可能性，海德格尔对真理所作的现象学阐释，无疑将有助于我们更好地领会马克思的人的存在的现象学的真理观。在《存在与时间》中，海德格尔是在存在论意义上讨论"真理"一词的，而不是那种

---

① ［德］黑格尔：《逻辑学》上卷，杨一之译，商务印书馆 1966 年版，第 31 页。

② ［英］蒂莫西·奥黑根：《从萨特看黑格尔》，载北京大学外国哲学研究所编译：《外国哲学资料》第 7 辑，商务印书馆 1984 年版，第 259 页。

"就主客体关系铺开'认识论'问题的讨论"①。这是他始终刻意澄清的地方。应该说，这一点在海德格尔那里，既清晰又自觉。因为在他看来，"如果真理的确源始地同存在联系着，那么，真理现象就进入了基本存在论的问题范围之内。"② 海德格尔揭示了存在论意义上的"真理"同"此在"（Dasein）之间的内在相关性，提示了真理的"此在"性维度，即真理的本然地植根于"此在"中的性质。他说："唯当此在存在，才'有'真理。唯当此在存在，存在者才是被揭示被展开的。"③ 因此，"'真理'作为揭示乃是此在的一种存在方式"④。真理缘此也就内在地蕴含了人的存在的维度。可见，在海德格尔那里，存在论意义上的"真理"，就意味着"真理乃是此在的展开状态，而此在的展开状态中包含有世内存在者的揭示状态"⑤。应该承认，这是对我们领会马克思真理观的存在论含义特别有启发意义的地方。

在真理问题上，海德格尔采取的策略是，先介绍一种关于"真理"的俗见（常识），然后再把它解构和颠覆掉，进而揭示出"真理"的原初含义，即"无蔽"之状态。他写道：关于"真理"的正统定义是符合论的，"真理就是陈述与事实基于正确性的相符合"⑥。但海德格尔认为，"正确的"并不就是"真实的"。符合论真理观固然"正确"，因为它作为认识论范畴合乎人们的常识，但这种对真理的本质所作的通行理解并

① ［德］海德格尔：《存在与时间》，陈嘉映、王庆节译，生活·读书·新知三联书店1987年版，第260页。

② ［德］海德格尔：《存在与时间》，陈嘉映、王庆节译，生活·读书·新知三联书店1987年版，第258页。

③ ［德］海德格尔：《存在与时间》，陈嘉映、王庆节译，生活·读书·新知三联书店1987年版，第272页。

④ ［德］海德格尔：《存在与时间》，陈嘉映、王庆节译，生活·读书·新知三联书店1987年版，第273页。

⑤ ［德］海德格尔：《存在与时间》，陈嘉映、王庆节译，生活·读书·新知三联书店1987年版，第268页。

⑥ ［德］海德格尔：《论真理的本质——柏拉图的洞喻和〈泰阿泰德〉讲疏》，赵卫国译，华夏出版社2008年版，第2页。

不"真实"，因为它同"无蔽"这一真理的本质无关①。在海德格尔看来，只有从存在论意义上去领会"真理"，才能真正揭示其本质。正如海德格尔所说的："真理之本质流行的界定将我们带到这种事实关系上面：符合于正确性"；但"希腊词关于真理的含义，无蔽，首先与陈述和那些事实关系毫不相干"②。他强调指出："作为无蔽的真理和作为正确性的真理：它们相隔甚远——因而，就好像它们是从完全不同的基本经验中产生出来的一样，根本无法拼凑在一起。"③认识论意义上的真理，相当于海德格尔所谓的"正确性的真理"；存在论意义上的真理，则相当于他所谓的"无蔽的真理"。这两者彼此互不相干，其分野如此之大，不容混淆。

海德格尔借助词源学还原这一被他自称为"词源学的冒险绝技"④所昭示出来的真理之"古义"，即"无—蔽"一词，"是一个关于人基于其本质而所希望和寻求的东西的词"⑤。借鉴海德格尔关于"真理"的词源学追溯和考辨，在马克思那里，毋宁说真理就是人的存在的历史地祛蔽和敞显。这也正好吻合了马克思关于人的存在的展现及其完成的逻辑，内在地蕴含了人的存在及其历史的维度。事实上，马克思比海德格尔更早地把人的存在及其历史维度引入"真理"范畴。海德格尔说："作为可揭蔽性的无蔽之本质是一种人的事件，真理本质上是某种人的东西，而如果人们非常明确地反对将真理之本质'人化'的话，那么，

① 参见［德］海德格尔：《论真理的本质——柏拉图的洞喻和〈泰阿泰德〉讲疏》，赵卫国译，华夏出版社2008年版，第16页。
② ［德］海德格尔：《论真理的本质——柏拉图的洞喻和〈泰阿泰德〉讲疏》，赵卫国译，华夏出版社2008年版，第11页。
③ ［德］海德格尔：《论真理的本质——柏拉图的洞喻和〈泰阿泰德〉讲疏》，赵卫国译，华夏出版社2008年版，第11页。
④ ［德］海德格尔：《论真理的本质——柏拉图的洞喻和〈泰阿泰德〉讲疏》，赵卫国译，华夏出版社2008年版，第11页。
⑤ ［德］海德格尔：《论真理的本质——柏拉图的洞喻和〈泰阿泰德〉讲疏》，赵卫国译，华夏出版社2008年版，第12页。

一切都取决于这里'人的'指的是什么。"① 海德格尔所谓"人的"又是何所指呢？他解释道："人，……就其解放而看，就是处于（ver-setzt）真理之中。这是他生存的方式。此在的基本事件，原始的无蔽就是筹划着的、作为在'人中'，即在其历史中所发生的揭—蔽事件。"② 他认为："只要与真正的无蔽的东西相关，它必然同时就是真正的存在者，最具存在性的东西，就是最无蔽的东西。"③ 在马克思那里，真理的这个维度是通过实践这一原初基础而展现出来的历史逻辑：人的原始的丰富性→人的本质的贫乏（抽象化、片面化）→"人性的复归"（人的全面发展对人的潜在可能性的发挥）。由此也不难理解，马克思在《政治经济学批判·导言》中何以通过诗意化的语言暗示和隐喻了历史的完成向其出发点回归的逻辑脉络。

　　海德格尔说："关于真理之本质的问题，就是人之本质的问题"④。这一论断应当在何种意义上被领会？他进一步澄清道："真理之本质问题在存在者之无蔽的意义上，就是作为生存者的人之本质历史的问题。"⑤ 其实，在马克思那里，"人向自身、向社会的即合乎人性的人的复归"⑥，也正是作为存在论的"真理"的开显，因为这种"复归"意味着人的本质的实现，意味着人回到自己的内在必然性的支配状态上来，这也就是人的历史解放和真正的自由的来临。这个时候，人的本质不再以扭曲的形式被表征，人的生存与人的本质实现了逻辑的同时也是

---

　　① ［德］海德格尔：《论真理的本质——柏拉图的洞喻和〈泰阿泰德〉讲疏》，赵卫国译，华夏出版社 2008 年版，第 73 页。

　　② ［德］海德格尔：《论真理的本质——柏拉图的洞喻和〈泰阿泰德〉讲疏》，赵卫国译，华夏出版社 2008 年版，第 73 页。

　　③ ［德］海德格尔：《论真理的本质——柏拉图的洞喻和〈泰阿泰德〉讲疏》，赵卫国译，华夏出版社 2008 年版，第 65 页。

　　④ ［德］海德格尔：《论真理的本质——柏拉图的洞喻和〈泰阿泰德〉讲疏》，赵卫国译，华夏出版社 2008 年版，第 123 页。

　　⑤ ［德］海德格尔：《论真理的本质——柏拉图的洞喻和〈泰阿泰德〉讲疏》，赵卫国译，华夏出版社 2008 年版，第 140 页。

　　⑥ 马克思：《1844 年经济学哲学手稿》，人民出版社 2000 年版，第 81 页。

历史的统一。它意味着人的异化的逻辑的和历史的扬弃，因此，也就是人的存在和历史本身的本真性的敞显。

理解马克思的"真理"概念，必须先要立乎其大。作为马克思哲学最为吃紧的概念之一，"真理"对应于马克思意义上的"意识形态"。马克思终其一生所从事的工作无非就是意识形态批判，这种批判既包括揭露意识形态的真正根源，也包括给出实际地解构掉这种根源的现实可能性和历史路径。当意识形态的社会根源被人的实践历史地消解之后，意识形态也就无以为继，被意识形态所蒙蔽的人的存在的本真性由此得以彰显。在此意义上，真理这个概念直接关乎马克思整个哲学思想的根本旨趣。尽管像海德格尔所说的："遮蔽状态是'现象'的对应概念"①；但从马克思的哲学看，历史的遮蔽状态恰恰是"现象"本身得以展现的一个内在步骤或者环节，换言之，遮蔽不过是祛蔽的历史准备罢了。因此，广义地说，遮蔽本身也属于"现象"，它只是通过假象的方式得以表征罢了。就人的存在的历史"现象"来说，遮蔽状态固然是真理的晦暗不明，但仍然是"现象"的一个内在环节和不可或缺的部分。

在马克思那里，意识形态作为人的异化的最高的和最后的形式，浓缩了异化的所有特征及其背后的全部秘密。这也正是马克思何以把意识形态批判作为自己哲学使命的一个重要原因。意识形态的唯心主义"原罪"，或者说它的唯心主义本性，在于把派生者与被派生者的关系加以颠倒。意识形态本身不过是社会存在的产物，但它一经产生，就把自身打扮成派生者，把原本决定它的社会存在当作它的派生物，从而把自身的真实根源掩盖起来。旧唯物主义何以在历史领域仍然陷入唯心主义的泥淖呢？其根本原因就在于它本身仍然不过是一种意识形态修辞，从而本然地固有其唯心主义的痼疾。费尔巴哈的哲学就是一个典型的例子。

---

① ［德］海德格尔：《存在与时间》，陈嘉映、王庆节译，生活·读书·新知三联书店1987年版，第45页。

诚如马克思指出的："当费尔巴哈是一个唯物主义者的时候，历史在他的视野之外；当他去探讨历史的时候，他不是一个唯物主义者。"① 马克思揭露道：所有意识形态的"玄想家使一切本末倒置"②。当然，这种颠倒不是意识形态家们的"阴谋"，不是他们的主观故意。就像恩格斯所说的那样，"推动他行动的真正动力始终是他所不知道的，否则这就不是意识形态的过程了"③。

由此也就不难理解，人类历史的本真性或曰人的存在的本真性究竟是被什么遮蔽掉的了。从人的存在来说，人的实存与人的本质的分裂和乖戾（也就是人的异化），它表现出来，便是意识形态这一"虚假意识"对历史真相的歪曲和遮蔽。恩格斯曾经写道："意识形态是由所谓的思想家有意识地、但是以虚假的意识完成的过程。"④ 在《德意志意识形态》"费尔巴哈"章中，马克思用一个比喻来揭示意识形态的"颠倒"："如果在全部意识形态中，人们和他们的关系就像在照相机中一样是倒立呈像的，那么这种现象也是从人们生活的历史过程中产生的，正如物体在视网膜上的倒影是直接从人们生活的生理过程中产生的一样。"⑤ 这种颠倒所造成的假象对真实关系的蒙蔽，恰恰是真理的晦暗不明状态。从某种意义上说，黑格尔思辨哲学的"头足倒置"，不过是意识形态同现实生活过程之间关系颠倒的一种思辨的反映罢了。意识形态作为人的异化的最典型的形式，其实质就是人的实存同人的本质的悖反，这正是造成人的实存对人的本质之遮蔽的根源。人的实存对人的本质的扭曲和背离，意味着真理的丧失。因为人的实存不再同人的本质相统一，而是以歪曲的方式表征人的本质，由此决定了人的本质不再以本真性的方式被表征，而是陷入遮蔽状态。

① 《马克思恩格斯选集》第1卷，人民出版社1995年版，第78页。
② 《马克思恩格斯选集》第1卷，人民出版社1995年版，第134页。
③ 《马克思恩格斯选集》第4卷，人民出版社1995年版，第726页。
④ 《马克思恩格斯选集》第4卷，人民出版社1995年版，第726页。
⑤ 《马克思恩格斯选集》第1卷，人民出版社1995年版，第72页。

马克思所从事的意识形态批判，乃是"祛蔽"的工作，正是它使得"真理"现身。在马克思看来，作为虚假意识，意识形态是一种颠倒和遮蔽，它造成了人的历史存在之本真性的丧失，即陷入真理的晦暗不明①。然而，当意识形态的根源和真相被揭穿，进而在现实的历史中被实际地祛除和解构之后，人的历史存在必然按照其本来面目得以表征，这也就是真理的发生。因此，从这个意义上说，真理无非就是意识形态蒙蔽的解除和打开，它意味着人的存在的澄明和历史本真性的开显。

三、实践的批判方式与哲学观的重建

如上所述，在马克思那里，所谓的"真理"就是人的存在的本真性的揭明，或者说是人的存在之遮蔽的祛除，也即人的存在本身的澄明，是人的存在不再以扭曲的方式而是以其本真的方式之彰显。但是，它决不是人们想象的产物，而只能是人的历史活动的结果，只有浓缩并积淀着人类全部历史才是可能的。在马克思语境中，人的异己化的历史地生成和历史地消解，正是"真理"的一度丧失而又再度获得的实践建构过程。

按照马克思的观点，人类社会的历史发展可以划分为三大形态或阶段，即"人的依赖关系（起初完全是自然发生的），是最初的社会形态"；"以物的依赖性为基础的人的独立性，是第二大形态"；"建立在个人全面发展和他们共同的社会生产能力成为他们的社会财富这一基础上

---

① 在这个意义上，"意识形态"显然是一个贬义词，它是有待被历史地克服和超越的规定。但是，在马克思主义传统内部，却存在着这个词被滥用或误用的情况。勒费伏尔指出："列宁谈过革命的意识形态、社会主义的意识形态和无产阶级的意识形态等。也就是说，列宁著作中的这个概念同马克思著作中的这个概念毫无关系。可是，用的词却是一个。……意识形态这个概念传播了开来，引起了一串连锁反应，因而意识形态的概念同异化的概念一样，被稀里糊涂地到处乱用了。"（［法］亨利·勒费弗尔：《马克思主义的分化》，载《哲学译丛》1980年第5期，第49页）

的自由个性，是第三个阶段"①。在"第二大形态"，人面临着物化的命运，"屈从于物的力量"②。"拜物教"说到底不过是物对人的统治这一颠倒的社会关系的表现。当然，这里所谓的"物"不是直观的物质，而是外在于人的作为异己的力量起作用的社会关系。马克思说："物的依赖关系无非是与外表上独立的个人相对立的独立的社会关系，也就是与这些个人本身相对立而独立化的、他们互相间的生产关系"③。无论是商品拜物教、货币拜物教，还是资本拜物教，其被神化了的偶像，都不过是资本主义生产关系的表现。在《1844 年经济学哲学手稿》中，马克思指出："从拜物教就可看出，理论之谜的解答在何种程度上是实践的任务并以实践为中介，真正的实践在何种程度上是现实的和实证的理论的条件。"④ 正如对拜物教的解构和超越，只有诉诸实践才是可能的；"理论之谜"的答案，也隐藏在实践之中。在马克思看来，只有那种"现实的和实证的理论"，才具有真理性；而这种"理论"必须以"真正的实践"为"条件"。

海德格尔说："上手的东西根本不是从理论上来把握的"⑤。他区分了"当下上手状态"和"现成在手状态"，后者是理论的态度，前者才是实践的态度。海德格尔推崇的是前者而非后者。其实，早在马克思那里，实践关系就已经超越理论关系而获得了优先地位。因为在他看来，理论关系不过囿于"解释世界"的视域，而实践关系才属于"改变世界"的视域。在《评阿·瓦格纳德"政治经济学教科书"》中，马克思写道："人们决不是首先'处在这种对外界物的理论关系中'。正如任何动物一样，他们首先要吃、喝等等，也就是说，并不'处在'某一种关系中，而是积极地活动，通过活动来取得一定的外界物，从而满足他

① 《马克思恩格斯全集》第 46 卷上册，人民出版社 1979 年版，第 104 页。
② 《马克思恩格斯选集》第 1 卷，人民出版社 1995 年版，第 120 页。
③ 《马克思恩格斯全集》第 46 卷上册，人民出版社 1979 年版，第 111 页。
④ 马克思：《1844 年经济学哲学手稿》，人民出版社 2000 年版，第 127 页。
⑤ ［德］海德格尔：《存在与时间》，陈嘉映、王庆节译，生活·读书·新知三联书店 1987 年版，第 86 页。

们的需要。"① 这意味着，实践关系优先于理论关系。现象学的根本旨趣，就是"回到事情本身"。只有实践才是人的最本真的存在方式。在马克思那里，所谓"回到事情本身"，也就是回到实践。这一立场拒斥了理论关系对于实践关系的优先性，而把实践关系置于先行有效的前提地位。

在此基础上，马克思才确立起自己所特有的批判方式，即实践的批判方式，从而超越了他之前的思辨的批判和道德的批判。以往的哲学归根到底都不过是在认识的（理论的）范围内去寻求哲学的建构和哲学的完成，说到底不过是哲学家书斋里或头脑中的"革命"。这种革命是不彻底的，因为它不过是"用另一种方式来解释存在的东西，也就是说，借助于另外的解释来承认它"②。马克思认为，"改变意识"只有通过"改变世界"才是可能的，亦即"实际地反对并改变现存的事物"，"使现存世界革命化"③。作为哲学诉求，马克思从学理上奠定了使哲学内在地具有向实践开放的必然性的原初基础。

在马克思的语境中，"真理"意味着人的自由，也就是人的历史解放，即由作为异己之规定的他者的外在必然性（这正是奴役状态的实质所在）的支配，到由内在必然性决定（即真正的自由）的历史性转变。这个时候的人类历史，不再因异化而以扭曲的方式展现自身，人也不再因自己的实存同本质的悖离而陷入虚假状态。这便是历史和人本身的本真性的复活，亦即马克思所谓的那个大写的"真理"的发生。"真理"与"自由"和"解放"具有内在的联系。其实，"自由"即"真理"。黑格尔所谓的"自由"就是"内在的必然性"的支配，即"自己决定自己"。这就是自在自为的状态，也就是真理。因为它摆脱了作为异己之规定的他者的外在的支配，是一种自我绽现，当然就是无蔽之状态。

---

① 《马克思恩格斯全集》第 19 卷，人民出版社 1963 年版，第 405 页。
② 《马克思恩格斯选集》第 1 卷，人民出版社 1995 年版，第 66 页。
③ 《马克思恩格斯选集》第 1 卷，人民出版社 1995 年版，第 75 页。

"自然的"也就是"真实的"。奴役则不然。因为奴役是他然的，也就是虚假的，它是由外在必然性支配的异己化状态。所以，真理的发生，取决于人的自由，亦即历史的解放。马克思认为，"'解放'是一种历史活动，不是思想活动，'解放'是由历史的关系，是由工业状况、商业状况、农业状况、交往状况促成的"①。人的自由的来临和解放的实现，只有作为人的实践及其建构的历史结果才是可能的。

在马克思那里，"真理"一词必须进入历史维度才能获得其真实含义。海德格尔在《关于人道主义的通信》中对马克思哲学的"历史感"推崇备至，他写道："马克思在体会到异化的时候深入到历史的本质性的一度中去了，所以马克思主义关于历史的观点比其余的历史学优越"②。正如熊伟先生所言：在海德格尔那里，"历史与真理的本质有最密切的联系，甚至历史本身就显现为真理之展开"③。正是由于这种"历史感"，海德格尔比一般哲学家有能力更深刻地领会马克思哲学的优越性。马克思哲学所把握并体现的这种历史的维度，正是马克思所谓的"真理"发生的地方。人及其存在的历史之本真性的现身，就是真理的生成。在此意义上，真理不过是人的存在本身的祛蔽而已。因为人的存在本然地表征为历史，所以真理也就是人通过本己的感性活动实际地"在"出来的历史真相的开显。

海德格尔认为，马克思的这种历史感使他的哲学优越于胡塞尔的现象学和萨特的存在主义。他指出："因为胡塞尔没有，据我看来萨特也没有在存在中认识到历史事物的本质性，所以现象学没有、存在主义也没有达到这样的一度中，在此一度中才有可能有资格和马克思主义交流"④。在海德格尔看来，同马克思对话的资格，在于自觉地具有这种深

---

① 《马克思恩格斯选集》第 1 卷，人民出版社 1995 年版，第 74-75 页。
② 孙周兴选编：《海德格尔选集》上卷，上海三联书店 1996 年版，第 383 页。
③ 熊伟：《海德格尔与中国哲学》，载谢龙编：《中西哲学与文化比较新论——北京大学名教授演讲录》，人民出版社 1995 年版，第 143 页。
④ 孙周兴选编：《海德格尔选集》上卷，上海三联书店 1996 年版，第 383 页。

刻的历史感。但马克思早在胡塞尔之先就已经建立起来了以实践为内在基础的人的存在的现象学。这种哲学的优越之处，恰恰在于通过实践这一人所特有的存在方式恢复了真正的时间性，从而回到了历史本身。

对于《提纲》第 2 条所追求的"思维的此岸性"，马克思早在《黑格尔法哲学批判·导言》中就已经作了提示。他写道："真理的彼岸世界消逝之后，历史的任务就是确立此岸世界的真理。"① 马克思明确区分了"幻想的现实性"和"真正的现实性"，前者属于"天国"，亦即被他所批判和拒绝的"真理的彼岸世界"。这种"现实性"是虚假的，它不过是一种幻像罢了。而马克思所追求的则是"真正的现实性"，或者说是"此岸世界的真理"，亦即他在《提纲》第 2 条中提出的"思维的此岸性"。这种"此岸性"的历史内涵，就是马克思所说的："哲学不消灭无产阶级，就不能成为现实；无产阶级不把哲学变成现实，就不可能消灭自身。"② "哲学变成现实"，或者说"哲学的实现"，也就是"思维的此岸性"的"明证"。在马克思看来，离开了"实践能力的明证"，思维是否具有现实性的问题，就不可避免地沦为一个假问题。如果说黑格尔所谓的"真理"属于"彼岸世界"的"真理"，那么马克思所要建立的则是"此岸世界"的"真理"。马克思在《黑格尔法哲学批判·导言》中已经预示了《提纲》同黑格尔在真理观上的根本分野。马克思所谓的"真理"固然是存在论意义上的，但其存在论基础已经得到了根本的重建，亦即由"绝对精神"转变为人的实践性的存在。在稍后的《神圣家族》一书中，马克思同样涉及思维的此岸性问题，他说："思想根本不能实现什么东西。为了实现思想，就要有使用实践力量的人。"③

我认为，《提纲》第 2 条中的"gegenständliche"一词，译作"客观的"要比译作"对象的"更为妥当。因为马克思所谓的"真理"，不再是一个对象性的规定，而是在超越对象性的关系中实现着的规定。换言

---

① 《马克思恩格斯选集》第 1 卷，人民出版社 1995 年版，第 2 页。
② 《马克思恩格斯选集》第 1 卷，人民出版社 1995 年版，第 16 页。
③ 《马克思恩格斯全集》第 2 卷，人民出版社 1957 年版，第 152 页。

之，"真理"的属性既不是在"正题"中，也不是在"反题"中，而是在"合题"中表征出来的。马克思意义上的"共产主义"，当然内在地蕴含着反思的层面。马克思一生所从事的哲学思维的劳作，就是这种反思性的要求和体现。在《1844年经济学哲学手稿》中，马克思写道："历史的全部运动，既是它（指共产主义——引者注）的现实的产生活动——它的经验存在的诞生活动，——同时，对它的思维着的意识来说，又是它的被理解和被认识到的生成活动。"① 显然，共产主义决非由一种盲目的、自发的活动促成的，而是有着一个"思维着的意识"层面。因此，共产主义运动只能是一种"被理解和被认识到的生成运动"。共产主义作为实践不断建构着的历史进程，它的自为性恰恰在于此。这种反思层面，作为一种"思维"，是否具有"客观性"呢？"思维"的"客观性"的证明，其实也就是马克思在《神圣家族》中所谓的"思想"的"实现"。思想的实现意味着思想与现实之间的张力在实践中被扬弃。因此，《提纲》第2条提出的问题，即"人的思维是否具有客观的真理性"，实际上追问的是究竟能否实现这种扬弃：能够实现就表明"思维"具有"此岸性"，不能实现则表明"思维"不具有"此岸性"。所以，这个问题强调的不是"分"而是"合"，是对对象性的超越。若译作"对象的真理性"，凸显的则不是"合"而是"分"。因此，所谓"客观的真理性"中的"客观的"，不再是同"主观的"相对而言的，而是指实际的历史亦即此岸性的经验活动本身的性质，仅此而已。

在马克思的语境中，"真理"是人通过自己的实践"在"出来的。"祛蔽"无非就是从社会根源上解构掉意识形态的基础，从而使历史不再以扭曲和虚假的方式显现自身，而是以本真的方式"现→象"，这也就是"真理"的发生。在马克思那里，"共产主义"乃是"真理"的证成。这里所谓的"证成"，其含义不同于"证明"。证明是狭义的，是就某个在者或对在者的判断而发生的；证明又是可反复的，因而是复数

---

① 马克思：《1844年经济学哲学手稿》，人民出版社2000年版，第81页。

的。证成则不然，它是就存在本身的澄明而言的，因而是广义的；证成又是一次性的，是单数的、大写的。这就是两个词的差异所在。显然，小写的"真理"亦即认识论意义上的真理，需要的只是"证明"；而大写的"真理"亦即存在论意义上的真理，需要的则是"证成"。

综上可见，马克思的真理观所显示出来的人的存在的现象学之内涵，使哲学真正地广义化了。在马克思那里，哲学不再是局限于哲学家头脑中和书房里的思辨活动，而是变成了人的存在的历史展现及其完成本身的反思形式。在马克思的语境中，真理因此意味着历史在人的实践的建构中以其本真性的方式"现→象"。毋宁说，这才是哲学的真正解放和彻底重建。正是在此意义上，马克思给出了一种全新的哲学观。

第八章 作为人的存在的现象学叙事的《资本论》

从某种意义上说，读懂马克思，最首要、最根本的在于读懂《资本论》。法国学者雷蒙·阿隆写道："我坚持认为马克思首先是《资本论》的作者，因为这一普通的见地今天已受到过于聪明的人的怀疑。"[①] 这实际上确认了《资本论》才是马克思思想的集大成者，是马克思终其一生最具代表性的著作。这一定位无疑是恰当和真实的。笔者认为，只有把《资本论》作为人的存在的现象学叙事，才能如其所是地领会它的精神实质。因此，立足于人的存在的现象学维度，乃是读懂《资本论》的关键。恰恰在这方面，以往的解读存在着严重不足。

马克思的《资本论》作为人的存在的现象学叙事，受到了黑格尔精神现象学所秉持的"实体即主体""自己构成自己"的绝对立场和展现方法的启迪，且与海德格尔实存主义现象学的"回到事情本身"和现象的自我显现具有某种亲和性。马克思沿着"商品→货币→资本"的脉络所展开的历史和逻辑的叙述，为开显资本主义生产方式及其矛盾的本质，提供了内在的可能性。这种反思层面上的显现，正是人的存在的现象学的任务。作为马克思现象学方法的重要特征，自否性和历史感孕育了马克思所特有的"历史地思"的运思路径，蕴含着现象学叙事方式的方法论诉求。

---

① ［法］雷蒙·阿隆：《社会学主要思潮》，葛智强、胡秉诚、王沪宁译，上海译文出版社 1988 年版，第 153 页。

一、黑格尔现象学的启示和海德格尔现象学的契合

对《资本论》做出人的存在的现象学诠释，就不能不先行地考察马克思同黑格尔和海德格尔在现象学维度上的思想史关联。

马克思曾说：《精神现象学》是"黑格尔哲学的真正诞生地和秘密"①。他甚至说：这本书是"黑格尔的圣经"②。可见，对于黑格尔哲学而言，《精神现象学》的意义何其重大。正如马尔库塞所言："马克思对黑格尔的《精神现象学》即'黑格尔哲学的真正诞生地和秘密'特别感兴趣。"③ 马克思之所以特别感兴趣，绝不是偶然的，因为它表明马克思对黑格尔现象学方法的格外敏感和高度重视。

黑格尔在一封通信中说："我的方法不过是从概念自身发展出来的必然过程，除此之外再去寻找更好的理由、含义都是徒劳的。"④ 这充分体现出黑格尔现象学方法的内在性特征。在一定意义上，黑格尔的精神现象学不过是生命原则在绝对精神领域的应用。因为黑格尔辩证法对机械否定的批评，意味着它拒绝一切敌视生命的信条。由此也就不难理解，黑格尔的哲学何以充满生命之喻；在这一点上，马克思非常类似于黑格尔。

在精神现象学的意义上，"主体"并不是一个对象性的规定，而是一个绝对的范畴。黑格尔只是为了强调实体自身的能动性和自我否定、自我扬弃、自我展开性，就像生命的绽放和展现那样，才使用这个措词。因此，黑格尔说："……活的实体，只当它是建立自身运动时……它才真

---

① 马克思：《1844 年经济学哲学手稿》，人民出版社 2000 年版，第 97 页。
② 《马克思恩格斯全集》第 3 卷，人民出版社 1960 年版，第 163 页。
③ 上海社会科学院哲学研究所外国哲学研究室编：《法兰克福学派论著选辑》上卷，商务印书馆 1998 年版，第 296 页。
④ 苗力田译编：《黑格尔通信百封》，上海人民出版社 1981 年版，第 242 页。

正是个现实的存在……它这个存在才真正是主体"①。因为是"活的实体",所以才是"主体"。作为绝对之规定,它只能是原初性的;但"关于绝对,我们可以说,它本质上是个结果,它只有到终点才真正成为它之所以为它;而它的本性恰恰就在这里,因为按照它的本性,它是现实、主体、或自我形成"②。作为绝对规定的实体亦即主体,除了把自身设置为对象,不可能找到任何外在的对象,因为绝对本身已无内外可言。在黑格尔看来,实体只有通过自我展现,才能把自身确证为主体,这种确证过程也就是使实体现实地存在的过程。所以,黑格尔说:"当实体已完全表明其自己即是主体的时候,精神也就使它的具体存在与它的本质同一了。"③

马克思在《1844年经济学哲学手稿》中谈到黑格尔精神现象学时说:"现实的即真实地出现的异化,就其潜藏在内部最深处的——并且只有哲学才能揭示出来的——本质来说,不过是现实的人的本质即自我意识的异化现象。因此,掌握了这一点的科学就叫做现象学。"④ 在马克思看来,黑格尔把人的自我意识的异化同人的现实异化的关系弄颠倒了。所以,这成为马克思彻底改造黑格尔精神现象学的重要契机。马克思立志完成"为历史服务的哲学的迫切任务",亦即"揭露具有非神圣形象的自我异化"⑤。完成这个任务,就必须建立人的存在的现象学。因为人的现实异化在其本质上不过是人的存在的异化的"现象"。

黑格尔说:"因为事情并不穷尽于它的目的,却穷尽于它的实现,现实的整体也不仅是结果,而是结果连同其产生过程;目的本身是僵死

---

① ［德］黑格尔:《精神现象学》上册,贺麟、王玖兴译,商务印书馆1979年版,第11页。

② ［德］黑格尔:《精神现象学》上册,贺麟、王玖兴译,商务印书馆1979年版,第12页。

③ ［德］黑格尔:《精神现象学》上册,贺麟、王玖兴译,商务印书馆1979年版,第24页。

④ 马克思:《1844年经济学哲学手稿》,人民出版社2000年版,第103页。

⑤ 《马克思恩格斯选集》第1卷,人民出版社1995年版,第2页。

的共相，正如倾向是一种还缺少现实性的空洞的冲动一样；而赤裸的结果则是丢开了倾向的那具死尸。"① 正是在强调自我展现之过程性的意义上，马克思指出："共产主义对我们来说不是应当确立的状况，不是现实应当与之相适应的理想。我们所称为共产主义的是那种消灭现存状况的现实的运动。这个运动的条件是由现有的前提产生的。"② 这种关于共产主义的理解方式恰恰类似于黑格尔现象学方法的要求。对"这个运动的条件"及其赖以"产生"的"现有的前提"的揭示，构成马克思后来从事的《资本论》研究和写作的任务。

马克思说："正当我写《资本论》第一卷时，今天在德国知识界发号施令的愤懑的、自负的、平庸的模仿者们，却已……把他（指黑格尔——引者注）当做一条'死狗'了。因此，我公开承认我是这位大思想家的学生，并且在关于价值理论的一章中，有些地方我甚至卖弄起黑格尔特有的表达方式。"③ 他承认自己借鉴了黑格尔所特有的表达方式，而现象学方法则是其中的一个重要方面。在马克思的语境中，人通过自身的实存使自己回到本真性上来的过程，现实地表征为历史在实践层面上的完成。在一定意义上，人的存在的现象学就是对这一过程的反思性的把握。法国学者 P. 比果认为，马克思的《资本论》只是黑格尔的《精神现象学》在政治经济学领域的应用。在他看来，似乎是精神的现象学"被改造成了劳动的现象学，人异化的辩证法被改造成了资本异化的辩证法，认识的形而上学被改造成了共产主义的形而上学"④。其实，《资本论》同《精神现象学》之间的批判继承关系，最典型地体现在现象学维度当中。我认为，仅仅在此意义上，比果的观点具有某种道理。

海德格尔在给理查森的一封信中写道："我们把'现象学'理解为

① ［德］黑格尔：《精神现象学》上册，贺麟、王玖兴译，商务印书馆 1979 年版，第 2-3 页。

② 《马克思恩格斯选集》第 1 卷，人民出版社 1995 年版，第 87 页。

③ 《马克思恩格斯选集》第 2 卷，人民出版社 1995 年版，第 112 页。

④ ［捷克斯洛伐克］列·甘泽尔：《现代资产阶级马克思学哈哈镜中的马克思主义哲学》，载《马列主义研究资料》1984 年第 2 辑，人民出版社 1984 年版，第 223 页。

让思的最本己的实事自己显现。"① 唯有"回到事情本身",方能"让思的最本己的实事自己显现"。而要"回到事情本身",就意味着使言说者和被言说者泯然为一,这恰恰是绝对性的来临,亦即对主客体之间对象性关系这一被海德格尔称作"不祥的前提"的先行清除。绝对的主体性②,即叙事者的主观性和被叙事者的客观性之二分的消解,正是"回到事情本身"的意味所在,亦即"无我"的绝对主体性之状态。在此意义上,被叙述者不再是作为一个"他者"来被领会、被看待或被规定。

在马克思的语境中,"回到事情本身"也就是回到被意识形态遮蔽和扭曲了的历史真相上去,以恢复人的存在的本真性(此乃大写的"真理"的诞生)。其中的重要契机,就是在哲学上自觉地确认实践的终极原初性。在马克思看来,一切意识形态修辞都充当了先行发生的偏见,并且作为主体性的内核在场,建构起一种主客体关系,从而必然遮蔽并偏离"事情本身"。恰恰是为马克思所试图解构掉的那些"想象的主体的想象活动"③,使我们离开了"事情本身"。正如马克思所强调的那样,"只要这样按照事物的真实面目及其产生情况来理解事物,任何深奥的哲学问题……都可以十分简单地归结为某种经验的事实"④。让"事情本身"自我绽现,正是马克思在《资本论》中贯彻的典型的叙事方式。

海德格尔在《论人道主义的信》中承认:"马克思在体会到异化的时候深入到历史的本质性的一度中去了,所以马克思主义关于历史的观点比其余的历史学优越"⑤。他甚至认为胡塞尔的现象学和萨特的存在主义由于未曾达到过马克思的这个维度,从而缺乏同马克思哲学对话的资

---

① 孙周兴选编:《海德格尔选集》下卷,上海三联书店1996年版,第1275页。
② 关于这种绝对的主体性,正是因为马克思的思想贡献,才使得"我们可以理解'实践批判的'或'革命性'活动——人类主观性的实践及变革性一面的表现——的重要性"([英]彼得·奥斯本:《问题在于改变世界》,王小娥、谢昉译,中信出版社2016年版,第33页)。
③ 《马克思恩格斯全集》第1卷,人民出版社1995年版,第73页。
④ 《马克思恩格斯全集》第1卷,人民出版社1995年版,第76页。
⑤ 孙周兴选编:《海德格尔选集》上卷,上海三联书店1996年版,第383页。

格。在他看来，马克思比后来的胡塞尔和萨特都更深刻地触及了历史性的维度。尽管海德格尔对马克思哲学的态度是暧昧的，但他所说的这段话，却相当真实且具有启示价值。那么，海德格尔所谓的马克思哲学的这种"优越性"究竟何在呢？说到底就在于它比一般的历史学更本真地进入了"历史"。因为海德格尔所谓的"关于历史的观点"，在马克思那里，不再是作为一种"对历史的把握"（那不过是历史编纂学的功夫），而是"历史地把握"本身（这才是人的存在的现象学的功夫）。这种优越性鲜明地体现在《资本论》所建构的现象学叙事之中了。在马克思的哲学建构中，恢复时间性并不仅仅是一种诉求，而且更具前提性的是，它已然变成一种思想的必然性。海德格尔把存在同时间联系起来（这是其实存主义现象学的根基所在），最多不过达到前一点，却未曾达到后一点。马克思哲学则超越了前者，达到了后者。

海德格尔意义上的"时间"，亦即作为"存在与时间"语境中的时间，当然不是物理时间，而毋宁说是人本学意义上的时间，就是人的存在方式的历史表征本身。按照海德格尔的说法，"时间"乃是"谋划着'将来'而安然于过去已'曾是'的可能性并即体现为'当今'"①。而这恰恰是实践的本质特征。马克思的"从后思索"是对"过去时"的回眸，同时也是对"将来时"的筹划，而它的立足点却是人的实践所塑造的此在性。没有从后思索，空想社会主义就只能陷入空想。因为正像马克思所言："人类始终只提出自己能够解决的任务，因为只要仔细考察就可以发现，任务本身，只有在解决它的物质条件已经存在或者至少是在生成过程中的时候，才会产生。"② 在一定意义上，科学社会主义相对于空想社会主义所具有的超越之处，恰恰在于历史本身的成熟。历史没有给空想社会主义提供解决任务的条件。这显示出"从后思索"的要求。另一方面，马克思也筹划着未来，他在《资本论》第 3 卷中对"自

① 熊伟：《自由的真谛——熊伟文选》，中央编译出版社 1997 年版，第 153 页。
② 《马克思恩格斯选集》第 2 卷，人民出版社 1995 年版，第 33 页。

由王国"的期待，就是这种"筹划"的结果。马克思早在《关于费尔巴哈的提纲》中就已明确指出："旧唯物主义的立脚点是市民社会，新唯物主义的立脚点则是人类社会或社会的人类。"①

离开了"未来"的昭示，我们何以领会"此在"？何以领会"过去"？同样地，没有"过去"所固有的内在可能性，我们又怎么看清"将来"？过去、现在、将来是作为整体呈现的，它们作为整体，正是人的存在所特有的方式的内在要求。马克思说："蜘蛛的活动与织工的活动相似，蜜蜂建筑蜂房的本领使人间的许多建筑师感到惭愧。但是，最蹩脚的建筑师从一开始就比最灵巧的蜜蜂高明的地方，是他在用蜂蜡建筑蜂房以前，已经在自己的头脑中把它建成了。"② 这个例子表明人的活动的目的性，即对于未来的筹划。正如马克思所提示的先验性的叙述顺序："科学和其他建筑师不同，它不仅画出空中楼阁，而且在打下地基之前就造起大厦的各层住室。"③ 显然，这一特点同马克思在《资本论》中揭示的作为"自由王国"的共产主义的目的性指向之间具有某种同构关系。

二、关于"商品→货币→资本"的现象学叙事

在《资本论》中，马克思深刻地揭示了"商品形式及其进一步发展——货币形式、资本形式"④ 的历史的展现及其内在矛盾的生成和扬弃的可能性。这一揭示，构成一个完整的现象学叙事。马克思在承担者或人格化的意义上，也有过一个比喻：商品所有者或货币所有者"蛹化为"资本家⑤。这一生命之喻，作为典型的现象学叙事模式，尤以黑格

① 《马克思恩格斯选集》第 1 卷，人民出版社 1995 年版，第 57 页。
② 《马克思恩格斯全集》第 23 卷，人民出版社 1972 年版，第 202 页。
③ 《马克思恩格斯全集》第 13 卷，人民出版社 1962 年版，第 47 页。
④ 《马克思恩格斯全集》第 23 卷，人民出版社 1972 年版，第 98 页。
⑤ 《马克思恩格斯全集》第 23 卷，人民出版社 1972 年版，第 343 页。

尔现象学为著；但它也被马克思批判地继承了下来。

马克思在《资本论》第 1 卷初版序言中指出："劳动产品的商品形式"，不过是资产阶级社会"经济的细胞形式"①。那么，在马克思哲学语境中，"商品"的"细胞"之喻意味着什么呢？人的实践的原初性含义是怎样体现在"商品"这个"细胞"之中的呢？商品作为在精神上再现资本主义发生史的初始范畴，又是如何展现其原始丰富性的呢？

马克思的《资本论》把"商品"作为分析的起点，是基于一种判断，即商品是资本主义的"经济细胞"。其隐喻或象征意义在于，整个资本主义的生产方式就是由商品衍生出来的，它已先行地潜在着后来的

①《马克思恩格斯全集》第 23 卷，人民出版社 1972 年版，第 8 页。这一思想并非马克思的原创，而是詹姆斯·斯图亚特的贡献。马克思在《政治经济学批判》中写道："斯图亚特当然很清楚，在资产阶级以前的时代，产品就采取过商品的形式，商品也采取过货币的形式，但是他详细地证明，只是在资产阶级生产时期，商品才成为财富的基本的元素形式，转移才成为占有的主导形式，因此，生产交换价值的劳动只能是资产阶级性质的。"（《马克思恩格斯全集》第 13 卷，人民出版社 1962 年版，第 48—49 页）而马克思把斯图亚特爵士称作"建立了资产阶级经济学整个体系的第一个不列颠人"（同上书，第 47 页）。其实，马克思在选择研究起点时曾颇为踌躇。在《政治经济学批判·导言》中，他曾试图在交换价值、货币和劳动等范畴之间做出某种选择。与后来以"商品"为出发点不同，马克思在《政治经济学批判大纲》的体系安排中是以"货币"作为出发点的，他说："在资本存在之前，银行存在之前，雇佣劳动等等存在之前，货币能够存在，而且在历史上存在过。因此，从这一方面看来，可以说，比较简单的范畴可以表现一个比较不发展的整体的处于支配地位的关系或者一个比较发展的整体的从属关系，这些关系在整体向着以一个比较具体的范畴表现出来的方面发展之前，在历史上已经存在。在这个限度内，从最简单上升到复杂这个抽象思维的进程符合现实的历史过程"（《马克思恩格斯选集》第 2 卷，人民出版社 1995 年版，第 20 页）。此外，他还曾尝试从"劳动"出发，但又放弃了这个打算，试图从"价值"出发。他写道："要阐明资本的概念，必须从价值出发，并且从已经在流通运动中发展起来的交换价值出发，而不是从劳动出发。正像不可能从不同的人种直接过渡到银行家，或者从自然直接过渡到蒸汽机一样，从劳动直接过渡到资本也是不可能的。"（《马克思恩格斯全集》第 46 卷上册，人民出版社 1979 年版，第 213 页）。但在 1859 年公开出版的《政治经济学批判。第一分册》中，马克思就已明确地把"商品"作为第 1 篇第 1 章分析的对象。在后来的《资本论》第 2 部草稿中，马克思仍然保持这一立场，他明白地指出："作为我们出发点的，是在资产阶级社会的表面上出现的商品，它表现为最简单的经济关系，资产阶级财富的要素"；"我们是从这一事实出发的：在资产阶级生产的条件下，商品是财富的这种一般的、基本的形式"（《马克思恩格斯全集》第 47 卷，人民出版社 1979 年版，第 37 页）。在《资本论》第 1 卷出版前不久，马克思在给库格曼的信（1866 年 10 月 13 日）中承认：《政治经济学批判》提供的"最早的叙述，特别是关于商品的分析，是不够清楚的"（《马克思恩格斯全集》第 31 卷，人民出版社 1972 年版，第 536 页）。上述情况表明，这一判断是符合思想史实际的。

一切展开了的可能性的内在基因。马克思因此决定"研究就从分析商品开始"①。他强调："我的出发点是劳动产品在现代社会所表现的最简单的社会形式，这就是'商品'。"②"对我来说，对象既不是'价值'，也不是'交换价值'，而是商品"③。所以马克思说："我不是从'概念'出发"④，而是从商品出发。在此基础上，马克思试图"从商品的性质中引出一个社会形态的特征。"⑤

商品作为劳动产品，隐藏在它的背后并决定着商品的价值和使用价值的是劳动；而"劳动"不过是实践的政治经济学用语。这是实践本体论作为人的存在的现象学的内在根据之所在。商品就像一个"全息元"，其内在矛盾即抽象劳动与具体劳动的矛盾决定着价值和使用价值的分化。所以马克思承认，"就在分析商品的时候，我并不限于考察商品所表现的二重形式，而是立即进一步论证了商品的这种二重存在体现着生产商品的劳动的二重性"⑥。正因此，马克思认为劳动二重性学说构成"理解政治经济学的枢纽"⑦，是"对事实的全部理解的基础"⑧，它有助于我们"批判地理解问题的全部秘密"⑨。在一定意义上，资本主义的剩余价值生产和整个再生产过程，归根到底都不过是商品的内在矛盾的展现形式和历史后果而已。

马克思认为，"货币形式""资本形式"只是"商品形式"的"进一步发展"⑩。这就提示了商品、货币、资本之间的发生学关系。其中，

---

① 《马克思恩格斯全集》第 23 卷，人民出版社 1972 年版，第 47 页。
② 《马克思恩格斯全集》第 19 卷，人民出版社 1963 年版，第 412 页。
③ 《马克思恩格斯全集》第 19 卷，人民出版社 1963 年版，第 400 页。
④ 《马克思恩格斯全集》第 19 卷，人民出版社 1963 年版，第 412 页。
⑤ ［南斯拉夫］勃朗科·霍尔瓦特：《马克思对社会科学的贡献及其错误》，载《马列主义研究资料》1985 年第 5 辑，人民出版社 1985 年版，第 202 页。
⑥ 《马克思恩格斯全集》第 19 卷，人民出版社 1963 年版，第 414 页。
⑦ 《马克思恩格斯全集》第 23 卷，人民出版社 1972 年版，第 55 页。
⑧ 《马克思恩格斯全集》第 31 卷，人民出版社 1972 年版，第 331 页。
⑨ 《马克思恩格斯全集》第 32 卷，人民出版社 1975 年版，第 12 页。
⑩ 《马克思恩格斯全集》第 23 卷，人民出版社 1972 年版，第 98 页。

"商品形式是资产阶级生产的最一般的和最不发达的形式"①。同商品和货币相比，资本则是一个"比较高级的经济范畴"②。诚如有学者所言："从《资本论》总的理论体系看来……是按照商品——货币——资本的次序来论述的。"③

马克思说："货币的根源在于商品本身"④。然而，"困难不在于了解货币是商品，而在于了解商品怎样、为什么、通过什么成为货币"⑤。而马克思认为，在李嘉图的经济学中，"商品转化为货币，纯粹是形式的、没有深入到资本主义生产内部实质的东西"⑥。怎么才能超越"形式的"东西而深入到实质来揭示商品转化为货币呢？交换乃是商品之为商品的绝对前提，因为"要成为商品，产品必须通过交换"⑦。商品所固有的交换性质，为货币的产生提供了内在的可能性。因为"货币……是在交换过程中本能地形成的"⑧。商品交换的实质在于让渡它的作为使用价值的存在，而获得它的作为交换价值的存在。"因此，商品在交换过程中必须使它的存在两重化"⑨。而"交换的扩大和加深的历史过程，使商品本性中潜伏着的使用价值和价值的对立发展起来"⑩。作为商品价值的"独立的形式"，货币的产生是交换的扩大和加深的必然结果。因为商品交换要求商品的使用价值和价值的对立"在外部表现出来，这就要求商品价值有一个独立的形式"。那么，商品的这种对立最后就表现为"商品和货币这种二重化"，它"最终取得这个形式"⑪。在马克思看来，不是货币决定商品的可通约性，而是商品的可通约性决定货币的出现。商

---

① 《马克思恩格斯全集》第 23 卷，人民出版社 1972 年版，第 99 页。
② 《马克思恩格斯全集》第 13 卷，人民出版社 1962 年版，第 23 页。
③ 王学文：《〈资本论〉研究文集》，中国社会科学出版社 1982 年版，第 124 页。
④ 《马克思恩格斯全集》第 13 卷，人民出版社 1962 年版，第 54 页。
⑤ 《马克思恩格斯全集》第 23 卷，人民出版社 1972 年版，第 110 页。
⑥ 《马克思恩格斯全集》第 26 卷第 3 册，人民出版社 1974 年版，第 149 页。
⑦ 《马克思恩格斯全集》第 23 卷，人民出版社 1972 年版，第 54 页。
⑧ 《马克思恩格斯全集》第 13 卷，人民出版社 1962 年版，第 38 页。
⑨ 《马克思恩格斯全集》第 13 卷，人民出版社 1962 年版，第 35 页。
⑩ 《马克思恩格斯选集》第 23 卷，人民出版社 1972 年版，第 105 页。
⑪ 《马克思恩格斯选集》第 23 卷，人民出版社 1972 年版，第 105 页。

品的可通约性基础在于交换价值。因此，"以为商品的可通约性是由货币造成的想法，纯粹是流通过程的假象"①。正如马克思所揭示的那样，"要按商品所包含的劳动时间来衡量商品的交换价值，就必须把不同的劳动化为无差别的、同样的、简单的劳动，简言之，即化为质上相同因而只有量的差别的劳动。"而"这种简化看来是一个抽象，然而这是社会生产过程中每天都在进行的抽象"②。这种抽象的符号化的结果，正是货币的产生。因此，货币不过是商品交换所形成的抽象本身的结果。

如果说，货币的出现不过是商品的自我异化的结果，那么，资本的出现则是货币异化的结果。资本在历史上的出现，其逻辑条件是交换价值变成目的本身，或者说"形式变换代替物质变换而成了目的本身"③。它意味着"交换价值本身及其增加成了目的"④。当作商品流通中介的货币同当作资本的货币，其流通公式有着性质上的差别。前者的公式是"W—G—W"，它意味着商品是目的，货币只是手段；后者的公式则是"G—W—G"，它意味着货币变成目的，而商品沦为手段，"这是资产阶级生产的占统治的形式"，它体现着资本主义生产方式的典型特征。因此，"G—W—G 的循环，在货币和商品的形式后面掩藏着进一步发展了的生产关系"⑤。由"W—G—W"向"G—W—G"的演进，为资本的历史发生提供了可能性。因为在马克思看来，"经历这种运动（即'G—W—G'——引者注）的货币就是资本"⑥。正是在此意义上，我们说，资本不过是货币异化的产物。马克思指出："商品流通的直接形式是 W—G—W，商品转化为货币，货币再转化为商品，为买而卖。但除这一形式外，我们还看到具有不同特点的另一形式 G—W—G，货币转化为商品，商品再转化为货币，为卖而买。在运动中通过后一种流通的货

---

① 《马克思恩格斯全集》第 13 卷，人民出版社 1962 年版，第 58 页。
② 《马克思恩格斯全集》第 13 卷，人民出版社 1962 年版，第 18、19 页。
③ 《马克思恩格斯全集》第 13 卷，人民出版社 1962 年版，第 118 页。
④ 《马克思恩格斯全集》第 13 卷，人民出版社 1962 年版，第 122 页。
⑤ 《马克思恩格斯全集》第 13 卷，人民出版社 1962 年版，第 113 页。
⑥ 《马克思恩格斯全集》第 47 卷，人民出版社 1979 年版，第 6 页。

币转化为资本，成为资本，而且按它的使命来说，已经是资本。"①

按照马克思的说法，货币乃是介于商品和资本之间的中间环节，这无论在历史上还是在逻辑上都是如此。马克思说：货币一方面是商品流通的"最后的产物"，一方面又是资本的"最初的表现形式"②。马克思认为，"货币，[乃是]潜在资本"③。他还说："货币就是这种向资本转化的可能性，也就是潜在的资本"④。如果说货币是潜在的资本，那么资本就是实现了的货币。货币固有其过渡到资本的内在必然性。

马克思把"商品生产和发达的商品流通"作为"资本产生的历史前提"⑤。而"资本首先来自流通"⑥，"流通表现为资本的本质过程"⑦。正如卢森贝所说的，"根据马克思的意见，货币在逻辑上和历史上都是资本的最初形式"⑧。在《政治经济学批判大纲》中，马克思写道："货币作为资本，这是超出了货币作为货币的简单规定的一种货币规定。货币作为资本，可以看作是货币的更高的实现；正如可以说猿发展为人一样。但是，这里较低级的形式是作为较高级的形式的承担者出现的。无论如何，货币作为资本不同于货币作为货币。"⑨ 马克思还指出："资本首先来自流通，而且正是以货币作为自己的出发点。"在一定意义上，可以说"货币是资本表现为资本的最初形式"⑩。在马克思看来，"商品和货币转化为资本，是由于工人不再以商品生产者和商品所有者的身份参加交换，相反，他们被迫不是出卖商品，而是把自己的劳动本身（直接把自己的劳动能力）当作商品卖给客观的劳动条件的所有者。工人与

---

① 《马克思恩格斯全集》第 23 卷，人民出版社 1972 年版，第 168 页。
② 参见《马克思恩格斯全集》第 23 卷，人民出版社 1972 年版，第 167 页。
③ 《马克思恩格斯全集》第 46 卷上册，人民出版社 1979 年版，第 312 页。
④ 《马克思恩格斯全集》第 47 卷，人民出版社 1979 年版，第 95 页。
⑤ 《马克思恩格斯全集》第 23 卷，人民出版社 1972 年版，第 167 页。
⑥ 《马克思恩格斯全集》第 46 卷上册，人民出版社 1979 年版，第 206 页。
⑦ 《马克思恩格斯全集》第 46 卷下册，人民出版社 1980 年版，第 28 页。
⑧ [苏联]卢森贝：《〈资本论〉注释》第 1 卷，赵木斋、朱培兴译，生活·读书·新知三联书店 1963 年版，第 25 页。
⑨ 《马克思恩格斯全集》第 46 卷上册，人民出版社 1979 年版，第 204 页。
⑩ 《马克思恩格斯全集》第 46 卷上册，人民出版社 1979 年版，第 206 页。

这种客观劳动条件的分裂，是资本和雇佣劳动的关系的前提，正像它是货币（或代表货币的商品）转化为资本的前提一样。"① 按照马克思的观点，"货币"范畴过渡到"资本"范畴的历史条件及其内涵，归根到底就在于劳动力变成商品。马克思写道："如果货币不同被工人本身当作商品出卖的劳动能力相交换，它就不能成为资本。"② 因为"当个人作为自由人彼此对立的时候，没有雇佣劳动就没有剩余价值生产，没有剩余价值生产也就没有资本主义生产，从而也就没有资本，没有资本家！"③ 正因此，"雇佣劳动是资本形成的必要条件，始终是资本主义生产的经常的必要前提"。由此也就决定了"雇佣劳动对资本主义生产来说是劳动的一种必要的社会形式"④。所以，恩格斯在由他整理的《资本论》第2卷的"序言"中指出："他（指马克思——引者注）研究了货币向资本的转化，并证明这种转化是以劳动力的买卖为基础的。"⑤ 恩格斯评论道："把马克思的从商品到资本的发展同黑格尔的从存在到本质的发展作一比较，您也会看到一种绝妙的对照：一方面是具体的发展，正如现实中所发生的那样；而另一方面是抽象的结构，在其中非常天才的思想以及有些地方是极其重要的转化，如质和量的互相转化，被说成一种概念向另一种概念的表面上的自我发展。"⑥ 而劳动力成为商品的条件，又在于劳动者同劳动资料的分离。所以，马克思认为："货币转化为资本，是以劳动客观条件与劳动者相分离、相独立的那个历史过程为前提的"⑦。

马克思写道："货币转化为资本，必须根据商品交换的内在规律来加以说明，因此等价物的交换应该是起点。我们那位还只是资本家幼虫

---

① 《马克思恩格斯全集》第26卷第3册，人民出版社1974年版，第92-93页。
② 《马克思恩格斯全集》第49卷，人民出版社1982年版，第64页。
③ 《马克思恩格斯全集》第49卷，人民出版社1982年版，第64页。
④ 《马克思恩格斯全集》第49卷，人民出版社1982年版，第65页。
⑤ 《马克思恩格斯全集》第24卷，人民出版社1972年版，第22页。
⑥ 《马克思恩格斯全集》第38卷，人民出版社1972年版，第203页。
⑦ 《马克思恩格斯全集》第46卷上册，人民出版社1979年版，第516页。

的货币所有者，必须按商品的价值购买商品，按商品的价值出卖商品，但他在过程终了时必须取出比他投入的价值更大的价值。他变为蝴蝶，必须在流通领域中，又必须不在流通领域中。这就是问题的条件。这里是罗陀斯，就在这里跳罢！"① 在这里，最值得注意者有两点：一是马克思强调依据商品交换的内在规律来理解由货币到资本的转化（这也符合黑格尔现象学的"自己构成自己"的原则）；二是马克思借助于生命现象（即所谓由"幼虫"到"蝴蝶"的飞跃）所作的比喻，这更鲜明地体现出马克思的现象学的生命意识。马克思指出："如果撇开商品流通的物质内容，撇开各种使用价值的交换，只考察这一过程所造成的经济形式，我们就会发现，货币是这一过程的最后产物。商品流通的这个最后产物是资本的最初的表现形式。"② 在马克思看来，货币既是商品流通过程的"最后产物"，同时又充当资本的"最初的表现形式"。这正是由商品到货币进而到资本实现内在转化的辩证法。

　　在这个问题上，马克思特别强调过程性亦即展现性，他指出：作为资本的"货币失掉了自己的僵硬性，从一个可以捉摸的东西变成了一个过程"③。同样地，"资本决不是简单的关系，而是一种过程"④。在谈到"资本"的存在方式时，马克思说："它是一种运动，是一个经过各个不同阶段的循环过程，这个过程本身又包含循环过程的三种不同的形式。因此，它只能理解为运动，而不能理解为静止物。"⑤ 因此，资本"可以称为处于运动过程中的价值"，"又可以称为处于运动过程中的货币"⑥。这意味着，"资本"只有在它的自我展现中才能"是其所是"。在这里，需要特别注意的，是马克思的论述所体现出来的现象学运思方式及其特点。

① 《马克思恩格斯全集》第 23 卷，人民出版社 1972 年版，第 188-189 页。
② 《马克思恩格斯全集》第 23 卷，人民出版社 1972 年版，第 167 页。
③ 《马克思恩格斯全集》第 46 卷下册，人民出版社 1980 年版，第 503 页。
④ 《马克思恩格斯全集》第 46 卷上册，人民出版社 1979 年版，第 213 页。
⑤ 《马克思恩格斯全集》第 24 卷，人民出版社 1972 年版，第 122 页。
⑥ 《马克思恩格斯全集》第 26 卷第 3 册，人民出版社 1974 年版，第 147 页。

其绝对性，所以在其本根处即隐含着对主—客二分的拒绝。叶秀山先生认为，"中文译成'绝对'的这个词——absolute，大概来源于拉丁文absolutus。这个词的词根为 solutus-solvo，是'解开'、'松开'这类的意思。由此引申出来，可以理解为'摆脱外在关系'、'保持住自己'的意思。所以在这个意义上，所谓'绝对'，就是'自身'、'自己'的意思。"① 在马克思那里，作为绝对性原则的"自己构成自己"获得了双重意义：它既是哲学的建构原则，即人的存在的现象学叙事方式，又是人的历史解放的出发点和归宿。它由此被赋予了人的存在的历史内涵，意味着人的自由、人的自主活动、有个性的个人、自由的个性等等，即马克思所谓的摆脱了"个性对偶然性（作为异己之规定的外在的他者对人的支配——引者注）的屈从"，从而使"全面发展的个人"成为"自由的生活活动"的主体②。

诚然，马克思早在《神圣家族》中就批评过黑格尔的"绝对主体"，他指出："我们在思辨中感到高兴的，就是重新获得了各种现实的果实，但这些果实已经是具有更高的神秘意义的果实，它们不是从物质的土地中，而是从我们脑子的以太中生长出来的，它们是'一般果实'的化身，是绝对主体的化身。"③ 其实，马克思所不能容忍的仅仅是作为"纯粹的抽象"之规定的"绝对主体"，而不是拒绝"绝对主体"本身所意涵的那个引导我们"回到事情本身"的姿态或角度。所谓"纯粹的抽象"亦即不依赖具体的抽象，它与具体形成互为外在的关系。离开了实践基础上的历史，哲学就不可避免地沦为这种"纯粹的抽象"，这正是思辨哲学的致命缺陷所在。我们无疑需要放弃作为实体的绝对主体，但必须拯救出作为视野的绝对主体。唯其如此，人的存在的现象学建构才是可能的；而马克思的实践本体论，也只有作为人的存在的现象学才被

---

① 叶秀山：《"哲学"须得把握住"自己"——从海德格尔解读黑格尔〈精神现象学〉想到的》，载《哲学研究》1999 年第 6 期，第 34 页。
② 《马克思恩格斯全集》第 3 卷，人民出版社 1960 年版，第 516 页。
③ 《马克思恩格斯全集》第 2 卷，人民出版社 1957 年版，第 74 页。

能动地建构起来。在马克思看来，思辨哲学由于脱离了实践这一终极的原初基础，不得不"在想象中独立于世界之外"，从而使自身从"现实世界"中连根拔起。因此，"所谓哲学是超实际的，这只是说它高高地君临于实践之上"①。

黑格尔在《精神现象学·导言》中有一个著名的比喻："花朵开放的时候花蕾消逝，人们会说花蕾是被花朵否定了的；同样地，当结果的时候花朵又被解释为植物的一种虚假的存在形式，而果实是作为植物的真实形式出而代替花朵的。这些形式不但彼此不同，并且互相排斥互不相容。但是，它们的流动性却使它们同时成为有机统一体的环节，它们在有机统一体中不但不互相抵触，而且彼此都同样是必要的；而正是这种同样的必要性才构成整体的生命。"② 黑格尔借助花朵以扬弃了的形式包含了花蕾、果实又以扬弃了的形式包含了花朵，来说明实存与本质的统一在事物的自我展现中的完成。它体现的是一种有机性的、生命的观念，内含着生成、自组织、自我展现及其完成的意蕴。

耐人寻味的是，马克思在《资本论》第 1 卷第 1 版序言中也有一个著名比喻，即把商品比作"细胞"，进而还把资本主义社会说成是一个"有机体"："现在的社会不是坚实的结晶体，而是一个能够变化并且经常处于变化过程中的有机体。"③ "细胞"和"有机体"之喻同黑格尔的比喻具有异曲同工之妙，两者都旨在强调有机性和生命的逻辑。其实，马克思早在《政治经济学批判》中就有"生命"之喻，例如他在谈到"流通过程"时说过："整个流通形成商品的 curriculum vitae ［生命旅程］"④；他甚至干脆把它称作"商品的生命史"⑤。马克思在《政治经济学批判大纲》中以人的机体代谢来比喻资本的运动，他写道："资本

---

① 《马克思恩格斯全集》第 2 卷，人民出版社 1957 年版，第 49 页。

② ［德］黑格尔：《精神现象学》上册，贺麟、王玖兴译，商务印书馆 1979 年版，第 2 页。

③ 《马克思恩格斯全集》第 23 卷，人民出版社 1972 年版，第 12 页。

④ 《马克思恩格斯全集》第 13 卷，人民出版社 1962 年版，第 78 页。

⑤ 《马克思恩格斯全集》第 13 卷，人民出版社 1962 年版，第 84 页。

的每一部分对其另一部分来说，都可以被看作是固定部分或流动部分，而且它们确实是相互交替地处于这种关系之中。资本过程在其不同阶段上之所以可能同时并列，只是由于资本分为若干部分，其中的每一部分都是资本，但是是处在不同规定中的资本。"① 马克思进而指明了它同人的有机体的相似性："这种形式变换和物质变换，就像有机体中发生的这种变换一样。例如，假定身体在 24 小时内被再生产出来，那么这并不是一下子完成的，而是分为一种形式下的排泄和另一种形式下的更新，并且是同时进行的。此外，在身体中，骨骼是固定资本；它不是和血、肉在同一时间内更新的。"② 在《政治经济学批判大纲》中，马克思还指出："货币作为资本，这是超出了货币作为货币的简单规定的一种货币规定。货币作为资本，可以看作是货币的更高的实现；正如可以说猿发展为人一样。"③ 马克思在致恩格斯的信（1865 年 7 月 31 日）中曾自我评价道："不论我的著作有什么缺点，它们却有一个长处，即它们是一个艺术的整体；但是要达到这一点，只有用我的方法"④。之所以是"一个艺术的整体"，是因为特殊的"方法"，这是就产生的条件而言的；就产生的理由而言，这种整体性显然是把资本主义经济过程当作一个有机体来探究在反思层面上的必然要求。这个体现有机性的"艺术的整体"，在一定意义上不过是马克思现象学方法所要求的生命原则的一个理论结果。以上这些比喻，都意味着马克思对人类社会及其历史发展作"生命"观。

与此相联系，"历史感"无疑是现象学运思方式的一个重要特征。黑格尔精神现象学坚持逻辑与历史相统一的原则，海德格尔实存主义现象学试图接续存在同时间的内在关系，而马克思所特有的"历史地思"则以其本真的方式恢复逻辑的真实基础。马克思在批评蒲鲁东时指出：

① 《马克思恩格斯全集》第 46 卷下册，人民出版社 1980 年版，第 171 页。
② 《马克思恩格斯全集》第 46 卷下册，人民出版社 1980 年版，第 171–172 页。
③ 《马克思恩格斯全集》第 46 卷上册，人民出版社 1979 年版，第 204 页。
④ 《马克思恩格斯全集》第 31 卷，人民出版社 1972 年版，第 135 页。

"经济学家们向我们解释了生产怎样在上述关系（指分工、信用、货币等资产阶级生产关系——引者注）下进行，但是没有说明这些关系是怎样产生的，也就是说，没有说明产生这些关系的历史运动。"① 马克思在《资本论》及其手稿中考察资本的原始积累和前资本主义的生产方式，就是为了"说明产生这些关系的历史运动"。这正是对"过去已'曾是'的可能性"（海德格尔语）的回溯式的把握。以商品的使用价值为例，马克思说："作为使用价值的使用价值，不属于政治经济学的研究范围。"② 但这并不意味着使用价值与政治经济学的考察无关。使用价值仅仅是在特定条件下才成为考察的对象，也就是"当使用价值本身是形式规定的时候"③，作为"'商品'的使用价值"，它"本身就具有特殊的历史性质"④ 了。因此，恩格斯说："政治经济学本质上是一门历史的科学。"⑤ 此话的深意只有在现象学的意义上才能被充分领会。所谓的"历史"是指什么呢？按照马克思的说法，"历史是人的真正的自然史。"⑥ 在人的存在的现象学语境中，经济学已然被改造成为"人的真正的自然史"的一种不可替代的叙事方式。

马克思以李嘉图为例，对古典经济学的非历史的方法加以批评，指出："在进行这种分析的时候，古典政治经济学有时也陷入矛盾；它往往试图不揭示中介环节就直接进行这种还原和证明不同形式的源泉的同一性。但这是它的分析方法的必然结果，批判和理解必须从这一方法开始。它感兴趣的不是从起源来说明各种不同的形式，而是通过分析来把它们还原为它们的统一性，因为它是从把它们作为已知的前提出发的。"⑦ 这里最为吃紧的是"从起源来说明各种不同的形式"。现象学意

---

① 《马克思恩格斯选集》第 1 卷，人民出版社 1995 年版，第 137–138 页。
② 《马克思恩格斯全集》第 13 卷，人民出版社 1962 年版，第 16 页。
③ 《马克思恩格斯全集》第 13 卷，人民出版社 1962 年版，第 16 页。
④ 《马克思恩格斯全集》第 19 卷，人民出版社 1963 年版，第 413 页。
⑤ 《马克思恩格斯选集》第 3 卷，人民出版社 1995 年版，第 489 页。
⑥ 马克思：《1844 年经济学哲学手稿》，人民出版社 2000 年版，第 107 页。
⑦ 《马克思恩格斯全集》第 26 卷第 3 册，人民出版社 1974 年版，第 556 页。

义上的发生学方法同自然科学的发生学方法，当然存在着原则区别。前者是一种"历史地思"，后者仅仅是一种因果关系的实证刻画。马克思在谈到李嘉图叙述方法的缺陷时说："这种方法跳过必要的中介环节，企图直接证明各种经济范畴相互一致。"① 现象学方法所要求的展现应当是连续的，而不应当是跳跃的。马克思揭露道："古典政治经济学的缺点和错误是：它把资本的基本形式……不是解释为社会生产的历史形式，而是解释为社会生产的自然形式。"② 注重"历史形式"的看待方式，正是现象学方法论原则的内在要求，它能够使人以超然的姿态看待资本主义及其制度安排。

阿隆认为，我们既可以像有人那样"把《资本论》看作是一部与哲学毫不相干的严谨的经济类的科学著作"，也可以像有人那样指出"《资本论》确立了人类在经济生活中的存在主义哲学"③。如果在这两种观点之间做选择的话，我更倾向于后者而非前者。因为经济学家往往囿于自己的学科视野难以读出《资本论》的哲学意蕴，其实在《资本论》中，哲学已经超越了经济学，同时又包含了经济学，马克思把经济学作为人的存在的现象学叙事的一种必要环节来看待。经济学进入马克思的语境之后已然变成了一种历史叙事，一种人的存在的现象学的修辞方式。正如熊彼特所言："马克思……他是系统地看到和教导他人经济理论如何可以进入历史分析和历史叙述，如何可以进入历史理论的第一个一流经济学家。"④ 相比较而言，后一种观点更恰当些，因为它在某种意义上自觉地意识到了《资本论》作为人的存在的现象学性质和意味。就像有学者指出的，"马克思在《资本论》中的总的思想发展也是从存在到

---

① 《马克思恩格斯全集》第 26 卷第 2 册，人民出版社 1973 年版，第 181 页。

② 《马克思恩格斯全集》第 26 卷第 3 册，人民出版社 1974 年版，第 556 页。

③ ［法］雷蒙·阿隆：《社会学主要思潮》，葛智强、胡秉诚、王沪宁译，上海译文出版社 1988 年版，第 154 页。

④ ［美］约瑟夫·熊彼特：《资本主义、社会主义与民主》，吴良健译，商务印书馆 1999 年版，第 97 页。

本质。"①

对于"现象"的把握有两种可能的方式：一是直观式的把握，二是反思性的把握。前者所把握的不过是离开实践这一原初基础的表面现象，它只能表征为静态的、本质被幽闭和窒息的抽象而僵死的空洞形式，后者才是在实践这个原初基础上实现的，它是通过现象的展现来揭示的一种现象学方法。在人的存在的现象学那里，本质同现象之间并不存在一道"无知之幕"；相反，现象作为本质的展现及其完成方式，乃是本质的敞显和澄明。但被马克思批评并超越了的感性直观，以及旧经济学的研究方式，它们所捕捉到的不过是与本质无关甚至相反的表象。如此一来，现象反而成为本质的遮蔽和障碍。正因此，"资本被理解为物，而没有被理解为关系"②。针对现代社会中"物"对"人"的遮蔽，马克思立志在哲学上从事一种"祛蔽"工作。这种"祛蔽"是双重的：一是马克思所做的意识形态批判，可谓是一种真正的"现象学还原"；二是历史本身的成熟所导致的人的历史解放，亦即人以其本真的状态获得其实存。关于反思性把握的原则，马克思早在《神圣家族》中就已有说明："实物是人的存在，是人的实物存在，同时也就是人为他人的定在，是他对他人的人的关系，是人对人的社会关系。"③ 马克思在物的关系背后看到了人的关系，这正是他通过反思的功夫所显现出来的洞察力所在。所以，恩格斯说："经济学所研究的不是物，而是人和人之间的关系，归根到底是阶级和阶级之间的关系；可是这些关系总是同物结合着，并且作为物出现。"④ 在马克思看来，这种人与人的社会关系"在人们面前采取了物与物的关系的虚幻形式"⑤。其"虚幻性"在于，"人和人之间的社会关系可以说是颠倒地表现出来的，就是说，表现为物和物

① ［苏联］В. А. 瓦久林：《马克思〈资本论〉中的辩证逻辑体系》，载《马克思哲学思想研究译文集》，人民出版社 1983 年版，第 193 页。

② 《马克思恩格斯全集》第 46 卷上册，人民出版社 1979 年版，第 212 页。

③ 《马克思恩格斯全集》第 2 卷，人民出版社 1957 年版，第 52 页。

④ 《马克思恩格斯选集》第 2 卷，人民出版社 1995 年版，第 44 页。

⑤ 《马克思恩格斯全集》第 23 卷，人民出版社 1972 年版，第 89 页。

之间的社会关系"①。它造成的结果是："一种社会生产关系采取了一种物的形式，以致人和人在他们的劳动中的关系倒表现为物与物彼此之间的和物与人的关系，这种现象只是由于在日常生活中看惯了，才认为是平凡的、不言自明的事情。"② 因此，马克思在《资本论》中就必须通过商品的使用价值去把握商品的价值本身。这种超越恰恰是马克思语境中的形上学，即超验视野的确立。所以马克思相应地提出，对社会经济形式的分析，既不能用显微镜，也不能用化学试剂，而只能依靠抽象的思维能力。

黑格尔说："那在科学上是最初的东西，必定会表明在历史上也是最初的东西。"③ 恩格斯几乎是重复了这一说法："历史从哪里开始，思想进程也应当从哪里开始"④。这正是逻辑的东西与历史的东西相统一的要求和体现。在马克思那里，严格区分了叙述的方法和研究的方法。在这里，需要注意的是这种区分的现象学意蕴。黑格尔指出："任何科学的内在发展，即从它的简单概念到全部内容的推演（否则科学至少不配称哲学的科学）都显示出这样一个特点：同一个概念（……）开始时（因为这是开始）是抽象的，它保存着自身，但是仅仅通过自身使自己的规定丰富起来，从而获得具体的内容。"⑤ 这段话的现象学意味在于黑格尔对内在性的强调，即所谓"科学的内在发展"或"通过自身使自己的规定丰富起来"亦即自我展现、自我绽放、自我完成所体现的建构原则（"自己构成自己"）。马克思的《资本论》所采取的叙述方法，就是这种由抽象到具体的展开，它所实现的恰恰是以观念的方式再现和把握现实的现象学建构。

① 《马克思恩格斯全集》第 13 卷，人民出版社 1962 年版，第 22 页。
② 《马克思恩格斯全集》第 13 卷，人民出版社 1962 年版，第 23 页。
③ ［德］黑格尔：《逻辑学》上卷，杨一之译，商务印书馆 1966 年版，第 77 页。
④ 《马克思恩格斯选集》第 2 卷，人民出版社 1995 年版，第 43 页。
⑤ ［德］黑格尔：《法哲学原理》，范扬、张企泰译，商务印书馆 1961 年版，第 296 页。

人的存在之思：马克思哲学再诠释

232

第九章　《资本论》语境中的人与自然的关系

在讨论马克思的《资本论》① 有关人与自然的关系思想时，需要先行地确认一个基本的思想史事实，即《资本论》是哲学的。对此，列宁早就有过提示，例如他在《哲学笔记》中曾写道：《资本论》是大写的逻辑；不了解黑格尔的《逻辑学》，就不能真正理解《资本论》。不管我们怎样评价阿尔都塞的哲学观点，他的这个说法总是对的："不借助马克思主义哲学就不能真正阅读《资本论》，而我们也同时在《资本论》中读出马克思主义哲学。"② 诚如柏耶尔所言："谁若想认识哲学家马克思，即使这个艰巨任务只能以真正的'概念的努力'来完成，谁就必须阅读并研究《资本论》。就在《资本论》这部著作里，展开了哲学家的实践和实践的哲学。"③ 因为只有从哲学视野出发，才能够读出《资本论》的深层意蕴，从而领会人与自然的关系在马克思那里被赋予的真正含义。但马克思的哲学已不再是一般意义上的哲学，而是"历史地思"的哲学。诚如考茨基所说的，《资本论》首先是一部历史著作，也正是

---

① 本章所谓的《资本论》是广义的，它不仅包括马克思生前出版的《资本论》第 1 卷及马克思逝世后由恩格斯整理出版的《资本论》第 2、3 卷，还包括考茨基编定的作为《资本论》第 4 卷的"剩余价值理论"，以及马克思为撰写《资本论》所写的大量手稿等等。

② ［法］路易·阿尔都塞、［法］巴里巴尔：《读〈资本论〉》，李其庆、冯文光译，中央编译出版社 2001 年版，第 81 页。

③ ［德］W. R. 柏耶尔：《黑格尔的实践概念》，载中国社会科学院哲学研究所西方哲学史研究室编：《国外黑格尔哲学新论》，中国社会科学出版社 1982 年版，第 40 页。

在历史方面，它好像是一座矿山，充满着大量尚未开发的宝藏①。按照我的理解，这里所说的"历史著作"之所谓"历史"，不是旧有的历史学概念，而是意味着哲学意义上的历史的运思方式。

马克思早在《德意志意识形态》中就已经作了方法论提示，他明确提到了"人对自然以及个人之间历史地形成的关系"②。这里的要害是"历史地形成的关系"，即"人对自然"之间"历史地形成的关系"。我们需要充分正视马克思对于人与自然的关系之历史性质的强调。在《资本论》的语境中，马克思正是从不同维度考察了资本主义生产方式下的人与自然之间关系所特有的历史性质和历史形式，进而揭示了它所固有的内在矛盾及其带来的深刻危机。具体地说，这主要包括三个层面：一是现代私有制所建构起来的占有关系，使得人的主体性获得了特定历史内涵，自然界因此沦为一种从属性的手段和工具的规定。二是资本的权力及其统治，造成了对自然的双重戕害，包括作为人的"无机身体"的自然界和人的肉体存在本身即劳动者"自身的自然"。三是资本权力借助于自然科学及作为其外化形态的技术对自然界的驾驭、支配和征服，恶化了人与自然的关系，使人与自然的矛盾愈益带有敌对的性质。我们只有沿着马克思的独特运思方式，才能真正领会人与自然之间对象性的关系之历史地建构。

一、"占有"关系构成人的主体性的历史内涵

在资本主义生产方式下，马克思所说的"人对自然的能动关系"③的建构，是通过"占有"来实现的。这种能动关系充满着吊诡和辩证性，毋宁说它本身就是一把"双刃剑"。因为它既是人的主体性的表征

---

① 参见［德］弗兰茨·梅林：《保卫马克思主义》，吉洪译，人民出版社1982年版，第4页。

② 《马克思恩格斯选集》第1卷，人民出版社1995年版，第92页。

③ 《马克思恩格斯全集》第23卷，人民出版社1972年版，第410页。

和确证，从而构成人类获得物质生活资料的绝对前提；同时又是人对自然界的征服和掠夺，并使之走向"祛魅化"，到头来不得不承受大自然的惩罚这一历史后果。

按照劳动资料和劳动的外部条件的私人占有者究竟是劳动者本身还是他之外的非劳动者，马克思区分了私有制在历史上的两种形式。前者导致"小生产"，后者则导致"资本主义占有方式"，亦即现代私有制。马克思认为，小生产"这种生产方式……排斥社会对自然的统治和支配"①。这实际上是暗示了资本主义占有方式必然造成社会对自然的统治和支配。所以马克思说："资本主义生产方式以人对自然的支配为前提。……社会地控制自然力以便经济地加以利用，用人力兴建大规模的工程以便占有或驯服自然力，——这种必要性在产业史上起着最有决定性的作用。"②

在马克思看来，占有在其本质上是一个现代意义上的范畴③。因为只有到了资本主义阶段，占有才获得了典型的历史形态，一切前资本主义的占有都不过是它的预演或胚芽罢了。因此，不能对占有现象作一种超历史的和思辨的抽象理解。马克思为此批评了黑格尔对占有所作的解释，他在《资本论》第3卷中讽刺地写道："没有什么比黑格尔关于土地私有权的说法更可笑的了。他认为，人作为人格，必须使自己的意志这个外在自然界的灵魂，具有现实性，因此，他必须把这个自然界作为自己的私有财产来占有。"马克思紧接着指出："如果这就是'人格'的规定，就是人作为人格的规定，那末，由此可以说，每个人就都必须是土地所有者，以便作为人格而实现。"但如此一来，"土地的自由私有权，——一种十分现代的产物，——据黑格尔说，不是一种确定的社会关系，而是人作为人格对于'自然界'的关系，是'人对一切物的绝对

---

① 《马克思恩格斯全集》第 23 卷，人民出版社 1972 年版，第 830 页。
② 《马克思恩格斯全集》第 23 卷，人民出版社 1972 年版，第 561 页。
③ 诚然，在前资本主义也有"占有"，但它只是属于资本主义占有的"前史"，唯有资本主义占有才是其带有标志性和本质意义的典型形态。

占有权'。"① 如果按照黑格尔的理解，土地所有权这一占有形式就不再是"确定的社会关系"，从而也不再是"一种十分现代的产物"，而是变成了与特定历史条件无关的纯思辨的抽象规定。这种理解是为马克思的哲学立场所坚决拒绝的。从运思方式的高度对这种抽象规定予以克服和否定，正是马克思在哲学上不同于也优越于黑格尔的地方。马克思在《哲学的贫困》中批评蒲鲁东时曾经指出："在每个历史时代中所有权是以各种不同的方式、在完全不同的社会关系下面发展起来的。……要想把所有权作为一种独立的关系、一种特殊的范畴、一种抽象的和永恒的观念来下定义，这只能是形而上学或法学的幻想。"② 而早在《黑格尔法哲学批判》中，马克思就已经指出："人格脱离了人，自然就是一个抽象，但是人也只有在自己的类存在中，只有作为人们，才能是人格的现实的理念。"③ 虽然这种表述仍不免带有费尔巴哈式措辞的痕迹，但其思想内涵已经有了实质性的改变。它强调的是作为复数的人，即所谓"作为人们"，这意味着必须着眼于社会及其关系。马克思显然是试图确立一种社会关系的视角，而这一视角所能够发现的总是某种特定的历史规定性，而不再是思辨哲学所追求的那种适用于一切社会形态的抽象规定。因此，在马克思看来，人格也只有在现实的历史中才具有真实性。

占有同样也不例外。马克思认为，作为一种历史的规定，占有在本质上是一个现代意义上的范畴。他指出："私有财产的权利是 *jus utendi et abuytendi*［任意使用和支配的权利］，是随心所欲地处理什物的权利。……私有财产的真正基础，即占有，是一个事实，是不可解释的事实，而不是权利。只是由于社会赋予实际占有以法律的规定，实际占有才具有合法占有的性质，才具有私有财产的性质。"④ 无论在时间还是逻辑上，实际的占有都优先于法权意义上的占有。在马克思看来，这一顺

① 《马克思恩格斯全集》第 25 卷，人民出版社 1974 年版，第 695 页。
② 《马克思恩格斯选集》第 1 卷，人民出版社 1995 年版，第 177–178 页。
③ 《马克思恩格斯全集》第 1 卷，人民出版社 1956 年版，第 277 页。
④ 《马克思恩格斯全集》第 1 卷，人民出版社 1956 年版，第 382 页。

序不容颠倒。也正因此，理解占有及其关系就必须回到特定的历史场景，而不能抽象地进行，否则就无法凸显占有的真实内涵。所以，马克思在《资本论》第 3 卷中批评道：在黑格尔那里，"这个概念（指占有——引者注）从一开始就错了，就把一个完全确定的、属于资产阶级社会的、关于土地所有权的法律观念，看作绝对的东西。"①

当然，把"占有"当作一个历史的范畴，不能回避马克思的这个说法："劳动过程，……是为了人类的需要而占有自然物，是人和自然之间的物质变换的一般条件，是人类生活的永恒的自然条件，因此，它不以人类生活的任何形式为转移，倒不如说，它是人类生活的一切社会形式所共有的。"② 如果这种"占有""不以人类生活的任何形式为转移"，是"人类社会的永恒的自然条件"，从而为"一切社会形式所共有"；那么它还是一个历史的范畴吗？应当如何恰当地回应这个难题呢？其实，作为人的绝对的生存条件，人与自然界之间的物质变换，属于马克思所谓的"永恒的自然必然性"的领域。这个意义上的"占有"，是所有的动物得以生存都无法摆脱的。因此，它是广义的范畴，并不具有马克思所说的那种"为我关系"的性质。只有那种超出人的自然必要性范围的"占有"，才是本章所说的那个含义。它是为人类在某个特定历史阶段上所具有的规定，因而是狭义的范畴。

我们知道，《资本论》是把商品看作资本主义社会的"细胞"的，又是"从分析商品开始"的。人与自然关系的秘密，也相应地以胚胎的形式隐藏在商品范畴中。我们要揭开这个秘密，就需要讨论商品及其蕴含的人与自然关系的规定。《资本论》第 1 卷一上来就对商品作了这样的刻画："商品首先是一个外界的对象，一个靠自己的属性来满足人的某种需要的物"③。这个作为人化自然界之规定的"物"，通过"满足人的某种需要"而成为"有用物"。这正是它面临"祛魅化"命运的历史

---

① 《马克思恩格斯全集》第 25 卷，人民出版社 1974 年版，第 695 页。
② 《马克思恩格斯全集》第 23 卷，人民出版社 1972 年版，第 208—209 页。
③ 《马克思恩格斯全集》第 23 卷，人民出版社 1972 年版，第 47 页。

原因。有用性是经济学意义上的价值所在，它表现为使用价值。正是"物的有用性使物成为使用价值"①，而"有用"意味着商品"靠自己的属性来满足人的某种需要"②。早在《德意志意识形态》中，马克思就已指出：对于人来说，"凡是有某种关系存在的地方，这种关系都是为我而存在的"③。他在《资本论》手稿中也说过："财产最初无非意味着这样一种关系：人把他的生产的自然条件看作是属于他的"④。他在《剩余价值理论》中又指出："使用价值表示物和人之间的自然关系，实际上是表示物为人而存在。"⑤ 财产意谓的"人把他的生产的自然条件看作是属于他的"，抑或使用价值体现的"物为人而存在"，都不过是"为我关系"的历史内涵。弗洛姆说："在重占有的生存方式中，与世界的关系是一种据为己有和占有的关系，在这种情况下，我要把所有的人和物，其中包括自己都变为我的占有物"⑥。他认为，人的占有式的存在方式仅仅同特定的历史阶段相联系，因为"'有'（即与'占有'内在相关的存在方式——引者注）这个词是随着私有财产的产生而形成的，而在那些只存在着功能性财产的社会里，也就是说，这种财产只用于日常的使用和消耗，则没有形成'有'这个词"⑦。"占有"具有排他性。马克思说："我占有了自己的私有财产，那不就是排斥了其他任何人来占有这一财产吗？"⑧ 因此，"私有财产的真正基础，即占有"⑨。

诚然，动物与作为其生存条件的自然界之间无疑也有着需要及其满足的关系，但它却并不具有马克思所说的"为我关系"的性质；因为只

---

① 《马克思恩格斯全集》第 23 卷，人民出版社 1972 年版，第 48 页。
② 《马克思恩格斯全集》第 23 卷，人民出版社 1972 年版，第 47 页。
③ 《马克思恩格斯选集》第 1 卷，人民出版社 1995 年版，第 81 页。
④ 《马克思恩格斯全集》第 46 卷上册，人民出版社 1979 年版，第 491 页。
⑤ 《马克思恩格斯全集》第 26 卷第 3 册，人民出版社 1974 年版，第 326 页。
⑥ ［美］弗洛姆：《占有还是生存》，关山译，生活·读书·新知三联书店 1989 年版，第 29 页。
⑦ ［美］弗洛姆：《占有还是生存》，关山译，生活·读书·新知三联书店 1989 年版，第 28 页。
⑧ 《马克思恩格斯全集》第 1 卷，人民出版社 1956 年版，第 139 页。
⑨ 《马克思恩格斯全集》第 1 卷，人民出版社 1956 年版，第 382 页。

要生存的需求不超出自然的限度，就无所谓"为我关系"。因此，马克思强调说："动物不对什么东西发生'关系'，而且根本没有'关系'；对于动物来说，它对他物的关系不是作为关系存在的"①。正如海德格尔所说的，"植物和动物……绝不把敞开者作为对象摆到自身面前来"②。植物和动物之所以不存在"关系"，乃在于它们从未建构起像人类那样的以"占有"为姿态的"为我关系"。这意味着真正的占有在本质上是一种人为的关系，这正是占有的主体性所在。就人的方面来说，这种人为性的基础在于"一种历史形成的需要代替了自然的需要"。这种所谓"历史形成的需要"，它的出现正是资本主义生产方式所造成的历史结果。马克思明确指出："资本作为孜孜不倦地追求财富的一般形式的欲望，驱使劳动超过自己自然需要的界限"③。一般意义上的"占有"，不过是"自然的需要"的诉求；现代私有制形式的"占有"，才是"历史形成的需要"的诉求。如果做一种类比的话，那么可以说前者只是表征为一般的"外化"（Entäußerung），而后者才带有"异化"（Entfremdung）的性质。卢卡奇认为，无论是"外化"还是"异化"，都属于对象化；但仅仅作为"外化"的对象化，却不过是一种"中性的现象"。而"只有当社会中的对象化形式使人的本质与其存在相冲突的时候，只有当人的本性由于社会存在受到压抑、扭曲和残害的时候，我们才能谈到一种异化的客观社会关系，并且作为其必然的结果，谈到内在异化的所有主观表现。"④ 自然的需要并不导致人对自然界的真正占有，因为它不曾超出自然的范围和限度，而且在动物那里也同样存在这种方式，所以不具有"为我关系"的性质。只有在资本支配下的社会关系中，"为我关系"才会作为本质特征以其典型的方式被表征出来。海德格尔说：

① 《马克思恩格斯选集》第 1 卷，人民出版社 1995 年版，第 81 页。
② ［德］海德格尔：《林中路》，孙周兴译，上海译文出版社 1997 年版，第 294 页。
③ 《马克思恩格斯全集》第 46 卷上册，人民出版社 1979 年版，第 287 页。
④ ［匈牙利］卢卡奇：《历史与阶级意识》，杜章智、任立、燕宏远译，商务印书馆 1992 年版，第 20 页。

"人不是存在者的主人。人是存在的看护者。"① 但在这种"为我关系"中，人却无可避免地变成了存在者的主人。正是这种"为我关系"才使自然界的神性得以解构，因为自然界作为"有用物"在此种关系中必然沦为从属于"我"这一终极目的的手段或工具性的规定，它仅仅是相对于"我"的"需要"而言才成为"有用物"，从而才具有使用价值。如此这般，自然界的内在价值就不可避免地被遮蔽和剥夺了。

　　马克思认为，"使用价值对人来说是财富"②。而财富只有通过占有关系才成其为财富；财富的不可分享性和排他性本身就意味着它固有其占有关系或所有权属性。马克思在《哥达纲领批判》中曾说："只有一个人一开始就以所有者的身份来对待自然界这个一切劳动资料和劳动对象的第一源泉，把自然界当作属于他的东西来处置，他的劳动才成为使用价值的源泉，因而也成为财富的源泉。"③ 这意味着只有当人"以所有者的身份"来处置"属于他的东西"时，其劳动才成为财富的源泉。主客体关系的经济学含义恰恰就在这里。在一定意义上，占有关系同主客体关系不过是同一件事情的两个方面：后者因前者而成立，前者因后者而被表征。所以，不能无视"使用价值"的历史规定性。在尚无"我"与"非我"的分别时，使用价值概念无从成立。使用价值内在地蕴含着为我关系，而使用价值作为范畴又是同价值一起出现的。人们往往认为在价值形成之前已有使用价值存在，乃是基于后来的情境对前价值状态加以想象的结果。马克思从词源学的角度追溯道："'value，valeur'这两个词表示物的一种属性。的确，它们最初无非是表示物对人的使用价值，表示物的对人有用或使人愉快等等的属性。事实上，'value，valeur，Wert'这些词在词源学上不可能有其他的来源。"④ 因此，在发生学的意义上，人与自然之间主客体关系的秘密，其答案只能到经济学中去

　　① 孙周兴选编：《海德格尔选集》上卷，上海三联书店 1996 年版，第 385 页。
　　② 《马克思恩格斯全集》第 46 卷上册，人民出版社 1979 年版，第 139 页。
　　③ 《马克思恩格斯选集》第 3 卷，人民出版社 1995 年版，第 298 页。
　　④ 《马克思恩格斯全集》第 26 卷第 3 册，人民出版社 1974 年版，第 326 页。

寻找。

在马克思看来，正是在"为我关系"的支配下，人们才需要"探索整个自然界，以便发现物的新的有用属性；……因此，只有资本才创造出资产阶级社会，并创造出社会成员对自然界和社会联系本身的普遍占有。由此产生了资本的伟大的文明作用；它创造了这样一个社会阶段，与这个社会阶段相比，以前的一切社会阶段都只表现为人类的地方性发展和对自然的崇拜。只有在资本主义制度下自然界才不过是人的对象，不过是有用物；它不再被认为是自为的力量；……资本按照自己的这种趋势，既要克服民族界限和民族偏见，又要克服把自然神化的现象"①。诚如黑格尔所言："有用是启蒙的基本概念。"② 作为启蒙现代性的世俗基础，资本主义通过"为我关系"的建构，历史地孕育出"有用"的诉求。在马克思看来，人类把自然界当作"对象"、当作"客体"设置并建构起来，加以实际地"占有"，只是在资本主义条件下才带有典型意义的、特有的历史现象；而并非只要有了人，有了人类的历史，就亘古不变、始终如一地存在着人与自然之间对象性的主客体关系。因此，马克思在《政治经济学批判·导言》中所说的"主体是人，客体是自然"③，应该从主客体关系历史地生成和消解的角度去领会，而不能作一种超历史的抽象理解。正是在《1844年经济学哲学手稿》中，马克思把"共产主义"了解为"对象化和自我确证"之间"斗争"的"真正解决"④。如果说"异化……是自在和自为之间、意识和自我意识之间、主体和客体之间的对立"⑤；那么"共产主义是私有财产即人的自我异化的积极的扬弃"⑥。显然，马克思认为主客体之间的对立——这种对立表

---

① 《马克思恩格斯全集》第46卷上册，人民出版社1979年版，第393页。

② ［德］黑格尔：《精神现象学》下卷，贺麟、王玖兴译，商务印书馆1979年版，第97页。

③ 《马克思恩格斯选集》第2卷，人民出版社1995年版，第3页。

④ 马克思：《1844年经济学哲学手稿》，人民出版社2000年版，第81页。

⑤ 马克思：《1844年经济学哲学手稿》，人民出版社2000年版，第99页。

⑥ 马克思：《1844年经济学哲学手稿》，人民出版社2000年版，第81页。

征为对象性的关系——是应该被逻辑地和历史地超越的。作为一种历史现象，主客体及其关系表征为一个历史地生成和历史地解构的过程，并不具有永恒和抽象的意义。

总之，现代私有制所建构起来的"为我关系"，正是哲学上的主客体关系的特定历史内涵，它在法权关系层面表征为"占有"，在主观意志层面表征为欲望上的"贪婪"。自然界一经被纳入这种主—客二分框架（即马克思所谓的"为我关系"），其内在价值就不可避免地遭到遮蔽和剥夺。

二、资本权力的统治造成了对自然的双重戕害

诚如有学者所指出的，"在《1844年经济学哲学手稿》中，马克思就已经认识到资本是资产阶级经济的中心范畴。"① 由此不难理解，马克思何以用"资本"来命名他终其一生最为重要的"政治经济学批判"著作，这充分反映了资本作为范畴在这部巨著中的核心地位。

马克思认为，现代私有制建立了资本权力的绝对统治。早在《1844年经济学哲学手稿》中，他就指出了资本权力的经济维度及其性质，写道："资本是对劳动及其产品的支配权力。资本家拥有这种权力并不是由于他的个人的或人的特性，而只是由于他是资本的所有者。"因为在马克思看来，"资本，即对他人劳动产品的私有权"②。后来在《政治经济学批判·导言》中，马克思又强调说："资本是资产阶级社会的支配一切的经济权力。它必须成为起点又成为终点。"③ 在《资本论》中，马克思又进而把资本权力的社会维度及其性质揭示了出来，指出："资本家所以是资本家，并不是因为他是工业的领导人，相反，他所以成为

---

① ［苏联］W. 维戈茨基：《〈政治经济学批判大纲〉中研究方法和叙述方法的交织》，载《马列主义研究资料》1983年第5辑，人民出版社1983年版，第211页。

② 马克思：《1844年经济学哲学手稿》，人民出版社2000年版，第21页。

③ 《马克思恩格斯全集》第46卷上册，人民出版社1979年版，第45页。

工业的司令官，因为他是资本家。工业上的最高权力成了资本的属性，正像在封建时代，战争中和法庭裁判中的最高权力是地产的属性一样。"① 他还说过：在现代私有制条件下，"资本越来越表现为社会权力，这种权力的执行者是资本家，它和单个的劳动所能创造的东西根本没有任何关系；但是资本表现为异化的、独立化了的社会权力，这种权力作为物，作为资本家通过这种物取得的权力，与社会相对立"②。资本权力所固有的这种与社会相敌对的性质，内在地包含着对生态环境等公共资源和公共利益的侵蚀和妨碍。这一点在现代社会已经表现得赤裸裸和淋漓尽致了。

从历史上看，人的"为我关系"的实际生成，同资本主义生产方式所塑造的"贪婪"具有某种内在联系。按照马克思的说法，这种贪婪表现为所谓的"病态的欲望"，或曰"非人的、精致的、非自然的和幻想出来的欲望"③。只有在资本主义生产方式中，马克思所说的"人则使自己的生命活动本身变成自己意志的和自己意识的对象"④，才获得典型的和充分的意义。吊诡的是，这种自觉之获得所带来的历史后果恰恰是自觉的丧失：一方面人因此成为"有意识的存在物"，从而"他的活动才是自由的活动"；另一方面，"异化劳动把这种关系颠倒过来，以致人正因为是有意识的存在物，才把自己的生命活动，自己的本质变成仅仅维持自己生存的手段"⑤。人的意识借助于科学来完成的追问，所发现的不过是作为生物学事实的人，从而不再是人格意义上的人——这很容易使人想到亚当·斯密的所谓"经济人"；而人的意志则像卢梭所说的那样："当自然的需要已经得到满足的时候，意志却还提出要求。"⑥ 这种"意

---

① 《马克思恩格斯全集》第 23 卷，人民出版社 1972 年版，第 369 页。

② 《马克思恩格斯全集》第 25 卷，人民出版社 1974 年版，第 294 页。

③ 马克思：《1844 年经济学哲学手稿》，人民出版社 2000 年版，第 121、120 页。

④ 马克思：《1844 年经济学哲学手稿》，人民出版社 2000 年版，第 57 页。

⑤ 马克思：《1844 年经济学哲学手稿》，人民出版社 2000 年版，第 57 页。

⑥ ［法］卢梭：《论人类不平等的起源和基础》，李常山译，商务印书馆 1962 年版，第 83 页。

志"只能表现为"任性",即马克思所说的"特权者的偶然任性"①。因为"私有财产成了意志的主体,意志则成了私有财产的简单谓语。在这里,私有财产已经不是任性的特定客体,而任性反倒是私有财产的特定谓语"②。作为"任性"的"随心所欲",正是意志支配的结果和意志本身的表达。超出自然需要限度的意志就是贪婪,它所带来的便是奢侈。在一定意义上,可以说,奢侈不过是超出人的自然而然限度的额外需要。马克思强调说:"奢侈是自然必要性的对立面。必要的需要就是本身归结为自然主体的那种个人的需要"③。桑巴特同样认为:"奢侈是超出任何必要开支的花费"④。马克思还指出:"由于人类自然发展的规律,一旦满足了某一范围的需要,又会游离出、创造出新的需要。"⑤ 这当然是从客观的方面而言的,倘若从主观的方面说,这种不断超出现有需要的限度,而表征为奢侈和贪婪的性质,就是意志表达的任性。如此一来,那种使人成其为人的东西亦即人的自我确证恰恰充当了人的自我剥夺的手段,这是富有讽刺意味的。在《资本论》中,这一吊诡已然变成了马克思通过经验地考察而不断展现出来的内容。关于奢侈同资本主义的内在联系,马克思写道:"如果没有相当多的奢侈品,那么建立在工人阶级和生产资料所有者对立基础上的任何生产方式都不可能长期存在。"⑥ 在马克思看来,奢侈品的存在,乃是资本主义生产方式得以长期存在的条件。按照马克思的说法,"18 世纪是商业的世纪。"⑦ 而正是在这个世纪的前夕,贸易主义者便极力鼓吹若追求财富和奢侈首先就要刺激贪欲和鼓励奢侈。例如在 1681 年,约翰·豪顿说:"我们的高水平生

---

① 《马克思恩格斯全集》第 1 卷,人民出版社 1956 年版,第 147 页。

② 《马克思恩格斯全集》第 1 卷,人民出版社 1956 年版,第 370 页。

③ 《马克思恩格斯全集》第 46 卷下册,人民出版社 1980 年版,第 20 页。

④ [德] 维尔纳·桑巴特:《奢侈与资本主义》,王燕平、侯小河译,上海人民出版社 2000 年版,第 79 页。

⑤ 《马克思恩格斯全集》第 47 卷,人民出版社 1979 年版,第 259–260 页。

⑥ 《马克思恩格斯全集》第 49 卷,人民出版社 1982 年版,第 525 页。

⑦ 《马克思恩格斯选集》第 1 卷,人民出版社 1995 年版,第 112 页。

活非但无损于国家，……反而使它富裕起来"。而达德利·诺思在其《贸易演讲集》（1691 年）中则把"人的追求欲"（the exhorbitant appetites of man）称作对"勤劳和独创性"的主要刺激，认为"人们若满足于极少量的必需品，我们将只有一个贫穷的世界"①。当然，马克思认为，"贪欲"并不等于"致富欲望"。毋宁说，"致富欲望"只是被货币所中介了的"贪欲"。马克思指出："货币不仅是致富欲望的对象，同时也是致富欲望的源泉。贪欲在没有货币的情况下也是可能的；致富欲望本身是一定的社会发展的产物，而不是与历史产物相对立的自然产物。"②

按照马克思的说法，"资本家的一切行动只是通过他才具有意志和意识的资本的职能"③。资本的职能通过资本家这一人格化形式获得了自觉的表征，即资本家的意志（贪婪）和意识（自觉地追求贪婪）支配下的行动。在马克思看来，作为资本的人格化，资本家的贪婪不过是资本权力的主观表达罢了。马克思说："资本家……事实上只是人格化的具有自己的意识和意志的资本。"④ 反过来，资本不过是贪婪本身的客体化形式。由此决定了"资本主义生产的动机就是赚钱"。唯其如此，在资本主义社会，"发财致富本身才是生产的自身目的"⑤。所以，马克思才认为，"致富欲望本身是一定的社会发展的产物，而不是与历史产物相对立的自然产物。"⑥ 关于"资本"的贪婪这一原欲，马克思写道：作为资本人格化的资本家"具有绝对的致富欲"⑦。从发生学的角度看，"在资本主义生产方式的历史初期，——而每个资本主义的暴发户都个

---

① 参见［英］阿萨·勃里格斯：《英国社会史》，陈叔平等译，中国人民大学出版社 1991 年版，第 197 页。

② 《马克思恩格斯全集》第 46 卷上册，人民出版社 1979 年版，第 171−172 页。

③ 《马克思恩格斯全集》第 23 卷，人民出版社 1972 年版，第 650 页。

④ 《马克思恩格斯全集》第 25 卷，人民出版社 1974 年版，第 323 页。

⑤ 《马克思恩格斯全集》第 24 卷，人民出版社 1972 年版，第 68 页。

⑥ 《马克思恩格斯全集》第 46 卷上册，人民出版社 1979 年版，第 172 页。

⑦ 《马克思恩格斯全集》第 23 卷，人民出版社 1972 年版，第 649 页。

别地经过这个历史阶段，——致富欲和贪欲作为绝对的欲望占统治地位"①。这正是资本主义制度的"原罪"。资本的"原欲"，则是通过资本的权力得以宣泄和释放的。

早在《德意志意识形态》中，马克思就区分了借助生产工具实现的两种"支配"方式：一种是通过"自然形成的生产工具"实现的"自然界的支配"；另一种是通过"由文明创造的生产工具"实现的"劳动产品的支配"。后者表现为"劳动的统治，特别是积累起来的劳动即资本的统治"②。就前者来说，"只要具备普通常识就可以了"，但对于后者来说，"脑力劳动和体力劳动之间实际上应该已经实行分工"。正因此，前者不需要"科学"，后者则必须以"科学"作为生产力给予肯定。这也正是为什么真正的科学只能是现代社会的产物的一个重要原因。马克思强调说："在前一种情况下，所有者对非所有者的统治可以依靠个人关系，依靠这种或那种形式的共同体；在后一种情况下，这种统治必须采取物的形式，通过某种第三者，即通过货币。"③ 这实际上已经蕴含着马克思后来在《资本论》手稿中提出的以人的依赖关系为特征的社会形态向以物的依赖性为特征的社会形态过渡的思想萌芽了。用货币关系所造成的视野去审视自然界，其结果只能是使自然界丧失其尊严，从而出现"祛魅化"。诚如马克思在《论犹太人问题》中所说的："在私有财产和钱的统治下形成的自然观，是对自然界的真正蔑视和实际的贬低。"④ 对此，马克思后来在《政治经济学批判大纲》中又进一步指出："没有任何绝对的价值，因为对货币来说，价值本身是相对的。没有任何东西是不可让渡的，因为一切东西都可以为换取货币而让渡。没有任何东西是高尚的、神圣的等等，因为一切东西都可以通过货币而占有。正如在上帝面前人人平等一样，在货币面前不存在'不能估价、不能抵

---

① 《马克思恩格斯全集》第 23 卷，人民出版社 1972 年版，第 651 页。
② 《马克思恩格斯选集》第 1 卷，人民出版社 1995 年版，第 103 页。
③ 《马克思恩格斯选集》第 1 卷，人民出版社 1995 年版，第 103 页。
④ 《马克思恩格斯全集》第 1 卷，人民出版社 1956 年版，第 448—449 页。

押或转让的'，'处于人类商业之外的'，'谁也不能占有的'，'神圣的'和'宗教的东西'。"① 在这种货币关系中，自然界不可避免地变成占有的对象，从而走向"祛魅化"。正如海德格尔所揭示的被纳入经济学考量的莱茵河完全丧失其自主性从而沦为一种工具价值。他写道："水力发电厂被建造在莱茵河上，并不像一座几百年来连系两岸的古老木桥。……它是它现在作为河流所是的东西，即水压供应者，来自发电厂的本质"。因为"进入发电厂而被隔断的'莱茵河'，与从荷尔德林的同名赞美诗这件艺术作品中被说道的'莱茵河'"，完全不可同日而语。在现代社会的经济动机宰制下，即使被用来作为观赏对象的"莱茵河"，也"无非是休假工业已经订造出来的某个旅游团的可预订的参观对象"②。这也是从历史上看资本主义生产方式何以不可避免地导致生态危机的一个重要原因。

资本的扩张本性在于，资本的增殖和扩大构成资本得以保存的条件。正如马克思所说的，"他（指资本家——引者注）的资本的不断增大，成为保存他的资本的条件。"③ 而保存资本不过是资本家角色得以自我肯定的客观形式罢了，因为资本家仅仅是资本的人格化。对于资本来说，增殖是内在地隐含在它自身之中的固有性质。马克思说："资本通过自己的增殖来表明自己是资本。"④ 也就是说，离开了增殖，资本也就不成其为资本了。而按照马克思的说法，"资本的增殖是资本主义生产的唯一目的。"⑤ 当然，说资本的增殖是资本的本性，并不意味着为资本所无偿占有的剩余价值是资本本身创造的；相反，那是雇佣劳动创造

---

① 《马克思恩格斯全集》第 46 卷下册，人民出版社 1980 年版，第 368 页。
② 孙周兴选编：《海德格尔选集》下卷，上海三联书店 1996 年版，第 934 页。
③ 《马克思恩格斯全集》第 24 卷，人民出版社 1972 年版，第 92 页。
④ 《马克思恩格斯全集》第 25 卷，人民出版社 1974 年版，第 397 页。
⑤ 《马克思恩格斯全集》第 25 卷，人民出版社 1974 年版，第 270 页。

的①。资本仅仅是借助于它的占有关系所获得的权力，把这种创造力据为己有罢了。

在《资本论》中，马克思深刻地揭示了"资本权力"对"自然"的双重摧残：一是作为人的无机身体的自然界；二是人的肉体存在本身，即马克思所谓的"人的周围的自然"和"人本身的自然"。按照他的观点，"人的周围的自然"亦即"外界自然条件"，又可以进一步划分为"生活资料的自然富源，例如土壤的肥力，鱼产丰富的水等等；劳动资料的自然富源，如奔腾的瀑布、可以航行的河流、森林、金属、煤炭等等"。这两类自然富源在人类文明的不同阶段有着不同的意义，因为"在文化初期，第一类自然富源具有决定性的意义；在较高的发展阶段，第二类自然富源具有决定性的意义"②。

马克思指出了资本权力支配下的生产所具有的"双刃"效应："它一方面聚集着社会的历史动力，另一方面又破坏着人和土地之间的物质变换，也就是使人以衣食形式消费掉的土地的组成部分不能回到土地，从而破坏土地持久肥力的永恒的自然条件"③。以农业为例，马克思在《政治经济学批判·导言》中指出："在资产阶级社会中……农业越来越变成仅仅是一个工业部门，完全由资本支配。"④ 他在《资本论》第1卷中写道："资本主义农业的任何进步，都不仅是掠夺劳动者的技巧的进步，而且是掠夺土地的技巧的进步，在一定时期内提高土地肥力的任何进步，同时也是破坏土地肥力持久源泉的进步。"⑤ 这就是说，资本主义对于土地的经营方式是短视的、掠夺式的，其后果只能是以牺牲依赖

---

① 即使是李嘉图、西斯蒙第等等古典经济学家，都已经意识到了"只有劳动是生产的，资本不是生产的"（《马克思恩格斯全集》第46卷上册，人民出版社1979年版，第268页）。但正如恩格斯所指出的，"马克思曾经第一个彻底研究了劳动所具有的创造价值的特性"（《马克思恩格斯选集》第1卷，人民出版社1995年版，第323页）。

② 《马克思恩格斯全集》第23卷，人民出版社1972年版，第560页。

③ 《马克思恩格斯全集》第23卷，人民出版社1972年版，第552页。

④ 《马克思恩格斯选集》第2卷，人民出版社1995年版，第25页。

⑤ 《马克思恩格斯全集》第23卷，人民出版社1972年版，第552-553页。

土地作为前提的农业的可持续发展为代价。马克思在此深刻地揭示了发展的不可持续性在经济制度层面上的原因。短期内的土地肥力的进步，不过是提高生产效率的需要，土地依然不过是被用来充当一种最大限度地榨取财富的手段，它因此必然是以断送其长久价值为条件。这正是造成马克思所说的那种"掠夺性的耕作"① 的历史根源。在《资本论》第2卷中，马克思还以"林业"为例，揭露了资本对于生态的负面作用。他写道："漫长的生产时间（只包括比较短的劳动时间），从而漫长的资本周转期间，使造林不适合私人经营，因而也不适合资本主义经营。"因此，历史上的情形是，"文明和产业的整个发展，对森林的破坏从来就起很大的作用，对比之下，对森林的护养和生产，简直不起作用。"②由于投资—收益周期过长，造林不适合资本主义经营。这也暗示了资本主义同生态危机之间在制度层面上的因果关系。马克思在《资本论》第3卷中又说："历史的教训是……：资本主义制度同合理的农业相矛盾，或者说，合理的农业同资本主义制度不相容（虽然资本主义制度促进农业技术的发展），合理的农业所需要的，要么是自食其力的小农的手，要么是联合起来的生产者的控制"③。这是因为，在资本主义私有制条件下，"对地力的剥削和滥用……代替了对土地这个人类世世代代共同的永久财产，即他们不能出让的生存条件和再生产条件所进行的自觉的合理的经营"④。马克思进一步揭露道："大工业和按工业方式经营的大农业一起发生作用。如果说它们原来的区别在于，前者更多地滥用和破坏劳动力，即人类的自然力，后者更直接地滥用和破坏土地的自然力，那末，在以后的发展进程中，二者会携手并进，因为农业的产业制度也是劳动者精力衰竭，而工业和商业则为农业提供各种手段，使土地日益贫

---

① 《马克思恩格斯全集》第 25 卷，人民出版社 1974 年版，第 755 页。
② 《马克思恩格斯全集》第 24 卷，人民出版社 1972 年版，第 272 页。
③ 《马克思恩格斯全集》第 25 卷，人民出版社 1974 年版，第 139 页。
④ 《马克思恩格斯全集》第 25 卷，人民出版社 1974 年版，第 916 页。

瘠"①。其实，马克思在此不过是把农业的情形作为整个资本主义生产方式的一种广义的隐喻罢了。他指出："一个国家，例如北美合众国，越是以大工业作为自己发展的起点，这个破坏过程就越迅速。因此，资本主义生产发展了社会生产过程的技术和结合，只是由于它同时破坏了一切财富的源泉——土地和工人。"② 从资本的观点来看，土地和工人都不过是能给资本带来利润的自然界的力量而已。

按照"从后思索"的运思方式，马克思指出："从一个较高级的社会经济形态的角度来看，个别人对土地的私有权，和一个人对另一个人的私有权一样，是十分荒谬的。"他紧接着又指出："甚至整个社会，一个民族，以至一切同时存在的社会加在一起，都不是土地的所有者。他们只是土地的占有者，土地的利用者，并且他们必须像好家长那样，把土地改良后传给后代。"③ 有学者认为，马克思在这里"对现代生态学的环境保护原则作了预测"④。

资本权力造成了"工人对资本的从属关系"⑤，并通过"资本统治劳动"⑥ 导致对雇佣劳动者的戕害。"资本使用工人，而不是工人使用资本；只有那些使用工人的物，从而在资本家身上具有自私性，具有自我意识和自我意志的物，才是资本。"⑦ 被资本"使用"的工人，已经沦为客体化的存在者了；与此相反，充当资本人格化的资本家，作为"使用"者，却获得了主体性。马克思揭露了他所在的那个时代雇佣劳动者的命运，他说："资本由于无限度地盲目追逐剩余劳动，像狼一般地贪求剩余劳动，不仅突破了工作日的道德极限，而且突破了工作日的纯粹

① 《马克思恩格斯全集》第 25 卷，人民出版社 1974 年版，第 917 页。
② 《马克思恩格斯全集》第 23 卷，人民出版社 1972 年版，第 553 页。
③ 《马克思恩格斯全集》第 25 卷，人民出版社 1974 年版，第 875 页。
④ ［德］卡·屈内：《马克思关于公有经济的各种形式的基本概念》，载《马列主义研究资料》1984 年第 4 辑，人民出版社 1984 年版，第 43 页。
⑤ 《马克思恩格斯全集》第 23 卷，人民出版社 1972 年版，第 677 页。
⑥ 《马克思恩格斯全集》第 23 卷，人民出版社 1972 年版，第 403 页。
⑦ 《马克思恩格斯全集》第 49 卷，人民出版社 1982 年版，第 67 页。

身体的极限。"因为"资本无限度地追逐自行增殖，必然使工作日延长到违反自然的程度，从而缩短工人的寿命，缩短他们的劳动力发挥作用的时间"①。马克思又指出："过度劳动，把工人变成一种役畜，是加速资本自行增殖，加速剩余价值生产的一种方法。"② 马克思写道：在资本主义生产方式下，"这种节约（指社会生产资料的节约——引者注）在资本手中却同时变成了对工人在劳动时的生活条件系统的掠夺，也就是对空间、空气、阳光以及对保护工人在生产过程中人身安全和健康的设备系统的掠夺"③。显然，节约是以对工人的生活条件的掠夺，最终牺牲工人的健康和生存质量为代价的。这种"节约"，伤害的乃是生产的一般目的本身，它恰恰是劳动异化的典型表现。因为在资本主义生产方式下，"不是物质财富为工人的发展需要而存在，相反是工人为现有价值的增殖需要而存在"④。这正是异化所造成的根本颠倒。马克思还尖锐地指出："资本是不管劳动力的寿命长短的。它唯一关心的是在一个工作日内最大限度地使用劳动力。它靠缩短劳动力的寿命来达到这一目的，正像贪得无厌的农场主靠掠夺土地肥力来提高收获量一样。"⑤ 需要指出的是，随着资本主义本身的发展和成熟，资本的利己本性在观念上开始由短视的利己主义演变为有远见的利己主义，从而在表面上变得更加"人道"，但问题的实质并未因此而改变，改变的仅仅是表象罢了。另外值得注意的是，马克思在这里所作的一个类比：工人的寿命与土地的肥力这两种自然力在资本主义制度安排下所遭遇的双重剥夺。马克思揭露说：在资本权力的宰制下，"这些雇佣工人不得不把自己的劳动力转化为日益增长的资本的日益增大的增殖力，并且由此把他们对自己所生产的、但已人格化为资本家的产品的从属关系永久化。"⑥ 这样的话，"劳

---

① 《马克思恩格斯全集》第 23 卷，人民出版社 1972 年版，第 295 页。
② 《马克思恩格斯全集》第 25 卷，人民出版社 1974 年版，第 102 页。
③ 《马克思恩格斯全集》第 23 卷，人民出版社 1972 年版，第 467 页。
④ 《马克思恩格斯全集》第 23 卷，人民出版社 1972 年版，第 681 页。
⑤ 《马克思恩格斯全集》第 23 卷，人民出版社 1972 年版，第 295 页。
⑥ 《马克思恩格斯全集》第 23 卷，人民出版社 1972 年版，第 675 页。

动的一切力量都转化为资本的力量"①；其历史后果必然是工人的"劳动的创造力作为资本的力量，作为异己的权力而同他相对立"②。即使雇佣劳动者的生存状况有所改善，也无法改变他们的从属地位。"吃穿好一些，待遇高一些，特有财产多一些，不会消除奴隶的从属地位和对他们的剥削，同样，也不会消除雇佣工人的从属关系和对他们的剥削。"③

马克思指出："大工业在农业领域内所起的最革命的作用，是消灭旧社会的堡垒——'农民'，并代之以雇佣工人。"④ 如此一来，雇佣劳动者所遭遇的一切命运，原来意义上的农民如今也都不得不一一遭遇。他甚至指出："在农业中，像在工场手工业中一样，生产过程的资本主义转化同时表现为生产者的殉难历史，劳动资料同时表现为奴役工人、剥削工人和使工人贫困的手段，劳动过程的社会结合同时表现为对工人个人的活力、自由和独立的有组织的压制。"⑤ 当然，在农业领域，机器的使用可以减轻劳动者的体力负担，但却带来了更深刻的危机，那就是劳动者的过剩。马克思写道："如果说机器在农业中的使用大多避免了机器使工厂工人遭到的那种身体上的损害，那末机器在农业中的使用在造成工人'过剩'方面却发生了更为强烈的作用，而且没有遇到什么抵抗"⑥。

一般认为，商品经济⑦在历史上是最有效率的资源配置方式；但它仅仅在微观上可能是最有效率的，在宏观上却未必如此，有时甚至恰恰相反。一位西方经济学家就把全球气候恶化描述为"有史以来最大的市

---

① 《马克思恩格斯全集》第 46 卷下册，人民出版社 1980 年版，第 213 页。
② 《马克思恩格斯全集》第 47 卷，人民出版社 1979 年版，第 180 页。
③ 《马克思恩格斯全集》第 23 卷，人民出版社 1972 年版，第 678 页。
④ 《马克思恩格斯全集》第 23 卷，人民出版社 1972 年版，第 551 页。
⑤ 《马克思恩格斯全集》第 23 卷，人民出版社 1972 年版，第 552 页。
⑥ 《马克思恩格斯全集》第 23 卷，人民出版社 1972 年版，第 551 页。
⑦ 按马克思的说法："只有在资本主义生产的基础上，商品生产才表现为标准的、占统治地位的生产形式。"（《马克思恩格斯全集》第 24 卷，人民出版社 1972 年版，第 40 页）恩格斯也认为："商品生产的最高形式即资本主义生产"（《马克思恩格斯选集》第 3 卷，人民出版社 1995 年版，第 663 页）。这意味着资本主义乃是商品经济的最高历史形式。

场失灵"①。在谈到节约的时候，马克思指出："资本主义生产方式迫使单个企业实行节约，但是它的无政府状态的竞争制度却造成社会生产资料和劳动力的最大的浪费"②。这是富有讽刺意味的。节约本身就是追求效率的内在诉求。马克思所说的这一状态意味着资本主义生产方式实现的不过是微观节约、宏观浪费罢了。以至于马克思在《资本论》第2卷第一稿中写道："国家在资产阶级手中要比在寡头统治者手中更浪费"③。资本主义辩护士却有意无意地忽视以至掩盖系统的非加和效应，这也从一个侧面表明资产阶级的"科学"所固有的机械论或知性逻辑的局限。微观效率的代数和在宏观层面未必一定是效率最优状态，正如每个个体的人的自由之总和未必一定导致整个共同体的自由最大化一样。然而，资本主义卫道士却偏好用这种线性思维来替自己的保守立场作辩护。一个不争的事实是，资本主义生产方式无法真正解决"外部不经济"（External Diseconomy）的难题。

马克思批评说："资产阶级经济学家们把资本看作永恒的和自然的（而不是历史的）生产形式，然后又竭力为资本辩护"④。这些"资本的辩护士"⑤囿于狭隘的"资产阶级视野"，"把资本主义制度不是看作历史上过渡的发展阶段，而是看作社会生产的绝对的最后的形式"⑥。他们"把资本描述成永恒的生产关系"，是因为"经常把这些物（指劳动产品——引者注）借以表现为资本的一定的特殊形式同它们作为物以及作为一切劳动过程的简单因素的属性混为一谈"⑦。"政治经济学家"试图借此为资本主义制度寻求某种合法性。马克思甚至说："当古典政治经

---

① 参见［英］特里·伊格尔顿：《马克思为什么是对的》，李杨等译，新星出版社 2011 年版，第 20 页。

② 《马克思恩格斯全集》第 23 卷，人民出版社 1972 年版，第 579 页。

③ 《马克思恩格斯全集》第 49 卷，人民出版社 1982 年版，第 524 页。

④ 《马克思恩格斯全集》第 46 卷上册，人民出版社 1979 年版，第 457 页。

⑤ 参见《马克思恩格斯全集》第 47 卷，人民出版社 1979 年版，第 107 页。

⑥ 《马克思恩格斯全集》第 23 卷，人民出版社 1972 年版，第 16 页。

⑦ 《马克思恩格斯全集》第 26 卷第 3 册，人民出版社 1974 年版，第 292 页。

济学把生产过程的过渡性的历史形式说成是永恒的自然形式时，它是在进行欺骗。"① 在批评追随古典经济学的俄国经济学家昂利·施托尔希的"反历史态度"时，马克思强调说："施托尔希不是历史地考察物质生产本身，他把物质生产当作一般的物质财富的生产来考察，而不是当作这种生产的一定的、历史地发展的和特殊的形式来考察，所以他就失去了理解的基础"②。在马克思看来，倘若离开了这种"历史地考察"，就必将丧失"理解的基础"。再如，马克思在批评李嘉图的观点时强调指出："土地根本就不是什么'原有的'东西，而是自然历史过程的产物。"③ 所以，"李嘉图把纯工业条件造成的那种土地占有形式当成全部历史的'永恒自然规律'，他就陷入了一切资产阶级经济学所固有的通病。"④ 马克思认为，即使是土地的"肥沃"，也不过是一个历史的概念。他在《哲学的贫困》中批判蒲鲁东经济学观点时就曾指出："肥沃绝不像所想的那样是土壤的一种天然素质，它和现代社会关系有着密切的联系。"⑤ 即使单纯从科学这一变量考虑，"现代化学的应用不断改变着土质，而地质科学目前又在开始推翻过去对相对肥沃的估价"⑥。其实，对于任何范畴，马克思都是着眼于它的历史内涵及其历史生成和历史消解。马克思对资本主义生产方式所作的考察，为我们提供了恪守这种历史的立场和态度的楷模，因为他总是从历史的暂时性角度提出并解决问题。这充分体现了马克思所特有的运思方式的特点和优点。正是基于这种独特的运思方式，马克思才能正视并揭示资本主义生产方式的历史暂时性，指明"资本主义生产过程是一般社会生产过程的一个历史规定的形式"⑦，而非超历史规定的永恒形式。因为"资产阶级生产方式"不过是"一种

---

① 《马克思恩格斯全集》第50卷，人民出版社1985年版，第47页。
② 《马克思恩格斯全集》第26卷第1册，人民出版社1972年版，第296页。
③ 《马克思恩格斯全集》第26卷第2册，人民出版社1973年版，第273页。
④ 《马克思恩格斯全集》第50卷，人民出版社1985年版，第419页。
⑤ 《马克思恩格斯全集》第4卷，人民出版社1958年版，第188页。
⑥ 《马克思恩格斯全集》第4卷，人民出版社1958年版，第187-188页。
⑦ 《马克思恩格斯全集》第25卷，人民出版社1974年版，第924-925页。

特殊的社会生产类型，因而同时具有历史的特征"。之所以对此视而不见，就是由"政治经济学的资产阶级意识"这一狭隘想象的限制造成的①。

从这种历史的观点出发，马克思认为："社会劳动生产力的发展是资本的历史任务和权利。正因为如此，资本无意之中为一个更高的生产方式创造物质条件。"由此决定了资本主义生产"不是绝对的生产方式，而只是历史的并与一定的物质生产条件的有限发展时代相适应的生产方式"②。因此，它"决不是生产力的绝对的［……］和最终的形式"③。马克思充分地肯定了资本的"文明作用"及其带来的历史进步意义，给予其以足够的历史地位，指出："资本的文明面之一是，它榨取剩余劳动的方式和条件，同以前的奴隶制、农奴制等形式相比，都更有利于生产力的发展，有利于社会关系的发展，有利于更高级的新形态的各种要素的创造。"④从历史上看，资本的确是极大地促进了生产力的发展；但吊诡的是，这同时也是在为它自身的被扬弃奠定基础。这正是历史的辩证法。

三、资本通过科学技术恶化了人与自然的关系

青年马克思在《评弗里德里希·李斯特的著作〈政治经济学的国民体系〉》中就曾指出："工业社会制度"是"开发自然的能力的最适宜的制度"⑤。应该说，这最典型地体现在科学和技术方面。

科学的历史性质在于，它严格地说只是现代性的产物。对此，恩格斯说过："18世纪以前根本没有科学；对自然的认识只是在18世纪（某

---

① 《马克思恩格斯全集》第23卷，人民出版社1972年版，第98页。
② 《马克思恩格斯全集》第48卷，人民出版社1985年版，第304页。
③ 《马克思恩格斯全集》第48卷，人民出版社1985年版，第316页。
④ 《马克思恩格斯全集》第25卷，人民出版社1974年版，第925–926页。
⑤ 《马克思恩格斯全集》第42卷，人民出版社1979年版，第260页。

些部门或者早几年）才取得了科学的形式。牛顿由于发明了万有引力定律而创立了科学的天文学，由于进行了光的分解而创立了科学的光学，由于创立了二项式定理和无限理论而创立了科学的数学，由于认识了力的本性而创立了科学的力学。物理学也正是在 18 世纪获得了科学性质"①。在恩格斯看来，其他的学科如化学、地理学、地质学等等，也具有类似的性质和特点。第二国际思想家奥托·鲍威尔同样指出："马克思的历史观引导我们把科学看作一种以某种方式整理经验的事业，这种方式最充分地适应处于某一具体社会状况、属于某一特定阶级的人们的倾向。"② 从历史上看，"只要资产阶级还处于反对封建主义和专制主义的斗争中，它（指自然科学——引者注）就为获得应能克服封建时代思想体系的一种世界观而斗争。从哥白尼到达尔文的自然研究的一切丰功伟绩，必然为它提供了反对陈旧观念的武器。现在却是另外一回事了。成为统治阶级的资产者从自然科学中寻找的不是对于世界观需要的满足，而是可以直接运用到技术上的、能够改善他们的生产方法的知识。"③ 卢卡奇也认为，资本主义生产方式对于"总体性"的解构，恰恰使科学所作的那种分门别类的研究成为可能，它因此而构成同资本主义生产方式相适应的观念形式④。

　　资本主义生产方式的历史特征之一，就在于把物质生产变成了科学的应用。马克思强调，资本主义"使生产过程变为科学在工艺上的应用"⑤。从历史上看，"只有资本主义生产方式才第一次使自然科学为直接的生产过程服务……。科学获得的使命是：成为生产财富的手段，成

---

　　① 《马克思恩格斯全集》第 1 卷，人民出版社 1956 年版，第 657 页。

　　② 中共中央编译局资料室编：《鲍威尔言论》，生活·读书·新知三联书店 1978 年版，第 45-46 页。

　　③ 中共中央编译局资料室编：《鲍威尔言论》，生活·读书·新知三联书店 1978 年版，第 36-37 页。

　　④ 参见［匈牙利］卢卡奇：《历史与阶级意识》，杜章智、任立、燕宏远译，商务印书馆 1992 年版，第 76-77 页。

　　⑤ 《马克思恩格斯全集》第 23 卷，人民出版社 1972 年版，第 684 页。

为致富的手段。"① 因为"只有在这种生产方式下才第一次产生了只有用科学方法才能解决的实际问题"②。马克思所谓的"为我关系"隐含着对象性，而海德格尔指出："'对象'（Gegenstand）一词直到18世纪才出现，并且是作为对拉丁文'客体'（obiectum）的德语翻译出现的。"③"对象"这个词作为能指在此时的出现，意味着人的存在方式的变迁所带来的全新性质，从而使其所指获得了某种真实性。科学不过是"自由地实行的、以概念进行揭示的对象化"④。因此，"科学乃是现代的根本现象之一"⑤。作为人类同自然界打交道的最典型的理性形式，自然科学构成人类与自然界之间进行物质、能量、信息交换的最有效率的方式。正因此，马克思说科学是"知识形态上的生产力"或者"潜在的生产力"。由此决定了为了最大限度地实现资本的增殖，以追求效率最大化为目标的资本主义生产，必然选择自然科学及作为其外化形态的技术，充当资本力量得以延长并放大的基本形式，并使物质生产过程变成了科学的应用。在资本主义生产方式下，技术之所以变得重要，就在于它充当了由科学转变为资本力量的中介。因为"资本只有通过使用机器……才能占有这种科学力量"⑥。"科学"因此才成为"财富的最可靠的形式"⑦。那么，科学变成"实践的科学"，其历史条件是什么呢？它就是马克思所说的"只是通过使工人从属于资本，只是通过压制工人本身的智力和专业的发展来实现的"⑧。

马克思说："资本作为无限制地追求发财致富的欲望，力图无限制

---

① 《马克思恩格斯全集》第47卷，人民出版社1979年版，第570页。
② 《马克思恩格斯全集》第47卷，人民出版社1979年版，第570页。
③ ［德］马丁·海德格尔：《演讲与论文集》，孙周兴译，生活·读书·新知三联书店2005年版，第46页。
④ 孙周兴选编：《海德格尔选集》下卷，上海三联书店1996年版，第739页。
⑤ 孙周兴选编：《海德格尔选集》下卷，上海三联书店1996年版，第885页。
⑥ 《马克思恩格斯全集》第46卷下册，人民出版社1980年版，第287页。
⑦ 《马克思恩格斯全集》第46卷下册，人民出版社1980年版，第34页。
⑧ 《马克思恩格斯全集》第47卷，人民出版社1979年版，第576页。

地提高劳动生产力并且使之成为现实。"① 既然如此，它就不能不选择科学和技术来达到这一目的，以至于资本主义生产方式"要把自然科学发展到它的顶点"②。

　　当然，马克思以其深邃的历史感，充分肯定了科学和技术的发展对于人类社会的历史进步意义。正如恩格斯《在马克思墓前的讲话》中所说的，"在马克思看来，科学是一种在历史上起推动作用的、革命的力量。任何一门理论科学中的每一个新发现——它的实际应用也许还根本无法预见——都使马克思感到衷心喜悦，而当他看到那种对工业、对一般历史发展立即产生革命性影响的发现的时候，他的喜悦就非同寻常了。"③ 马克思对于技术的看待同样也不例外。早在《哲学的贫困》中，马克思就说过："手推磨产生的是封建主的社会，蒸汽磨产生的是工业资本家的社会。"④ 在《资本论》手稿中，他指出："'机械发明'。它引起'生产方式上的改变'，并且由此引起生产关系上的改变，因而引起社会关系上的改变，'并且归根到底'引起'工人的生活方式上'的改变。"⑤ 马克思把火药、指南针和印刷术称作"预告资产阶级社会到来的三大发明"⑥，而认为"机器的发展则是使生产方式和生产关系革命化的因素之一"⑦。因此，"随着一旦已经发生的、表现为工艺革命的生产力革命，还实现着生产关系的革命"⑧。按照马克思的揭示，在科学革命、技术革命、产业革命和社会革命之间存在着历史的因果关系。

　　在资本主义生产方式下，科学技术变成了资本权力的历史表现形式。马克思认为，自然科学及作为其外化形态的技术一旦被纳入资本权

① 《马克思恩格斯全集》第 46 卷上册，人民出版社 1979 年版，第 306 页。
② 《马克思恩格斯全集》第 46 卷上册，人民出版社 1979 年版，第 392 页。
③ 《马克思恩格斯选集》第 3 卷，人民出版社 1995 年版，第 777 页。
④ 《马克思恩格斯选集》第 1 卷，人民出版社 1995 年版，第 142 页。
⑤ 《马克思恩格斯全集》第 47 卷，人民出版社 1979 年版，第 501 页。
⑥ 参见《马克思恩格斯全集》第 47 卷，人民出版社 1979 年版，第 427 页。
⑦ 《马克思恩格斯全集》第 47 卷，人民出版社 1979 年版，第 411 页。
⑧ 《马克思恩格斯全集》第 47 卷，人民出版社 1979 年版，第 473 页。

力的支配之下，就不可避免地沦为人类过度征服自然的危险力量。因为"科学和技术使执行职能的资本具有一种不以它的一定量为转移的扩张能力"。在积极的肯定意义上，这种扩张的能力表征为"劳动生产力"，它"是随着科学和技术的不断进步而不断发展的"①。所以，马克思写道："一个生产部门……的劳动生产力的发展，——这种发展部分地又可以和精神生产领域内的进步，特别是和自然科学及其应用方面的进步联系在一起"②。他认为，"资产阶级历史时期"由于"负有为新世界创造物质基础的使命"，所以必须"发展人的生产力，把物质生产变成对自然力的科学统治"③。

资本主义机器大工业"把科学作为一种独立的生产能力与劳动分离开来，并迫使它为资本服务"④，这意味着"生产过程的智力同体力劳动相分离，智力变成资本支配劳动的权力"⑤。由此决定的一个基本的事实是，"科学对于劳动来说，表现为异己的、敌对的和统治的权力"⑥。而物质资料的生产则变成了科学的应用，或者说"科学在工艺上的自觉应用"⑦。马克思说："大工业……使自然科学从属于资本。"⑧ 在此意义上，资本主义机器大工业的出现本身，就意味着科学变成了一种实践性的存在。但"自然科学……不得不直接地使非人化充分发展"⑨。在《德意志意识形态》中，马克思即已指出："机器"作为"生产力"而变成"破坏的力量"的可能性⑩。马克思深刻地揭示了现代技术的反自然性质，他写道："在单纯采用畜力的情况下，随意运动的原理仍然占

---

① 《马克思恩格斯全集》第 23 卷，人民出版社 1972 年版，第 664 页。
② 《马克思恩格斯全集》第 25 卷，人民出版社 1974 年版，第 97 页。
③ 《马克思恩格斯选集》第 1 卷，人民出版社 1995 年版，第 773 页。
④ 《马克思恩格斯全集》第 23 卷，人民出版社 1972 年版，第 400 页。
⑤ 《马克思恩格斯全集》第 23 卷，人民出版社 1972 年版，第 464 页。
⑥ 《马克思恩格斯全集》第 47 卷，人民出版社 1979 年版，第 571 页。
⑦ 《马克思恩格斯全集》第 23 卷，人民出版社 1972 年版，第 551 页。
⑧ 《马克思恩格斯选集》第 1 卷，人民出版社 1995 年版，第 114 页。
⑨ 马克思：《1844 年经济学哲学手稿》，人民出版社 2000 年版，第 89 页。
⑩ 参见《马克思恩格斯选集》第 1 卷，人民出版社 1995 年版，第 90 页。

主导地位，纯机械动作隐藏在随意运动的外表之下，因而不引人注意。然而，例如在磨坊，情形就完全不同了，在这里，牲畜被蒙住眼睛牵着或赶着绕圈行走。在这里，运动已经是反自然的，并且形成有规律的机械的路线，形成圆圈。"① 而这种磨坊所代表的机械运动，到了资本主义时代才获得了它的典型意义和形态。

在《资本论》第 1 卷中，马克思一上来就对商品作了这样一种刻画："商品首先是一个外界的对象，一个靠自己的属性来满足人的某种需要的物。"② 这个作为人化自然界之规定的"物"，其"祛魅"除了源于经济学考量，还来自科学的认知。按照对人的不同需要的满足，每一种物品"可以在不同的方面有用"。而"发现这些不同的方面，从而发现物的多种使用方式，是历史的事情"③。因为劳动对象的潜在价值取决于科学发展和技术进步这一重要变量。马克思举例说："磁石吸铁的属性只是在通过它发现了磁极性以后才成为有用的。"④ 而"化学的每一个进步"都"增加有用物质的数量和已知物质的用途"⑤。同样地，"随着自然科学和农艺学的发展，土地的肥力也在变化，因为各种能使土地要素立即被人利用的手段在发生变化"⑥；这是由于"在自然肥力相同的各块土地上，同样的自然肥力能被利用到什么程度，一方面取决于农业化学的发展，一方面取决于农业机械的发展"⑦。在一定意义上，这种发现史也就是对物的认知在深度和广度上不断扩展的历史。它正是自然界的祛魅化在认识论上的原因。与资本主义生产方式相适应的启蒙现代性，使得认知世界成为人类的一种最基本和最典型的把握世界的方式。"有用"与"认知"的这种历史性勾连，折射着自然界之所以被"祛魅"

---

① 《马克思恩格斯全集》第 47 卷，人民出版社 1979 年版，第 417 页。
② 《马克思恩格斯全集》第 23 卷，人民出版社 1972 年版，第 47 页。
③ 《马克思恩格斯全集》第 23 卷，人民出版社 1972 年版，第 48 页。
④ 《马克思恩格斯全集》第 23 卷，人民出版社 1972 年版，第 48 页。
⑤ 《马克思恩格斯全集》第 23 卷，人民出版社 1972 年版，第 664 页。
⑥ 《马克思恩格斯全集》第 25 卷，人民出版社 1974 年版，第 867 页。
⑦ 《马克思恩格斯全集》第 25 卷，人民出版社 1974 年版，第 733 页。

的特定历史—文化语境。马克思写道：人"对自然界的独立规律的理论认识本身不过表现为狡猾，其目的是使自然界（不管是作为消费品，还是作为生产资料）服从于人的需要"①。从某种意义上可以说，当物质生产活动变成了科学的应用之后，科学就成为物质生产领域内的"理性的狡计"。它归根到底取决于一个终极目的，这就是让自然界更有效率地满足人的需要。但这必然隐藏着对于自然界的多维度占有和掠夺的可能性。资本主义生产方式发展史的事实也充分地证明了这一点。

马克思说："他（指资本家——引者注）必须积累资本，以扩大生产，并把技术的进步合并到他的生产机体中去。"② 在一定意义上，技术不过是"物化的知识力量"③。作为科学的物化或外化的形态，作为资本主义时代的技术之典型形态，机器的广泛使用无疑极大地提高了劳动生产率，但同时也带来了对劳动者和自然界的否定性的后果。作为资本的物质承担者，机器"成了把工作日延长到超过一切自然界限的最有力的手段"④，因为"机器消灭了工作日的一切道德界限和自然界限"⑤；而且，"它创造了新动机，使资本增强了对别人劳动的贪欲"⑥。马克思认为，这种"机器的资本主义应用"，产生了一种十分悖谬的现象："缩短劳动时间的最有力的手段，竟成为把工人及其家属的全部生活时间变成受资本支配的增殖资本价值的劳动时间的最可靠的手段。"⑦ 其次，资本主义现代工厂制度的一个重要特征，就在于雇佣劳动者与机器之间在主客体关系上的倒置：机器变成了主体，而工人却沦为客体，亦即马克思所谓的从属于机器的"有意识的器官"。马克思指出："使用劳动工具的技巧，也同劳动工具一起，从工人身上转到了机器上面。"⑧ 如此一来，

① 《马克思恩格斯全集》第 46 卷上册，人民出版社 1979 年版，第 393 页。
② 《马克思恩格斯全集》第 24 卷，人民出版社 1972 年版，第 137 页。
③ 《马克思恩格斯全集》第 46 卷下册，人民出版社 1980 年版，第 219 页。
④ 《马克思恩格斯全集》第 23 卷，人民出版社 1972 年版，第 442 页。
⑤ 《马克思恩格斯全集》第 23 卷，人民出版社 1972 年版，第 447 页。
⑥ 《马克思恩格斯全集》第 23 卷，人民出版社 1972 年版，第 442 页。
⑦ 《马克思恩格斯全集》第 23 卷，人民出版社 1972 年版，第 447 页。
⑧ 《马克思恩格斯全集》第 23 卷，人民出版社 1972 年版，第 460 页。

"似乎结果是使物质力量成为有智慧的生命，而人的生命则化为愚钝的物质力量"①。这一富有讽刺意味的结果，正是技术在资本统治下的发展所必然带来的人的物化的命运。因此，"机器成了资本的形式，成了资本驾驭劳动的权力，成了资本镇压劳动追求独立的一切要求的手段。在这里，机器就它本身的使命来说，也成了与劳动相敌对的资本形式。"②由此决定了"在机器上实现了的科学，作为资本同工人相对立"③。

在马克思那里，对于科学和技术所作的分析，并不同抽象的"人"相联系，而是同资本主义生产方式下的具体的"人"相联系，对于资本家和雇佣劳动者来说，科学技术的意义完全不同。科学技术充当资本家追求资本增殖的最有效率的手段，而它在雇佣劳动者那里却变成一种否定性的敌对力量。马克思认为，在资本主义生产方式下，一切力量都不得不表征为资本的形式、资本的力量，包括自然力、科学、活劳动及其产品。马克思写道："……劳动生产力，从而还有科学和自然力，也表现为资本的生产力"。而"在机器工业中自然力、科学和劳动产品……所有这一切，都作为某种异己的、物的东西，纯粹作为不依赖于工人而支配工人的劳动资料的存在形式，同单个工人相对立"④。在马克思看来，"自然力和科学"之所以"作为资本的力量同工人相对立"，是因为"以社会劳动为基础的所有这些对科学、自然力和大量劳动产品的应用本身，只表现为剥削劳动的手段，表现为占有剩余劳动的手段，因而，表现为属于资本而同劳动对立的力量"⑤。马克思指出："资本所合并的劳动力、科学和土地……会成为资本的有伸缩性的能力，这种能力在一定的限度内使资本具有一个不依赖于它本身的量的作用范围。"⑥ 显然，科学乃是资本所整合的诸种变量中的一种越来越重要且最具有创造性的

---

① 《马克思恩格斯选集》第 1 卷，人民出版社 1995 年版，第 775 页。
② 《马克思恩格斯全集》第 47 卷，人民出版社 1979 年版，第 385 页。
③ 《马克思恩格斯全集》第 26 卷第 1 册，人民出版社 1972 年版，第 421 页。
④ 《马克思恩格斯全集》第 48 卷，人民出版社 1985 年版，第 38 页。
⑤ 《马克思恩格斯全集》第 48 卷，人民出版社 1985 年版，第 39 页。
⑥ 《马克思恩格斯全集》第 23 卷，人民出版社 1972 年版，第 668–669 页。

变量。这一点在信息时代变得尤为突出。就此而言，科学所造成的资本能力的伸缩性最为显著。在马克思看来，科学能够延长和放大资本的能力，而不受资本规模的限制。

科学和技术作为人类同自然界打交道的典型的理性方式，它受到人与人的关系的制约。所以，要了解科学及其外化形式的技术，就不得不回到人与自然的关系同人与人的关系相关性的讨论。在《德意志意识形态》中，马克思已经提示了人与自然的关系和人与人的关系的历史性，其说法就是所谓的"人对自然以及个人之间历史地形成的关系"①。马克思所确立的基本立场是，人与自然的关系同人与人的关系是互为中介的。他写道："生产本身又是以个人彼此之间的交往 [Verkehr] 为前提的。这种交往的形式又是由生产决定的。"② 马克思在另一处加的边注更明确地认为："人们对自然界的狭隘的关系决定着他们之间的狭隘的关系，而他们之间的狭隘的关系又决定着他们对自然界的狭隘的关系"③。在这里，马克思不仅指出了人与自然的关系同人与人的关系互为中介，还揭示出这两种关系的狭隘性也相互制约。后来在《雇佣劳动与资本》中，马克思又指出："为了进行生产，人们相互之间便发生一定的联系和关系；只有在这些社会联系和社会关系的范围内，才会有他们对自然界的影响（在《新莱茵报》上发表时不是'对自然界的影响'，而是'对自然界的关系'。——原编者注），才会有生产。"④ 应该说，马克思考察人与自然的关系的这种方法论原则，为后来《资本论》的分析奠定了基础。那么，马克思所谓的人与自然的关系和人与人的关系的"狭隘性"是指什么呢？其实，马克思后来在《资本论》中对此有过进一步的论述，他指出：在前资本主义阶段，"古老的社会生产机体"赖以存在的条件是："劳动生产力处于低级发展阶段，与此相应，人们在物质生

---

① 《马克思恩格斯选集》第 1 卷，人民出版社 1995 年版，第 92 页。
② 《马克思恩格斯选集》第 1 卷，人民出版社 1995 年版，第 68 页。
③ 《马克思恩格斯选集》第 1 卷，人民出版社 1995 年版，第 82 页。
④ 《马克思恩格斯选集》第 1 卷，人民出版社 1995 年版，第 344 页。

活生产过程内部的关系，即他们彼此之间以及他们同自然之间的关系是很狭隘的"①。马克思无论是在《形态》中还是在《资本论》中，都把这种"狭隘关系"看作自然宗教得以产生的社会根源。因为在马克思看来，这种双重的狭隘性遮蔽了关系的本真性，由此导致了人们对它的神秘把握，其结果乃是早期宗教的产生。

但这种分析方法的启示意义，还可以被扩展到现代私有制所造成的人与人的关系的狭隘性对于人与自然的关系的消极制约方面。早在《1844 年经济学哲学手稿》中，马克思对现代私有制所造成的人与人的关系的狭隘性，就以辛辣讽刺的笔调写道："私有制使我们变得如此愚蠢而片面，以致一个对象，只有当它为我们拥有的时候，就是说，当它对我们来说作为资本而存在，或者它被我们直接占有，被我们吃、喝、穿、住等等的时候，简言之，在它被我们使用的时候，才是我们的。"②现代私有制使自然界在人面前失去了其美学性质，沦为功利关系宰制下的"外在的有用性"③的对象，例如"经营矿物的商人只看到矿物的商业价值，而看不到矿物的美和独特性"。因为资本主义私有制极大地妨碍和贬损了"人的本质客观地展开的丰富性，主体的、人的感性的丰富性"，它因此不能不使人"囿于粗陋的实际需要的感觉"④。由此决定了人们在面对感性世界时，总是"仅仅从外在的有用性这种关系来理解"⑤。所以，马克思说："对私有财产的扬弃，是人的一切感觉和特性的彻底解放"⑥。在他看来，只有重建人的社会关系，从而使其超越私有制的羁绊，人的感觉才能真正摆脱这种狭隘性，人与自然的关系也才能因此得到历史的解放。因此，人的"需要和享受"才能失去"自己的利

---

① 《马克思恩格斯全集》第 23 卷，人民出版社 1972 年版，第 96 页。
② 马克思：《1844 年经济学哲学手稿》，人民出版社 2000 年版，第 85 页。
③ 马克思：《1844 年经济学哲学手稿》，人民出版社 2000 年版，第 88 页。
④ 马克思：《1844 年经济学哲学手稿》，人民出版社 2000 年版，第 87 页。
⑤ 马克思：《1844 年经济学哲学手稿》，人民出版社 2000 年版，第 88 页。
⑥ 马克思：《1844 年经济学哲学手稿》，人民出版社 2000 年版，第 85-86 页。

己主义性质",自然界才能失去"自己的纯粹的有用性"①。当代生态和环境的危机,固然直接表现在人与自然的关系层面,但造成它的深刻原因却不能不到制度安排层面(它主要体现人与人的关系)去寻找。正因此,马克思在给罗兰特·丹尼尔斯的一封信(1851 年 5 月)中写道:"……共产主义者应当指出,只有在共产主义关系下,工艺学上已经达到的真理方能在实践中实现……"②。马克思《在〈人民报〉创刊纪念会上的演说》中指出:"我们知道,要使社会的新生力量(指现代工业和科学——引者注)很好地发挥作用,就只能由新生的人来掌握它们,而这些新生的人就是工人。"③ 而工人阶级在本质上代表着未来社会形态。在《法兰西内战》中,马克思指出,只有"把科学从阶级统治的工具变为人民的力量"④,它才能成为一种解放的力量;而要做到这一点,只有通过工人阶级才是可能的。这意味着,"只有在劳动共和国里面,科学才能起它的真正的作用"⑤。

总之,在马克思看来,人与自然的双重解放,取决于资本主义占有制被历史地扬弃。《资本论》及其手稿就此所作的上述揭示,对于我们恰当地认识当代人类面临的生存困境及其实质,实现由工业文明到生态文明的转变,从而摆脱这一重大危机,无疑具有非常深刻的启示价值。

---

① 马克思:《1844 年经济学哲学手稿》,人民出版社 2000 年版,第 86 页。
② 《马克思恩格斯全集》第 27 卷,人民出版社 1972 年版,第 575 页。
③ 《马克思恩格斯选集》第 1 卷,人民出版社 1995 年版,第 775 页。
④ 《马克思恩格斯选集》第 3 卷,人民出版社 1995 年版,第 104 页。
⑤ 《马克思恩格斯选集》第 3 卷,人民出版社 1995 年版,第 104 页。

第十章 马克思的"能动原则"及其历史展现

马克思在批评旧唯物主义和唯心主义及其对立时，确立了自己基于实践这一原初立场的"能动原则"。它所体现出来的主体性具有绝对性。这种绝对性可以追溯至黑格尔的"实体即主体"，以至于斯宾诺莎的"实体"范畴。但马克思以实践为基础摒弃了这种绝对性的唯心主义陷阱，把它理解为实践辩证法的固有性质。作为辩证逻辑，辩证法体现着思维形式与思维内容的统一，由此决定了它必须植根于人的存在本身。表征为能动性的主体和主体性，除了绝对性的含义之外，还在相对性的意义上成立。这种相对性含义乃是绝对性的展开了的逻辑的和历史的形式。"能动原则"的历史意蕴，在于实践对于人类历史本身的能动建构及其完成。具体地说，主要表现为"为我关系"的生成和消解、能动与受动的对立和扬弃、资本所表达的劳动的生产性、社会革命的历史辩证法、资本主义生产方式的自我解构等等诸方面。因此，"能动原则"也就变成了历史原则，它为人的实践创造和建构人类历史提供内在根据和理由。

一、"能动原则"之哲学基础的奠定

从马克思《关于费尔巴哈的提纲》第 1 条中，我们不难发现，在马克思看来，相对于人的感性活动而言，如果说"从前的一切唯物主义"是"不及"，那么唯心主义则是"过"，而"过犹不及"；因为它们一个未能"从主体方面去理解"，亦即没有达到"能动的方面"，另一个却把"能动的方面""抽象地发展了"。在此意义上，马克思所确立并恪守的立场乃是"中道"，即"能动原则"本身。他立足于"'革命的'、'实践批判的'活动"①，对旧唯物主义和唯心主义及其对立采取扬弃的态度，寻求"合题"。马克思把"实践"作为自己建构的"新哲学"的第一原则加以确认，从而形成了"把感性理解为实践活动的唯物主义"②，亦即"实践的唯物主义"③。

马克思提出的"能动原则"，在《关于费尔巴哈的提纲》第 11 条亦即最后一条中得到了落实，即由"解释世界"回归到"改变世界"。"改变"是能动的、积极的、实践性的，因为它只有诉诸人的感性活动这一"革命的"、"实践批判的"活动才是可能的；而"解释"则是静观式的外在于对象的，从而是受动的、消极的、理论性的态度。这种首尾一贯的逻辑线索，构成了马克思《关于费尔巴哈的提纲》的完整脉络。

梅林曾指出："马克思在费尔巴哈的唯物主义里面发现了他在学生时代从唯物主义的始祖之一德谟克利特那里发现的同样缺点：缺乏'能动的原则'。"④ 我们知道，马克思对于德谟克利特和伊壁鸠鲁的态度是有原则差别的。正如梅林所说的，"他（指马克思——引者注）所以对德谟克利特有反感，就是因为后者缺乏'能动的原则'；……德谟克利特对于事物、现实、感性，只是从客体的形式、直观的形式去加以考察，而不是主观地，作为实践、作为人的感性活动去加以考察。而在伊壁鸠鲁那里，吸引着马克思的正是使这位哲学家大胆地奋起反对宗教压力的'能动的原则'"⑤。"能动原则"与其说是梅林对伊壁鸠鲁哲学特

---

① 《马克思恩格斯选集》第 1 卷，人民出版社 1995 年版，第 54 页。
② 《马克思恩格斯选集》第 1 卷，人民出版社 1995 年版，第 56 页。
③ 《马克思恩格斯选集》第 1 卷，人民出版社 1995 年版，第 75 页。
④ ［德］弗·梅林：《马克思传》上，樊集译，人民出版社 1973 年版，第 149 页。
⑤ ［德］弗·梅林：《马克思传》上，樊集译，人民出版社 1973 年版，第 44—45 页。

点的概括，倒不如说是他根据马克思哲学本身的特点对伊壁鸠鲁哲学所作的一种追溯性的确认更恰当。

马克思认为唯心主义"抽象地发展"了"能动的方面"，那么唯心主义又是怎样"抽象地发展"的呢？如果说马克思所批评的"从前的一切唯物主义"的代表是费尔巴哈，唯心主义的代表则是黑格尔。在《神圣家族》中，马克思说过："在黑格尔的体系中有三个因素：斯宾诺莎的实体，费希特的自我意识以及前两个因素在黑格尔那里的必然的矛盾的统一，即绝对精神。第一个因素是形而上学地改了装的、脱离人的自然。第二个因素是形而上学地改了装的、脱离自然的精神。第三个因素是形而上学地改了装的以上两个因素的统一，即现实的人和现实的人类。"① 显然，在马克思看来，"自然"和"精神"在黑格尔那里都变成了人不在场的抽象的规定，从而离开了"现实的人和现实的人类"。在黑格尔那里，"自然"和"精神"的统一只能是空洞的、抽象的统一，而非基于人的感性活动而达成的具体的历史的统一。马克思批评道："黑格尔在'现象学'中用自我意识来代替人"②；"'现象学'最后完全合乎逻辑地用'绝对知识'来代替全部人类现实，——之所以用知识来代替，是因为知识是自我意识的唯一存在方式，而自我意识则被看做人的唯一存在方式；之所以用绝对知识来代替，是因为自我意识只知道它自己，并且不再受任何实物世界的拘束"③。这就是马克思所批评的那种所谓"抽象地发展"了的"能动性"的典型表现。在《1844 年经济学哲学手稿》中，马克思批评黑格尔哲学"设定人＝自我意识"④，这一等式意味着"黑格尔把人变成自我意识的人，而不是把自我意识变成人的自我意识，变成现实的人即生活在现实的实物世界中并受这一世界制约

---

① 《马克思恩格斯全集》第 2 卷，人民出版社 1957 年版，第 177 页。
② 《马克思恩格斯全集》第 2 卷，人民出版社 1957 年版，第 244 页。
③ 《马克思恩格斯全集》第 2 卷，人民出版社 1957 年版，第 244–245 页。
④ 马克思：《1844 年经济学哲学手稿》，人民出版社 2000 年版，第 102 页。

的人的自我意识"①。如此一来，"人被看成非对象性的、唯灵论的存在物"②。这就必然离开了人的感性活动及其所塑造的人的现实的存在。马克思强调说："被抽象地理解的，自为的，被确定为与人分隔开来的自然界，对人来说也是无。"③ 这无疑是直接针对黑格尔哲学所作的批评。

物极必反，两极相通。对于马克思的"能动原则"来说，如果说黑格尔的唯心主义是一种偏执，那么费尔巴哈的唯物主义则是另一种偏执。马克思所说的那种与人的存在相分离的自然界对人来说也是无，固然是针对黑格尔所作的批评，但也同样适用于费尔巴哈式的唯物主义。因为马克思在《德意志意识形态》"费尔巴哈"章中就明确指出：在费尔巴哈看来，某物或某人的存在同时也就是某物或某人的本质。如果出现存在与本质的不一致，那也只是一个偶然的例外，一种反常现象罢了。但是，马克思说："千百万无产者或共产主义者"不能忍受这种不幸，他们将"在实践中，即通过革命使自己的'存在'同自己的'本质'协调一致"④。可是，马克思指出："在这样的场合费尔巴哈从来不谈人的世界，而是每次都求救于外部自然界，而且是那个尚未置于人的统治之下的自然界。"⑤ 费尔巴哈同样离开人的感性活动去看待自然界，自然界因此而沦为一种抽象的规定，这样的自然界对人来说也是无。"每当有了一项新的发明，每当工业前进一步，就有一块新的地盘从这个领域划出去，而能用来说明费尔巴哈这类论点的事例借以产生的基地，也就越来越小了。"⑥ 这就是费尔巴哈哲学必然面临的命运。

无论是唯心主义还是旧唯物主义，都未能真正地理解基于人的感性活动所建立起来的能动原则。因此，它们都误解并偏离了这一原则。马克思正是在扬弃和克服这两种偏执中确立起自己的独特哲学立场的。

---

① 《马克思恩格斯全集》第 2 卷，人民出版社 1957 年版，第 245 页。
② 马克思：《1844 年经济学哲学手稿》，人民出版社 2000 年版，第 102 页。
③ 马克思：《1844 年经济学哲学手稿》，人民出版社 2000 年版，第 116 页。
④ 《马克思恩格斯选集》第 1 卷，人民出版社 1995 年版，第 97 页。
⑤ 《马克思恩格斯选集》第 1 卷，人民出版社 1995 年版，第 97 页。
⑥ 《马克思恩格斯选集》第 1 卷，人民出版社 1995 年版，第 97 页。

需要强调的是，马克思所主张并坚持的"能动原则"，不是在对象性的关系中体现出来的，而是在实践的原初性意义上亦即在绝对的主体性意义上体现出来的。这种绝对的主体性，乃是马克思批判地继承黑格尔哲学的一个重要方面。追根溯源，黑格尔的概念又源自斯宾诺莎。黑格尔把斯宾诺莎的"实体"改造成了主体，这个意义上的主体，乃绝对之主体，它不是那种在与客体相互对待的关系中建构起来的有限规定。马克思哲学的能动原则，也是在绝对的主体这个意义上成立的。

在一定意义上，实践的绝对主体性是通过辩证法的自我决定体现出来的。黑格尔在《精神现象学》中指出："实体作为主体是纯粹的简单的否定性，唯其如此，它是单一的东西的分裂为二的过程或树立对立面的双重化过程，而这种过程则又是这种漠不相干的区别及其对立的否定。"① 实体或主体一开始是作为"单一的东西"确立起来的，这种混沌未分的规定之"单一性"，只有作为绝对的规定才是可能的。由此可见，辩证法的出发点就是绝对的主体性。它决定了"辩证法的本性——就是说它自己决定自己"②。因此，它开辟的是一条"自己构成自己的道路"③。正是在此意义上，黑格尔说："辩证法……是一种内在的超越（immanente Hinausgehen）"④。

黑格尔的"实体即主体"思想固然源自斯宾诺莎，但又是对其实体说的改造和超越。黑格尔甚至说，"要开始研究哲学，就必须首先作一个斯宾诺莎主义者"⑤。关于实体，斯宾诺莎指出："实体（substantia），我理解为在自身内并通过自身而被认识的东西。换言之，形成实体的概

---

① ［德］黑格尔：《精神现象学》上卷，贺麟、王玖兴译，商务印书馆 1979 年版，第 11 页。

② ［德］黑格尔：《历史哲学》，王造时译，生活·读书·新知三联书店 1956 年版，第 104 页。

③ ［德］黑格尔：《逻辑学》上卷，杨一之译，商务印书馆 1966 年版，第 5 页。

④ ［德］黑格尔：《小逻辑》，贺麟译，商务印书馆 1980 年版，第 176 页。

⑤ ［德］黑格尔：《哲学史讲演录》第 4 卷，贺麟、王太庆译，商务印书馆 1978 年版，第 101 页。

念，可以无须借助于他物的概念"①。在斯宾诺莎看来，"宇宙间只有一个实体，而且这个实体是绝对无限的"②。而且正因此"实体"才是自因的。按照斯宾诺莎的观点，"自因（causa sui），我理解为这样的东西，它的本质（essentia）即包含存在（existentia），或者它的本性只能设想为存在着。"③ 正如黑格尔所说的，"自因这个概念就是真正的无限性。"④ 而在黑格尔看来，"实体"也就是"绝对"。他说："这个体系的实体，是一个实体，一个不可分离的总体；没有一个规定性不是包含并消解于这个绝对物之中"⑤。

由此可见，实践本身的这种能动性是绝对的能动性。我们可以溯及黑格尔对于斯宾诺莎的"实体"范畴的改造，即绝对主体性的确立；但马克思彻底摈弃了其"醉醺醺的思辨"之"原罪"，把它建立在比心与物二分之出现更为源始的基础上。黑格尔说："活的实体，只当它是建立自身的运动时，或者说，只当它是自身转化与其自己之间的中介时，它才真正是个现实的存在，或换个说法也一样，它这个存在才真正是主体。"⑥ 这就意味着，在黑格尔那里，实体具有自足性，它是按照"自己构成自己"的原则建构起来的，因此才是能动的；再者，它又是绝对的。可以说，实体正是通过能动的自我建构而把自身证成为主体。这个主体不仅是能动的，而且是自足的，因为它是通过"建立自身的运动"展开并完成的，因而又是绝对的。正因此，黑格尔强调指出："主观性（又译主体性，即德文 Subjektivität，下同——引者注）一词并不仅限于指那与客观实质或事情（Sache）对立的坏的有限的主观性而言。反之，

---

① ［荷］斯宾诺莎：《伦理学》，贺麟译，商务印书馆 1983 年版，第 3 页。
② ［荷］斯宾诺莎：《伦理学》，贺麟译，商务印书馆 1983 年版，第 14 页。
③ ［荷］斯宾诺莎：《伦理学》，贺麟译，商务印书馆 1983 年版，第 3 页。
④ ［德］黑格尔：《哲学史讲演录》第 4 卷，贺麟、王太庆译，商务印书馆 1978 年版，第 108 页。
⑤ ［德］黑格尔：《逻辑学》下卷，杨一之译，商务印书馆 1976 年版，第 187 页。
⑥ ［德］黑格尔：《精神现象学》上卷，贺麟、王玖兴译，商务印书馆 1979 年版，第 11 页。

真正讲来，主观性是内在于客观事情的，因此这种意义的无限的主观性，就是客观事情本身的真理。"① 黑格尔在此甄别了相对意义上的主体性和绝对意义上的主体性。他在确立其哲学的根基时所谓的主体或主体性，乃是在绝对的意义上成立的。

马克思在《关于费尔巴哈的提纲》第 1 条中所说的 "从主体方面去理解"②，这个 "主体方面"，即是绝对的主体性之含义。马克思批评说："黑格尔在任何地方都把理念当做主体，而把真正的现实主体，……变成了谓语。"③ 马克思不满意于黑格尔的这种 "颠倒"，而是把 "现实主体" 作为主词确立起来，从而实现了哲学史上的一次 "哥白尼式的革命"。但 "主体" 的绝对性却被保留了下来，因为这是哲学建构的内在需要。所以，马克思在这里所谓的 "现实主体"，就是在绝对主体性的意义上成立并使用的，它构成马克思哲学的 "能动原则" 的基础。

在绝对主体性的意义上，实践本身就构成能动原则的界限。从马克思哲学的能动原则出发，也可以说实践的界限就是世界的界限。作为一个哲学原则，实践的界限的意义就在于它构成唯物与唯心 "过犹不及" 的判准或尺度。而且，按马克思的观点，唯物与唯心及其对立得以消解的真实基础，也隐含在实践之中。按照马克思的说法，"主观主义和客观主义，唯灵主义和唯物主义……理论的对立本身的解决，只有通过实践方式，只有借助于人的实践力量，才是可能的"④。维特根斯坦曾说："我的语言的界限意味着我的世界的界限。"⑤ 套用维氏的话，我们也可以说，"我的实践的界限意味着我的世界的界限"。这不是唯我论，而是为了确立绝对意义上的主体，而必须先行地确立的原初基础。正是通过这一原初基础的奠基，马克思一方面批评了唯心主义的典型代表黑格

① ［德］黑格尔：《小逻辑》，贺麟译，商务印书馆 1980 年版，第 309 页。
② 《马克思恩格斯选集》第 1 卷，人民出版社 1995 年版，第 54 页。
③ 《马克思恩格斯全集》第 1 卷，人民出版社 1956 年版，第 255 页。
④ 马克思：《1844 年经济学哲学手稿》，人民出版社 2000 年版，第 88 页。
⑤ ［奥］维特根斯坦：《逻辑哲学论》，郭英译，商务印书馆 1962 年版，第 79 页。

尔，如前面所引证过的那句话："被抽象地理解的，自为的，被确定为与人分割开来的自然界，对人来说也是无"①；另一方面批评了旧唯物主义的典型代表费尔巴哈，指出："先于人类历史而存在的那个自然界，不是费尔巴哈生活其中的自然界；这是除去在澳洲新出现的一些珊瑚岛以外今天在任何地方都不再存在的、因而对于费尔巴哈来说也是不存在的自然界"②。显然，无论是黑格尔意义上的还是费尔巴哈意义上的"自然界"，都是离开了实践及其建构的人的存在的自然界，因而对于人来说便是"无"。在这里，实践之界限的意义至为明显。

在马克思看来，人的自身的本质只有通过人的"积极实现其存在"的过程才能被"在"出来。离开了人的积极的存在这一"能动的原则"，人也就无法实现或证成他的本质③。因此，马克思说："人在积极实现自己本质的过程中创造、生产人的社会联系、社会本质"④。这也就是说，人的本质只有作为人的能动建构的活动之产物才是可能的。马克思认为，"人的本质是人的真正的社会联系"；但这种"真正的社会联系并不是由反思产生的"，它只能作为"个人在积极实现其存在时的直接产物"⑤。

一切非人的存在本质上是宿命的。因为它仅仅受制于因果必然性的支配，是"本质先于实存"的。由原因到结果的展开，不过是从潜在到显在的过渡。按照黑格尔的说法："潜在变成存在，是一个变化的过程，在这个变化的过程里，它仍然保持为同一物。它的潜在性支配着全部过程。"⑥ 这也就是说，它是"是其所是"的。与此不同，人的存在则是积极的、超越性的。在人的存在结构中，从始态到终态乃是由无到有的

① 马克思：《1844 年经济学哲学手稿》，人民出版社 2000 年版，第 116 页。
② 《马克思恩格斯选集》第 1 卷，人民出版社 1995 年版，第 77 页。
③ 参见马克思：《1844 年经济学哲学手稿》，人民出版社 2000 年版，第 170-171 页。
④ 马克思：《1844 年经济学哲学手稿》，人民出版社 2000 年版，第 170 页。
⑤ 马克思：《1844 年经济学哲学手稿》，人民出版社 2000 年版，第 170、171 页。
⑥ ［德］黑格尔：《哲学史讲演录》第 1 卷，贺麟、王太庆译，商务印书馆 1959 年版，第 27 页。

展开，因此，其结果总是大于原因，这意味着结果中总是包含着原因中所没有的规定，从而是"实存先于本质"的，在此意义上，它是"发明"性的，而非"发现"性的。这正是人的存在的创造性所在。这样一种存在方式，是不能用知性意义上的形而上学来规范和把握的。这也正是何以把"人"设想为"物"去加以研究必将陷入误区的一个根本原因。人的存在是"是其所不是"或"不是其所是"的。这是人本学意义上的时间性同物理学意义上的历时性之本质分野所在。

因此，作为超越性的存在，人同动物式的宿命完全不可同日而语。人固然有其宿命的一面，就像马克思谈到的生产力作为一种既得的力量，人们无法任意选择，而只能无条件地接受。但同其他的一切动物相比，人除了宿命的一面之外，还有超越的一面。人是宇宙中唯一能够打破他所属的那个物种赋予他的生物学限制的物种。而这决不是抽象地实现的，而是有其具体内容的，它是通过人的实践活动来实现的。人是唯一能够"犯错误"的动物，这恰恰是创造性的代价。人类的一切文化的积累，虽然都是以守成的形式呈现的，却是积淀并凝结着既往创造的成果。人的能动性的根本表现就在于马克思意义上的超验性，即通过感性活动对现存经验世界的不断地突破和超越。

马克思认为，人的存在是由人的活动能动地建构起来的。这一思想源自黑格尔，因为马克思承认，黑格尔"把对象性的人、现实的因而是真正的人理解为他自己的劳动的结果"①；而"辩证法，作为推动原则和创造原则的否定性"②，正是在劳动对人的存在的能动建构中体现出来的。因此，就像马尔库塞说的："作为人的存在，是一个不断'创造'其自身存在的自由主体。"③ 人的最具有前提意义的创造性，就在于"劳动创造了人本身"。在此意义上，人的存在是生成性的，而不是预成的。

---

① 马克思：《1844年经济学哲学手稿》，人民出版社2000年版，第101页。

② 马克思：《1844年经济学哲学手稿》，人民出版社2000年版，第101页。

③ ［美］马尔库塞：《论萨特的存在主义》，载《现代文明与人的困境——马尔库塞文集》，李小兵等译，上海三联书店1989年版，第8页。

生成性意味着真正的时间性的来临，即历史地存在。赫尔德明确提出，"人的能动力量是历史的起源"①。马克思在《神圣家族》中更深刻地指出："历史什么事情也没有做，它'并不拥有任何无穷尽的丰富性'，它并'没有在任何战斗中作战'！创造这一切、拥有这一切并为这一切而斗争的，不是'历史'，而正是人，现实的、活生生的人。'历史'并不是把人当做达到自己目的的工具来利用的某种特殊的人格。历史不过是追求着自己目的的人的活动而已。"② 从某种意义上说，历史无非就是人通过实践来实现的能动的建构过程。就此而言，能动原则具有人的存在的本体论意义。

梅林写道：马克思面临的使命在于，"把黑格尔的全部革命化的辩证法从观念世界转移到现实世界来"③。雅斯贝尔斯也说过："这两个人，黑格尔和马克思，都是从他们所认为的核心里引申出一切现象来"；而他们的"差别只在于，在黑格尔那里，历史发展的核心是他所说的'理念'，而在马克思那里，则是与动物不同的、以有计划的劳动来生产自己的生活资料的人的生存方式"④。但雅斯贝尔斯由此所得出的结论却不能成立。他认为：马克思"对黑格尔的改造，只涉及了内容，因为他并没有放弃黑格尔以辩证概念来构造现实世界的方法"⑤。其实，在黑格尔那里，辩证法是"无根"的，因为它试图以绝对精神为基础。马克思把辩证法奠基于人的实践活动，因而实践对于辩证法来说不再是一个外在的规定，而是辩证法的内在基础。实践是主语，辩证法不过是实践的谓词，而非相反。因此，雅斯贝尔斯说马克思对黑格尔辩证法的改造仅仅涉及内容而无关乎形式的说法，并不确切。毋宁说，辩证法是植根于实

① [德]赫尔德：《人类历史哲学观念》，载何兆武主编：《历史理论与史学理论——近现代西方史学著作选》，商务印书馆1999年版，第179页。

② 《马克思恩格斯全集》第2卷，人民出版社1957年版，第118-119页。

③ [德]弗·梅林：《马克思传》上，樊集译，人民出版社1973年版，第149页。

④ [德]雅斯贝尔斯：《哲学与科学》，载熊伟主编：《存在主义哲学资料选辑》上卷，商务印书馆1997年版，第731页。

⑤ [德]雅斯贝尔斯：《哲学与科学》，载熊伟主编：《存在主义哲学资料选辑》上卷，商务印书馆1997年版，第731页。

践的"内形式",而非外在的形式。其实,黑格尔本人就说过:"方法并不是外在的形式"①。在本真性的意义上,辩证法是无法同实践相剥离的;一旦剥离开来,而与绝对精神相联系,就沦为虚妄的形式了。这正是马克思不满意于黑格尔哲学的地方。为此,马克思真正完成了把黑格尔的思辨辩证法改造成实践辩证法的思想史任务。

黑格尔说:"绝对的实体是真的东西,但还不是完全真的东西;还必须把它了解成自身活动的、活生生的,并从而把它规定为精神";不然的话,"那就达不到任何发展、任何精神性、能动性了"②。黑格尔把这种"实体"的"能动性"诉诸"精神",而马克思则诉诸"实践"。这正是他们在哲学原初基础上的根本分野和本质区别。马克思对黑格尔哲学的"克服",就是为了从中拯救出"能动性",并把它放在可靠的基础上,从而使其获得真实性。

在此意义上,马克思只有通过回到实践,他才能找到"能动原则"的真正基础。诚如海尔布隆纳所说的,"马克思主义从这种古希腊语义上的辩证质疑过程继承下来的是一种对知识自身的'能动主义'态度。"③ 但在马克思那里,这种"能动主义"不再囿于狭隘的知识论范畴,而是变成了整个人类历史的实践建构本身所固有的性质;换言之,只有在人通过自己的实践对历史的能动建构的过程中,它才获得其本质的和典型的意义。伯林认为,在黑格尔看来,"关于斗争和矛盾的观点准确地表达出了解释历史发展所要求的动态原则"④。其实,这一点只是到了马克思那里才具有真实性。因为黑格尔的绝对精神的终极决定作用,妨碍了其辩证法的真实的"历史感"。海尔布隆纳指出,在马克思

---

① [德]黑格尔:《小逻辑》,贺麟译,商务印书馆1980年版,第427页。
② [德]黑格尔:《哲学史讲演录》第4卷,贺麟、王太庆译,商务印书馆1978年版,第102页。
③ [美]罗伯特·L.海尔布隆纳:《马克思主义:支持与反对》,马林梅译,中国人民大学出版社2014年版,第14页。
④ [英]以赛亚·伯林:《卡尔·马克思:生平与环境》,李寅译,译林出版社2018年版,第61页。

语境中，"矛盾的观念可以让我们洞察社会中的存在与变化——也就是说，洞察历史"①。这种洞察力的获得，说到底乃是因为辩证法通过实践而真正回归到了历史本身。

勒斐弗尔说："在马克思看来，主要应该避免的是这种就外部来思考对象的方法"②。当然，这主要是从辩证法角度说的，但它并未真正触及问题的实质。作为一种内在否定性的方法论，黑格尔的辩证法固然反对"就外部来思考对象"，但在马克思哲学中，这种内在性更深刻地植根于人的实践活动本身，因为辩证法不过是从属于实践的方法论原则。马克思把黑格尔"头足倒置"的辩证法颠倒过来，把它内在地放置在实践基础之上。因此，这里的内在性是由实践来保障和赋予的。只有把辩证法同人的独特存在方式内在地联系起来，才能真正发现这种内在态度的真实基础，并对这种内在性做出恰当的理解和阐释。这种非旁观的姿态，正是海德格尔所谓的"当下上手状态"，而非"现成在手状态"。它既超越了黑格尔（因为在黑格尔那里，它是仅仅靠辩证法来保障和维持的），也超越了费尔巴哈（因为在费尔巴哈那里，尚停留在感性直观而未能进入感性活动）。只有人的实践才在本质上是辩证法的，从而表现出这种内在性。所以，它成为解构"旁观者"姿态的唯一有效的武器。诚然，黑格尔自从把斯宾诺莎的"实体"改造成为"主体"之后，就获得了"内在的能动性思想"③。但这终究是在逻辑的范围内所作的一种调整，因而是不彻底的。马克思把这种"内在的能动性"作为实践本身所固有的规定，才真正找到了它的真实基础。

也正因此，马克思从不谈论"自然辩证法"的问题。作为能动的建构原则，辩证法不可能在人的不在场的自然界中得到表征并发挥作用。

---

① ［美］罗伯特·L.海尔布隆纳：《马克思主义：支持与反对》，马林梅译，中国人民大学出版社 2014 年版，第 18 页。

② ［法］亨利·勒斐弗尔：《马克思主义的当前问题》，李元明译，生活·读书·新知三联书店 1966 年版，第 41 页。

③ ［美］罗伯特·L.海尔布隆纳：《马克思主义：支持与反对》，马林梅译，东方出版社 2014 年版，第 16 页。

自然界本身只能充当"解释世界"的对象。"解释世界"体现的是一种静态的、旁观者的保守态度。从这个角度说,马克思意义上的辩证法,只能作为人的存在本身所固有的性质被反思地把握。自然界或曰经验世界,乃是科学把握的对象;而科学是一种与人的知性认识能力和阶段相对应的把握方式。所以,它是静态的,属于"解释世界"的范畴。就此而言,自然界是不能用辩证法(辩证逻辑)去把握的,它所适用的只是形式逻辑亦即知性逻辑。这一把握方式是敌视生命的。而辩证法则在本质上是生命原则。科莱特说:"只是在黑格尔哲学中,实体才被看作是有生命的精神之物"①。

　　费尔巴哈更加信任自然科学,甚至把它作为自己的哲学的基础。他在一封通信中提出:"这一哲学(指费尔巴哈所主张的哲学——引者注)的基础是自然科学,唯有自然科学考虑了过去、现在和将来。而哲学,至少那以哲学之名而自诩的,仅仅是以过去为对象的哲学,只不过是人类最后的一场空忙,或者最后的一场错误而已。"② 费尔巴哈在这里批评的就是以黑格尔为代表的那种把"哲学"了解为纯粹"反思"的思辨哲学。费尔巴哈把自然科学作为思辨哲学的"解毒剂"。但殊不知,如此一来,他又因为陷入感性的直观,而走向非批判的"解释世界"的立场。在《德意志意识形态》"费尔巴哈"章中,马克思批评说:"费尔巴哈特别谈到自然科学的直观,提到一些只有物理学家和化学家的眼睛才能识破的秘密,但是如果没有工业和商业,哪里会有自然科学呢?"③ 比这种"解释世界"的态度更具有前提性的是"改变世界"。因为"这种活动、这种连续不断的感性劳动和创造、这种生产,正是整个现存的感性世界的基础"④。费尔巴哈的这种基于自然科学的直观建立起来的唯

---

　　① [法]雅克·科莱特:《存在主义》,李焰明译,商务印书馆2004年版,第2页。
　　② [德]费尔巴哈:《致威廉·博林》(1867年7月1日),载苗力田译编:《黑格尔通信百封》,上海人民出版社1981年版,第310页。
　　③ 《马克思恩格斯选集》第1卷,人民出版社1995年版,第77页。
　　④ 《马克思恩格斯选集》第1卷,人民出版社1995年版,第77页。

物主义，是不可能捕捉到真正意义上的"历史"的。所以，马克思说："当费尔巴哈是一个唯物主义者的时候，历史在他的视野之外"①。因为历史是通过作为能动的活动的实践创造性地建构起来的。离开了人的实践，我们所能够把握的只能是历时性，而不可能是真正的历史性。

马克思批评说："费尔巴哈对感性世界的'理解'一方面仅仅局限于对这一世界的单纯的直观，另一方面仅仅局限于单纯的感觉。"② 这也就是费尔巴哈所自称的"我这种感性思维方式"③。费尔巴哈的这种非能动的、静观的态度，最多"只是希望确立对存在的事实的正确理解，然而一个真正的共产主义者的任务却在于推翻这种存在的东西"④。诚然，马克思承认，"费尔巴哈在力图理解这一事实的时候，达到了理论家一般所能达到的地步，他还是一位理论家和哲学家。"⑤ 所以，依旧属于马克思在《关于费尔巴哈的提纲》中所说的那种以"解释世界"为鹄的的"哲学家们"的行列。

可见，"解释世界"及其保守性，是与"能动的原则"完全相悖的。马克思批评施蒂纳说，"他们要做的全部事情就是编造新的词句来解释现存的世界"⑥。尽管他们的口号喊得震天响，但实际上却是"最大的保守派"，因为他们不过是"用另一种方式来解释存在的东西，也就是说，借助于另外的解释来承认它"⑦。由此我们也就不难理解马克思在《关于费尔巴哈的提纲》中何以说"哲学家们只是解释世界，问题在于改变世界"的真正用心了。马克思批评黑格尔所代表的德意志意识形态家们的"幻想"，指出：似乎"改变了的意识、对现存诸关系的稍新的解释，能

---

① 《马克思恩格斯选集》第 1 卷，人民出版社 1995 年版，第 78 页。
② 《马克思恩格斯选集》第 1 卷，人民出版社 1995 年版，第 75 页。
③ ［德］费尔巴哈：《致威廉·博林》（1860 年 10 月 20 日），载苗力田译编：《黑格尔通信百封》，上海人民出版社 1981 年版，第 299 页。
④ 《马克思恩格斯选集》第 1 卷，人民出版社 1995 年版，第 96-97 页。
⑤ 《马克思恩格斯选集》第 1 卷，人民出版社 1995 年版，第 97 页。
⑥ 《马克思恩格斯全集》第 3 卷，人民出版社 1960 年版，第 461 页。
⑦ 《马克思恩格斯选集》第 1 卷，人民出版社 1995 年版，第 66 页。

够把整个现存世界翻转过来"①。在另一处，马克思也表达了类似的意思，他说："实际上，生产和消费往往处于互相矛盾之中。然而，据说只要能正确地解释这种矛盾，只要能理解生产和消费的真正的本质，就足以确立二者的统一和消除任何矛盾。这个德意志意识形态的理论原来是用以迁就现存世界的"②。在马克思看来，做到对现存事物加以"正确的解释"，"理解"其"本质"，所能达到的最多不过是以新的解释去"迁就现存世界"罢了。这就是"德意志意识形态"的秘密。"解释世界"不过是"迁就世界"而已。这当然是一种非能动的保守的消极态度，是为马克思所不能接受和容忍的。马克思进一步指出：格律恩作为"真正的社会主义"者，"他没有想到，如果不研究这些生产方式中的每一种方式和以此为基础的整个社会制度，就不可能了解这些矛盾，而这些矛盾只有通过这种生产方式和这种制度的实际改变，才能得到解决"③。因此，要解决这些矛盾，就只能诉诸"实际改变"，亦即马克思所谓的"改变世界"，实际地反对和改变现存的一切。马克思说："对现存的一切进行无情的批判"④；或者说"实际地反对并改变现存的事物"，以便"使现存世界革命化"⑤。马克思所谓的"革命化"当然是广义的，它固然包含社会革命，但又不止于此，它涵盖一切实践的批判活动，所以，马克思把"革命的"作为实践本身的修饰语。

马克思哲学所面对的问题是：辩证法究竟被置于怎样的基础上才具有真实性？正因此，马克思与黑格尔在辩证法问题上的分歧才有实质性的意义。如果仅仅把辩证法看成是一种可以同任何东西相结合并对其加以处理的抽象方法，那么马克思与黑格尔也就不会存在什么原则分歧了。马克思说过，"抽象本身离开了现实的历史就没有任何价值。"⑥ 只

---

① 《马克思恩格斯全集》第 3 卷，人民出版社 1960 年版，第 95 页。
② 《马克思恩格斯全集》第 3 卷，人民出版社 1960 年版，第 610—611 页。
③ 《马克思恩格斯全集》第 3 卷，人民出版社 1960 年版，第 612 页。
④ 《马克思恩格斯全集》第 1 卷，人民出版社 1956 年版，第 416 页。
⑤ 《马克思恩格斯选集》第 1 卷，人民出版社 1995 年版，第 75 页。
⑥ 《马克思恩格斯选集》第 1 卷，人民出版社 1995 年版，第 74 页。

有实践才能使辩证法在人的存在及其历史的展开中获得其内在根据。自己构成自己，自己作为自己的产物，正是人通过实践建构着的存在方式的本质特点。正如马克思所指出的，黑格尔的《精神现象学》的真正贡献，就在于"把人的自我产生看作一个过程"，进而把"现实的因而是真正的人理解为他自己的劳动的结果"。但它的缺陷在于把"劳动"了解为"抽象的精神的劳动"①。因此，马克思必须重建辩证法的基础。

辩证逻辑作为辩证法，乃是思维的形式与内容的统一，其内容内在地与形式相联系，关键在于这种内容究竟是什么才恰当。黑格尔批评说："人们通常把辩证法看成一种外在的、否定的行动，不属于事情本身"；如此一来，"这种行动至少是除了把辩证的研讨的对象化为空虚而外，只会一事无成"②。因为辩证法不是"形式思维"，而是思维的形式和内容的统一。所以，在他看来，"辩证法通常被看成一种外在的技术"③，乃是一种莫大的误解。黑格尔指出，"直到现在的逻辑概念（即在形式逻辑阶段——引者注），还是建立在通常意识所始终假定的知识内容与知识形式的分离或真理与确定性的分离之上的。首先，这就假定了知识的素材作为一个现成的世界，在思维以外自在自为地存在着，而思维本身却是空的"④。辩证法却不然，它扬弃了这种内容与形式的分离和对立，因为"这个方法就是关于逻辑内容的内在自身运动的形式的意识"⑤；而"这正是内容本身，正是内容在自身所具有的、推动内容前进的辩证法"⑥。黑格尔强调说，他的逻辑学所把握的，"只能是在科学认识中运动着的内容的本性，同时，正是内容这种自己的反思，才建立并产生内容的规定本身"⑦。对此，黑格尔早在《精神现象学》中，就已

① 马克思：《1844 年经济学哲学手稿》，人民出版社 2000 年版，第 101 页。
② ［德］黑格尔：《逻辑学》上卷，杨一之译，商务印书馆 1966 年版，第 38 页。
③ ［德］黑格尔：《小逻辑》，贺麟译，商务印书馆 1980 年版，第 176 页。
④ ［德］黑格尔：《逻辑学》上卷，杨一之译，商务印书馆 1966 年版，第 24 页。
⑤ ［德］黑格尔：《逻辑学》上卷，杨一之译，商务印书馆 1966 年版，第 36 页。
⑥ ［德］黑格尔：《逻辑学》上卷，杨一之译，商务印书馆 1966 年版，第 37 页。
⑦ ［德］黑格尔：《逻辑学》上卷，杨一之译，商务印书馆 1966 年版，第 4 页。

经说得很清楚了："一方面是方法与内容不分，另一方面是由它自己来规定自己的节奏"①。在马克思那里，这种"不分"体现在辩证法与实践及其所建构的人的存在的展现之间。在此意义上，作为"推动原则"和"创造原则"的辩证法，不过是人的实践本身所固有的能动性在反思层面上的体现。因为黑格尔的辩证法作为唯心辩证法，其内容也是逻辑的；而马克思已经把辩证法植根于人的实践或曰人的存在本身。所以，作为辩证逻辑的辩证法，其内容只能是反思地把握住了的实践。

为什么是实践而不是辩证法更本质地决定着马克思哲学的实质呢？在马克思那里，究竟是实践还是辩证法，才构成人类历史的真正基础和动力呢？诚然，马克思说："一种历史生产形式的矛盾的发展，是这种形式瓦解和改造的唯一的历史道路。"② 这看似是说历史是由矛盾的发展推动和表征的，但这只是它的形式特征，其内在本质和基础却是实践的能动建构活动。马克思在《1844年经济学哲学手稿》中，以批判地扬弃的态度，肯定了黑格尔的那种"作为推动原则和创造原则的否定性"的辩证法③。这种"否定性"意味着辩证法的革命性和批判性。马克思在《资本论》第1卷第2版跋中就说过："辩证法不崇拜任何东西，按其本质来说，它是批判的和革命的。"④ 而"批判的"和"革命的"首先被马克思用来修饰人的感性活动。马克思在《关于费尔巴哈的提纲》中就曾把人的感性活动表述为"'革命的'、'实践批判的'活动"或"革命的实践"。"革命的"和"批判的"构成人的感性活动的定语，这意味着承认实践固有其辩证法性质，而辩证法植根于实践本身。"实践"的这种"能动的方面"，一方面被旧唯物主义遮蔽了，另一方面又被唯心主义抽象地发展了，结果是"过犹不及"。实践唯物主义亦即"把感

---

① ［德］黑格尔：《精神现象学》上卷，贺麟、王玖兴译，商务印书馆1978年版，第39页。

② 《马克思恩格斯全集》第23卷，人民出版社1972年版，第535页。

③ 马克思：《1844年经济学哲学手稿》，人民出版社2000年版，第101页。

④ 《马克思恩格斯全集》第23卷，人民出版社1972年版，第24页。

性理解为实践活动的唯物主义",则恰当地把实践作为自己的原初基础,从而立足于"无过无不及"的立场。

黑格尔的辩证法终究是"无根的"辩证法,因为黑格尔虽然追求并表明辩证法是思维内容和思维形式之对立的扬弃,但它的内容即使是在反思意义上,依旧是空洞的、形式化了的规定。之所以如此,归根到底乃在于黑格尔并未真正找到辩证法的恰当基础。这个任务是由马克思完成的。正是在此意义上,卢卡奇的说法具有某种真实性:"黑格尔和马克思是在现实本身上分道扬镳的。黑格尔不能深入理解历史的真正动力。"① 所谓历史的真正动力,与其说是辩证法,倒不如说是以辩证法的方式表征着的作为人的能动存在(积极地实现其本质)的感性活动更恰当些。正是在这个问题上,马克思真正克服并超越了黑格尔辩证法的致命缺陷。卢卡奇批评黑格尔说:"虽然他(指黑格尔——引者注)的思想始终注意克服一切抽象,但是内容在他看来仍然带有'特殊性的污点'(他在这里很有点柏拉图主义的味道)。"②

辩证法构成作为人的存在的历史展开及其完成的路径和方法。马克思在《1844 年经济学哲学手稿》中说:"共产主义是作为否定的否定的肯定"③;或曰"共产主义……它是否定的否定"④。后来在《资本论》第 1 卷中,他又予以重申:"从资本主义生产方式产生的资本主义占有方式,从而资本主义的私有制,是对个人的、以自己劳动为基础的私有制的第一个否定。但资本主义生产由于自然过程的必然性,造成了对自身的否定。这是否定的否定。"⑤ 由此可见,辩证法首先是实践性的,并因此也是历史性的。

---

① [匈牙利]卢卡奇:《历史与阶级意识》,杜章智、任立、燕宏远译,商务印书馆 1992 年版,第 67 页。

② [匈牙利]卢卡奇:《历史与阶级意识》,杜章智、任立、燕宏远译,商务印书馆 1992 年版,第 67-68 页。

③ 马克思:《1844 年经济学哲学手稿》,人民出版社 2000 年版,第 93 页。

④ 马克思:《1844 年经济学哲学手稿》,人民出版社 2000 年版,第 128 页。

⑤ 《马克思恩格斯全集》第 23 卷,人民出版社 1972 年版,第 832 页。

二、"能动原则"之历史展现的实际表征

需要指出，在马克思那里，主体和主体性概念分广狭二义。就其广义而言，它们具有绝对性，是存在论范畴；就其狭义而言，它们则作为相对性的规定，同客体和客体性构成对象性的关系，属于历史地展开了的规定。狭义的主体和主体性同样是能动性的体现。

狭义的主体性，其历史内涵在于马克思所谓的"为我关系"的建构。要想理解这个意义上的"主体"，就不能不回到马克思语境中的"占有"概念。在《德意志意识形态》中，马克思曾批评施蒂纳把"私有者对某物的'占有'"，同"一般的'占有'"混为一谈的错误，指出："他（指施蒂纳——引者注）把作为私有者对某物的'占有'与一般的'占有'混为一谈。他不去考察私有财产对生产的特定关系，不去考察作为地主、食利者、商人、工厂主、工人对某物的'占有'——这里'占有'是完全特定的占有，是对他人劳动的支配——他没有这样做，而把所有这些关系变为'一般占有'"①。马克思所谓的"一般的'占有'"是指什么呢？在《政治经济学批判·导言》中，他说："一切生产都是个人在一定社会形式中并借这种社会形式而进行的对自然的占有。"② 在《政治经济学批判》中，他又指出："劳动作为以某种形式占有自然物的有目的的活动，是人类生存的自然条件，是同一切社会形式无关的、人和自然之间的物质变换的条件。"③ 后来在《资本论》中，他又重申了这一观点："劳动过程……是为了人类的需要而占有自然物，是人和自然之间的物质变换的一般条件，是人类生活的永恒的自然条件，因此，它不以人类生活的任何形式为转移，倒不如说，它是人类生

---

① 《马克思恩格斯全集》第 3 卷，人民出版社 1960 年版，第 224–225 页。
② 《马克思恩格斯全集》第 46 卷上册，人民出版社 1979 年版，第 24 页。
③ 《马克思恩格斯全集》第 13 卷，人民出版社 1962 年版，第 25 页。

活的一切社会形式所共有的。"① 这个意义上的"占有"，并不具有"为我关系"的性质；只有私有者的"占有"亦即"占有"的特殊历史形式，才建构起"为我关系"，从而获得"主体"含义。这种"占有"只是在资本主义生产方式中才真正成熟，从而具有其典型性罢了。所以，马克思说："不论资本主义占有方式好像同最初的商品生产规律如何矛盾，但这种占有方式的产生决不是由于这些规律遭到违反，相反地，是由于这些规律得到应用。"②

关于"为我关系"，黑格尔在《小逻辑》中写道，"凡是在我的意识中的，即是为我而存在的。我是一种接受任何事物或每一事物的空旷的收容器，一切皆为我而存在，一切皆保存其自身在我中。每一个人都是诸多表象的整个世界，而所有这些表象皆埋葬在这个自我的黑夜中。"他还说："动物就不能说出一个'我'字。只有人才能说'我'，因为只有人才有思维。"③ 显然，黑格尔把"我"的主体性含义，归结为自我意识和思维。这仍然是在观念论的范围内兜圈子，未能跳出观念论的思路。在马克思的立场看来，这种追问是很不彻底的。黑格尔把"为我关系"的实质和原因归结为思维，但他无法解释这种思维又是由什么决定和派生的。只有马克思才真正揭示了它的经济—社会根源。就此而言，马克思比黑格尔在这个问题上要彻底得多。黑格尔说："人能超出他的自然存在，即由于作为一个有自我意识的存在，区别于外部的自然界。"④ 自我意识使人从自在世界中把自己提升出来，从而变成一个自为的存在。但是，黑格尔却忽视了自我意识本身赖以确立的历史基础和社会根源，从而离开人的存在方式去讨论自我意识，把它当成自明的前提。这正是黑格尔哲学的局限性所在。

关于人在其现实的历史中的"能动"和"受动"，马克思说过：

---

① 《马克思恩格斯全集》第 23 卷，人民出版社 1972 年版，第 208–209 页。
② 《马克思恩格斯全集》第 23 卷，人民出版社 1972 年版，第 640 页。
③ ［德］黑格尔：《小逻辑》，贺麟译，商务印书馆 1980 年版，第 81–82 页。
④ ［德］黑格尔：《小逻辑》，贺麟译，商务印书馆 1980 年版，第 92 页。

"人作为自然存在物，而且作为有生命的自然存在物，……具有自然力、生命力，是能动的自然存在物"；当然，马克思同时也指出了人作为自然存在物所具有的受动的一面，即"人作为自然的、肉体的、感性的、对象性的存在物，同动植物一样，是受动的、受制约的和受限制的存在物"①。这显然是在人与一般动物之间的连续性意义上谈论和成立的。就人的超越性来说，则是"能动的自然存在物"。这种"能动性"显然具有人类学本体论意义。人的存在及其历史展开，就是在这种能动与受动的紧张中实现和表征的。马克思指出："说一个东西是感性的，是说它是受动的。因此，人作为对象性的、感性的存在物，是一个受动的存在物"；但在马克思看来，问题的辩证性恰恰在于："因为它感到自己是受动的，所以是一个有激情的存在物。激情、热情是人强烈追求自己的对象的本质力量。"② 即使人的感性活动本身，也因为这种感性的性质而具有受动性。人的宿命的一面，恰恰构成人的能动的超越性的理由和对象。而这种能动和受动之矛盾的逻辑的和历史的解决，正是共产主义的绝对性所在。

由能动和受动规定的主客体及其关系，是由实践积极地建构起来的。在此意义上，不是主客体规定实践，而是实践规定主客体及其关系。马克思写道："不仅在客体方面，而且在主体方面，都是生产所生产的"；"因此，生产不仅为主体生产对象，而且也为对象生产主体"③。

马克思说："资本主义生产方式以人对自然的支配为前提。"④ 这种"支配"，在越来越大的程度上是通过科学以及作为科学的外化或物化形态的技术实现的。马克思强调："只有资本主义生产方式才第一次使自然科学为直接的生产过程服务"，以至于"生产过程成了科学的应用，

---

① 马克思：《1844 年经济学哲学手稿》，人民出版社 2000 年版，第 105 页。
② 马克思：《1844 年经济学哲学手稿》，人民出版社 2000 年版，第 107 页。
③ 《马克思恩格斯全集》第 46 卷上册，人民出版社 1979 年版，第 29 页。
④ 《马克思恩格斯全集》第 23 卷，人民出版社 1972 年版，第 561 页。

而科学反过来成了生产过程的因素即所谓职能"①。从某种意义上说，科学构成人的能动性的一种典型的现代表征形式。而科学的外化形态亦即技术，则变成了人的器官的延长。马克思认为："自然界没有制造出任何机器，没有制造出机车、铁路、电报、走锭精纺机等等。它们是人类劳动的产物，是变成了人类意志驾驭自然的器官或人类在自然界活动的器官的自然物质。它们是人类的手创造出来的人类头脑的器官；是物化的知识力量。"② 这里大致有两层含义：一是机器本身是人的劳动的产物；二是机器构成人的器官的延长，是人的智力物化了的器官。但无论在何种意义上，机器都是从属于人的劳动的。在马克思看来，机器在其本质上不过是人的智力的物化形态，是"人类头脑的器官"，是人的劳动创造出来的产物。在此意义上，它依赖并表征人的创造力，因而只能是从属性的。这一事实表明，"社会生产力已经在多么大的程度上，不仅以知识的形式，而且作为社会实践的直接器官，作为实际生活过程的直接器官被生产出来"③。作为人的大脑和肢体的延长，机器表面看似是在创造财富、制造物质产品，其实不过是人的创造力凭借机器而得以实现罢了。

但是，按照马克思的说法，"科学也不得不完成非人化"。人的能动性本身的自我异化，由人的自我肯定的力量变成了人的自我否定的力量。这是富有讽刺意味的，但它又是真实的，是人的存在不得不完成的历史任务。因为不经过这种否定，人的存在就无法重新回归到更高意义的肯定上来。

有必要强调的是，我们不能仅仅满足于对马克思哲学"能动原则"在逻辑上的确认，还应进一步追问它的历史基础和内涵何在。因为马克思语境中的任何一项原则，都不是游离于历史的"遐想"或抽象。因

---

① 《马克思恩格斯全集》第 47 卷，人民出版社 1979 年版，第 570 页。
② 《马克思恩格斯全集》第 46 卷下册，人民出版社 1980 年版，第 219 页。
③ 《马克思恩格斯全集》第 46 卷下册，人民出版社 1980 年版，第 220 页。

此，不能简单地把"能动原则"当成一种外在于历史且同历史无关的超历史的抽象规定加以刻画；相反，只能通过历史本身来显现它究竟意味着什么，它在历史上又是如何具体地展现开来的。马克思哲学的"能动原则"，是落实到人的存在及其所创造性地建构起来的历史本身的。只有把握其历史内涵，这一原则才能变成具体的、充实的、非形式的规定。在马克思的语境中，"能动原则"的历史内涵是有一个辩证地展现的，正是在这种展现中，它充满内在的张力。张力也就是动力，正是这种张力使"能动原则"得以历史地确立并完成自身。

马克思哲学叙事的突出特点之一，即它并不打算在思想的横剖面上去建构一个共时态的体系，而是通过实际的运思去展现一个敞开着的过程。因此，对于马克思的思想发生史和发展史本身，我们应该将其作为一种现象学叙事来对待。要想在马克思思想发展的某个时点上对其思想阶段作出截然的划分，往往是困难和徒劳的。在马克思那里，思想的连续性特征尤为强烈。巴利巴尔指出："在《关于费尔巴哈的提纲》宣布'实践本体论'之后，《德意志意识形态》随即展示了一个'生产的本体论'"①。因为"他（指马克思——引者注）把'实践'的象征概念转变为生产的历史和社会学的概念，并提出一个史无前例的哲学问题（即便这个词语不是完全的新词）：意识形态的问题"②。巴利巴尔认为，为了解开意识形态之谜，马克思在《德意志意识形态》中展开了"实践—生产"和"理论—意识形态"两条线索，以便揭示意识形态的真实社会根源和历史基础，进而克服意识形态所造成的"倒置"和"蒙蔽"。但巴利巴尔似乎是说，马克思把实践作为自己哲学的初始范畴，再谈论"本质"问题，就已经丧失其合法性和可能性了。巴利巴尔说："如果实践（praxis）或革命实践的定义极其清楚地宣布'世界的改变'让所有

① ［法］埃蒂安·巴利巴尔：《马克思的哲学》，王吉会译，中国人民大学出版社 2007 年版，第 55 页。

② ［法］埃蒂安·巴利巴尔：《马克思的哲学》，王吉会译，中国人民大学出版社 2007 年版，第 54 页。

本质主义哲学全部离开，那么世界的改变作为人类本质的身份也就变得可疑和矛盾了。"① 其实，实践被作为哲学的第一原则加以确认，它所改变的不是本质，而仅仅是对于本质的把握方式。非本质主义并不拒绝把握本质，而只是拒绝本质主义的把握方式。这至少对于马克思哲学来说是适用的。巴利巴尔通过词源学追溯，"发现了"实践与生产这两个范畴之间的"紧张关系"。他甚至认为，"马克思提出了哲学上最古老的一个禁忌：实践（praxis）与生产（poièsis）的本质区别。"② 因为根据古希腊哲学，"实践（praxis）一词的含义是'自由'的行为"；而"生产（poièsis）一词……是一个'必需'的行为"，"希腊人把它看作彻底的奴性的东西"③。但需要注意，马克思所谓的自由，是要历史地经由奴役的环节才能达成的。不经过历史中介的自由，只能是空洞的、形式的、抽象的自由，从而是不真实的。巴利巴尔指出的这个紧张，恰恰是实践在其历史地展开中的异化环节的体现，实践异化为生产，生产（劳动）乃是为外在目的所支配的实践（人们为了谋生的需要而不得不从事）；正因此，马克思所谓的"自由王国"必须在"彼岸"（超越的）才能被建立起来。这正是实践的本真性得以复归的历史形式。只是在此意义上，"实践"与"生产"作为两个范畴之间的紧张，才能够在马克思哲学语境中成为可理解的和正当的。这种紧张所造成的张力，恰恰为马克思的论述及其展开提供了足够的理论空间。因此，巴利巴尔所谓的"'实践＝生产'的方程式"④，这种等价本身在马克思那里决非抽象的公式，而是在历史的展现及其完成中实现着的一种蕴含具体规定性于自身的关系。

---

① ［法］埃蒂安·巴利巴尔：《马克思的哲学》，王吉会译，中国人民大学出版社 2007 年版，第 61 页。

② ［法］埃蒂安·巴利巴尔：《马克思的哲学》，王吉会译，中国人民大学出版社 2007 年版，第 61 页。

③ ［法］埃蒂安·巴利巴尔：《马克思的哲学》，王吉会译，中国人民大学出版社 2007 年版，第 61 页。

④ ［法］埃蒂安·巴利巴尔：《马克思的哲学》，王吉会译，中国人民大学出版社 2007 年版，第 62 页。

马克思把"生产"称作"人们的创造"①；他同样认为，"劳动是积极的、创造性的活动"②，甚至把它比喻成"火"——"劳动是活的、塑造形象的火；是物的易逝性，物的暂时性，这种易逝性和暂时性表现为这些物通过活的时间而被赋予形式。"③"活的时间"正是"劳动"派生的产物。"活的形象"之喻，恰恰是浪漫主义的生命原则所特有的隐喻。马克思在《雇佣劳动与资本》中指出，作为"劳动力的表现"，"劳动"是"工人本身的生命活动，是工人本身的生命的表现"④。马克思后来又指出："劳动不是表现为对象，而是表现为一种活动，表现为价值的活的源泉。资本表现为一般财富的现实，与此相反，劳动表现为在活动中才能实现的财富的一般可能性。"⑤ 诚如伯尔基所言："在马克思主义学说当中，人类生产或劳动几乎被看作是'神圣的'行为，即人类尊贵的标志，它是把人从动物中区别出来的关键特性，是一种'创造'行动。"⑥ 罗宾逊夫人也指出："马克思用他的分析工具强调，只有劳动是有生产力的观点。"⑦ 马克思的观点不仅符合事实因而是真实的，而且有助于揭示资本主义剥削的真相。因为据此就不能不承认"占有资本不是一项生产活动"。而那些"认为资本具有生产力的学院派经济学家，常常暗示说资本家对社会有功，并且从他们的财产中获取收益是正当的"⑧。这种正统的观点事实上是难以成立的。承认资本也具有生产力，显然是有其为资本主义制度作辩护的意识形态意图。

从肯定的意义上说，"整个所谓世界历史不外是人通过人的劳动而

①　参见《马克思恩格斯选集》第 1 卷，人民出版社 1995 年版，第 89 页。
②　《马克思恩格斯全集》第 46 卷下册，人民出版社 1980 年版，第 116 页。
③　《马克思恩格斯全集》第 46 卷上册，人民出版社 1979 年版，第 331 页。
④　《马克思恩格斯选集》第 1 卷，人民出版社 1995 年版，第 335-336 页。
⑤　《马克思恩格斯全集》第 47 卷，人民出版社 1979 年版，第 194 页。
⑥　[英] 伯尔基：《马克思主义的起源》，伍庆、王文扬译，华东师范大学出版社 2007 年版，第 31 页。
⑦　[英] 琼·罗宾逊：《论马克思主义经济学》，邹巧飞译，商务印书馆 2019 年版，第 34 页。
⑧　[英] 琼·罗宾逊：《论马克思主义经济学》，邹巧飞译，商务印书馆 2019 年版，第 34 页。

诞生的过程"①。但吊诡的是，人的这种诞生史是以否定之否定的形式得以展现并完成的，人的劳动也不得不完成"非人化"，不得不表征为作为历史的内在环节而表现的否定力量。这正是历史本身的辩证法。马克思批评了黑格尔，认为虽然"他把劳动看作人的本质，看作人的自我确证的本质"，但"他只看到劳动的积极的方面，没有看到它的消极的方面"②。在马克思看来，这正是黑格尔劳动概念的非辩证的性质所在。马克思认为："劳动是人在外化范围之内的或者作为外化的人的自为的生成。"③ 这种外化就隐含着异化的内在必然性，尽管外化并不就是异化④。就此而言，马克思在把劳动看作人的自为的生成时，采取的是一种辩证的态度；而劳动的辩证法必然表征为历史活动和历史过程。这就使得马克思哲学内在地引入了历史的维度。由此也就不难理解海德格尔为什么说"马克思在体会到异化的时候深入到历史的本质性的一度中去了"⑤。

与黑格尔不同，马克思"把劳动理解为私有财产的本质"⑥，因为在他看来，私有财产不过是以往劳动的积淀形式，只是以异化的方式表达而已。正因此，劳动成为打开"历史之谜"的一把钥匙。在马克思看来，"劳动一旦被承认为私有财产的本质"，那么，"作为类活动的人的活动"就成为"异化的和外化的形式"⑦。这就触及了"劳动"对人的否定性的关系。在马克思的语境中，"劳动"（labor）和"工作"（work）是有区别的，前者是他律的，后者才是自律的。诚如有学者指

---

① 马克思：《1844 年经济学哲学手稿》，人民出版社 2000 年版，第 92 页。
② 马克思：《1844 年经济学哲学手稿》，人民出版社 2000 年版，第 101 页。
③ 马克思：《1844 年经济学哲学手稿》，人民出版社 2000 年版，第 101 页。
④ 因为马克思在《1844 年经济学哲学手稿》中往往并列使用两个德文术语 "Entfrem-dung"（异化）和 "Entäuβerung"（外化）来表示异化这一概念。但他有时赋予后者以更为宽泛的非负面的含义，以刻画那些非敌对性和异己性的关系的经济和社会现象（参见马克思：《1844 年经济学哲学手稿》，人民出版社 2000 年版，第 200 页，注释 36）。
⑤ 孙周兴选编：《海德格尔选集》上卷，上海三联书店 1996 年版，第 383 页。
⑥ 马克思：《1844 年经济学哲学手稿》，人民出版社 2000 年版，第 133 页。
⑦ 马克思：《1844 年经济学哲学手稿》，人民出版社 2000 年版，第 134 页。

出的："我们必须牢记，马克思所使用的术语'工作'（work）和'劳动'（labor）有不同的——截然不同——含义（他是遵循这些术语可溯及古代世界的传统来使用的）。'工作'是指维持生计——不管是种地、盖房子还是纺织——是在工人的控制下完成的；劳动是在他人（雇主、奴隶主）控制下完成的，后者是决定做什么、何时做、怎么做、在哪里做和为什么做的阶级，同样还决定由此而来的收入和财富如何分配。'劳动'概括了资本主义社会中工人阶级状况的特点。这也是马克思所说的'劳动的外化'的主要（虽然不是唯一的）来源"①。

马克思认为，"私有财产（即 Privateigentum——引者注）是外化劳动（即 entäuβerten Arbeit——引者注）即工人对自然界和对自身的外在关系的产物、结果和必然后果。"② 所谓"外化劳动"又意味着什么呢？它意味着"劳动对工人来说是外在的东西，也就是说，不属于他的本质；因此，他在自己的劳动中不是肯定自己，而是否定自己，不是感到幸福，而是感到不幸，不是自由地发挥自己的体力和智力，而是使自己的肉体受折磨、精神遭摧残"③。在这个意义上，外化也就是异化。在劳动的外化中，劳动只能沦为纯粹的谋生的手段。"在这里，活动是受动"④。这正是马克思之所以说"消灭劳动"的原因。

从逻辑上说，私有财产不过是已有劳动的物化形态，但这一形态已然先行地成为外化的劳动。马克思认为，尽管"从国民经济学得到作为私有财产运动之结果的外化劳动（外化的生命）这一概念"，抑或"尽管私有财产表现为外化劳动的根据和原因，但确切地说，它是外化劳动的后果"。马克思还打了一个比方，"正像神原先不是人类理智迷误的原因，而是人类理智迷误的结果一样"，只是"后来，这种关系就变成相

① ［美］道格拉斯·多德：《资本主义经济学批评史》，熊婴、陶李译，江苏人民出版社2008年版，第56页。

② 马克思：《1844年经济学哲学手稿》，人民出版社2000年版，第61页。

③ 马克思：《1844年经济学哲学手稿》，人民出版社2000年版，第54页。

④ 马克思：《1844年经济学哲学手稿》，人民出版社2000年版，第55页。

互作用的关系"了①。那么，外化劳动的原因何在？我们不能不把它追溯到分工。分工已经隐含着劳动得以外化的可能性了。所以，马克思后来在《德意志意识形态》"费尔巴哈"章中说："分工和私有制是相等的表达方式，对同一件事情，一个是就活动而言，另一个是就活动的产品而言。"② 私有制占有的是"活动的产品"，也就是以往劳动的产物，是劳动的物化形态。私有制的这种占有本身就意味着劳动的外化或异化。马克思说："私有制和分工的消灭同时也就是个人在现代生产力和世界交往所建立的基础上的联合。"③ 这种"联合"，意味着作为"自由人的联合体"而确立的"真实的共同体"。

三、"能动原则"与资本主义的自我解构

马克思说："在资本处于支配地位的社会形式中，社会、历史所创造的因素占优势。"④ 早在《共产党宣言》中，马克思就指出："生产的不断变革，一切社会状况不停的动荡，永远的不安定和变动，这就是资产阶级时代不同于过去一切时代的地方。"⑤ 这正是所谓资本的"文明作用"。

马克思把资本称作"被活劳动抓住并赋予生命的过去劳动"⑥。在此意义上，资本作为既有活劳动的积淀形式，是消极的和受动的。资本的生产力不过是活劳动的生产力的间接表现罢了；这是因为，资本权力归根到底只有通过由活劳动赋予其生命才是可能的。马克思说过："当资本把这个力量（指原本属于工人的创造和增加价值的力量——引者注）并入自身时，它（指资本——引者注）就有了活力……只要工人创造财

---

① 马克思：《1844年经济学哲学手稿》，人民出版社2000年版，第61页。
② 《马克思恩格斯选集》第1卷，人民出版社1995年版，第84页。
③ 《马克思恩格斯全集》第3卷，人民出版社1960年版，第516页。
④ 《马克思恩格斯全集》第46卷上册，人民出版社1979年版，第45页。
⑤ 《马克思恩格斯选集》第1卷，人民出版社1995年版，第275页。
⑥ 《马克思恩格斯全集》第23卷，人民出版社1972年版，第667页。

富，他就因而成为资本的力量"①。马克思还说过："劳动的社会的和一般的生产力，是资本的生产力；但是这种生产力只同劳动过程有关，或者说，只涉及使用价值。"② 这是因为，"资本家换来劳动本身，这种劳动是创造价值的活动，是生产劳动；也就是说，资本家换来这样一种生产力，这种生产力使资本得以保存和增殖，从而变成了资本的生产力和再生产力，一种属于资本本身的力"③。

在马克思看来，活劳动"并入"资本，乃是资本的生产力或资本的生产性的绝对前提。唯其如此，劳动的生产力才以资本的生产力或资本的生产性的形式间接地表现出来。正如马克思所说："因为活劳动——由于资本同工人之间的交换——被并入资本，从劳动过程一开始就作为属于资本的活动出现，所以社会劳动的一切生产力都表现为资本的生产力"④。劳动力成为商品，"使一定量的活劳动成为资本本身的存在形式之一，可以说，成为资本本身的隐德来希"⑤。活劳动作为资本本身的"隐德来希"⑥，意味着活劳动才是资本及其生产性背后的能动的力量，构成资本生产力的源泉和根据。所以，当活劳动被"并入"资本之后，劳动的生产性或劳动的生产力，就表现为资本的生产性或资本的生产力。在此意义上，也仅仅在此意义上，我们说"劳动的生产力就是资本

---

① 《马克思恩格斯全集》第47卷，人民出版社1979年版，第123—124页。
② 《马克思恩格斯全集》第48卷，人民出版社1985年版，第44页。
③ 《马克思恩格斯全集》第46卷上册，人民出版社1979年版，第231页。
④ 《马克思恩格斯全集》第48卷，人民出版社1985年版，第36页。
⑤ 《马克思恩格斯全集》第48卷，人民出版社1985年版，第45页。
⑥ "Entelechy"作为哲学概念，源自亚里士多德。它的字面含义为"有一个目的在自身内"。在词根上，与一种行为或过程所内在地趋向的完成状态或完满状态相联系。莱布尼茨使用这一术语来表示单子中的原动力。生命主义代表人物H·德里希认为，一切有机体都有一种内在的合目的的非物质性的生命力；这种生命力促使有机体完美地趋于成熟（参见［英］尼古拉斯·布宁、［美］余纪元编：《西方哲学英汉对照辞典》，人民出版社2001年版，第305—306页）。贺麟先生认为，"从历史上来说，黑格尔吸收了亚里士多德的隐德来希（Entelechy）和斯宾诺莎的内在的冲力（conatus）。"（贺麟：《黑格尔的同一、差别和矛盾诸逻辑范畴的辩证发展》，载《哲学研究》1979年第12期，第43页）按照这一观点，黑格尔辩证法对于"内在性"的强调，大概可以溯源至亚里士多德的"隐德来希"概念。在马克思那里，对于"资本"来说，"活劳动"不是外在的规定，而是内在的规定。

的生产力"；因为"劳动的生产力已经转给了资本"①。而劳动一旦"并入"资本，那么资本就作为"对劳动及其产品的支配权力"②，把劳动的生产能力表征为自身的生产能力。

关于活劳动"并入"资本的历史条件，马克思认为，在资本主义生产方式中，"财产——过去的客体化了的他人劳动——表现为进一步占有现在的活劳动的唯一条件"③。因此，"所有权在资本方面就辩证地转化为对他人的产品的权利，或者说转化为对他人劳动的所有权，转化为不支付等价物便占有他人劳动的权利，而在工人方面则辩证地转化为必须把他本身的劳动或把他本身的产品看作他人财产的义务"④。

在马克思那里，说"资本是生产的"，仅仅是指："（1）作为强迫进行剩余劳动的力量；（2）作为吸收和占有社会劳动生产力和一般社会生产力（如科学）的力量和作为这些力量的人格化。"⑤ 可见，资本只是作为创造性赖以发挥的条件，而并不是创造性本身。资本的生产性归根到底不过是劳动生产性的表现或延伸而已。那么，劳动的生产性又意味着什么呢？马克思指出："劳动能力⑥所以是生产的，是由于它的价值和它创造的价值之间有差别。"⑦ 因此，"在资本主义生产体系中，生产劳动是给使用劳动的人生产剩余价值的劳动"⑧。也就是说，"如果一个工人虽然生产了可以出卖的商品，但是，他生产的数额仅仅相当于他自己的劳动能力的价值，因而没有为资本生产出剩余价值，那末，从资本

---

① 《马克思恩格斯全集》第 48 卷，人民出版社 1985 年版，第 43 页。
② 马克思：《1844 年经济学哲学手稿》，人民出版社 2000 年版，第 21 页。
③ 《马克思恩格斯全集》第 48 卷，人民出版社 1985 年版，第 160 页。
④ 《马克思恩格斯全集》第 48 卷，人民出版社 1985 年版，第 161 页。
⑤ 《马克思恩格斯全集》第 48 卷，人民出版社 1985 年版，第 43 页。
⑥ 原词为 Arbeitsvermögen，马克思有时也使用 Arbeitskraft（一般译作"劳动力"）一词；在马克思语境中，两词同义可互换。譬如，在《资本论》第 1 卷中，马克思曾有过这样的表述："Arbeitskraft oder Arbeitsvermögen"（参见 Karl Marx. *Das Kapital*：*Kritik der politischen Oekonomie*. Erster Band. Hamburg，1867. S. 130.）。
⑦ 《马克思恩格斯全集》第 48 卷，人民出版社 1985 年版，第 43 页。
⑧ 《马克思恩格斯全集》第 48 卷，人民出版社 1985 年版，第 47 页。

主义生产的观点看来，这种工人不是生产的"①。这正是"生产"概念在资本主义生产方式下的特定历史内涵。如果没有劳动力本身的价值同劳动力所创造的价值之间的"差额"，那么从资本主义生产的观点看，这种劳动力就不是"生产的"。剩余价值的这种"溢出"，作为劳动者凭借自己的劳动力所实现的创造，正是人的能动性的实际表征。

马克思在"经济学手稿（1861—1863 年）"中指出："资本的增殖，即资本所生产的超过自身价值的剩余价值，也就是资本的生产力，包含在被资本占为己有的剩余劳动中"②。究其实质，所谓"资本的增殖"或者"资本所生产的超过自身价值的剩余价值"，亦即所谓"资本的生产力"，归根到底是植根于"被资本占为己有的剩余劳动"的。所谓"资本的生产力"，在其本质上不过是劳动的生产力的一种转化了的形式而已。在此意义上，"资本的生产力"不能作为一种严格的称谓。马克思接下来就援引穆勒《略论政治经济学的某些有待解决的问题》（1844 年伦敦版）中的论述，作为一个佐证。穆勒认为："严格说来，资本并不具有生产力。唯一的生产力是劳动力，当然，它要依靠工具并作用于原料……资本的生产力不外是指资本家借助于他的资本所能支配的实际生产力〈劳动〉的数量。"③ 在"经济学手稿"的另一处，马克思又援引了穆勒的这段话，指出："严格说来，穆勒在这里把资本与构成资本的物质组成部分混为一谈了。可是，这个论点对于那些同样把两者混为一谈，但又认为资本有生产力的人来说，却是好的。当然，这里说穆勒的论断正确，也仅仅就所指的是价值的生产而论。要知道，如果指的只是使用价值，那自然界也是会生产的。"④ 马克思究竟是在何种意义上肯定了穆勒的观点，又是在何种意义上否定了它呢？马克思反对穆勒把资本本身同资本的物质承担者相混淆，但肯定了他只把劳动同生产

---

① 《马克思恩格斯全集》第 26 卷第 1 册，人民出版社 1972 年版，第 438 页。
② 《马克思恩格斯全集》第 47 卷，人民出版社 1979 年版，第 262 页。
③ 《马克思恩格斯全集》第 47 卷，人民出版社 1979 年版，第 262 页。
④ 《马克思恩格斯全集》第 26 卷第 3 册，人民出版社 1974 年版，第 258 页。

力相关联，而拒绝把资本同生产力相关联的做法，认为穆勒所作的这个甄别是"好的"。可见，马克思是同意这个意义上的穆勒观点的。马克思针对他所援引的穆勒这段论述的最后一句话写道："在这里，资本被正确地看作生产关系。"① 因为马克思认为，"产品只是在它表示一定的、历史上一定的社会生产关系时才成为资本。"② 因此，作为一个历史的规定，资本只有在特定的生产关系支配下才"是其所是"。在此，马克思强调的显然是资本的生产关系属性，而故意淡化生产力的属性。之所以这么做，主要是因为同穆勒一样，马克思也试图正视劳动和资本在同人的生产能力方面的关系上的分野。

吊诡的是，工人劳动的生产性日益异化为与工人相敌对的力量。对此，马克思指出："对于工人来说，他的劳动的生产性成了异己的权力"③；这是"因为他的劳动的创造力作为资本的力量，作为异己的权力而同他相对立"④。其实，马克思所谓的"资本的生产力"，仅仅是在这个意义上成立的，即是指"资本支配劳动的客观权力"⑤。这种"能动性"，归根到底不过是从劳动者那里异化出来的能动性的曲折表现或乖戾形式罢了。

马克思认为，资本主义的"生产过程和价值增殖过程的结果，首先是资本和劳动的关系本身的，资本家和工人的关系本身的不断扩大规模的再生产"⑥。马克思的深刻之处在于，他在物质生产活动的"物"的表象背后，看到了它所掩盖着的人与人的关系通过"生产活动"得以不断复制和日趋紧张。在马克思看来，资本主义生产过程的结果，是资本和劳动及其人格化形式之间关系本身的再生产。马克思在批评蒲鲁东时指出："经济学家蒲鲁东先生非常明白，人们是在一定的生产关系中制

---

① 《马克思恩格斯全集》第26卷第3册，人民出版社1974年版，第258页。
② 《马克思恩格斯全集》第47卷，人民出版社1979年版，第173页。
③ 《马克思恩格斯全集》第47卷，人民出版社1979年版，第181页。
④ 《马克思恩格斯全集》第47卷，人民出版社1979年版，第180页。
⑤ 《马克思恩格斯全集》第47卷，人民出版社1979年版，第181页。
⑥ 《马克思恩格斯全集》第48卷，人民出版社1985年版，第161页。

造呢绒、麻布和丝织品的。但是他不明白，这些一定的社会关系同麻布、亚麻等一样，也是人们生产出来的。"① 虽然马克思认为人与自然的关系同人与人的关系是互为中介的，但体现人与自然的关系的生产力归根到底是能动的方面。上面所说的"再生产"的日益深化，使劳动与资本的关系越来越具有敌对的性质，即所谓"对抗性的关系"②。马克思指出："这种关系（指资本主义生产方式中的资本与劳动的关系——引者注）在它的简单形式中就已经是一种颠倒，是物的人格化和人的物化"③。"物的人格化"，是指资本人格化为资本家，因为"资本家本身只有作为资本的人格化才是统治者"④。而"人的物化"，则意味着"资本使用劳动"，即"他（指作为资本的人格化形式的资本家——引者注）的统治只不过是物化劳动对活劳动的统治，工人制造的产品对工人本身的统治"⑤。因此，资本主义生产就是"物对人的统治"⑥。

在资本主义生产方式下，劳动所创造的价值，是被物与物的关系所掩盖着的人与人的关系规定着的，因而体现着人的社会关系。马克思强调说："实际上价值只不过是人和人之间的关系、社会关系在物上的表现，它的物的表现，——人们同他们的相互生产活动的关系。"⑦ 正如罗宾逊夫人所言：作为人与人之间的一种关系，"价值对于鲁滨逊毫无意义"⑧。就此而言，雇佣劳动所创造的乃是人的社会关系。早在《1844年经济学哲学手稿》中，马克思就已指出："通过异化劳动，人不仅生产出他对作为异己的、敌对的力量的生产对象和生产行为的关系，而且还生产出他人对他的生产和他的产品的关系，以及他对这些他人的关

① 《马克思恩格斯选集》第 1 卷，人民出版社 1995 年版，第 141 页。
② 《马克思恩格斯全集》第 48 卷，人民出版社 1985 年版，第 161 页。
③ 《马克思恩格斯全集》第 48 卷，人民出版社 1985 年版，第 37 页。
④ 《马克思恩格斯全集》第 48 卷，人民出版社 1985 年版，第 36 页。
⑤ 《马克思恩格斯全集》第 48 卷，人民出版社 1985 年版，第 37 页。
⑥ 《马克思恩格斯全集》第 48 卷，人民出版社 1985 年版，第 41 页。
⑦ 《马克思恩格斯全集》第 26 卷第 3 册，人民出版社 1974 年版，第 159 页。
⑧ ［英］琼·罗宾逊：《经济哲学》，安佳译，商务印书馆 2011 年版，第 37 页。

系。"① 马克思在《资本论》第 1 卷中又强调："把资本主义生产过程联系起来考察，或作为再生产过程来考察，它不仅生产商品，不仅生产剩余价值，而且还生产和再生产资本关系本身：一方面是资本家，另一方面是雇佣工人。"② 社会关系被不断地再生产出来，使得社会矛盾日益尖锐化，以至于无法在现有制度框架内得到解决，从而必然导致社会革命。

从一定意义上说，辩证法不过是对人的实践及其建构的人的存在所作的一种反思性的把握。辩证法赋予实践的能动性以逻辑上的可能性，而辩证法同革命之间又具有内在的联系。黑格尔承认，辩证法只是反抗精神的修饰了的说法。据爱克尔曼记载，黑格尔曾当面向歌德表示：辩证法"只不过是经过整理和方法地训练了的反抗精神罢了"③。由此也就不难理解，马克思何以认为辩证法在其合理形态上，会"引起资产阶级及其夸夸其谈的代言人的恼怒和恐怖"④ 了。布鲁诺·鲍威尔在《复类福音作者的福音史批判》中甚至说："辩证法是革命的代数学"⑤。可见，说实践亦即人的感性活动是"革命的"和"批判的"，也就意味着说它是辩证法的。值得注意的是，把"辩证法"变成激进政治的合法性依据，正是青年黑格尔派试图从哲学上改变老黑格尔的地方，这一点也为青年马克思的哲学所批判地继承⑥。

马克思认为，"革命是历史的火车头。"⑦ 从某种意义上说，革命乃是"能动原则"的最显豁的历史形式。通过无产阶级的自为存在，通过其历史解放活动，马克思哲学的"能动原则"同"革命"的主题发生了

① 马克思：《1844 年经济学哲学手稿》，人民出版社 2000 年版，第 60-61 页。

② 《马克思恩格斯全集》第 23 卷，人民出版社 1972 年版，第 634 页。

③ ［德］爱克尔曼：《歌德对话录》，周学普译，上海教育出版社 2000 年版，第 169 页。

④ 《马克思恩格斯全集》第 23 卷，人民出版社 1972 年版，第 24 页。

⑤ 黄枬森、庄福龄主编：《马克思主义哲学史教学资料选编》上册，北京大学出版社 1984 年版，第 133 页。

⑥ 参见［德］汉斯-马丁·萨斯：《费尔巴哈和青年马克思》，载湖北大学哲学研究所《德国哲学》编委会编：《德国哲学》第 2 辑，北京大学出版社 1986 年版，第 157-158 页。

⑦ 《马克思恩格斯选集》第 1 卷，人民出版社 1995 年版，第 456 页。

内在的关联。在马克思那里，"实践的唯物主义者"和"共产主义者"是同义词。这种双重角色的同一性，构成它们内在关联的象征式的表达。

正如马尔科姆·诺克斯所指出的："法国革命和康德哲学对于一个德国青年的心灵的影响，是不应低估的。"① 这诚然是就黑格尔而言的，但对于马克思来说又何尝不是这样。法国大革命的人权口号无疑有一个"普遍性假相"，即寻求所谓人人平等。但悖谬的是，"每个人都可以成为一名资产者，恰恰是因为并不是任何人都会成为一名资产者"；因此，"资产阶级革命绝不可能涵括所有的人性，尽管它的正当性恰恰在于这个普遍性拟设"②。这也正是马克思在《论犹太人问题》中不满足于"政治解放"而追求"人类解放"的一个重要原因。"既然资产阶级革命不能实现它的原则，这些原则的证实就必须在市民社会之外加以获得"；正是在这个意义上，马克思哲学同法国大革命发生了某种逻辑上的勾连。"马克思在法国革命的普遍主义原则中看到一种超越资产阶级主观意图的意义。"就此而言，我们甚至可以说，"共产主义就是1789年原则的真正扬弃"③。也仅仅在这个意义上，我们可以说，马克思哲学对于法国大革命是"接着讲"的。这与其说是启蒙的超越，倒不如说是启蒙的完成。然而，马克思哲学的"后现代"维度和指向又明白无误地表明，它是对启蒙的真正克服和超越（非形式主义的，而是有内容的从而是真实的）。

从实践层面上说，霍布斯鲍姆指出："共产主义作为一种现代社会运动的全部历史始于法国大革命的左翼。"④ 这种实践上的联系，其实也

---

① [美] 施泰因克劳斯编：《黑格尔哲学新研究》，王树人等译，商务印书馆1990年版，第10页。

② [以] 阿维纳瑞：《马克思的社会与政治思想》，张东辉译，知识产权出版社2016年版，第209页。

③ [以] 阿维纳瑞：《马克思的社会与政治思想》，张东辉译，知识产权出版社2016年版，第209页。

④ [英] 埃里克·霍布斯鲍姆：《如何改变世界——马克思和马克思主义的传奇》，吕增奎译，中央编译出版社2014年版，第20页。

折射在马克思哲学同法国大革命在理论意义上的联系之中了。诚如吉登斯所说的，"他（指马克思——引者注）的著作又深深扎根于 18 世纪晚期由 1789 年法国大革命所带来的社会、政治的巨大变迁之中。因此，马克思的著作把法国大革命的破坏性作用（shattering effects）带入了现代，在 1789 年到 1917 年（俄国十月革命）这近一百三十年的历史之间架起了直接联系的桥梁。"① 当然，马克思深受法国大革命的影响，并不意味着可以把他的哲学同这一革命在思想上混为一谈。恰恰相反，就像弗莱切所说："马克思把资产阶级革命和无产阶级革命区别开来，资产阶级革命不能完成人类历史自我创建的使命，而无产阶级却可以与历史幸福地决裂（当然是扬弃意义上的——引者注），并彻底完成自身的使命。"② 但马克思当年曾说过："共产党人把自己的主要注意力集中在德国，因为德国正处在资产阶级革命的前夜，因为同 17 世纪的英国和 18 世纪的法国相比，德国将在整个欧洲文明更进步的条件下，拥有发展得多的无产阶级去实现这个变革，因而德国的资产阶级革命只能是无产阶级革命的直接序幕。"③ 恩格斯也指出："革命现在在德国只有当无产阶级全面统治建立起来的时候才能结束。"④

马克思意义上的"革命"是广义的和彻底的。马克思说："异化成为一种'不堪忍受的'力量，即成为革命所要反对的力量"⑤。要实现这种"反对"，就必须"消灭分工""消灭劳动""消灭私有制"。在马克思看来，分工固然使人的能动性、创造性发挥到极致，但也使我们被抽象统治，以人的异化作为历史的代价得以展开和实现。马克思说："分工只是从物质劳动和精神劳动分离的时候起才真正成为分工。"⑥ 因

① ［英］安东尼·吉登斯：《资本主义与现代社会理论——对马克思、涂尔干和韦伯著作的分析》，郭忠华等译，上海译文出版社 2013 年版，第 3 页。
② ［加拿大］M. 弗莱切：《记忆的承诺——马克思、本雅明、德里达的历史与政治》，田明译，华东师范大学出版社 2009 年版，第 22 页。
③ 《马克思恩格斯选集》第 1 卷，人民出版社 1995 年版，第 307 页。
④ 《马克思恩格斯全集》第 7 卷，人民出版社 1959 年版，第 233 页。
⑤ 《马克思恩格斯选集》第 1 卷，人民出版社 1995 年版，第 86 页。
⑥ 《马克思恩格斯选集》第 1 卷，人民出版社 1995 年版，第 82 页。

为唯有这种分工，才是人的存在的悖论的实践地展开了的直观的历史形式。其典型形态在于市民社会与政治国家的分裂，其实质是特殊利益与普遍利益之间互为外在的对立，在此基础上的意识形态修辞就表征为唯物论和唯灵论的冲突。马克思的历史目标在于："为消灭［Aufhebung］国家和市民社会而斗争"①，以便"避免重新把'社会'当作抽象的东西同个体对立起来"②。从一定意义上说，这一系列分裂、对立、冲突的彻底扬弃和超越，归根到底有赖于"消灭分工"。

马克思当年曾说过，"迄今为止的一切革命始终没有触动活动的性质，始终不过是按另外的方式分配这种活动，不过是在另一些人中间重新分配劳动，而共产主义革命则针对活动迄今具有的性质，消灭劳动，并消灭任何阶级的统治以及这些阶级本身"③。劳动的"旧有性质"，亦即马克思所谓的"谋生的劳动"④，它"在国民经济学中仅仅以谋生活动的形式出现"⑤。

马克思在《1844年经济学哲学手稿》中说："要扬弃私有财产的思想，有思想上的共产主义就完全够了。而要扬弃现实的私有财产，则必须有现实的共产主义行动。"⑥ 在《共产党宣言》中，他又强调说："共产主义革命就是同传统的所有制关系实行最彻底的决裂；毫不奇怪，它在自己的发展进程中要同传统的观念实行最彻底的决裂。"⑦ 按照马克思改变思想（观念或意识）必须诉诸"改变世界"的立场，即使扬弃私有制的思想，归根到底也必须以扬弃私有制的现实为根本前提。因为马克思明确说过："这种思想上的扬弃，在现实中没有触动自己的对象，却以为实际上克服了自己的对象"⑧。这不过是思维的一种致命的错觉，因

---

① 《马克思恩格斯全集》第42卷，人民出版社1979年版，第238页。
② 马克思：《1844年经济学哲学手稿》，人民出版社2000年版，第84页。
③ 《马克思恩格斯选集》第1卷，人民出版社1995年版，第90—91页。
④ 马克思：《1844年经济学哲学手稿》，人民出版社2000年版，第174页。
⑤ 马克思：《1844年经济学哲学手稿》，人民出版社2000年版，第14页。
⑥ 马克思：《1844年经济学哲学手稿》，人民出版社2000年版，第128页。
⑦ 《马克思恩格斯选集》第1卷，人民出版社1995年版，第293页。
⑧ 马克思：《1844年经济学哲学手稿》，人民出版社2000年版，第111页。

为"思维自以为直接就是和自身不同的另一个东西，即感性的现实，从而认为自己的活动也是感性的现实的活动"①。显然，这种仅仅局限于"思想上的扬弃"的做法，是不彻底的。因为"改变世界"决不能够通过"改变意识"来实现，物质的东西只有用物质的力量才能改变。那么，在马克思那里，"现实的共产主义行动"又意味着什么呢？马克思把它逻辑地引向了能动的革命的实践。

革命是人民群众确立其历史主体性的重要路径。马克思在《神圣家族》中指出："历史活动是群众的事业，随着历史活动的深入，必将是群众队伍的扩大。在批判的历史中，一切事情自然都完全不是这样报道的，批判的历史认为，在历史活动中重要的不是行动着的群众，不是经验的活动，也不是这一活动的经验的利益，而仅仅是寓于'这些东西里面'的'观念'。"②马克思在此揭示了人民群众的历史主体性地位，并且他们所从事的历史活动，其实质是"经验的活动"亦即感性活动，而它本身并不像布鲁诺·鲍威尔所认为的那样，是寓于"经验的活动"背后的观念活动。米涅在谈到法国大革命时指出："革命使人民成了社会的主人，正像起义使人民成了政府的主人一样"③。马克思的人民群众观同鲍威尔的对群众主体性地位的贬低和蔑视，形成鲜明的对比。正如马克思所讽刺地指出的，在鲍威尔那里，"批判的批判自己制造出自己的对立物即群众的愚蠢"④。

就像前面所引证的，马克思在《德意志意识形态》"费尔巴哈"章中曾说："千百万无产者或共产主义者……他们将在适当的时候，在实践中，即通过革命使自己的'存在'同自己的'本质'协调一致"⑤。无产阶级要在实践中实现自身的存在与其本质的同一。无产阶级的解放

---

① 马克思：《1844年经济学哲学手稿》，人民出版社2000年版，第111页。
② 《马克思恩格斯全集》第2卷，人民出版社1957年版，第104页。
③ ［法］米涅：《法国革命史——从1789年到1814年》，北京编译社译，商务印书馆1977年版，第52页。
④ 《马克思恩格斯全集》第2卷，人民出版社1957年版，第16页。
⑤ 《马克思恩格斯选集》第1卷，人民出版社1995年版，第97页。

与人类的历史解放是互为中介、互为条件的。在马克思看来，这意味着无产阶级只有通过革命的实践才能完成这一使命和目标。这也正是马克思何以把共产主义者同实践的唯物主义者视作同义词的一个重要原因。

尽管革命是能动原则的历史表现，但马克思意义上的革命并不是任意的，而是受制于特定的历史条件，因而具有历史约束性。革命是历史的结果。马克思说："每一种革命和革命的结果都是由这些关系（指'现实的、"存在"于任何革命中的个人以及他们的关系'——引者注）决定的，是由需要（即客观的历史的需要——引者注）决定的"[1]。革命不能人为地制造，否则就将陷入唯心主义把能动性加以"抽象地发展"的错误。人为地制造革命，正是这种错误的虚妄表现。这在历史实践中不乏沉痛的教训。马克思强调说："革命需要被动因素，需要物质基础。"[2] 他还指出："如果还没有具备这些实行全面变革的物质因素……正如共产主义的历史所证明的，尽管这种变革的观念已经表述过千百次，但这对于实际发展没有任何意义。"[3] 马克思指出："有谁听说过，伟大的即兴作者同时也是伟大的诗人呢？在政治方面，道理也同诗歌方面一样。任何时候革命都不能按照命令制造出来。"[4] 这是因为，"彻底的社会革命是同经济发展的一定历史条件联系着的；这些条件是社会革命的前提。因此，只有在工业无产阶级随着资本主义生产的发展，在人民群众中至少占有重要地位的地方，社会革命才有可能"[5]。马克思在批评巴枯宁时指出："他根本不懂得什么是社会革命，只知道这方面的政治词句；在他看来，社会革命的经济条件是不存在的。"[6] 而事实是，"无论哪一个社会形态，在它所能容纳的全部生产力发挥出来以前，是决不会灭亡的；而新的更高的生产关系，在它的物质存在条件在

① 《马克思恩格斯全集》第 3 卷，人民出版社 1960 年版，第 439 页。
② 《马克思恩格斯选集》第 1 卷，人民出版社 1995 年版，第 11 页。
③ 《马克思恩格斯选集》第 1 卷，人民出版社 1995 年版，第 93 页。
④ 《马克思恩格斯全集》第 8 卷，人民出版社 1961 年版，第 601 页。
⑤ 《马克思恩格斯选集》第 3 卷，人民出版社 1995 年版，第 287 页。
⑥ 《马克思恩格斯选集》第 3 卷，人民出版社 1995 年版，第 287 页。

旧社会的胎胞里成熟以前，是决不会出现的。"① 问题在于，强调物质的历史条件的约束性，是否会陷入宿命论，从而遮蔽掉能动性原则呢？回答是否定的。因为历史边际条件的限制作用，仅仅是客观地矫正了夸大能动原则的倾向，而决非否定或剥夺能动性及其原则本身。

革命赖以发生的历史条件的造成，无疑是人们既往实践的结果，但它是自在地实现的，而革命本身却是通过人的自为存在来完成的。等待革命与实施革命之间的界限，难以给予一种知性的划分，它需要在具体实践中辩证地把握和甄别。否则，我们就很难理解在马克思思想中何以存在着一种貌似真实的紧张。对此，阿维纳瑞指出："马克思的整个生涯都在揭示一种潜在的紧张关系，这就是一方面他确信革命即将来临，另一方面他厌恶被牵涉进试图以暴力的方式向千年王国进发的行动。"② 在马克思的语境中，革命虽然是受制于先行有效的历史条件的，因而决不是任意的、完全诉诸激情的，但这并不妨碍它本身又是革命者的自觉和能动的活动，是历史的积极建构活动。马克思在《哲学的贫困》中谈到革命的自觉形式时指出："社会主义者和共产主义者是无产者阶级的理论家。……当他们还在探寻科学和只是创立体系的时候，当他们的斗争才开始的时候，他们认为贫困不过是贫困，他们看不出它能够推翻旧社会的革命的破坏的一面。但是一旦看到这一面，这个由历史运动产生并且充分自觉地参与历史运动的科学就不再是空论，而是革命的科学了。"③ 在此，马克思提出了"革命的科学"乃是"由历史运动产生并且充分自觉地参与历史运动的科学"；正因此，它"不再是空论"。显然，离开了这种"自觉地参与历史运动的科学"，"革命"就不可能实现。马克思的"共产主义"内在地包含着一个反思的层面，但这是否属于马克思所拒绝的"解释世界"的态度呢？例如，马克思说："对现代

---

① 《马克思恩格斯选集》第2卷，人民出版社1995年版，第33页。
② ［以］阿维纳瑞：《马克思的社会与政治思想》，张东辉译，知识产权出版社2016年版，第282页。
③ 《马克思恩格斯选集》第1卷，人民出版社1995年版，第155页。

国家制度的真正哲学的批判，不仅要揭露这种制度中实际存在的矛盾，而且要解释这些矛盾；真正哲学的批判要理解这些矛盾的根源和必然性，从它们的特殊意义上来把握它们。"① 这里所谓的"解释"并不是在"解释世界"意义上成立的；恰恰相反，它仅仅是为避免"解释世界"的态度所做的一种必要的准备而已。

马克思特别强调资本主义生产方式的历史性质，认为"把生产的资本主义形式当作生产的绝对形式、因而当作生产的永恒的自然形式"的见解，属于"资产阶级狭隘眼界"②。他指出："资产阶级生产的自然规律，即在一定的历史阶段上和在一定的历史条件下进行生产所遵循的规律。"这是因为，"正像这种生产方式本身是历史的一样，它的性质和这种性质的规律也是历史的"③。关于资本主义生产方式的历史暂时性，马克思说过："工资不是资产阶级生产的偶然形式，而整个资产阶级生产却是生产的暂时历史形式。生产的一切关系（资本、工资、地租等）都是暂时的，在一定的发展阶段上都要被消灭的。"④ 这种历史的性质，归根到底取决于资本主义生产方式通过实践表征出来的内在矛盾及其展开。诚如马克思所说："异化借以实现的手段本身就是实践的。"⑤ 也就是说，异化及其关系最初不是在观念层面形成并存在的，它首先是一个由实践本身建构着的现实的历史过程。

资本主义造成了自我否定性，正如马克思所说的那样："私有制在自己的经济运动中自己把自己推向灭亡"⑥；而这种自我否定性的实现，说到底离不开人的能动的创造活动。从历史上看，资本主义制度安排终究属于暂时的规定，它被人的能动活动所创生，又被这种能动活动所克服。能动活动的辩证法，即能动活动对一切既存之物的克服和超越，决

---

① 《马克思恩格斯全集》第 1 卷，人民出版社 1956 年版，第 359 页。
② 《马克思恩格斯全集》第 48 卷，人民出版社 1985 年版，第 43 页。
③ 《马克思恩格斯全集》第 48 卷，人民出版社 1985 年版，第 163 页。
④ 《马克思恩格斯全集》第 6 卷，人民出版社 1961 年版，第 657 页。
⑤ 马克思：《1844 年经济学哲学手稿》，人民出版社 2000 年版，第 60 页。
⑥ 《马克思恩格斯全集》第 2 卷，人民出版社 1957 年版，第 44 页

定了我们必须从暂时性的角度去看待现存的事物。马克思说："社会劳动生产力的发展是资本的历史任务和权利。正因为如此，资本无意之中为一个更高的生产方式创造物质条件。"① 马克思充分地认识到，"物质力量只能用物质力量来摧毁"②；而"思想根本不能实现什么东西。为了实现思想，就要有使用实践力量的人"③。"改变意识"必须以"改变世界"作为根本前提，因为意识在任何时候都不过是被意识到了的社会存在。这也正是马克思终其一生所从事的意识形态批判工作的深刻之处。随着资本主义生产方式的日益成熟，它所孕育出来的资产阶级本身，在本质上已经丧失掉了其能动性，从而沦为一种保守力量，陷入狭隘性和反动性。因为"在整个对立的范围内，私有者是保守的方面，无产者是破坏的方面。从前者产生保持对立的行动，从后者则产生消灭对立的行动。"④ 正是基于这一情形，马克思强调指出："历史活动是群众的事业，随着历史活动的深入，必将是群众队伍的扩大。"⑤ 马克思哲学的"能动原则"，必然落实到"千百万人民群众"在反抗自身被物化的命运中表现出来的历史首创精神。

马克思说："这里以纯经济的方式，从资本主义生产本身出发，表明了资本主义生产的界限，表明了它的相对性，即它不是绝对的生产方式，而只是历史的并与一定的物质生产条件的有限发展时代相适应的生产方式。"⑥ 在这里，马克思指出了资本主义作为生产方式的历史暂时性。它是由资本主义的自我解构决定的。但这种解构不是离开无产阶级作为历史主体的能动活动而抽象地实现的，而是由无产阶级通过自身所代表的先进生产力的发展来推动并决定的。在此意义上，把马克思的唯物史观归结为生产力决定论是真实的。

马克思认为："在一切生产工具中，最强大的一种生产力是革命阶

---

① 《马克思恩格斯全集》第 48 卷，人民出版社 1985 年版，第 304 页。
② 《马克思恩格斯选集》第 1 卷，人民出版社 1995 年版，第 9 页。
③ 《马克思恩格斯全集》第 2 卷，人民出版社 1957 年版，第 152 页。
④ 《马克思恩格斯全集》第 2 卷，人民出版社 1957 年版，第 44 页
⑤ 《马克思恩格斯全集》第 2 卷，人民出版社 1957 年版，第 104 页。
⑥ 《马克思恩格斯全集》第 48 卷，人民出版社 1985 年版，第 304 页。

级本身。"① 他还说过，"生产力是人们应用能力的结果"②。因此，只有劳动者才是生产力中最活跃、最革命的要素；因为只有劳动者才具有能动性、创造性。劳动工具和劳动对象都是受动的、"死的"要素。马克思说："不论生产的社会形式如何，劳动者和生产资料始终是生产的因素。"③ 尽管劳动者和生产资料作为生产力的要素，都是生产性的；但是，两者之间的地位和作用却不是平分秋色的。因为生产资料终究是条件性和工具性的，而只有劳动者才是能动性和决定性的。

诚然，没有资本，雇佣劳动也不能成其为雇佣劳动。正像马克思以"作家"为例所指出的，"作家之所以是生产劳动者，并不是因为他生产出观念，而是因为他使出版他的著作的书商发财，也就是说，只有在他作为某一资本家的雇佣劳动者的时候，他才是生产的。"④ 这意味着"劳动……只是对资本来说才变成生产的"⑤。但有一点是无法改变的，即无论资本对于雇佣劳动的意义有多么重要，都不过是在"条件"的意义上成立的，而不是"创造"本身。马克思甚至说："没有自然界，没有感性的外部世界，工人什么也不能创造。"⑥ 我们不能因此就认为自然界本身也构成这种创造的力量，因为马克思接下来说得很清楚："它（指自然界——引者注）是工人的劳动得以实现、工人的劳动在其中活动、工人的劳动从中生产出和借以生产出自己的产品的材料。"⑦ 显然，离开了自然界，工人的创造就是不可能的，但我们不能因此就说自然界本身也是一种创造的力量；因为自然界不过是充当工人创造活动得以实现的条件，仅此而已。同样地，资本也只是参与了生产过程，参与了创造活动，但并不构成生产和创造的力量本身，它仅仅为这种生产和创造提供必要的条件。即使在此意义上，它依旧是外在性的规定。

---

① 《马克思恩格斯选集》第1卷，人民出版社1995年版，第194页。
② 《马克思恩格斯选集》第4卷，人民出版社1995年版，第532页。
③ 《马克思恩格斯全集》第24卷，人民出版社1972年版，第44页。
④ 《马克思恩格斯全集》第26卷第1册，人民出版社1972年版，第149页。
⑤ 《马克思恩格斯全集》第47卷，人民出版社1979年版，第181页。
⑥ 马克思：《1844年经济学哲学手稿》，人民出版社2000年版，第53页。
⑦ 马克思：《1844年经济学哲学手稿》，人民出版社2000年版，第53页。

劳动者作为劳动者，他的活动即是劳动；而劳动则是"动的"、生命原则的体现。马克思指出："在劳动过程中，劳动不断由动的形式转为存在形式，由运动形式转为物质形式。"① 他还说过："在劳动过程中，人的活动借助劳动资料使劳动对象发生预定的变化。过程消失在产品中。……劳动与劳动对象结合在一起。劳动物化了，而对象被加工了。在劳动者方面曾以动的形式表现出来的东西，现在在产品方面作为静的属性，以存在的形式表现出来。"② 显然，劳动者那里的"动的形式"，到产品那里则转化为"静的属性"了。最终起决定性作用的，乃是"人的活动"亦即劳动者的劳动过程本身，它就是"借助"劳动资料（条件）对劳动对象的"改变"。所以，在此意义上，劳动资料和劳动对象在生产力范畴中均属于受动的要素。唯有劳动者才是能动的要素。

马克思指出："人们不能自由选择自己的生产力——这是他们的全部历史的基础，因为任何生产力都是一种既得的力量，以往的活动的产物。所以生产力是人们的实践能力的结果，但是这种能力本身决定于人们所处的条件，决定于先前已经获得的生产力，决定于在他们以前已经存在、不是由他们创立而是由前一代人创立的社会形式。"③ 这是从生产力的预成的角度说的。既然任何作为一种"既得的力量"的生产力，都是"以往活动的产物"，那么也就意味着生产力本身是活动的产物，包括生产力中的物的要素，离开了人的活动也就不成其为生产力。这正是劳动者何以是"最强大的生产力"的一个重要理由。

从某种意义上说，生产力对于历史的决定性的推动作用，表征为人的"'革命的'、'实践批判的'活动"的能动性。如此一来，"能动原则"也就变成了历史原则，从而为人的实践创造和建构人类历史提供了内在根据和理由。

---

① 《马克思恩格斯全集》第 23 卷，人民出版社 1972 年版，第 214 页。
② 《马克思恩格斯全集》第 23 卷，人民出版社 1972 年版，第 205 页。
③ 《马克思恩格斯全集》第 27 卷，人民出版社 1972 年版，第 477–478 页。

第十一章　马克思的犹太身份和哲学建构

　　应该承认，学界在过去对马克思哲学思想史来源的理解过于褊狭，这在很大程度上妨碍了我们对马克思哲学丰富意蕴的阐释和把握。将马克思哲学置于一个更广义和宽泛的思想史背景下加以审视和梳理，对于我们更全面深入地"重读马克思"，具有十分重要的意义。马克思作为犹太人，其犹太身份究竟在何种意义上影响了他的哲学运思？又如何恰当地看待并估价马克思的宗教批判与这种影响的关系？这些问题都是值得我们仔细考察的。本章就这个方面作出初步尝试。

　　马克思思想同犹太教观念及其传统之间的关系充满着辩证性。一方面，马克思在自觉层面上彻底告别了包括犹太教在内的一切可能的宗教形式；另一方面，犹太教的某些重要因子和精神气质在无意识层面上又深刻地影响了马克思的哲学建构。马克思之所以批判犹太教，除了意识形态批判的一般需要外，还因为他力图解构市民社会这一现代性的世俗基础。马克思所肩负的无产阶级革命导师的使命；马克思的叛逆性格和解放诉求；马克思哲学的合题取向、实践精神和真实的历史感；马克思对人的异化命运的敏感、对拜物教的批判、对道德维度的认同、对作为历史前提的物质条件的重视等等，都或潜或显、或多或少地折射着犹太教传统的底色。宗教只是试图通过调整人们对现实世界的看待方式而屈从于现实世界。与此恰恰相反，马克思哲学则主张通过人的感性活动实际地改变现实世界而使之趋向于理想境界。这正是马克思哲学同宗教之间的本质区别。

一、马克思的犹太身份及其自反性的批判

一个人的出身，是会深刻地影响这个人的思想的。这本身就是马克思"存在决定意识"原理的题中应有之义。考察马克思的犹太人身份究竟在何种意义上影响了他的哲学建构，将有助于我们更全面地了解马克思的思想史背景，进而深化对马克思哲学实质的把握。它要求我们从思想基因的层面上，探寻马克思的哲学建构同犹太教传统之间的始源性的关联。

马克思在其思想发展中，他的犹太人身份究竟意味着什么，又扮演了怎样的角色？答案是双重的：一方面是"犹太人"的方式（否定性的）和"犹太人"的解放（肯定性的）；一方面是作为批判对象的"犹太教"（否定性的）和作为思想底色的"犹太教"（肯定性的）。因此，马克思思想同犹太教观念及其传统之间的关系充满着辩证性。一方面，马克思在自觉层面上彻底告别了包括犹太教在内的一切可能的宗教形式；另一方面，犹太教的某些重要因子和精神气质在无意识层面上又深刻地影响了马克思的哲学建构。

其实，马克思的无神论者形象确立得很早。青年马克思在其博士论文序言中，就曾借普罗米修斯之口说："老实说，我痛恨所有的神。"① 马克思对宗教的解构，可谓接续了费尔巴哈的工作，但又在新的基础上革命性地推进了宗教批判。他宣布："我们不把世俗问题化为神学问题。我们要把神学问题化为世俗问题。在历史长期以来被变成迷信之后，我们现在把迷信变成历史。"② 从这里我们不难看到大卫·施特劳斯的影子。如果仅仅局限于此，尚不能真正拉开马克思同费尔巴哈的思想距离。只有对宗教得以消亡的历史条件本身作出深刻揭示，才意味着马克

---

① 《马克思恩格斯全集》第 40 卷，人民出版社 1982 年版，第 189 页。
② 《马克思恩格斯全集》第 1 卷，人民出版社 1956 年版，第 425 页。

思哲学的原创地位的奠基。马克思在《资本论》第 1 卷中深刻地指出："只有当实际日常生活的关系，在人们面前表现为人与人之间和人与自然之间极明白而合理的关系的时候，现实世界的宗教反映才会消失。只有当社会生活过程即物质生产过程的形态，作为自由结合的人的产物，处于人的有意识有计划的控制之下的时候，它才会把自己的神秘的纱幕揭掉。但是，这需要有一定的社会物质基础或一系列物质生存条件，而这些条件本身又是长期的、痛苦的发展史的自然产物。"① 这意味着只有在人们的实际日常生活的关系以其本真的方式"是其所是"的时候，宗教才会丧失其存在的历史条件和社会土壤。宗教的历史消亡，作为现实发展的自然后果，固然不是人为的产物；但作为人的实践活动的结果，又是人为的产物。

马克思批判宗教的动机何在？按照海涅的说法，当时的德国就像法国革命前的情形一样，"基督教和旧政权结成了不可分解的同盟。只要基督教对人民群众还发生影响，那么旧政权就不可能被打碎。"② 因此，马克思强调指出："就德国来说，……对宗教的批判是其他一切批判的前提。"③ 马克思的卓越之处不在于对宗教本身加以批判，而在于由这种批判深入到了对宗教背后的社会根源的深刻揭示。他认为，对宗教本身的批判业已"完成"，剩下的工作是对宗教的世俗基础的解构。而这正是马克思为自己确立的任务。在《黑格尔法哲学批判·导言》中，他已经自觉地意识到了这一点："人的自我异化的神圣形象被揭穿以后，揭露具有非神圣形象的自我异化，就成了为历史服务的哲学的迫切任务。于是，对天国的批判变成对尘世的批判，对宗教的批判变成对法的批判，对神学的批判变成对政治的批判。"④ 在《关于费尔巴哈的提纲》中，马克思又进一步指出："费尔巴哈是从宗教上的自我异化，从世界

① 《马克思恩格斯选集》第 2 卷，人民出版社 1995 年版，第 142 页。
② 张玉书编选：《海涅选集》，人民文学出版社 1983 年版，第 207 页。
③ 《马克思恩格斯选集》第 1 卷，人民出版社 1995 年版，第 1 页。
④ 《马克思恩格斯选集》第 1 卷，人民出版社 1995 年版，第 2 页。

被二重化为宗教世界和世俗世界这一事实出发的。他做的工作是把宗教世界归结于它的世俗基础。但是……对于这个世俗基础本身应当在自身中、从它的矛盾中去理解，并在实践中使之革命化。因此，例如，自从发现神圣家族的秘密在于世俗家庭之后，世俗家庭本身就应当在理论上和实践中被消灭。"① 这表明，虽然"费尔巴哈揭露了宗教世界是世俗世界的幻想"，但"世俗世界在费尔巴哈那里仍然不过是些词句"②。从某种意义上说，马克思的《论犹太人问题》正是为完成费尔巴哈未能完成的任务所作的尝试和准备。

马克思之所以批判犹太教，除了意识形态批判的一般需要外，还有其特殊原因。他对犹太人的憎恶和对犹太教的否定，其深刻用意在于解构市民社会这一现代性的世俗基础。马克思在《论犹太人问题》中指出："犹太人的世俗偶像是什么呢？做生意。他们的世俗上帝是什么呢？金钱。"③ 恩格斯在《关于德国的札记》中也说过：犹太人"他们命定要从事商业"④。诚如皮朗所说的，"'犹太人'与'商人'这两个名词几乎成了同义语。"⑤ 在德文中，"Jude"一词既指"犹太人"和"犹太教徒"，也指"商人"和"高利贷者"。这种双重含义及其关联不是偶然的，而是有其特定的历史内涵。桑巴特在其《犹太人与现代资本主义》一书中揭示了"资本主义与'犹太人特性'（Jewishness）之间的关联"⑥，他指出："犹太人特质、犹太宗教以及资本主义三者之间，具有三重相似性。"⑦ 而按照马克思和恩格斯的说法，资本主义不过是商品经

① 《马克思恩格斯选集》第 1 卷，人民出版社 1995 年版，第 55 页。
② 《马克思恩格斯全集》第 3 卷，人民出版社 1960 年版，第 261 页。
③ 《马克思恩格斯全集》第 1 卷，人民出版社 1956 年版，第 446 页。
④ 《马克思恩格斯全集》第 45 卷，人民出版社 1982 年版，第 172 页。
⑤ ［比利时］皮朗：《中世纪欧洲经济社会史》，乐文译，上海人民出版社 1964 年版，第 10 页。
⑥ ［德］维尔纳·桑巴特：《犹太人与现代资本主义》，安佳译，上海译文出版社 2015 年版，第 263 页。
⑦ ［德］维尔纳·桑巴特：《犹太人与现代资本主义》，安佳译，上海译文出版社 2015 年版，第 254 页。

济的最高历史阶段罢了。

在马克思看来，"犹太人已经用犹太人的方式解放了自己。"① 为什么这样说呢？因为犹太人所代表的市民社会及其世俗的精神气质对中世纪神学传统的实际解构，意味着犹太人从前现代的压迫和束缚中摆脱和解放出来。但是，犹太人所达到的这种解放，只不过是"政治解放"罢了，还不是"人类解放"。这仅仅构成马克思所追求的"人类解放"这一终极目标的一个必要的步骤和历史准备，而并非它的完成。因此，马克思在历史地肯定"政治解放"的同时，还要在此基础上超越"政治解放"，以便实现历史的最后目标，即他所说的"人类解放"。

海涅就马克思时代的德意志对于金钱的普遍崇拜作了描述，写道："如今人类理智多了，我们不再相信鲜血的神力，既不相信贵族的血，也不相信神明的血。大伙只相信金钱。……够了，人们只相信金钱。他们认为，只有铸成货币的金属，金银铸就的圣体，才具有神力；金钱是他们全部事业的起点和终点。"② 马克思对此作了更深刻的揭示："货币的特性的普遍性是货币的本质的万能；因此，它被当成万能之物。"③ 在援引了莎士比亚和歌德相关作品的片断后，他又写道："货币的这种神力包含在它的本质中，即包含在人的异化的、外化的和外在化的类本质中。它是人类的外化的能力。"④ 在他看来，货币的"神力"不过是人的抽象的类本质的外化的结果。在《穆勒笔记》中，马克思用思辨的语言揭露道："货币"已然变成一种"异己的中介"，一种"真正的权力"和"真正的上帝"，从而使人们"对它的崇拜成为目的本身"⑤。在这里，他深刻地揭示了金钱变成被崇拜的对象，以至于由手段（工具）异化为目的（主宰者）的逻辑，进而把货币的历史根源归结为私有财产。

---

① 《马克思恩格斯全集》第 1 卷，人民出版社 1956 年版，第 446 页。
② 张玉书编选：《海涅选集》，人民文学出版社 1983 年版，第 153 页。
③ 马克思：《1844 年经济学哲学手稿》，人民出版社 2000 年版，第 140 页。
④ 马克思：《1844 年经济学哲学手稿》，人民出版社 2000 年版，第 144 页。
⑤ 马克思：《1844 年经济学哲学手稿》，人民出版社 2000 年版，第 165 页。

在一定意义上，马克思对政治经济学所作的批判，说到底不过是对市民社会加以批判的理论表现罢了。因为他说得很明白："对市民社会的解剖应该到政治经济学中去寻求。"① 如此一来，对市民社会所作的否定性的揭示，就不能不被归结为对政治经济学本身的批判。从某种意义上说，"犹太人"成为市民社会成员人格浓缩了的象征形式。马克思的《论犹太人问题》一文发表后，在当时德国和法国的报刊上引发了一些评论，其中有评论说："马克思……着眼于犹太教的世俗基础，并且他在一般的实际需要的私利中发现了这一基础。他的全部论证在于：整个社会摆脱买卖和金钱，即摆脱实际的真实的犹太教"② 。显然，马克思之所以对犹太教愤懑，不仅是出于意识形态批判的一般需要，还因为犹太教所折射出来的市民社会性格③ 。其实，犹太教本身就充满张力。施特劳斯指出："犹太教的典型特征是它的不切实际（Entwirklichtheit）以及它的'物质主义'（Materialismus）。"④ 按照伯林的说法，基督教和犹太教乃是人的"两个自我产生的根源：精神的、内在的、非物质的永恒的灵魂；经验的、外在的、肉体的、物质性的自我"⑤ 。这也正是"仍然停留在理论的领域内"的费尔巴哈，之所以把实践视作"卑污的犹太人的表现形式"从而瞧不起实践的一个重要原因所在。

马克思的犹太人身份，究竟在何种意义上成立？犹太人身份的判准究竟是民族学的还是宗教学的？"实际上，世界上众所周知的一些犹太人，像海涅、马克思、狄斯累利、爱因斯坦，既不说希伯来语也没有表白过犹太教信仰，而且有许多这种人，一般被叫做犹太人，却并不属于

---

① 《马克思恩格斯选集》第 2 卷，人民出版社 1995 年版，第 32 页。

② 《〈论犹太人问题〉（1883 年 10 月中至 12 月中）的产生与流传》，载《马克思主义研究参考资料》1984 年第 15 期，第 51 页。

③ 所罗门认为，马克思的《论犹太人问题》就"非常典型地反映了犹太知识分子对其犹太身份的自我憎恨"（［英］诺曼·所罗门：《犹太教》，赵晓燕译，辽宁教育出版社 1998 年版，第 13 页）。

④ 刘小枫编：《犹太哲人与启蒙——施特劳斯讲演与论文集：卷一》，张缨等译，华夏出版社 2010 年版，第 47 页。

⑤ ［英］以赛亚·伯林：《自由及其背叛》，赵国新译，译林出版社 2005 年版，第 57 页。

任何有形的犹太共同体，他们的生活仍然深深地受到他们的犹太血统这个事实的影响。"① 然而，正如爱因斯坦所说的，"犹太人是什么样的人呢？关于这个问题，没有什么便当的答案。最明显的答案会是：犹太人是具有犹太人的信仰的人。"② 有学者认为犹太教具有民族性的本质，例如内米尔提出："我们的宗教本质上是民族的。"③ 对马克思而言，犹太人身份当然是双重的：既是血缘的，又是信仰的。就马克思的哲学建构来说，具有实质性的当然是这种信仰意义上的犹太人角色。

二、马克思的犹太身份对其哲学建构的深层影响

可是，有一个关键的事实无法回避，即马克思幼时的"改宗"。马克思6岁受洗，但马克思家族的改宗，究竟是出于宗教信仰本身的原因，还是为了获得社会承认，即公民身份的被认可和接纳呢？在马克思所处的那个时代，犹太人改宗的真实动机何在：是宗教本身的，还是世俗利益上的考量譬如身份认同的需要？是出于无奈（迫于现实考虑），还是一种主动的选择（情愿如此）？是形式上的，还是内在心灵的？

据马克思的女儿劳拉回忆："我的父亲是犹太人出身，无论父系还是母系方面都是犹太人血统。我的祖父于1824年8月与犹太教脱离了关系而改宗新教。他这样做是出于自愿，并非为了遵从官方的规定。他告诉自己的儿子，他相信上帝，在他之前，牛顿、洛克和莱布尼茨也是这样做的。同时，他也相信伏尔泰。至于我的祖母，要是问她是否相信上帝时，她说，她相信，但并不是为了上帝，而是为了自己。"④ 有人指

---

① ［英］迈克尔·波兰尼：《社会、经济和哲学——波兰尼文选》，彭锋等译，商务印书馆2006年版，第41页。

② ［美］阿尔伯特·爱因斯坦：《为什么要仇视犹太人？》，载《爱因斯坦文集》第3卷，许良英、赵中立、张宣三编译，商务印书馆1979年版，第163页。

③ 转引自［英］迈克尔·波兰尼：《社会、经济和哲学——波兰尼文选》，彭锋等译，商务印书馆2006年版，第50页。

④ 《劳拉·拉法格致约翰·斯帕戈》（1907年12月27日），载《马列主义研究资料》1987年第1辑，人民出版社1987年版，第125—126页。

出，"除了意大利以外，在现代德国，犹太人脱离犹太教的比率要高于其他任何地方。"① 马克思家族的改宗，是否也带有某种"随大流"和"从众"的性质呢？"在成千上万的犹太人改信名义上的新教，甚至是天主教的背后，则有着经济上，更重要的是社会上的好处。在大学和各种职场，犹太人的改宗往往在一定范围内消除了'冰冷'的歧视。"② 可见，当时犹太人改宗的背后往往是利益上的考量，改宗成为摆脱歧视的策略或手段。因为在当时的德国，"犹太人为了能够成为公民必须放弃他们自己的信仰"③。李卜克内西在回忆录中写道："在这个男孩（指马克思——引者注）出生后不久，当局颁布了一个公告，这使所有犹太人都必须抉择，或者接受洗礼，或者放弃任何官方的职务和工作。"而"马克思的父亲，一个有声望的犹太律师和公证人，地方法院的律师，不得不和自己的全家一起改信基督教"④。李卜克内西认为，马克思的一生都是对这一抉择所作的回应。他写道，"20 年后，当这个男孩长大成人时，在一篇关于犹太人问题的文章中，他第一次对这个粗暴的行动（指改宗——引者注）作出了回答。他整个一生都在对这事作出回答和进行报复。"⑤

当然，也有完全不同的解释。梅林在《马克思传》中就更强调改宗的文化意义和政治含义，他写道："在当时的情况下，放弃犹太教不仅是一种宗教解放的行动，而且主要是一种社会解放的行动。"他进而指

---

① ［美］密尔顿·迈耶：《他们以为他们是自由的——1933—1945 年间的德国人》，王崇兴等译，商务印书馆 2013 年版，第 119 页。

② ［美］密尔顿·迈耶：《他们以为他们是自由的——1933—1945 年间的德国人》，王崇兴等译，商务印书馆 2013 年版，第 119 页。

③ ［德］伊林·费彻尔：《马克思：思想传记》，黄文前译，北京师范大学出版社 2013 年版，第 2 页。

④ 中共中央编译局编：《回忆马克思》，人民出版社 2005 年版，第 21 页。有学者指出："一八一六年，普鲁士颁布命令，禁止犹太人在法界与医界中担任高级职位，海因利希（即马克思的父亲——引者注）遵守这个命令而成为新教徒，并在一八二四年八月廿六日让他的六个孩子受洗。"（［英］保罗·约翰逊：《所谓知识分子》，杨正润等译，台湾究竟出版社 2002 年版，第 89 页）

⑤ 中共中央编译局编：《回忆马克思》，人民出版社 2005 年版，第 21 页。

出："在好几十年当中，改宗基督教是犹太人中间的自由思想者在文化方面前进一步的表现。"梅林由此得出这样的结论："犹太教并不能参与我们的卓越思想家和诗人的伟大精神劳动"①。显然，他强调的是马克思同犹太教之间的断裂性，认为马克思从他父亲那里遗传的只是现代人文主义，而不是犹太教观念。梅林说："亨利希·马克思树立了一种现代人文主义思想，这种思想使他摆脱了犹太教的一切偏见，而他就把这种自由当作一宗宝贵遗产留给了他的卡尔。"② 至少，这一判断并不完全符合马克思思想的情形。梅林之所以低估犹太教对于马克思思想的深刻影响，在我看来，其原因不外是：在马克思的思想建构中，犹太教传统内蕴的自否性的辩证关系，即犹太教传统内部的因子，恰恰孕育并塑造了解构犹太教的诉求和能力。这一关系被马克思幼年改宗的外观遮蔽和掩盖了，以至于人们把马克思的宗教批判简单化地理解为对犹太教的纯粹外在的背叛。

波兰尼也认为，马克思以及像马克思那样的犹太人，"他们没有受放弃信仰后轻易得到的收获的诱惑，他们叛离的理由……来自于拥抱人类更伟大理想的深切愿望。他们背叛了在他们看来是狭隘和缺乏创见的犹太传统"。因为就马克思而言，他可以"为了理念而面对驱逐和贫困"③。执着地追求超越的目的，这的确是犹太民族的一个突出的特征。正如桑巴特所说的，"犹太人最为耳熟能详的术语莫过于 Tachlis，即目的、目标或结果之意。如果你想做任何事情，你必须有一个 tachlis。"④这一性格似乎与犹太人的商业天赋相悖；但就像一个人一样，一个民族的品性也往往是复调式的，而非单一的。波兰尼认为，马克思摆脱了犹太传统的狭隘性，他的背叛是为了超越。的确，能够超越自我的、时代

---

① ［德］弗·梅林：《马克思传》上，樊集译，人民出版社1973年版，第9页。
② ［德］弗·梅林：《马克思传》上，樊集译，人民出版社1973年版，第10页。
③ ［英］迈克尔·波兰尼：《社会、经济和哲学——波兰尼文选》，彭锋等译，商务印书馆2006年版，第46页。
④ ［德］维尔纳·桑巴特：《犹太人与现代资本主义》，安佳译，上海译文出版社2015年版，第247页。

的或民族的局限性和狭隘性来思考问题，正是一位伟大思想家的特征。马克思就以其原创性的运思印证了这一点。在某种意义上，作为天才思想家，马克思本身就是异化的产物，是脱离犹太教的结果。"……我们因而能够去发现在强加于我们的不利条件中包含的任何特殊机会。至于犹太民族，可以发现那样的机会产生于他们的世界主义观点之中"①。马克思的情形不正是这样的吗？马克思在《论犹太人问题》中着重探讨的政治解放和人类解放的关系问题，就显然与此相关。

悉尼·胡克认为：尽管"从马克思的父母双方来说，他（指马克思——引者注）都不失为一个世系悠久的犹太拉比的后裔"；但"由于社会原因，马克思的父亲改信了基督教的新教，因而马克思在成长过程中竟然丝毫没有意识到自己是犹太人"②。这意味着马克思自幼对于自己的犹太人身份是缺乏自觉的认同感的；但胡克过分低估了犹太人身份对于马克思及其思想的影响。虽然幼儿时期的马克思就已被"改宗"，而且他在青年时期即开始厌恶犹太教及其所代表的精神气质；但正如爱因斯坦所强调的那样，"大家都知道，蜗牛去掉它的壳仍旧是蜗牛。一个放弃了他的信仰（从这个词的表面意义来说）的犹太人，情况也是一样。他依旧是一个犹太人。"③ 关于犹太人身份的遗传性和不可改易性，麦克莱伦则列举了海涅和赫斯的例子，他说："马克思的两个亲密朋友海涅和赫斯，一个由于文化原因改信了新教，另一个则公开宣布是无神论者；但一直到生命的结束，他们都保持着犹太人的自我意识"④。这一情形，是否也适用于马克思呢？回答应该是肯定的。恩格斯在《论反犹

---

① ［英］迈克尔·波兰尼：《社会、经济和哲学——波兰尼文选》，彭锋等译，商务印书馆 2006 年版，第 53 页。

② ［美］悉尼·胡克：《马克思和马克思主义者——模糊的遗产》，郑厚安、张启荣译，载《哲学研究》编辑部编：《资产阶级哲学资料选辑》第 15 辑，上海人民出版社 1965 年版，第 3 页。

③ ［美］爱因斯坦：《为什么要仇视犹太人》，载《爱因斯坦文集》第 3 卷，许良英、赵中立、张宣三编译，商务印书馆 1979 年版，第 163 页。

④ ［英］戴维·麦克莱伦：《卡尔·马克思传》，王珍译，中国人民大学出版社 2005 年版，第 5 页。

太主义》（1890年4月19日）中就说过："马克思是一个纯粹的犹太人"①。其实，在马克思那里，存在着自觉层面与无意识层面之间的某种紧张。从一定意义上说，这种张力源自马克思对资本主义所采取的批判立场同犹太人所代表的商业倾向之间的冲突。

吊诡的是：一方面是，包括马克思在内的一系列犹太伟人"确实证明了在犹太人中存在着天才，但是由于所有这些人都是接受洗礼的人，他们的成就还可能表明犹太人的才能通过洗礼才最有效地发挥出来，或者至少犹太人的成功与犹太传统紧密相关"②。这种"相关"究竟在何种意义上成立？或者更具体地说，在马克思那里作为犹太人的成功同犹太传统的相关性又表现为什么呢？而另一方面却是，"现代的犹太人越杰出，他与犹太民族的关系越少，也越是更少地隶属于犹太教"③。

但也必须看到，"成为"犹太人，毕竟是一种无法摆脱的命运，它带有某种宿命的意味。施特劳斯特别强调犹太人身份的不可移易性，认为"人不可能脱离自己的出身，也不可能通过希望过去不存在来消除过去"，他因此宣称："我得出一个结论：不可能不保持犹太身份"。④ 马克思的犹太人身份，作为一种获得性遗传，是不可改变的事实，更是深刻影响马克思运思的重要变量。马克思当年何以要写一篇《论犹太人问题》？它固然有外部原因，但毋庸讳言，也是马克思对自身犹太人身份的自我意识促成的结果。马克思试图表明，在人的解放这一历史主题中无法绕开犹太人解放的问题。犹太人的解放成为人类解放的象征，它意味着人类必须从市民社会中解放出来，正如犹太人必须从世俗存在物的束缚中摆脱出来一样。马克思的犹太人"爱憎情结"及其纠结，折射着

① 《马克思恩格斯全集》第22卷，人民出版社1965年版，第60页。
② ［英］迈克尔·波兰尼：《社会、经济和哲学——波兰尼文选》，彭锋等译，商务印书馆2006年版，第45页。
③ ［英］迈克尔·波兰尼：《社会、经济和哲学——波兰尼文选》，彭锋等译，商务印书馆2006年版，第46页。
④ 刘小枫编：《犹太哲人与启蒙——施特劳斯讲演与论文集：卷一》，张缨等译，华夏出版社2010年版，第394页。

犹太人和犹太教传统对于马克思的双重意义。

马克思作为犹太拉比的后裔，其双亲都是拉比的子女。麦克莱伦在马克思传记中追溯道："事实上，16 世纪以来的几乎所有的特利尔拉比都是马克思的先辈。"① 因此，"这种强大的家族传统对马克思的影响是不可估量的"②。按照韦伯的诠释，"拉比""从 Rab 而来，意思是'大'，因此 Rabbi 意思是'我的大师'"③。马克思在潜意识或无意识当中是否扮演着无产阶级"拉比"的角色？这是否构成他的犹太人身份所遗传的文化心理的世俗化表征？耐人寻味的是，"拉比"身份的平民化特点相当突出。韦伯认为，"就重点而言，拉比首先是个平民的知识阶层。这并不是说他们当中全无高贵的或富裕的人士。但是，只消看一眼那些犹太圣典里的权威人物或被提举为模范的拉比（及其他证人）即可得知：平民，乃至于田地里的日薪劳动者是其主流，而拉比本身当中，富人与贵族是极少数。"④ 更重要的是，"拉比"角色不是神秘主义的，而是通过知识和教学建立起来的。"拉比首先总之绝非巫师或秘法传授者。……他们的权威奠基于知识与智性训练，而不是巫术性卡理斯玛。……在犹太教里，人们可以靠着巫术来强制神的观念被彻底根绝了。"⑤ 所有这些都造成了一种潜在的可能性，即"拉比"这一角色在世俗世界的泛化。韦伯就提到了古罗马的"法律家"（respondierende Juristen）和印度的"导师"（Guru）。马克思写道："德国人的解放就是人的解放。这个解放的头脑是哲学，它的心脏是无产阶级。"⑥ 在某种意

---

① ［英］戴维·麦克莱伦：《卡尔·马克思传》，王珍译，中国人民大学出版社 2005 年版，第 3 页。

② ［英］戴维·麦克莱伦：《卡尔·马克思传》，王珍译，中国人民大学出版社 2005 年版，第 5 页。

③ ［德］马克斯·韦伯：《古犹太教》，康乐等译，广西师范大学出版社 2010 年版，第 486 页。

④ ［德］马克斯·韦伯：《古犹太教》，康乐等译，广西师范大学出版社 2010 年版，第 488 页。

⑤ ［德］马克斯·韦伯：《古犹太教》，康乐等译，广西师范大学出版社 2010 年版，第 490 页。

⑥ 《马克思恩格斯选集》第 1 卷，人民出版社 1995 年版，第 16 页。

义上，马克思终其一生所从事的工作，就是为了锻造这颗"解放的头脑"，从而使无产阶级实现由自在向自为的转变。马克思因此才成为无产阶级的"革命导师"。青年马克思就立志扮演一个普罗米修斯式的角色；毋宁说，作为马克思主义者的马克思，就是无产阶级在理论上的普罗米修斯。

韦伯从社会学角度对犹太人做了这样的刻画："就社会学而言，犹太人到底是什么？——一个贱民民族（Ein Pariavolk）。意思是，正如我们所得知于印度人的：一个在礼仪上——无论就形式或事实而言——与周遭社会环境隔开来的客族（Gastvolk）。"① 对于犹太人来说，这毋宁说是一种"原罪"。犹太人所特有的这种"贱民意识"，被马克思移情于对劳动与资本的关系进行批判性地考察和分析。"客族"身份，意味着地位的边缘化，是一种受动的、屈辱的、被客体化了的角色，这正是人的异化命运的最典型的表征形式。犹太人所具有的身份焦虑，既孕育着平民意识和情结，也孕育着反抗精神和叛逆意志。马克思身上体现出来的类似的特点和倾向，追根溯源，不能不由犹太人的这种特殊历史境遇来解释。西奥多·赫尔茨也指出："犹太人因长期不能获得公民的荣誉，对此往往有一种病态的欲望。"② 强烈的身份焦虑，引发了马克思对解放的渴望。马克思把犹太人的解放诉诸整个人类的解放，因为在他看来，犹太人的遭遇和处境不过是人类遭遇和处境的一个缩影罢了。马克思早在《神圣家族》中就讨论了政治解放和人类解放之间的关系问题，认为鲍威尔混淆了这两者，他把犹太人的政治解放当作人类解放来理解。其实，犹太人在获得市民权的时候，不过是其达到的政治解放而已。但犹太人的人权，"无非是市民社会的成员的权利，即脱离了人的本质和共

---

① ［德］马克斯·韦伯：《古犹太教》，康乐等译，广西师范大学出版社 2010 年版，第 13 页。

② ［以色列］阿巴·埃班：《犹太史》，阎瑞松译，中国社会科学出版社 1986 年版，第 279 页。

同体的利己主义的人的权利"①。这仅仅是政治解放，亦即作为市民社会成员的解放，而不是犹太人作为"人"的解放，从而不是人类解放意义上的自由。

以赛亚·伯林注意到了这样一个事实："他（指马克思——引者注）很少谈及自己，从来不谈及自己的出身。关于他是犹太人这个事实，他本人或者恩格斯从来没有直接提到过；在马克思的作品中最多有两次间接提到过这一事实。他在谈到个体的犹太人时，尤其在他写给恩格斯的信中，语气在一定程度上都是充满敌意的：他的出身显然是一种个人的耻辱"②。在伯林看来，一个值得注意的事实是，马克思为自己的犹太人身份而"烦恼"，且"避而不谈"③。在某种意义上，这其实反映了马克思对于自己作为犹太人的身份焦虑。为什么马克思刻意回避自己的犹太人身份这一事实呢？为什么他不喜欢自己的犹太血统？伯林认为，这"主要是因为他把犹太人等同于资本主义"④。他之所以憎恶这种身份，除了上面指出的屈辱感所引发的反抗意识之外，可能还有一个方面，那就是犹太人所象征的市民社会成员的属性。吕贝尔为此指出："马克思谴责'犹太教徒'不是因为他们的宗教，而是他们的拜金主义，为了寻求自身的解放，'犹太人的方式'是：寻求适合自己的'金钱权利'。"⑤但吕贝尔却认为，"马克思也有一种普遍的偏见：'犹太人'就是拜金主义的人；恐犹（Judeophobia）来自金钱的罪恶，并被视作是社会邪恶的标志和化身。"⑥其实，这并不是偏见，而是一个历史事实。当然，这应

①　《马克思恩格斯全集》第1卷，人民出版社1956年版，第437页。
②　[英]以赛亚·伯林：《卡尔·马克思》，李寅译，译林出版社2018年版，第304页。
③　参见[伊朗]拉明·贾汉贝格鲁：《伯林谈话录》，杨祯钦译，译林出版社2002年版，第113页。
④　[伊朗]拉明·贾汉贝格鲁：《伯林谈话录》，杨祯钦译，译林出版社2002年版，第115页。
⑤　曾枝盛编选：《吕贝尔马克思学文集》（上），郑吉伟、曾枝盛等译，北京师范大学出版社2009年版，第137页。
⑥　曾枝盛编选：《吕贝尔马克思学文集》（上），郑吉伟、曾枝盛等译，北京师范大学出版社2009年版，第137页。

该仅限于事实描述，而不是价值评价。同样是作为犹太人，吕贝尔本身对此却不能像马克思那样具有更加深邃的历史批判意识和眼光。在《神圣家族》中，马克思说过："'自由的市民社会'具有纯粹商业的犹太人性质，而犹太人老早就已经是它的必然成员了。"① 而在《论犹太人问题》中，他强调说："市民社会从自己的内部不断产生犹太人。"② 在马克思看来，"自由的市民社会"所谓的"自由"，并不具有真实的含义。他揭露道："市民社会的奴隶制恰恰在表面上看来是最大的自由，因为它似乎是个人独立的完备形式；这种个人往往把像财产、工业、宗教等这些孤立的生活要素所表现的那种既不再受一般的结合也不再受人所约束的不可遏止的运动，当做自己的自由，但是，这样的运动反而成了个人的完备的奴隶制和人性的直接对立物。这里，代替了特权的是法。"③因此，马克思指出："克服犹太本质的任务实际上就是消灭市民社会中犹太精神的任务，消灭现代生活实践中的非人性的任务，这种非人性的最高表现就是货币制度。"④

在某种意义上，可以说犹太人的历史境遇就类似于无产阶级的历史境遇，扩大开来说也类似于整个人类的境遇。在马克思那里，犹太人的解放意识通过无产阶级意识被移情于整个人类，变成了人类的解放意识。正因此，马克思才能够说："犹太人的解放，就其终极意义来说，就是人类从犹太中获得解放"⑤，或者"犹太人的社会解放就是社会从犹太中获得解放"⑥。这意味着，无产阶级乃至整个人类从物化或异化的处境中摆脱出来，从而实现自身的历史解放。

马丁·布伯对犹太教和犹太民族的精神气质，作出了经典的概括，他总结和归纳了"犹太教的三个观念——统一性、行动和未来"。布伯

---

① 《马克思恩格斯全集》第 2 卷，人民出版社 1957 年版，第 145 页。
② 《马克思恩格斯全集》第 1 卷，人民出版社 1956 年版，第 448 页。
③ 《马克思恩格斯全集》第 2 卷，人民出版社 1957 年版，第 149 页。
④ 《马克思恩格斯全集》第 2 卷，人民出版社 1957 年版，第 141 页。
⑤ 《马克思恩格斯全集》第 1 卷，人民出版社 1956 年版，第 446 页。
⑥ 《马克思恩格斯全集》第 1 卷，人民出版社 1956 年版，第 451 页。

认为，植根于犹太民族本性中的统一性观念，源自犹太人"将他自己从他内在的两重性中拯救出来并将自己提升到绝对的统一性的渴望"①。《塔木德》有言："凡天上创造的生灵，他们的灵与肉都来自天上，凡地上创造的生灵，他们的灵与肉都来自地下；而人则是例外，他的灵魂来自天上，他的肉体来自地下。"② 统一的诉求，正是源自这种始源性的分裂。对于人而言，最原初、最深刻、最根本的分裂，乃是灵与肉的分裂。因此，弥合这种分裂就成为人在个体和类的层面上必须直面并谋求完成的使命。这种对统一性的渴望，在应对现代性所造成的人的存在的分裂时，向现代人提供了一种富有昭示性的资源。这在马克思对时代的质询所作的应答中有着同样明显的体现。譬如，当马克思寻求"应有的东西"和"现有的东西"的和解，以克服人的精神原则和肉体原则的"不幸的斗争"的时候；当马克思把"共产主义"了解为"人和自然之间、人和人之间的矛盾的真正解决"，以及"存在和本质、对象化和自我确证、自由和必然、个体和类之间的斗争的真正解决"的时候；当马克思宣布"人以一种全面的方式，就是说，作为一个总体的人，占有自己的全面的本质"的时候；当马克思指出"主观主义和客观主义，唯灵主义和唯物主义，活动和受动……理论的对立本身的解决，只有通过实践的方式，只有借助于人的实践力量，才是可能的"时候；当马克思把那种扬弃了普遍利益与特殊利益之外在对立的"真正的共同体"，作为其最高理想和终极诉求的时候；当马克思揭示出在共产主义社会中人们关于人与人之间关系的意识"既不会是'爱的原则'或 dévouement［自我牺牲精神］，也不会是利己主义"的时候；当马克思指认"只有在共同体中才可能有个人自由"，而"每个人的自由发展是一切人的自由发展的条件"的时候；当马克思把"自由王国"归结为"彼岸"规定，从而使其获得绝对性的时候……，他追求统一性这一合题的取向不是再

---

① ［德］马丁·布伯：《论犹太教》，刘杰等译，山东大学出版社 2002 年版，第 38 页。
② ［英］亚伯拉罕·柯恩：《大众塔木德》，盖逊译，山东大学出版社 1998 年版，第 79 页。

明显不过了吗?!

寻求统一性，也就是趋向于绝对。伯尔基认为："恰恰是黑格尔的连接——共产主义作为哲学上的'绝对'，就像是黑格尔国家原则的进一步净化和润色，提升了马克思主义者在现有相应概念之上对'美好社会'的理解，以及现代社会主义思想中的其他进路。"① 与其说马克思的共产主义绝对性思想，来自黑格尔关于国家作为绝对精神之完成的思想，倒不如说源于犹太教的绝对观念更恰当、更真实。伯尔基也不得不承认，就马克思学说的思想史前提而言，"按照年代顺序，当被提及的第一个源头是犹太教《旧约》，即古代希伯来先知的神圣文本和激烈声明。"② 马克思在受到黑格尔的直接影响之前，早已浸染了犹太教观念，并且在他的心灵中埋下了社会理想的种子。"共产主义作为哲学上的绝对"，在马克思的《1844 年经济学哲学手稿》中表达得最为充分，也更加典型，其中对黑格尔辩证法遗产的清算，并未着重从绝对性方面着眼，而是着眼于"推动原则"和"创造原则"。

在犹太教的弥赛亚观念中，目标本身就带有绝对的性质。弥赛亚主义相信，"未来""在时间结束的时候，在预定的时候，在所有日子结束的时候到来：在绝对的未来到来"。因为相对之物"达到顶峰时它就是绝对，是人类精神的救赎和世界的拯救，此时相对被看成是达到绝对的手段。在此我们第一次并且用全力把绝对当成是在人类中并通过人类去实现的目标"③。因此，在犹太教那里，"弥赛亚"就象征或代表着"对未来的希望与期待"④。这一信念，被马克思"移情"于世俗世界，成为他范导现实、筹划未来的基本范式。也许这种移植在马克思那里纯粹

---

① ［英］R. N. 伯尔基：《马克思主义的起源》，伍庆等译，华东师范大学出版社 2007 年版，第 93–94 页。

② ［英］R. N. 伯尔基：《马克思主义的起源》，伍庆等译，华东师范大学出版社 2007 年版，第 18 页。

③ ［德］马丁·布伯：《论犹太教》，刘杰等译，山东大学出版社 2002 年版，第 46 页。

④ ［德］马克斯·韦伯：《古犹太教》，康乐等译，广西师范大学出版社 2010 年版，第 495 页。

是无意识地进行的，但其中的同构性则无疑是存在的。

别尔嘉耶夫说："犹太教中渗透了救世主思想，这是犹太教的中心。"在他看来，"诉诸和热望未来的弥赛亚，造成犹太民族宗教意识的双重性，这种双重性成为犹太民族和人类历史命运的焦点。它被转化为历史运动，用于解决历史问题。"① 但是，"马克思却把留传在犹太民族——上帝选民中的弥赛亚思想移用到了无产阶级身上。类同的是，原来的选民是以色列人，现在新的以色列人是工人阶级，工人阶级成了上帝的选民，被号召去解放和拯救世界。上帝的选民的所有特点、弥赛亚的所有特点都被挪到这个阶级身上，正如曾几何时被用到犹太民族身上一样。"② 作一种未必恰当的类比，如果说犹太人是上帝的"特选子民"，那么无产阶级则是尘世历史的"特选子民"。别尔嘉耶夫认为，"社会主义有犹太教的宗教根源，此根源又与犹太民族的末世论神话③、与其意识上深刻的双重性，不论对犹太教史还是人类史都是悲剧的双重性密不可分。恰恰是犹太人历史意识中的这种双重性造成了犹太宗教的千年天国说，这种理论面向未来，迫切要求和期待上帝的千年王国在人间实现和审判日来临，届时善最终战胜恶，人类世俗命运中的不公正和苦难得到惩办。这种建立在信仰千年王国说基础上的期待是社会主义进行宗教粉饰的最初来源。与此有关的一种说法是，犹太教就其精神实质而言是集体主义的，而雅利安人的宗教是个人主义的。"④ 他进而认为："近代所幻想的已不是犹太民族的王国，而是全人类的、社会主义的、社会主义人间天堂的王国；它不是通过弥赛亚，而是通过弥赛亚的阶级——无产阶级来实现。这种对世俗的历史命运的狂热态度与犹太民族

---

① ［俄］别尔嘉耶夫：《历史的意义》，张雅平译，学林出版社 2002 年版，第 70 页。

② ［俄］别尔嘉耶夫：《历史的意义》，张雅平译，学林出版社 2002 年版，第 70—71 页。

③ 对此，洛维特同样认为："马克思……是把无产阶级看作是通过一场世界革命实现全部历史的末世论目标的世界历史工具。"（［德］卡尔·洛维特：《世界历史与救赎历史》，李秋零、田薇译，生活·读书·新知三联书店 2002 年版，第 44 页）他还指出："《共产党宣言》……在其结构的整体上是一种末世论的福音。"（同上书，第 45 页）

④ ［俄］别尔嘉耶夫：《历史的意义》，张雅平译，学林出版社 2002 年版，第 75—76 页。

的主要精神特点不无联系，与生命不死的期望格格不入，因为实现最高神的真理不能被转用到最高的不死的生命上。"① 洛维特指出："无产阶级之所以是历史唯物主义的特选子民，恰恰是因为它被排除在占统治地位的社会的特权之外。"② 而"无产阶级作为特选子民，其哲学在《共产党宣言》中得到了发展；这个档案在其内容的细节上具有科学上的重要性……在其批判态度上是预言性的"③。早在《黑格尔法哲学批判·导言》中，马克思就已经强调指出："哲学把无产阶级当作自己的物质武器，同样，无产阶级也把哲学当作自己的精神武器"④。这意味着"哲学"选择无产阶级作为"改变世界"的历史"主角"，而无产阶级也必须把"哲学"作为精神武器，才能使自身的存在由自在转变为自为、由自发转变为自觉。马克思进一步指出："这个解放的头脑是哲学，它的心脏是无产阶级。哲学不消灭无产阶级，就不能成为现实；无产阶级不把哲学变成现实，就不可能消灭自身。"⑤ 显然，在这里，无产阶级是被作为"把哲学变成现实"的主体力量予以确认的。无产阶级的这一历史角色，无疑既是历史本身的选择，也是作为历史之反思形式的唯物史观的选择。蒂利希则从马克思对人在现代社会中的异化命运及其扬弃和超越的角度，揭示了无产阶级在马克思哲学语境中的地位。蒂利希指出："在马克思看来，疏远化（estrangement）是工业社会中一切集团的命运。"⑥ 这种"疏远化"，意味着"人事实上不是他本质上是因而可能是和应该是的那种东西；他已与自己的本性相疏远"⑦。因此，这也就是指人的自我异化（alienation）。问题在于，无产阶级既是这种"疏远化"

① ［俄］别尔嘉耶夫：《历史的意义》，张雅平译，学林出版社 2002 年版，第 78-79 页。
② ［德］卡尔·洛维特：《世界历史与救赎历史——历史哲学的神学前提》，李秋零、田薇译，生活·读书·新知三联书店 2002 年版，第 44 页。
③ ［德］卡尔·洛维特：《世界历史与救赎历史——历史哲学的神学前提》，李秋零、田薇译，生活·读书·新知三联书店 2002 年版，第 45 页。
④ 《马克思恩格斯选集》第 1 卷，人民出版社 1995 年版，第 15 页。
⑤ 《马克思恩格斯选集》第 1 卷，人民出版社 1995 年版，第 16 页。
⑥ 何光沪选编：《蒂利希选集》上，上海三联书店 1999 年版，第 53 页。
⑦ 何光沪选编：《蒂利希选集》上，上海三联书店 1999 年版，第 52 页。

的抗议者，同时又是它的最深刻的承受者。由此决定了这样一个事实："无产阶级既是救赎者，又是最需要被救赎的人。"① 无产阶级历史角色的这种"自我缠绕"，意味着只有无产阶级才能充当历史的解放者，并在这种历史进程中获得自我解放。

布伯认为："犹太教的第二个观念是行动的观念。"② 犹太教尤其强调"行动"。布伯特别指出，对于犹太教来说，"真正的虔诚就是做（Doing）。"③ 按照布伯的解释，犹太教注重行动的倾向，"是犹太民族精神气质中固有的，它来自如下的事实：即犹太人的运动神经天生就比感觉神经要强，他的运动系统比他的感觉系统工作起来更强劲"④。问题在于，这种重视"行动"的倾向，同马克思的哲学建构之间存在着更为突出的思想史关联。众所周知，马克思哲学在历史上所实现的革命性变革，归根到底就在于把实践置于整个哲学的终极原初性地位，从而使其成为哲学的内在逻辑基础。马克思把自己的哲学就叫做"实践的唯物主义"，而且把它同"共产主义"视作同义词。利奥·拜克同样指出：在犹太教那里，"先知们的观点最有意义的特征是富于直观和实践特点"；"总起来说，他们与思辨无缘。他们也不研究思想的问题，故而也不从假设或前提开始思索"⑤。马克思对思辨哲学的厌倦以至于厌恶，是否植根于犹太教信念中隐含着的这种强烈实践特征呢？回答应该是肯定的。

需要指出的是，犹太教及其文化传统的这种重视实践的倾向，可以一直追溯到它同古希腊传统的分野。这是犹太文化实践至上倾向的历史原因。巴雷特认为，西方文化有两个源头：希伯来文化主行，希腊文化主知，它们各有侧重。巴雷特援引19世纪英国诗人马修·阿诺德的观

① 何光沪选编：《蒂利希选集》上，上海三联书店1999年版，第53页。
② ［德］马丁·布伯：《论犹太教》，刘杰等译，山东大学出版社2002年版，第40页。
③ 转引自刘杰：《在哲学与宗教之间——马丁·布伯的哲学和宗教思想简论（代译序）》，载［德］马丁·布伯：《论犹太教》，刘杰等译，山东大学出版社2002年版，第30页。
④ ［德］马丁·布伯：《论犹太教》，刘杰等译，山东大学出版社2002年版，第40页。
⑤ ［德］利奥·拜克：《犹太教的本质》，傅永军等译，山东大学出版社2002年版，第23页。

点说：这两种文化类型的区别根源于行与知之间的差异。希伯来人关心实践，希腊人则关心知识。正确的行为是希伯来人终极关切的事，而正确的思想则是希腊人终极关切的事①。因此，从马克思的实践唯物主义立场看，高度重视实践的倾向，同希伯来文化的偏好之间也有着千丝万缕的联系。

布伯指出："犹太教中的第三种倾向是未来的观念。这一民族特性源于这样一个事实，即犹太人的时间感比他的空间感发展得要强许多。"② 他强调说，"最令犹太人感到满意的艺术表现形式正是那种以时间为其特质（specific element）的艺术：音乐。"③ 音乐不同于建筑，其呈现是时间性的，亦即只能在时间的绵延中被聆听和欣赏，因而属于时间的艺术。音乐的时间性固然是一种绵延，但同时还是一种创造。马克思对"历史"的超乎寻常的敏感和敬畏，其文化基因究竟何在？它是否源自犹太人观念上的这种偏好？马克思的历史概念当然不是一种物理时间的含义，而是蕴含着创造的因子。这同犹太人最为倾心和赏识的音乐这一艺术形式有着诸多暗合之处。难道这仅仅是一种巧合吗？加缪认为："希腊人的变易概念与我们的历史进化观念毫无共同之处。两者的区别乃是圆和直线的区别。希腊人把世界设想成循环的。……从媒介的观念来说，基督教是希腊的。从历史性的概念来说，它是犹太的，并且重新出现在德国的意识形态中。"④ 也就是说，西方启蒙现代性所主张的历史观是线性的，而犹太教所孕育的历史观则是复归式的。正像列奥·施特劳斯在《进步还是回归?》一文中所说的那样，"犹太教关注回归，而非进步。"⑤ 马克思哲学所特有的巨大而真实的历史感，使得"历史地

---

① 参见［美］巴雷特：《非理性的人》，段德智译，上海译文出版社1992年版，第72页。

② ［德］马丁·布伯：《论犹太教》，刘杰等译，山东大学出版社2002年版，第44页。

③ ［德］马丁·布伯：《论犹太教》，刘杰等译，山东大学出版社2002年版，第45页。

④ ［法］加缪：《反叛的人》，载《哲学研究》编辑部编：《资产阶级哲学资料选辑》第1辑，上海人民出版社1964年版，第77页。

⑤ ［德］列奥·施特劳斯：《古典政治理性主义的重生——施特劳斯思想入门》，郭振华等译，华夏出版社2011年版，第299页。

思"成为它的本质特征。而这一特征，在自觉的时间意识背景下，就是顺理成章的了。犹太教的这种朝向未来的意识，隐含着对现实的批判性，即如伯尔基所谓的"超越性世界吞噬现存世界"①。马克思哲学所特有的强烈的批判性，包括理论的和现实的批判，都不能不追溯到犹太教的这种原初品性。法国学者祁雅理强调说："西方思想的复杂性和多样性可以追溯到大约两千五百年前的希腊犹太文化。"这是西方思想和文化之根。它大致包括两个方面：一个是以柏拉图为代表的理性主义，追求永恒不变的"理念"，在它看来，"历史无足轻重，因为在一个不断消长的世界中，企图把不寻常的，关系重大的时刻固定下来和记录下来都是没有意义的"②；另一个是希伯来传统，即"犹太教世界则强调存在与历史的重要性"③。

韦伯则通过比较印度的种姓制度和犹太教在"救赎"观念上的差别，引申出犹太教所特有的历史观念和历史意识，从而为我们提供了另一种解释。他指出：印度种姓制度所蕴含的"这种对社会的极端保守态度，便是一切救赎的前提条件，因为这个世界是永恒不变而且没有'历史'的"④。种姓制度所确立的秩序是凝固化的，它的不变性、恒定性构成救赎的条件。但"对犹太人而言救赎许诺与此正好相反。这个世界的社会秩序已被翻转过来，以此，犹太人便将再度回复到其为地上的支配民族的地位。这个世界既非永恒也非不变的，而是被创造出来的，而其现下的秩序乃是人类的所作所为尤其是犹太人的所作所为的产物，也是神对于其作为的反应的结果，换言之，现世是一种历史的产物，而且注

　　① ［英］R. N. 伯尔基：《马克思主义的起源》，伍庆等译，华东师范大学出版社 2007 年版，第 18 页。
　　② ［法］祁雅理：《二十世纪法国思潮》，吴永泉、陈京璇、尹大贻译，商务印书馆 1987 年版，第 5 页。
　　③ ［法］祁雅理：《二十世纪法国思潮》，吴永泉、陈京璇、尹大贻译，商务印书馆 1987 年版，第 6 页。
　　④ ［德］马克斯·韦伯：《古犹太教》，康乐等译，广西师范大学出版社 2010 年版，第 14 页。

定要回复到真正为神所喜的状态。"① 显然，历史感已然深刻而久远地潜藏于犹太人的古老信仰之中了。这种历史感有一种"双刃"的要求：一是人的存在是历史地表征的；二是这种历史表征又是为历史的复归所作的必要准备。未来意识和过去意识的连结就是历史本身。过去、现在、未来在历史中融为一体、不可分离。对未来的期许，正是基于这种历史感才成为可能。

除此之外，犹太教对马克思的影响当然还表现在其他诸方面。譬如，马克思对资本主义制度安排条件下的人的异己化的敏感，其隐蔽的文化心理根源，就不得不追溯到他的犹太人情结。正如所罗门所说的，"当犹太人察觉到他们被非犹太人所贬低，在犹太人自己眼中，他们可能也感到一种自我贬低，某种程度上，对犹太人的这种歧视在犹太人中得到内化并使他们完全陷入'自我贬低'（self-hatred）的感觉中。"② 这种"自我贬低"造成的文化自卑极其脆弱，它决定了拥有犹太人身份的人，对于作为一切异己之规定的他者所导致的外在支配格外敏感。对于马克思来说，他一方面突破了犹太人身份的狭隘性，另一方面又恰恰通过这种文化情结"发现"了人在现代社会所遭遇的异己化命运及其秘密。在某种意义上，这可以说是一种"移情"的结果。

犹太教反对偶像崇拜。从犹太教的历史看，"很早以前，偶像崇拜就被看做是一种罪恶"；"所以，先知们猛烈地攻击各种形式的偶像崇拜"③。因为在犹太教看来，"偶像崇拜不仅抹杀了上帝的灵光，而且使人产生了统治他人的野心。所以，它是尘世一切社会弊端和道德败坏的

① ［德］马克斯·韦伯：《古犹太教》，康乐等译，广西师范大学出版社 2010 年版，第14 页。
② ［英］诺曼·所罗门：《犹太教》，赵晓燕译，辽宁教育出版社 1998 年版，第 12－13 页。
③ ［以色列］阿巴·埃班：《犹太史》，阎瑞松译，中国社会科学出版社 1986 年版，第52 页。

根源"①。是否可以说，马克思所揭露的商品拜物教、货币拜物教、资本拜物教，不过是宗教意义上的偶像崇拜在世俗社会中的表现形式而已。因此，在某种意义上，犹太教对偶像崇拜的拒绝，在马克思那里已然变成了对种种拜物教本身的揭露和批判。在《圣经·旧约》中，就隐含着"异化"关系的揭示。《以赛亚书》第 2 章第 8 节说："他们的地满了偶像。他们跪拜自己手所造的，就是自己指头所作的。"偶像崇拜包藏着一种"异化"关系。被崇拜的"偶像"本身，恰恰是崇拜者自己活动的产物。这是富有讽刺意味的。这种反身性的自否性，正是异化关系的典型特征。从一定意义上说，拜物教乃是物的偶像化的结果，是真实的关系被颠倒后而形成的神秘主义的表现。马克思之所以批判拜物教，正是为了解构这种颠倒及其造成的神秘主义异化。

从某个角度说，犹太教传统还成为马克思的道德感的来源。爱因斯坦以一个犹太人的视角写道："像摩西、斯宾诺莎和卡尔·马克思这样一些人物，尽管他们并不一样，但他们都为社会正义的理想而生活，而自我牺牲；而引导他们走上这条荆棘丛生的道路的，正是他们祖先的传统。"② 追求社会正义，乃是犹太教的古老的信念和传统。正像爱因斯坦所言："几千年来使犹太人连接在一起，而且今天还在联结着他们的纽带，首先是社会正义的民主理想，以及一切人中间的互助和宽容的理想。甚至在犹太人最古老的宗教经文里，就已浸透了这些社会理想，这些理想强烈地影响了基督教和伊斯兰教，并且对大部分人类的社会结构都有良好的影响。"③ 埃班则指出：在犹太教中，"先知谴责社会道德败

---

① ［以色列］阿巴·埃班：《犹太史》，阎瑞松译，中国社会科学出版社 1986 年版，第53 页。

② ［美］爱因斯坦：《为什么要仇视犹太人》，载《爱因斯坦文集》第 3 卷，许良英、赵中立、张宣三编译，商务印书馆 1979 年版，第 164 页。

③ ［美］爱因斯坦：《为什么要仇视犹太人》，载《爱因斯坦文集》第 3 卷，许良英、赵中立、张宣三编译，商务印书馆 1979 年版，第 164 页。

坏比谴责任何别的东西都更为激烈"①。先知对道德败坏的谴责，在马克思那里，演变成一种强烈的道德感，成为马克思审视人类社会发展的一个重要维度，它同历史维度一起，构成马克思历史观的两种充满张力的基本视野。而且，马克思哲学的重心已不再是放在对社会道德败坏的个人责任的拷问和追究，而是变成了一个社会层面的拯救问题，从而更加关注并着重揭示道德上的恶得以存在并消亡的社会根源和历史条件本身。

桑塔亚纳指出："犹太人从未对自己是物质的感到不舒服。他们甚至希望在彼岸世界中还是如此。"② 在一定意义上，马克思可能是个例外。就试图在尘世建构天国而言，马克思的确遗传了犹太人的这种秉性；就马克思追求超验理想的取向而言，他又是犹太人的叛逆者。马克思摆脱了民族的狭隘性（在一般意义上），同时也在哲学的根基处克服了这种狭隘性（在特殊意义上）。正因此，他把自己的"新唯物主义"的"立足点"放在"人类社会或社会化了的人类"，而不是局限于"市民社会"。但也不得不承认，犹太教对物质的看重，也使马克思在追求理想目标的同时格外重视理想目标赖以实现的历史基础。这正是马克思哲学同形形色色的浪漫主义、空想社会主义、民粹主义思潮区别开来的重要标志所在。马克思坚信："只有在现实的世界中并使用现实的手段才能实现真正的解放；没有蒸汽机和珍妮走锭精纺机就不能消灭奴隶制；没有改良的农业就不能消灭农奴制；当人们还不能使自己的吃喝住穿在质和量方面得到充分保证的时候，人们就根本不能获得解放。"因此，他反复强调："'解放'是一种历史活动，不是思想活动，'解放'是由历史的关系，是由工业状况、商业状况、农业状况、交往状况促成

① ［以色列］阿巴·埃班：《犹太史》，阎瑞松译，中国社会科学出版社 1986 年版，第53 页。

② ［美］乔治·桑塔亚纳：《诗与哲学：三位哲学诗人卢克莱修、但丁及歌德》，华明译，广西师范大学出版社 2002 年版，第 51 页。

的。"① 这也正是马克思哲学何以被称作"唯物史观"的一个重要原因。

在谈到犹太教对于马克思的影响时，爱因斯坦曾说过："有一种对正义和理性的热爱深留在犹太教传统中，这必将对现在和将来一切民族的美德继续发生作用，在近代，这个传统已经产生了斯宾诺莎和卡尔·马克思。"② 我们不得不承认，在马克思的共产主义思想中，内在地隐含着一种道义上的诉求。当然，这种诉求不是作为宣布资本主义制度安排寿终正寝的证据，而是马克思对资本主义及其修辞方式加以无情地批判的重要动机和动力。不如此来理解的话，我们就无法合理地解释这样一个事实，即马克思关于现代社会亦即资本主义社会的许多措辞何以包裹着某种道德色彩。这种基于道德而成立的正义感，与马克思作为犹太人所批判地继承的文化传统不无关系。蒂利希认为，从历史上看，马克思主义之所以在俄国取得了胜利，在一定意义上正是因为马克思主义体现了一种社会正义的诉求。尽管这种解释比较肤浅，但也从某个侧面凸显了马克思学说的某种特征。蒂利希指出，沙皇政府为了挽救其统治地位，一方面加强对内部敌人的镇压，一方面不得不进行社会改革。但是，一切都为时已晚，不能挽回其颓势。就此而言，它是从内部被解构的，是被"一种在世俗意义上崇尚社会正义的"力量所征服的③。蒂利希甚至认为，"离开这个背景，俄国革命的意义就不能被理解。"④ 这至少在有限的意义上是对的。在蒂利希看来，俄国革命的成功表明，"倾向于转化现实的'终极眷注'战胜了倾向于维护现实的'终极眷注'。"⑤ 这里所谓的倾向于"转化现实"的"终极眷注"，也就是马克思的以"改变世界"为主旨的哲学，它既诉诸"实际地反对"，又蕴含着对人的历史解放的"终极关切"。马克思和恩格斯在《共产党宣言》

---

① 《马克思恩格斯选集》第 1 卷，人民出版社 1995 年版，第 74-75 页。

② ［美］爱因斯坦：《犹太共同体》，载《爱因斯坦文集》第 3 卷，许良英、赵中立、张宣三编译，商务印书馆 1979 年版，第 61 页。

③ 何光沪选编：《蒂利希选集》上，上海三联书店 1999 年版，第 527-528 页。

④ 何光沪选编：《蒂利希选集》上，上海三联书店 1999 年版，第 528 页。

⑤ 何光沪选编：《蒂利希选集》上，上海三联书店 1999 年版，第 528 页。

中说得好：“共产党人为工人阶级的最近的目的和利益而斗争，但是他们在当前的运动中同时代表运动的未来。”①

三、马克思的宗教批判所显示的独特运思方式

当然，我们在了解了犹太教传统对马克思的哲学建构所产生的某些影响之后，必须强调并充分正视马克思哲学同宗教在对待现实的方式上的根本的异质性。

从历史上看，宗教既有其批判性，又有其非批判性。就前者而言，马克思在《黑格尔法哲学批判·导言》中说：“宗教里的苦难既是现实的苦难的表现，又是对这种现实的苦难的抗议。”② 原始宗教的反抗性基因，在马克思思想中得到了某种复制或复活。就后者而言，马克思有一个经典的比喻，即“宗教是人民的鸦片”。这个比喻意味着宗教虽然可以给人的心灵带来某种慰藉，但它不过是一种虚拟的满足，而不是真实的满足。因此，马克思认为，这种虚拟的满足只能导致宗教信仰者对现实的容忍、顺从和默许，以及对现实苦难的麻痹和迟钝。马克思正是通过一系列对比，诸如“虚幻的幸福”与“现实的幸福”；“虚构的花朵”与“新鲜的花朵”；“虚幻的太阳”与“现实的太阳”……来揭示宗教批判的虚幻性和保守性的。

宗教批判方式的致命缺陷在于，它不是改变现实本身，而只是调整对现实的看待方式。讽刺的是，宗教的否定性则恰恰导致了肯定性（对现状的默认）。这正是宗教之保守性的根源。与此完全相反，马克思的批判方式则是诉诸对现实本身的改变，也就是革命性变革。所以，他对现实世界的拒绝，不是通过逃避或无视，而是通过直面，而且是以感性活动的方式直面，即马克思所说的“实际地反对”。毋宁说，它的彻底

① 《马克思恩格斯选集》第1卷，人民出版社1995年版，第306页。
② 《马克思恩格斯选集》第1卷，人民出版社1995年版，第2页。

性就隐含在这种真实的面对之中。这正是马克思哲学同宗教的本质区别之所在。所以，恩格斯以基督教为例，作过一个经典的类比："原始基督教的历史与现代工人运动有些值得注意的共同点。基督教和后者一样，在产生时也是被压迫者的运动"；"基督教和工人的社会主义都宣传将来会从奴役和贫困中得救"。然而，根本不同的是，"基督教是在死后的彼岸生活中，在天国里寻求这种得救，而社会主义则是在现世里，在社会改造中寻求"①。由此决定了在人的本质问题上，宗教所追求的不过是"在幻想中的实现"，而马克思的诉求则在于使人的本质获得"真正的现实性"②。

---

① 《马克思恩格斯选集》第 4 卷，人民出版社 1995 年版，第 457 页。
② 《马克思恩格斯选集》第 1 卷，人民出版社 1995 年版，第 2 页。

第十二章　马克思的历史地思与浪漫主义

一般人都承认，马克思实现了人类认识史上的一次最伟大的革命。但这场革命究竟意味着什么，人们对此却有着不同的理解。我认为，从哲学上说，马克思所改变的并不仅仅是旧哲学的某些具体结论，而是从根本上重建了哲学的运思方式本身，因此带来了一场哲学观层面上的深刻变革，它具有革命性的意义。这种全新的运思方式就是历史地思。但值得进一步追问的是，马克思所特有的历史地思这一运思方式，其思想史来源究竟何在？

对于马克思哲学建构来说，浪漫主义思潮的影响无疑是多方面的。对此，我已作过初步探讨[1]，但始终觉得尚欠充分，有不少方面未能触及。我认为，浪漫主义的历史感对于马克思的启示，在一定意义上促成了马克思运思方式的自觉确立。本章就浪漫主义在自觉的历史意识方面，对于马克思历史地思的深刻影响加以考察，以便更全面地看待马克思哲学与浪漫主义的思想史联系。这对于恰当地领会马克思哲学的实质，无疑具有积极的意义。

一、马克思认为"原理"属于"世纪"而非相反

众所周知，马克思在《德意志意识形态》"费尔巴哈"章中曾经说：

---

[1]　参见何中华：《马克思哲学与浪漫主义》，载《山东社会科学》2007 年第 12 期。

"我们仅仅知道一门唯一的科学，即历史科学。"① 这里所谓的"历史科学"，既包括人类史也包括自然史。虽然含有这句话在内的一整段论述后来被作者删除了，但这并不妨碍它对于整个马克思哲学来说所具有的真实性和重要性。正如沙夫所认为的，"尽管这句话只是出现在手稿里并且马克思自己将其删掉了，但它的确反映出与马克思当时的观点相一致的立场。"② 不仅如此，其实这句话所传达的意思同马克思终其一生的致思取向都是内在地一致的。恩格斯《在马克思墓前的讲话》中强调指出：马克思的逝世，对于"历史科学"，是一个"不可估量的损失"③。这样说，当然是有其深刻的用心和含义的。

诚如柯林武德所强调的那样，"当马克思说他已经把黑格尔的辩证法颠倒过来时，所想的东西"是什么呢？"在作出这一声明时，他心目之中的那种东西就是'历史'，也许历史是马克思所极感兴趣的唯一事物"④。但这里所谓的"历史"，不再是通常历史学意义上的"历史"，而是已变成被马克思作为"新唯物主义"哲学的建构原则和运思方式意义上的"历史"了。应该说，卢卡奇对于马克思哲学的这种历史性质有其独到的洞察。例如，他写道："他（指马克思——引者注）把无论是社会的还是社会化了的人的一切现象都彻底地变成了历史问题"⑤。

应该说，马克思的历史地思在其整个哲学建构中的体现是全方位的。但囿于本章的主旨，在此仅就几个有限方面加以叙述。

马克思在《德意志意识形态》"费尔巴哈"章中强调指出："这种历史观（指马克思所主张的唯物史观——引者注）和唯心主义历史观不

---

① 《马克思恩格斯选集》第 1 卷，人民出版社 1995 年版，第 66 页。
② ［波兰］亚当·沙夫：《历史与真理》，张笑夷译，黑龙江大学出版社 2014 年版，第165 页。
③ 《马克思恩格斯选集》第 3 卷，人民出版社 1995 年版，第 776 页。
④ ［英］柯林武德：《历史的观念》，何兆武、张文杰译，中国社会科学出版社 1986 年版，第 141 页。
⑤ ［匈］卢卡奇：《历史与阶级意识——关于马克思主义辩证法的研究》，杜章智、任立、燕宏远译，商务印书馆 1992 年版，第 66 页。

同，它不是在每个时代中寻找某种范畴，而是始终站在现实历史的基础上，不是从观念出发来解释实践，而是从物质实践出发来解释观念的形成。"① 马克思在批评蒲鲁东时说："经济范畴只是这些现实关系的抽象，它们仅仅在这些关系存在的时候才是真实的"；而这些关系又是不断地发展着的，从而是具体的和历史的。因为"人们在发展其生产力时，即在生活时，也发展着一定的相互关系；这些关系的性质必然随着这些生产力的改变和发展而改变"②。因此，经济范畴本身也不过是历史的规定，它并不具有超历史的永恒的性质。但是，资产阶级经济学家由于把经济范畴从其所反映的社会关系中剥离出来，使之游离于历史过程，变成一种孤立自足的规定，从而必然陷入一个致命的误区，即"把这些经济范畴看作永恒的规律，而不是看作历史性的规律"。马克思讽刺地说：如此一来，"这些抽象本身竟是从世界开始存在时起就已安睡在天父心怀中的公式"③！

因此，在马克思看来，抽象一旦离开了现实的历史就没有任何意义。马克思试图建立的那种与思辨哲学相对立的"真正的实证科学"，作为"对现实的描述"，就是"从对人类历史发展的考察中抽象出来的最一般的结果的概括"，但他接着强调道，"这些抽象本身离开了现实的历史就没有任何价值"。与思辨哲学截然不同，"它们绝不提供可以适用于各个历史时代的药方或公式"。④ 由此可见，马克思对于"历史"的高度重视，而且这种重视是在哲学观的层面上成立的。

在《哲学的贫困》这部同蒲鲁东论战的著作中，马克思讨论了"原理"与"世纪"的关系。表面看来，"每个原理都有出现的世纪。例如，权威原理出现在 11 世纪，个人主义原理出现在 18 世纪。因而不是原理属于世纪，而是世纪属于原理。换句话说，不是历史创造原理，而是原

① 《马克思恩格斯选集》第 1 卷，人民出版社 1995 年版，第 92 页。
② 《马克思恩格斯选集》第 4 卷，人民出版社 1995 年版，第 536 页。
③ 《马克思恩格斯选集》第 4 卷，人民出版社 1995 年版，第 537 页。
④ 《马克思恩格斯选集》第 1 卷，人民出版社 1995 年版，第 73-74 页。

理创造历史。"① 但他追问道："如果为了顾全原理和历史我们再进一步自问一下，为什么该原理出现在 11 世纪或者 18 世纪，而不出现在其他某一世纪"？为此，"我们就必然要仔细研究一下：11 世纪的人们是怎样的，18 世纪的人们是怎样的，他们各自的需要、他们的生产力、生产方式以及生产中使用的原料是怎样的；最后，由这一切生存条件所产生的人与人的关系是怎样的"②。于是，这就又回到了人的存在和人的历史本身。而资产阶级学者之所以总是偏好用一种超乎历史之上的抽象规定去为他们所捍卫的制度安排和意识形态作辩护，就是"因为他们没有超越这些关系（即规定他们此在性的现实关系本身——引者注），所以这些关系的概念在他们的头脑中也成为固定概念"③。

按照马克思的立场，是"原理"属于"世纪"而不是相反。这一方法论原则，已经鲜明地体现在马克思的整个哲学建构和实际运思中了。譬如，马克思对于主客体及其关系的考察，就是基于人的"占有"关系的历史性变迁来进行的。这样一来，无论是主体还是客体都不再是与历史的边际条件无关的抽象而空洞的范畴，而是充满历史内涵的具体的丰富的规定。马克思非常强调"人对自然以及个人之间历史地形成的关系"④。这里的要害在于"历史地形成"，这种"历史地形成的关系"是通过人的感性活动被历史地建构起来的，从而被赋予主客体关系和主体际性关系的性质和规定，同时又以它们的对象性关系的历史消解为其归宿。同样地，"人的本质"这个范畴，在马克思的语境中也有一个历史的维度。马克思所谓的"人的本质在其现实性上是一切社会关系的总和"，这个命题同样不能在超历史的意义上去抽象地领会。因为作为"一切社会关系的总和"，就是哲学意义上的"具体"规定，而马克思认

---

① 《马克思恩格斯选集》第 1 卷，人民出版社 1995 年版，第 146 页。
② 《马克思恩格斯选集》第 1 卷，人民出版社 1995 年版，第 146-147 页。
③ 《马克思恩格斯选集》第 1 卷，人民出版社 1995 年版，第 135 页。
④ 《马克思恩格斯选集》第 1 卷，人民出版社 1995 年版，第 92 页。

为"具体之所以具体，因为它是许多规定的综合，因而是多样性的统一"①。这种具体性的来临，只有在人的全面而自由的发展得以实现的历史条件具备的前提下，才是可能的。所以，马克思对人的本质的理解，是"从后思索"的。倘若离开了历史的维度，我们就必然陷入抽象的思辨的理解方式的泥淖。同样地，在马克思那里，人的解放是一种历史活动，而不是思辨活动。他强调说："每一个单个人的解放的程度是与历史完全转变为世界历史的程度一致的。"② 这是因为，"'解放'是一种历史活动，不是思想活动，'解放'是由历史的关系，是由工业状况、商业状况、农业状况、交往状况促成的"③。它不能离开历史本身的成熟。按照恩格斯的说法，"马克思首先是一个革命家。"④ 但马克思坚决反对脱离历史条件去人为地制造革命，他指出："任何时候革命都不能按照命令制造出来"⑤。他认为，革命有赖于历史条件本身的成熟，尽管这种历史条件离不开人的实践的能动建构。对于人的异化，马克思同样是从其历史地生成到历史地扬弃角度去阐释并理解的，他特别强调对于造成人的异化的私有财产，只有历史地扬弃才是真实的，因为"思想上的扬弃，在现实中没有触动自己的对象，却以为实际上克服了自己的对象"⑥。马克思所谓的"新唯物主义的立脚点"，也是被他置于"人类社会或社会的人类"，以便同那种只局限于此在性的"市民社会"的"旧唯物主义的立脚点"区别开来并划清原则界限。

　　总之，在马克思那里，哲学运思的真正基础是"世纪"而不是"原理"，这正是马克思哲学的真实的历史感之所在。

---

① 《马克思恩格斯选集》第 2 卷，人民出版社 1995 年版，第 18 页。
② 《马克思恩格斯选集》第 1 卷，人民出版社 1995 年版，第 89 页。
③ 《马克思恩格斯选集》第 1 卷，人民出版社 1995 年版，第 74-75 页。
④ 《马克思恩格斯选集》第 3 卷，人民出版社 1995 年版，第 777 页。
⑤ 《马克思恩格斯全集》第 8 卷，人民出版社 1961 年版，第 601 页。
⑥ 马克思：《1844 年经济学哲学手稿》，人民出版社 2000 年版，第 111 页。

二、维科的历史观及其对马克思哲学的影响

马克思熟悉并重视意大利近代思想家詹巴蒂斯塔·维科（Giambattista Vico，1668—1744），这是一个不争的思想史事实。在《资本论》第1卷的一个相当长的重要脚注中，马克思写道："如维科所说的那样，人类史同自然史的区别在于，人类史是我们自己创造的，而自然史不是我们自己创造的。工艺学会揭示出人对自然的能动关系，人的生活的直接生产过程，以及人的社会生活条件和由此产生的精神观念的直接生产过程。甚至所有抽掉这个物质基础的宗教史，都是非批判的。事实上，通过分析来寻找宗教幻象的世俗核心，比反过来从当时的现实生活关系中引出它的天国形式要容易得多。后面这种方法是唯一的唯物主义的方法，因而也是唯一科学的方法。那种排除历史过程的、抽象的自然科学的唯物主义的缺点，每当它的代表越出自己的专业范围时，就在他们的抽象的和唯心主义的观念中立刻显露出来。"[①] 马克思在此批评了那种"排除历史过程"的"自然科学的唯物主义"，认为这一缺陷一旦超出自然科学的范围，其陷入抽象的局限性就暴露无遗了，因为由"我们自己创造的"人类史，是不能通过"排除历史过程"去加以把握的。在此意义上，我们可以理解恩格斯为什么说"凡不是自然科学的科学都是历史科学"[②] 这句话了。

马克思在与他人的通信中数次提及维科和他的《新科学》。例如，马克思在给恩格斯的一封信（1862年4月28日）中写道："维科在自己的《新科学》中说，德国是欧洲唯一的还在用'英雄语言'的国家。如果这个老那不勒斯人有幸领略维也纳《新闻报》或柏林《国民报》的语言，那他是会抛弃这种成见的。"[③] 同一天，马克思在致拉萨尔的信中谈

---

① 《马克思恩格斯全集》第23卷，人民出版社1972年版，第409-410页。
② 《马克思恩格斯选集》第2卷，人民出版社1995年版，第38页。
③ 《马克思恩格斯全集》第30卷，人民出版社1974年版，第230页。

到后者的著作时说："我注意到，你似乎没有读过维科的《新科学》。你在那里当然找不到与你的直接目的有关的东西，不过这本书还是有意思的，因为与法学市侩对罗马法的精神所做的理解相反，它对此作了哲学的理解。……在维科那里，以萌芽状态包含着沃尔夫（《荷马》）、尼布尔（《罗马帝王史》）、比较语言学基础（虽然是幻想的），以及还有不少天才的闪光。他本人的法学著作。我直到现在还没有在任何地方弄到。"① 在这里，马克思甚至还直接援引了《新科学》中的一段论述罗马法的话。马克思对于维科思想的重视和熟悉，由此可见一斑。在马克思的著作中，虽然提及维科及其著作的地方不多见，但这并非意味着维科思想对于马克思来说无足轻重，或者说马克思对于维科不甚熟悉。

马克思何以如此关注维科呢？从某种意义上说，无论浪漫主义还是历史主义，都可以追溯到维科学说。历史主义在一定意义上可以被看作浪漫主义在历史哲学领域的变种或表现形式。有学者认为，"历史主义产生于十八世纪末期。它是浪漫主义思潮的伴生物，换言之，它是对理性主义观念的一种反抗。在十九世纪，历史主义作为一种思想方法和研究方法，深入到一切文化部门，深刻地、全面地改变了文化研究领域的面貌。"② 就历史学而言，"浪漫主义史学的一个最主要的内容就是历史主义，虽然浪漫主义史学并不完全等同于历史主义，但两者的基本特点是相同的。因此，浪漫主义史学所具有的这些特点基本上也就是历史主义的特点。"③

---

① 《马克思恩格斯全集》第30卷，人民出版社1974年版，第617—618页。当然，也有否认马克思与维科之间存在着明显的思想史联系的观点。例如，有学者就认为，马克思在大约1862年以前似乎并未读过维科的著作（参见［美］T. 鲍尔：《维科与马克思论"创造"历史》，载《哲学译丛》1988年第5期，第52—57页）。这种观点主要是依据维科及其著作的名称在马克思文本中最初出现的时间所作的推断，但这种推断方法是过于形式化的，因而难以把它当作判据来郑重对待。因为这个引证的时间，只能确切地证明马克思此时读到了维科的著作，但并不能排除此前马克思已经读到过该书的可能性。

② 张广智、张广勇：《史学，文化中的文化——文化视野中的西方史学》，浙江人民出版社1990年版，第201页。

③ 张广智、张广勇：《史学，文化中的文化——文化视野中的西方史学》，浙江人民出版社1990年版，第204页。

那么，历史主义的实质是什么呢？诚如巴勒克拉夫所指出的那样，"历史主义观点的核心在于区别自然和精神，特别是区别所谓自然的世界（die Welt als Natur）和所谓历史的世界（die Welt als Geschichte），即区别自然科学所研究的世界和历史所研究的世界。"① 这一点，最典型地表现在李凯尔特对"自然科学"与"文化科学"的划界和区分上。但历史主义思潮并没有进一步讨论这两种科学的分野及其统一的历史含义和使这种含义成立的历史条件。在这个问题上，的确存在着一个悖论：一方面强调划界，另一方面对这种划界本身持一种非历史的观点。这在逻辑上是有欠彻底的。相比而言，马克思哲学在此问题上要彻底和自洽得多。

值得注意的是，"首先出来反对……非历史观点，为历史主义开辟道路的，是意大利的维哥，法国的卢梭，德国的赫尔德。"② 而维科又最为早出。关于维科同浪漫主义的关系，克罗齐认为："在维柯的《新科学》（1725 年）一书中可以找到对于浪漫主义思想的极为丰富的和有机的预期（就像这种思想现在应被普遍地承认和知道一样）。"③ 在克罗齐看来，维科以其思想实际地"预言"了浪漫主义的出现。的确，诚如柯林武德所说："维科对他们（指原始人——引者注）特别感兴趣"④。可以说，追怀古代乃是维科思想的浪漫主义特征的一个突出表现。通过浪漫主义思想家赫尔德同维科的思想史联系，也可以从一个侧面看出维科思想的浪漫主义倾向。唯有进入特定的历史情境中去，而非作一种外在的旁观，才是理解遥远的古代文化的恰当路径。在这一点上，伯林认为赫尔德的观点"就

① ［英］杰弗里·巴勒克拉夫：《当代史学主要思潮》，杨豫译，上海译文出版社 1987 年版，第 19 页。

② 张芝联：《从〈通鉴〉到人权研究：我的学术道路》，生活·读书·新知三联书店 1995 年版，第 159 页。

③ ［意］克罗齐：《历史学的理论和实际》，傅任敢译，商务印书馆 1982 年版，第 214 页。

④ ［英］柯林武德：《历史的观念》，何兆武、张文杰译，中国社会科学出版社 1986 年版，第 74 页。

是对维柯观点的最奇异的重复"①。显然，伯林把对浪漫主义源头的追溯悄悄地延伸到了维科。其实，伯林在探讨浪漫主义定义时就已提及维科，并认为"这位意大利思想家，大概是第一个使我们关注古代文化陌生性问题的人"②。这种追怀古人的旨趣，正是浪漫主义的一般癖好。

正如有人所说的，"他（指维科——引者注）超越自己的时代太远了，以至不能发生直接的影响。"③ 但在马克思那里却有了明显的回声。

维科有其明显的怀古情结。这正是浪漫主义的一个显著特征。在《新科学》中，维科赞美并推崇原始人的"诗性智慧"和"生动的想象力"。他认为，作为"诗性智慧"的"玄学"，不同于现代人的那种"理性的抽象的玄学"。原始人没有"推理的能力"，但有"强旺的感觉力和生动的想象力"。他指出："因为能凭想象来创造，他们（指原始人——引者注）就叫做'诗人'，'诗人'在希腊文里就是'创造者'。"④ 维科不无遗憾地说："近代人再也想象不出像'具有同情心的自然'那样巨大的虚幻的形象了。我们也同样没有能力去体会那些原始人的巨大想象力了"⑤。维科区分了"诗性真实"和"物理真实"，他说："诗性真实（poetic truth）就是玄学的真实，而不和这种诗性真实一致的物理真实就应看作是虚伪的。"⑥ 这种怀古情结，在马克思那里，有着同样强烈的表达。例如，他在《政治经济学批判大纲》中就说过："古代的观点和现代世界相比，就显得崇高得多，根据古代的观点，人，不管是处在怎样狭隘的民族的、宗教的、政治的规定上，毕竟始终表现为生产的目的，在现代世界，生产表现为人的目的，而财富则表现为生

---

① ［英］以赛亚·伯林：《浪漫主义的根源》，吕梁等译，译林出版社 2008 年版，第66 页。

② ［英］以赛亚·伯林：《浪漫主义的根源》，吕梁等译，译林出版社 2008 年版，第12 页。

③ ［德］卡尔·洛维特：《世界历史与救赎历史——历史哲学的神学前提》，李秋零、田薇译，生活·读书·新知三联书店 2002 年版，第 136 页。

④ ［意］维柯：《新科学》，朱光潜译，人民文学出版社 1986 年版，第 162 页。

⑤ ［意］维柯：《新科学》，朱光潜译，人民文学出版社 1986 年版，第 164 页。

⑥ ［意］维柯：《新科学》，朱光潜译，人民文学出版社 1986 年版，第 102 页。

产的目的。"① 关于古代的"崇高"，维科认为："正是人类推理能力的欠缺才产生了崇高的诗，崇高到使后来的哲学家们尽管写了些诗论和文学批评的著作，却没有比得上神学诗人们更好的作品来，甚至妨碍了崇高的诗的出现。"② 在《政治经济学批判·导言》中，马克思强调说："一个成人不能再变成儿童，否则就变得稚气了。但是，儿童的天真不使成人感到愉快吗？他自己不该努力在一个更高的阶梯上把儿童的真实再现出来吗？"马克思心目中的"儿童"，就是古希腊。他进一步诘问道："为什么历史上的人类童年时代，在它发展得最完美的地方，不该作为永不复返的阶段而显示出永久的魅力呢？"③ 到了晚年，马克思在给查苏利奇的复信初稿中又强调说："不应该过分地害怕'古代'一词。"④

维科在《新科学》中写道："一种理想的永恒的历史，这是一切民族的历史在时间上都经历过的。"⑤ 他在"自传"中说："这部著作（指《新科学》——引者注）中自始至终都在说明各民族的自然法都是由天意安排的。这种永恒的历史是由各民族的国别史在时间上都经历过的，都经历了兴起，发展，鼎盛以至于衰亡。"⑥ 这也就是维科在《新科学》第249条一开始所叙述的意思⑦。马克思的女婿拉法格，把维科的这个

---

① 《马克思恩格斯全集》第46卷上册，人民出版社1979年版，第486页。
② ［意］维柯：《新科学》，朱光潜译，人民文学出版社1986年版，第167页。
③ 《马克思恩格斯选集》第2卷，人民出版社1995年版，第29页。
④ 《马克思恩格斯选集》第3卷，人民出版社1995年版，第763页。
⑤ ［意］维柯：《新科学》，朱光潜译，人民文学出版社1986年版，第172页。
⑥ ［意］维柯：《新科学》，朱光潜译，人民文学出版社1986年版，第660页。
⑦ 参见［意］维柯：《新科学》，朱光潜译，人民文学出版社1986年版，第145页。这里涉及所谓"天意"。克罗齐在继承维科的基础上试图把"天意"排除掉。洛维特指出："对于克罗齐（Croce）来说，历史是'自由的历史'，而不是天意的历史。他在这种意义上诠释维科，因而觉得自己有必要把维科的天意概念尽可能地从其所谓的'现实趋势'中排除掉。"（［德］卡尔·洛维特：《世界历史与救赎历史》，李秋零、田薇译，生活·读书·新知三联书店2002年版，第148页）但是，洛维特并不同意克罗齐的这种"改造"，认为"这显然不是维科的立场"。在洛维特看来，"维科对历史进程的理解要恰当得多"，因为"维科对事件发生中自由和必然性的这种辩证法的描述，令人印象极深"（同上书，第149页）。其实，即使保持对历史的辩证理解，也未必需要借助"天意"来进行。马克思拒绝对历史所作的任何超历史的想象和解释，而是回到历史本身，由此出发来展开自由和必然性的张力及其辩证结构。在马克思那里，它属于在历史的自足性范围之内既可以提出也可以解决的问题。

思想同摩尔根在《古代社会》中提出的观点作了类比，尽管在拉法格看来，"摩尔根大概不知道维科，但是他也达到相同的规律，只是他所规定的在形式上更有效、更完全"① 而已。摩尔根说："人类的心灵，特别是人类所有的个人、所有的部落和民族所共同具有的心灵，其力量的范围是有限度的，因此，这种心灵的活动所遵循的途径是（而且必须是）彼此一致的，分歧很小的。在空间远离的不同地区，在时间遥隔的不同时代，这种心灵活动的结果把人类共同的经验联成了一条在逻辑上前后相连的链索。"② 他描述了"家族从血婚制开始，经过一系列的发展阶段，演变为专偶制"的过程，指出："作为一个时代的产物，它曾分享人类经历的一切兴衰，现在，它也许能比其他制度更加明确地揭示人类从蒙昧社会的深渊、经过野蛮社会而到达文明社会的这一进步所遵循的渐进的阶梯。"③ 马克思在《资本论》第 1 卷德文第 1 版序言中说过："工业较发达的国家向工业较不发达的国家所显示的，只是后者未来的景象。"④ 在拉法格看来，维科、摩尔根和马克思的这些思想，具有某种相通之处。维科在《新科学》中又指出："这个包括所有各民族的人类世界确实是由人类自己创造出来的。（我们已把这一点定为本科学的第一条无可争辩的大原则。……）"⑤。在这里，明确地包含着这样的思想：人及其存在是人本身活动的产物。而在马克思那里，自觉地确认这一点，恰恰是他的历史地思的运思方式的逻辑基础。马克思在《剩余价值学说史》中写道："一旦人已经存在，人，作为人类历史的经常前提，也是人类历史的经常的产物和结果，而人只有作为自己本身的产物和结

① ［法］拉法格：《思想起源论》，王子野译，生活·读书·新知三联书店 1963 年版，第 22 页。

② ［美］路易斯·亨利·摩尔根：《古代社会》上册，杨东莼、马雍、马巨译，商务印书馆 1977 年版，第 254 页。

③ ［美］路易斯·亨利·摩尔根：《古代社会》下册，杨东莼、马雍、马巨译，商务印书馆 1977 年版，第 492 页。

④ 《马克思恩格斯选集》第 2 卷，人民出版社 1995 年版，第 100 页。

⑤ ［意］维柯：《新科学》，朱光潜译，人民文学出版社 1986 年版，第 573 页。

果才成为前提。"①

　　维科在《新科学》中还说过："如果谁创造历史也就由谁叙述历史，这种历史就最确凿可凭了。"② 这段话暗示出人们只能认识自己所创造的产物，并意味着历史的自我缠绕和自我相关性，以及在此基础上的历史认识的内在性，亦即认识只能是"体认"。它表明，历史的"创造者"和历史的"叙述者"，只有集于一身才是恰当的。雷蒙·阿隆指出："他们两人（指萨特和梅洛-庞蒂——引者注）都重新捡起了阐释学传统的本原主题，这一主题可追溯到维科（Vico），在黑格尔那里获得了最纯正的表现，即：人处在历史世界中，他是这世界的创造者，这世界因他而诞生，但同时这外部世界又被重新引入、注入观察者的意识"③。但这一点，更早地同马克思思想相关联。维科关于人类只能认识自己的产物这一立场，同马克思在《1844 年经济学哲学手稿》中所说的那段人们熟知的话比较一下，是饶有趣味的。马克思说："被抽象地理解的，自为的，被确定为与人分隔开来的自然界，对人来说也是无。"④ 这种人的在场性，很契合维科提出的问题。其实，维科的思想更容易让人们联想起马克思在《哲学的贫困》中所作出的那个著名论断："难道探讨这一切问题不就是研究每个世纪中人们的现实的、世俗的历史，不就是把这些人既当成他们本身的历史剧的剧作者又当成剧中人物吗？但是，只要你们把人们当成他们本身历史的剧中的人物和剧作者，你们就是迂回曲折地回到真正的出发点，因为你们抛弃了最初作为出发点的永恒的原理。"⑤ 马克思所谓的"剧作者"正是维科意义上的"创造者"，而马克思所说的"剧中人"则是维科意义上的"叙述者"所叙述的"对象"。当"剧作者"作为"剧中人"时，就变成了被叙述的"对象"。虽然马

---

　　① 《马克思恩格斯全集》第 26 卷第 3 册，人民出版社 1974 年版，第 545 页。
　　② ［意］维柯：《新科学》，朱光潜译，人民文学出版社 1986 年版，第 145 页。
　　③ ［法］雷蒙·阿隆：《论治史——法兰西学院课程》，冯学俊、吴泓缈译，生活·读书·新知三联书店 2003 年版，第 45 页。
　　④ 马克思：《1844 年经济学哲学手稿》，人民出版社 2000 年版，第 116 页。
　　⑤ 《马克思恩格斯选集》第 1 卷，人民出版社 1995 年版，第 147 页。

克思同维科在说法上略有出入，但他们所揭示的历史的主体和客体之间的内在缠绕和相关性，以及强调历史认识的自足性，即不需要预设一个脱离这种缠绕所建构的此在性的超历史的永恒原理，在很大程度上却是一致的。马克思对于人在建构历史过程中的自我缠绕关系的揭示，其深刻的哲学含义在于他不再需要寻找一个超历史的原因来解释历史，而是把历史的原因归结为自因。正视并自觉地承认这种自足性，足以克服在历史观上的种种唯心主义的陷阱，而把历史本身看作是它自己的自我展现过程。这也正是马克思的人的存在的现象学的体现和要求。

有学者认为，"维柯的著作是现代人最早做出的尝试之一：它试图消除这种永恒的结构过程对人的心灵产生的麻醉作用。"正因此，"《新科学》和现代那些思想流派有直接联系"。"这些思想流派的最基本的前提是，人类和人类社会不是根据在它们之前就已存在的模式或计划塑造的。"这标志着由传统的预成论向现代的生成论的历史性转变。而这种转变的思想史结果，包括存在主义和马克思主义。"和存在主义者一样，维柯似乎认为，没有预先存在的、'既定的'人的本质，没有预先确定的'人类本性'。和马克思主义者一样，他似乎说，人类的具体形式是由特定的社会关系和人类制度的体系所决定的。"① 维科认为："人们按自然本性就不得不把他们关于法律和制度的记忆保存起来，因为法律和制度把他们联系在他们的社会里。"② 这实际上是强调人的社会性，而社会的变迁不能不导致人性的历史嬗变。事实上，马克思在哲学上比存在主义者更早地触及到了人性的生成论特征。关于人的本性，人们十分熟悉的是马克思在《关于费尔巴哈的提纲》中所作的揭示："人的本质……在其现实性上，它是一切社会关系的总和。"③ 从人的存在的现象学意义上说，这种"总和"只有作为历史的结果才是可能的。马克思说

① ［英］特伦斯·霍克斯：《结构主义和符号学》，霍铁鹏译，上海译文出版社1987年版，第5页。

② ［意］维柯：《新科学》，朱光潜译，人民文学出版社1986年版，第101-102页。

③ 《马克思恩格斯选集》第1卷，人民出版社1995年版，第56页。

过："随着新生产力的获得，人们改变自己的生产方式，随着生产方式即谋生的方式的改变，人们也就会改变自己的一切社会关系。"① 所以说，社会关系并不是一成不变的，恰恰相反，它是随着生产力的变更而不断地被重构的。在此意义上，人性只能是历史地生成着的规定，而不是超历史的预成的规定。也正因此，马克思强调说："整个历史也无非是人类本性的不断改变而已。"②

维科在《新科学》中谈到语言学研究时曾提出："观念（思想）的次第必然要跟随各种事物的次第。"③ 这一观点同马克思的立场存在着高度的吻合。例如，马克思在批评蒲鲁东时所持的方法论原则就是这样的。蒲鲁东认为："我们要叙述的并不是那种符合时间顺序的历史，而是一种符合观念顺序的历史。"④ 马克思认为，这种观点不过是些"黑格尔哲学的废物"罢了，因为它完全撇开了"历史的实在进程"及其决定作用，让这一进程屈从于观念的顺序。在马克思看来，真实的关系恰恰相反，是"世俗的历史"决定着"神圣的历史"、"人类的历史"决定着"观念的历史"⑤。在论及语言现象时，马克思同样试图寻求范畴的存在论基础，并将其追溯到人的存在方式，他指出："要是老黑格尔有在天之灵，他知道德文和北欧文中的 Allgemeine ［一般］不过是公有地的意思，而 Sundre，Besondre ［特殊］不过是从公有地分离出来的 Sondereigen ［私人财产］，那他会说什么呢? 真糟糕，原来逻辑范畴还是产生于'我们的交往'!"⑥ 显然，马克思把逻辑范畴的产生，归结为人的特定交往形式及其所塑造的人的存在方式。这就从发生学的角度揭示了存在决定意识的基本原理。人的存在本身的历史性，决定了人的观

---

① 《马克思恩格斯选集》第 1 卷，人民出版社 1995 年版，第 142 页。
② 《马克思恩格斯选集》第 1 卷，人民出版社 1995 年版，第 172 页。
③ ［意］维柯：《新科学》，朱光潜译，人民文学出版社 1986 年版，第 109 页。
④ ［法］蒲鲁东：《贫困的哲学》上卷，余叔通、王雪华译，商务印书馆 1998 年版，第 156 页。
⑤ 《马克思恩格斯选集》第 4 卷，人民出版社 1995 年版，第 533 页。
⑥ 《马克思恩格斯全集》第 32 卷，人民出版社 1975 年版，第 53 页。

念本身的历史性。当人们的某种特定存在方式消失之后，建筑于其上的特定意识形态也就失去其自身赖以存在的基础，从而必然消亡。

正如伯尔基所揭示的那样，"马克思的整个生涯显现出一条明显的从哲学经政治学到政治经济学的道路。"① 从地域上说，"他相继变换的居住地，与他的思想中相继占主导的'德国的'、'法国的'最后是'英国的'思想完全一致"②。问题在于，马克思思想的脉络何以如此？他决非为研究经济学而去研究经济学，恰恰相反，他是把自己的工作归结为"政治经济学批判"，正是通过这种"批判"，他才能通达"历史"的"最深处"，从而回到历史本身，进而使其哲学的历史感获得真实性。因为现代社会的世俗基础正是市民社会，而市民社会的秘密只有通过政治经济学的批判才能向我们敞开。所以，马克思在《政治经济学批判·序言》中强调说，"对市民社会的解剖应该到政治经济学中去寻求。"③这既是马克思对真正的历史感的追寻，也是这种历史感本身的体现。马克思心路历程所显示的轨迹，意味着只有回到现实的历史中才能发现并揭示观念及其顺序的原初基础。

维科强调"制度"的历史规定性，他指出："各种制度的自然本性不过是它们在某些时期以某些方式产生出来了。时期和方式是什么样，产生的制度也就是什么样，而不能是另样的。"④ 马克思同样强调制度的历史性质，他在这方面的思想是非常丰富的，这里只能举例说明。在批判蒲鲁东思想的《哲学的贫困》一书中，马克思说："经济学家（马克思在此所谓的'经济学家'乃是'资产阶级的学术代表'——引者注）所以说现存的关系（资产阶级生产关系）是天然的，是想以此说明，这些关系正是使生产财富和发展生产力得以按照自然规律进行的那些关

---

① ［英］伯尔基：《马克思主义的起源》，伍庆、王文扬译，华东师范大学出版社 2007 年版，第 142 页。

② ［英］伯尔基：《马克思主义的起源》，伍庆、王文扬译，华东师范大学出版社 2007 年版，第 143 页。

③ 《马克思恩格斯选集》第 2 卷，人民出版社 1995 年版，第 32 页。

④ ［意］维柯：《新科学》，朱光潜译，人民文学出版社 1986 年版，第 89 页。

人的存在之思：马克思哲学再诠释

系。因此，这些关系是不受时间影响的自然规律。这是应当永远支配社会的永恒规律。于是，以前是有历史的，现在再也没有历史了。"① 但是，马克思揭露了这种说法的荒谬，他指出："随着新生产力的获得，人们改变自己的生产方式，随着生产方式即谋生的方式的改变，人们也就会改变自己的一切社会关系。" 正因此，马克思说："手推磨产生的是封建主的社会，蒸汽磨产生的是工业资本家的社会。"② 马克思由此揭穿了生产方式、社会关系和社会制度永恒不变的神话。为了替资本主义生产方式作辩护，"资产阶级经济学家们把资本看作永恒的和自然的（而不是历史的）生产形式"③。这种辩护之所以站不住脚，乃是因为："虽然生产的一定的社会形式可能是一种历史的必然性，但它并不因此就是绝对的必然性，因而不能把它说成是永恒不变的生产条件。"④ 具体地说，"资本和雇佣劳动不是生产的永恒的社会形式"⑤。因为"把生产的资本主义形式当作生产的绝对形式、因而当作生产的永恒的自然形式"，这不过是从"资产阶级狭隘眼界"所看到的一种历史假象⑥罢了。

三、德国浪漫派观点对马克思哲学的多维影响

据马克思的女儿爱琳娜·马克思-艾威林夫人回忆，青年马克思即从燕妮的父亲冯·威斯特华伦男爵（后来成为马克思的岳父）那里受到熏陶，"很早就热爱浪漫派"⑦。

从某种意义上说，约翰·格奥尔格·哈曼（Johann Georg Hamann，

---

① 《马克思恩格斯选集》第 1 卷，人民出版社 1995 年版，第 151 页。
② 《马克思恩格斯选集》第 1 卷，人民出版社 1995 年版，第 142 页。
③ 《马克思恩格斯全集》第 46 卷上册，人民出版社 1979 年版，第 457 页。
④ 《马克思恩格斯全集》第 47 卷，人民出版社 1979 年版，第 164 页。
⑤ 《马克思恩格斯全集》第 47 卷，人民出版社 1979 年版，第 165 页。
⑥ 《马克思恩格斯全集》第 48 卷，人民出版社 1985 年版，第 43 页。
⑦ 中共中央马列著作编译局编：《回忆马克思》，人民出版社 2005 年版，第 21 页。

1730—1788）作为"反启蒙思想的奠基人"①，开启了德国浪漫派思想的先河。正如伯林所言，"有一个人给了启蒙运动最沉重的打击，启动了浪漫主义进程，启动了整个反叛启蒙主义理念"②。这个人就是哈曼。他的确是同启蒙主义对着干的。例如，哈曼拒绝"理性"。他不无讽刺地说："理性是神圣的，正确的，善的。但是，理性带来的只是关于极端罪恶的无知的知识，当理性到处传播病菌的时候，罪恶的无知就会进入智者的权力领域"③。显然，他对理性是不抱信任态度的。按照美国学者奥弗莱的描述，"在 18 世纪这个散文时代，哈曼却推崇诗歌。在这个轻视和忽视历史的时代，他却提醒他的同时代人，有些人类活动比另外一些更古老，因此也更根本。在这个崇尚理性的时代，他却要复兴情感"④。

在这里，我们关心的是哈曼所代表的历史意识的觉醒和复活。哈曼显然是逆启蒙主义的取向而行的，他用自觉的历史意识去拒绝超历史的抽象。哈曼说："在哲学家的队伍当中应该首先有一批历史学家。"⑤ 言下之意是哲学需要有足够的历史感来支持。他追问道："如果连当今时代都不能理解，还能够认识过去吗？——不知道将来，谁能够对当代有一个正确的概念呢？将来规定了现今，现今规定了过去，就像目的规定工具的性质和使用一样。"⑥ 值得重视的是，这种历史意识并不拘泥于"过去时"，而是立足于展现，它伸向遥远的"将来时"。这同马克思的

① ［英］以赛亚·伯林：《启蒙的三个批评者》，马寅卯、郑想译，译林出版社 2014 年版，第 271 页。

② ［英］以赛亚·伯林：《浪漫主义的根源》，吕梁等译，译林出版社 2008 年版，第 45 页。

③ 刘新利选编：《纪念苏格拉底——哈曼文选》，刘新利、经敏华译，华夏出版社 2009 年版，第 129 页。

④ ［美］奥弗莱：《哈曼的生平和著作》，刘杰译，载刘新利选编：《纪念苏格拉底——哈曼文选》，刘新利、经敏华译，华夏出版社 2009 年版，第 17 页。

⑤ 刘新利选编：《纪念苏格拉底——哈曼文选》，刘新利、经敏华译，华夏出版社 2009 年版，第 154 页。

⑥ 刘新利选编：《纪念苏格拉底——哈曼文选》，刘新利、经敏华译，华夏出版社 2009 年版，第 154 页。

"从后思索"所体现出来的历史感是多么地相似和吻合。需要指出，马克思的历史地思，不仅仅是对已成之物的反思性把握，同时又是对方成之物的反思性把握。所以，马克思哲学既扮演"密纳发的猫头鹰"角色，还扮演"高卢的雄鸡"的角色。诚如弗·施勒格尔所说的，"历史学家是面对过去的先知。"① 此所谓的"历史学家"当作广义解，应指进行着历史地思的哲学家。对这样的哲学家而言，把握历史当然同时也就是昭示未来。

约翰·戈特弗里德·赫尔德（Johann Gottfried Herder，1744—1803），其思想来源于哈曼和卢梭。伯林认为："他（指哈曼——引者注）深得赫尔德的敬仰——赫尔德确确实实改变了历史的写法"②，这个人就是哈曼。不仅如此，赫尔德还得益于卢梭。柯林武德认为，赫尔德对于启蒙运动之前的既往历史的正视和重视，是因为"他得力于卢梭的著作"③。

作为启蒙精神的反动，浪漫派的历史主义"是在与启蒙运动时代的观念相对立甚至相斗争中产生的一股思潮"。启蒙思想家一般相信"诸如不变的人性和不变的自然规律"，并且试图把这样一种信念运用于对人类社会现象的把握之中。而"历史主义首先是解释一切自然、社会和人都处于不断运动和变化之中的一股思潮"④。启蒙思想家所秉持的人性恒定不变的观点，明显地带有本质主义的倾向。因为在他们那里，"人性被实质主义地设定为某种稳定的和悠久的东西，是一种在历史变化和一切人类活动进程之下的不变的底层。历史从来不重演其自身，但人性

---

① ［德］弗·施勒格尔：《雅典娜神殿断片集》，李伯杰译，生活·读书·新知三联书店1996年版，第65页。

② ［英］以赛亚·伯林：《浪漫主义的根源》，吕梁等译，译林出版社2008年版，第46页。

③ ［英］柯林武德：《历史的观念》，何兆武、张文杰译，中国社会科学出版社1986年版，第98页。

④ ［波兰］沙夫：《历史与真理》，张笑夷译，黑龙江大学出版社2014年版，第163页。

却始终是永恒不变的。"① 赫尔德一反这一预成论的立场,认为"人性作为某种一致的和不变的东西这一概念,必须加以抨击"②。显然,这里存在着"静"与"动"之间的分野。

在人性问题上,马克思之所以选择"辩证法",也是与这种动态视野赖以确立的需要有关。同样地,马克思不满意于费尔巴哈哲学的静观态度,即科尔纽所说的"费尔巴哈对感性客观现实的静观的考察方法"③,从而寻求动态的视野及其原初基础。除了辩证法这一方法论原则来自于对黑格尔哲学的借鉴之外,从根本上说还依赖于哲学上的实践范畴的奠基。但这丝毫不排斥合适的思想史资源包括浪漫派所提供的启迪作用。而历史主义的目标,"首先是关于感知世界的方法,认识它的动态变化,即事物、生生不息的自然、思想等等的不断变化"④。这就是一种动态的考察方法,而静观的方法则是马克思所力图摒弃和超越的。当然,在马克思那里,有一种人性论上的生成论与预成论的张力结构。在《哲学的贫困》中,他反对那种所谓的"一般的人性",强调人性在历史中的不断改变和生成。在《资本论》第 1 卷中,马克思则提出要研究"人的一般本性"。单就马克思否定超历史的抽象人性,把"一般人性"消解于人性规定的时间性的建构中而言,至少暗合赫尔德的人性观。马克思对超验人性的拒绝,体现了回到历史的诉求。例如,他写道:"从人的概念、想象中的人、人的本质、一般人中能引申出人们的一切关系",而"思辨哲学就是这样做的"⑤。因为"他们总是把后来阶段的普通个人强加于先前阶段的个人并且以后来的意识强加于先前的个人"⑥。

---

① [英] 柯林武德:《历史的观念》,何兆武、张文杰译,中国社会科学出版社 1986 年版,第 93 页。
② 参见 [英] 柯林武德:《历史的观念》,何兆武、张文杰译,中国社会科学出版社 1986 年版,第 98 页。
③ [法] 科尔纽:《马克思的〈关于费尔巴哈的提纲〉》,载《马克思哲学思想研究译文集》,人民出版社 1983 年版,第 137 页。
④ [波兰] 沙夫:《历史与真理》,张笑夷译,黑龙江大学出版社 2014 年版,第 164 页。
⑤ 《马克思恩格斯选集》第 1 卷,人民出版社 1995 年版,第 101 页。
⑥ 《马克思恩格斯选集》第 1 卷,人民出版社 1995 年版,第 130 页。

这样的话，人的存在所固有的历史性质和维度就被抹杀了。马克思称这种做法是"本末倒置的做法"，它造成了对历史本真状态的严重遮蔽，因为一旦撇开"现实条件"，"就可以把整个历史变成意识的发展过程了"①。这意味着把现实的历史置换成意识本身的历史。这正是唯心史观的真正根源所在，它隐藏着意识形态的秘密。因此，马克思说"玄想家（原文为'die Ideologen'，亦可译作'意识形态家'——引者注）使一切本末倒置"②。

在历史规律观方面，马克思同样得益于浪漫派对于抽象规律的解构。青年马克思在《穆勒笔记》中批评道："穆勒——完全和李嘉图学派一样——犯了这样的错误：在表述抽象规律的时候忽视了这种规律的变化或不断扬弃"，因为在马克思看来，"抽象规律正是通过变化和不断扬弃才得以实现的"③。请注意，马克思所说的是"规律"本身的"变化"和"扬弃"，而不是规律的具体表现形式或过程的变化和扬弃。这也就意味着他完全拒绝了那种超历史的、抽象的、永恒不变的"规律"本身。显然，在马克思的哲学语境中，并没有一种离开了"变化或不断扬弃才得以实现的"抽象的"规律"。这一点，正是马克思哲学的真实的历史感所在。总之，马克思特别强调"规律"本身的历史性，以至于干脆把"规律"称作"历史性的规律"④。俄国彼得堡大学经济学教授伊·伊·考夫曼，在其《马克思的政治经济学批判的观点》一文（发表于俄国《欧洲通报》1872年第3卷）中曾经写道："有人会说，经济生活的一般规律，不管是应用于现在或过去，都是一样的。马克思否认的正是这一点。在他看来，这样的规律是不存在的……根据他的意见，恰恰相反，每个历史时期都有它自己的规律。一旦生活经过了一定的发展时期，有一定阶段进入另一阶段时，它就受另外的规律支配。总之，经

---

① 《马克思恩格斯选集》第1卷，人民出版社1995年版，第130页。
② 《马克思恩格斯选集》第1卷，人民出版社1995年版，第134页。
③ 马克思：《1844年经济学哲学手稿》，人民出版社2000年版，第164页。
④ 《马克思恩格斯选集》第4卷，人民出版社1995年版，第536-537页。

济生活呈现出的现象，和生物学的其他领域的发展史颇相类似……旧经济学家不懂得经济规律的性质，他们把经济规律同物理学规律和化学规律相比拟"。这是因为，"他（指马克思——引者注）断言……生产力的发展水平不同，生产关系和支配生产关系的规律也就不同"①。马克思在《资本论》第 1 卷德文第 2 版跋中援引了考夫曼的这些评论，称赞"这位作者先生把他称为我的实际方法的东西描述得这样恰当"②。显然，马克思是同意考夫曼的说法的，因为它符合马克思所谓的"历史性的规律"所应有的含义。更深刻的在于，马克思更是进一步揭示了这种历史性所蕴含的特定历史条件，那就是"历史向世界历史的转变"③。这一转变的历史性地来临，使得历史规律本身也变成历史的了。

雅斯贝尔斯说："所谓有规律的因果性，就是历史中的非历史的因素"④。显然，这种理解同马克思的历史规律观相去甚远。相比之下，把"存在"同"时间"联系起来的海德格尔，更能够同情地理解马克思。所以，海德格尔在《关于人道主义的信》中写道："马克思在体会到异化的时候深入到历史的本质性的一度中去了，所以马克思主义关于历史的观点比其余的历史学优越。"⑤ 海德格尔甚至认为，即使是胡塞尔和萨特也未能在存在中认识到历史的本质性，因而没有资格同马克思主义进行对话。与之相比，阿隆倒是认识到了"历史规律"本身的"历史性"。他承认："历史规律之有别于我们所已经研究过的各种社会学的关系，则在于如下这一事实，即它们在本质上是历史的。它们对于不可逆转的变化是有效的"⑥。马克思对东方社会及其独特性的正视，对东方国家跨越资本主义制度的"卡夫丁峡谷"的设想，恰恰是其整个哲学的历史地

① 参见《马克思恩格斯选集》第 2 卷，人民出版社 1995 年版，第 111 页。
② 《马克思恩格斯选集》第 2 卷，人民出版社 1995 年版，第 111 页。
③ 《马克思恩格斯选集》第 1 卷，人民出版社 1995 年版，第 89 页。
④ ［德］雅斯贝尔斯：《论历史的意义》，载张文杰等编译：《现代西方历史哲学译文集》，上海译文出版社 1984 年版，第 42 页。
⑤ 孙周兴选编：《海德格尔选集》上卷，上海三联书店 1996 年版，第 383 页。
⑥ ［法］雷蒙·阿隆：《历史的规律》，载张文杰等编译：《现代西方历史哲学译文集》，上海译文出版社 1984 年版，第 61 页。

思的一种内在要求，也是这种独特运思方式的一种突出表现。随着"历史向世界历史的转变"，历史规律的表征本身也发生了改变，它不再是通过线性的模式不断地重演，而是通过空间意义上的互补和整合，变成以全球化的"世界历史"为单位和背景的形式。那种对历史规律所作的线性演化模式的想象因此而成为过时的东西。因为规律的表达单位不再是单个的民族或国家，而是以普遍交往为基础的"世界历史"。离开了这种自觉的历史感，我们就不可能有效地筹划和能动地建构未来。

正是基于这种"历史性的规律"观，马克思反复地强调，与资本主义生产方式相适应的生产关系固有其历史的暂时性。譬如他在《资本论》第3卷中写道："资本主义生产方式是一种特殊的、具有独特历史规定性的生产方式；它和任何其他一定的生产方式一样，把社会生产力及其发展形式的一定阶段作为自己的历史条件，而这个条件又是一个先行过程的历史结果和产物，并且是新的生产方式由以出发的现成基础；同这种独特的、历史规定的生产方式相适应的生产关系……具有独特的、历史的和暂时的性质"①。所以，马克思在《资本论》第1卷德文第2版跋中即主张，辩证法在"对现存事物的肯定的理解中同时包含对现存事物的否定的理解"；"对每一种既成的形式都是从不断的运动中，因而也是从它的暂时性方面去理解"②。这固然是辩证法的逻辑要求，但马克思的辩证法之所以不同于黑格尔的辩证法，就在于这种要求同时更深刻地取决于世俗基础和历史根源。从某种意义上说，马克思对政治经济学所作的批判，正是为了改变把资本主义生产方式视作超历史的永恒的观点。

弗里德里希·施勒格尔（Friedrich Schlegel，1772—1829），其哲学观同马克思对哲学的理解存在着某种契合。施勒格尔说："历史是变化

---

① 《马克思恩格斯选集》第2卷，人民出版社1995年版，第581页。
② 《马克思恩格斯选集》第2卷，人民出版社1995年版，第112页。

着的哲学；哲学是完成了的历史。"① 马克思则把哲学理解为对于人的存在的历史展现及其完成的反思性的把握。就其哲学的实际表征（此乃哲学的最本真的形式）而言，可谓"历史是变化着的哲学"；就哲学的逻辑完成，即通过"从后思索"而"提前"把握到的历史来说，则可谓"哲学是完成了的历史"。马克思所说的"哲学的世界化"和"世界的哲学化"理想，在一定意义上，也可以被看作施勒格尔命题的另一种表述。马克思和施勒格尔在这个问题上，究竟有无思想上的直接勾连，无从知晓，但两者思想具有高度的契合性，则是一个明显的事实。从逻辑层面上说，哲学是对人的存在的历史展现及其完成的反思性把握；从现实层面上说，哲学又是人的存在的历史展现及其完成本身。正是在此意义上，马克思真正把哲学从哲学家的头脑和书房里解放了出来，使其真正地广义化了，它不再是抽象的思辨活动，而是变成了具体的历史活动。在马克思那里，全部历史都获得了哲学的意义，因为它们都变成了哲学的实现本身；另一个方面，哲学也获得了历史的内涵，因为哲学本身不过是历史的自我展现及其完成的反思形式而已。因此，在马克思哲学的意义上，任何历史都不过是哲学的实现形式，从而具有了哲学的含义和性质；另一个方面，哲学因此也内在地获得了它的真正的历史维度和真实的历史内涵。哲学与历史的这种缠绕，决定了哲学只有作为一种历史地思，才是可能的和正当的，从而也才能够获得自身的合法性。

施勒格尔强调人类史区别于自然史和科学对象的独特性质。他在《断片集》中写道："历史的对象，就是一切实践中必然的事物变为现实。"② 施勒格尔在批评孔多塞的《人类精神进步史表纲要》一书时指出："历史和纯科学的对象并不是同一种发展，而是一种全然不同类型

---

① ［德］弗·施勒格尔：《雅典娜神殿断片集》，李伯杰译，生活·读书·新知三联书店1996年版，第114页。

② ［德］弗·施勒格尔：《雅典娜神殿断片集》，李伯杰译，生活·读书·新知三联书店1996年版，第168页。

的发展。"① 与自然史及其科学把握方式不同，"人类历史的内容却相反，是人类能力在外部世界和时间中的实在的发展"；由此决定了"人类持久的特点，是纯科学的对象，而人类的变化却相反，无论是单个的还是整体的，是人类的科学历史的对象"②。正因此，施勒格尔批评法国启蒙思想家孔多塞关于历史规律的超历史性质的想象，认为他的"历史的概念完全规定错了"③。马克思同样注意到了自然史同人类史之间的异质性。他写道："人们之所以有历史，是因为他们必须生产自己的生活，而且必须用一定的方式来进行"④。这意味着，人类史本质上是人的自我建构的产物，而不是他者决定的结果。这一特点要求我们把握人类史，只有通过"作为推动原则和创造原则的否定性"⑤ 的辩证法，才是可能的。所以，马克思拒绝对人类史采取"自然科学的唯物主义"态度，他也从不谈论"自然辩证法"。在这一点上，亦可看出马克思哲学同浪漫派思想的某种一致性。

　　"渴慕无限"的施勒格尔说："谁理解无限，并理解无限的意义，他就在无限中看见了那些永远分开有混合的力量的产品"⑥。这种"无限"不是空洞的，而是有内容的。因为"浪漫派的渴望"在于"在尘世中感受天国之乐的固执欲望"⑦。马克思在思想上明显带有类似的诉求，但他既没有像浪漫派那样把无限与有限的矛盾的解决引向审美和诗性，也没有像黑格尔及其学派那样把这一矛盾的解决引向纯粹的思辨和逻辑，而

---

　　① ［德］弗·施勒格尔：《雅典娜神殿断片集》，李伯杰译，生活·读书·新知三联书店1996年版，第189页。

　　② ［德］弗·施勒格尔：《雅典娜神殿断片集》，李伯杰译，生活·读书·新知三联书店1996年版，第190页。

　　③ ［德］弗·施勒格尔：《雅典娜神殿断片集》，李伯杰译，生活·读书·新知三联书店1996年版，第189页。

　　④ 《马克思恩格斯选集》第1卷，人民出版社1995年版，第81页。

　　⑤ 马克思：《1844年经济学哲学手稿》，人民出版社2000年版，第101页。

　　⑥ ［德］施勒格尔：《雅典娜神殿断片集》，李伯杰译，生活·读书·新知三联书店1996年版，第134页。

　　⑦ ［英］维塞尔：《马克思与浪漫派的反讽》，陈开华译，华东师范大学出版社2008年版，第13页。

是独辟蹊径，把它引向了历史本身。马克思在《黑格尔法哲学批判·导言》中说："真理的彼岸世界消逝之后，历史的任务就是确立此岸世界的真理。"因此，揭露人的异化的世俗根源，"就成了为历史服务的哲学的迫切任务"①。问题在于，只有历史地思的哲学才能成为"为历史服务的哲学"，抽象地思的哲学是不可能完成这一使命的。

马克思对人的异化现象所作的历史批判，构成他终其一生的思想主题。用思辨的语言来说，异化不过是人的实存（现有）与本质（应有）之间的乖戾。而浪漫派所渴求的无限同有限相统一的落空，"导致了异化意识的滋长"。如此一来，"所是和应该之所是对立面成了严重的二律背反，痛苦与绝望相随"②。它的神话意象就是普罗米修斯，因为"普罗米修斯的绝对首先开始于自我意识，即开始存在于人那里的自我意识，有如由本质（essence）和存在（existence）之间的绝对无法和解的二律背反引起的受难意识"③。马克思正是把普罗米修斯作为自己的理想人格的象征，但试图寻求这种"和解"的历史的可能性。于是，普罗米修斯的"被缚"，变成了无产阶级进而全人类的"解放"。在此意义上，浪漫派所面临的内在困境，依然启示了马克思的强烈而自觉的历史意识，但它同时又被马克思的哲学所超越。因为在马克思那里，"共产主义作为哲学上的'绝对'"④，并不是黑格尔所批评的那种空洞的、形式的、未经展开的抽象规定，因为马克思意义上的"共产主义是用实际手段来追求实际目的的最实际的运动"⑤。由此可见，在马克思那里，这种"理论的彻底性"只有表征为"实践能力的明证"才是真实的，从而也才是真正地完成的。但黑格尔在这一点上倒是对的，他说："关于绝对，我

---

① 《马克思恩格斯选集》第1卷，人民出版社1995年版，第2页。

② ［英］维塞尔：《马克思与浪漫派的反讽》，陈开华译，华东师范大学出版社2008年版，第14页。

③ ［英］维塞尔：《马克思与浪漫派的反讽》，陈开华译，华东师范大学出版社2008年版，第241页。

④ ［英］伯尔基：《马克思主义的起源》，伍庆、王文扬译，华东师范大学出版社2007年版，第93页。

⑤ 《马克思恩格斯全集》第3卷，人民出版社1960年版，第236页。

们可以说，它本质上是个结果，它只有到终点才真正成为它之所以为它"①。马克思同样把"自由王国"理解为历史的完成和结果，而所谓自由王国就是历史本身的"绝对"。这一点，早在马克思的《1844 年经济学哲学手稿》中已经先行地预言了。正如马克思把《精神现象学》说成是黑格尔哲学的"秘密"和"诞生地"一样，马克思的《1844 年经济学哲学手稿》也是马克思哲学本身的"秘密"和"诞生地"。它所包含的理论可能性，只是到了《资本论》那里才得到了充分的展开和真正的完成。

有学者甚至从文体学的意义上窥见到了马克思同施勒格尔之间的某种相似性。奥斯本指出："《论费尔巴哈》在文学上的先例与其说是1517 年马丁·路德（Martin Luther）被钉在维滕贝格教堂大门上的文章，还不如说是 1798—1800 年间弗里德里希·施莱格尔（Friedrich Schlegel）发表在《雅典娜神殿》（The Athenaeum）上的片段集锦。"② 这无疑是一个有趣的类比，因为它至少在形式的层面上提示了马克思同施勒格尔之间在思想上的某种相关性。

四、马克思哲学对浪漫主义的辩证扬弃和超越

浪漫主义面临的悖论在于：若不"虚无"掉它之前的启蒙主义，浪漫主义就无法获得自身的历史合法性，但这种解构本身却有违浪漫主义所主张的历史的看待方式。正如卡西勒所揭露的那样："事实上，当浪漫主义运动以历史的名义指责启蒙运动时，它自己就犯了一个错误，这个错误与它指控启蒙运动所犯的错误是一样的，这真是个奇怪的讽刺。"吊诡的是，浪漫主义对 18 世纪启蒙运动所作的否定性评估本身，正是

---

① ［德］黑格尔：《精神现象学》上册，贺麟、王玖兴译，商务印书馆 1979 年版，第 12 页。

② ［英］彼得·奥斯本：《问题在于改变世界》，王小娥、谢昉译，中信出版社 2016 年版，第 27 页。

一种非历史的看待方式，这在卡西勒看来恰恰背叛了浪漫主义本身所主张的历史主义态度。因为"浪漫主义运动全心全意地沉湎于过去，以把握过去的原本状态，可当它遇上了与它直接相关的过去（指以启蒙为时代精神的 18 世纪——引者注）时，它又不能实践自己的理想了"①。问题在于，这个悖论在马克思那里是否被超越了？回答是肯定的。

马克思哲学与浪漫主义的原则不同在于，它并不像浪漫主义那样是作为启蒙主义的反题出现的，而是作为扬弃启蒙主义与浪漫主义之对立的合题出现的。马克思的历史地思，仅仅是在这个意义上同浪漫主义之间存在着思想史关联。这种联系决不能被无视，但同样也不能被夸大。那么，具体地说，马克思哲学又是如何超越浪漫主义的呢？

对于马克思哲学而言，历史感只有得到逻辑上的保障，才能成为一种内在的从而是必然的诉求。马克思哲学比浪漫主义和历史主义的高明之处，就在于它从哲学意义上给出了使这一切成为可能的原初基础。而历史主义历史学和浪漫主义思潮却未能完成这一任务，从而有可能陷入一厢情愿式的尴尬，其主张难以超出思想家的个人偏好的范围。马克思哲学的历史感或历史地思的运思方式，是建立在自我给出的逻辑理由这一基础之上的。因此，它在逻辑上具有自洽性，因为它不是通过外在地宣布一种立场，而是通过自我给出内在理由达到的。所以，其逻辑基础是完备和彻底的。马克思哲学作为实践本体论或曰人的存在的现象学，内在地奠定了历史维度的原初基础。它决定了马克思哲学意义上的逻辑的东西同历史的东西的统一，不再像黑格尔哲学那样，历史不过是充当了检验逻辑的工具，而是逻辑的东西统一于历史的东西。这才是真正彻底的和真实的历史主义原则。

需要指出，马克思在其哲学建构中固然深受浪漫主义的浸染，但如何估价这种影响的程度，是一个需审慎对待的问题。至少我们在强调浪漫主义对于马克思影响的同时，不应遗忘马克思对于启蒙主义的批判地

① ［德］卡西勒：《启蒙哲学》，顾伟铭译，山东人民出版社 1988 年版，第 193 页。

继承。否则，就无法得出一个马克思思想的完整形象。马克思虽然受到了浪漫主义的启迪，但他从来都不曾是一个浪漫主义者。他从未对浪漫主义立场持全盘肯定的态度，而是充满着对它的清醒的批判。这也是必须看到的。尽管马克思说过我们"不应该特别害怕'古代'一词"①，但这同伯林所谓的"浪漫的好古癖"② 完全不可同日而语，存在着本质区别。马克思在《1844 年经济学哲学手稿》中写道："浪漫主义者为此（指旧贵族的没落和金钱贵族的形成——引者注）流下的感伤的眼泪，我们可没有。"③ 他还批判了那种所谓"粗陋的共产主义""对整个文化和文明的世界的抽象否定"④，认为这不过是向人的"非自然的简单状态的倒退"，它"不仅没有超越私有财产的水平，甚至从来没有达到私有财产的水平"，因此"私有财产的这种扬弃决不是真正的占有"⑤。这一批评，一般被认为是马克思针对卢梭式的浪漫主义立场的。在《1857—1858 年经济学手稿》中，马克思对那种"留恋原始的丰富"的浪漫主义也持批判态度⑥。在《共产党宣言》中，马克思对所谓的"封建的社会主义"所作的批判，在某种意义上也可以被视作针对德国政治浪漫派复古情结的。有学者认为，这意味着"甚至连《共产党宣言》也给予后浪漫派（即所谓的政治浪漫派——引者注）的社会理论以冷嘲热讽式的承认"⑦。另有人认为，"《共产党宣言》里揭露封建主义反动实质的那些话，也完全可以适用贵族浪漫主义。"⑧ 马克思认为，"封建的社会主义"的局限就在于它"完全不能理解现代历史的进程"⑨。因为历史的

---

① 《马克思恩格斯全集》第 19 卷，人民出版社 1963 年版，第 432 页。

② ［英］以赛亚·伯林：《现实感——观念及其历史研究》，潘荣荣、林茂译，译林出版社 2011 年版，第 1 页。

③ 马克思：《1844 年经济学哲学手稿》，人民出版社 2000 年版，第 44 页。

④ 马克思：《1844 年经济学哲学手稿》，人民出版社 2000 年版，第 79 页。

⑤ 马克思：《1844 年经济学哲学手稿》，人民出版社 2000 年版，第 79-80 页。

⑥ 参见《马克思恩格斯全集》第 46 卷上册，人民出版社 1979 年版，第 109 页。

⑦ ［德］恩斯特·贝勒：《弗·施勒格尔》，李伯杰译，生活·读书·新知三联书店 1991 年版，第 160 页。

⑧ ［俄］加比托娃：《德国浪漫哲学》，王念宁译，中央编译出版社 2007 年版，第 10 页。

⑨ 《马克思恩格斯选集》第 1 卷，人民出版社 1995 年版，第 295 页。

辩证性质恰恰在于，人类历史的完成只有通过启蒙现代性的"洗礼"而不是拒绝它，才是可能的。可以说，浪漫主义在此意义上又背叛了自身的历史意识。这是富有讽刺意味的。海涅在《论浪漫派》一文中甚至称德国浪漫派"它不是别的，就是中世纪文艺的复活"①。其实，浪漫派的这一立场并不是历史原则的贯彻，而是历史原则的倒退。如此一来，浪漫主义的历史感恰恰又被它自己解构掉了。

其实，就像马克思批判地吸收了浪漫主义思想资源一样，他也批判地吸收了18世纪启蒙遗产。这就给人造成了一种仿佛"倒退"的假象，即从浪漫主义退回到它之前的启蒙立场，以至于柯林武德得出了这样的结论：马克思"把黑格尔已经宣布从自然科学的管辖之下解放出来了的历史学，又一次隶属于自然科学的管辖之下"。基于这一判断，柯林武德甚至宣布："马克思采取的步骤是一种倒退的步骤。"② 实际上，这个判断仅仅在十分有限的意义上才是对的，即马克思哲学以扬弃的方式包含了启蒙运动的遗产，但绝不是完全的恢复和回归。若不从辩证否定的高度去认识，这一表面的"假象"就不可能被戳穿。

问题的辩证性在于，启蒙思想与浪漫主义诚然是彼此反对的，但在极致之处又彼此相通。从19世纪西方思想史脉络看，克罗齐认为："十九世纪前半的史学符合唯心主义的和浪漫主义的哲学，十九世纪后半世纪史学符合自然主义的和实证主义的哲学。"③ 虽然有这样一种转折，但重视历史感却是一以贯之的趋势。浪漫主义对于历史性的敏感，同实证主义对于具体事件的看重，都指向了历史过程本身所固有的真正意义上的时间性。所以柯林武德认为："历史学的实践在十九世纪里变得愈来愈加怀疑所有的历史哲学都是毫无根据的臆测。这一点和那个世纪之普

---

① 张玉书编选：《海涅选集》，人民文学出版社1983年版，第11页。

② ［英］柯林武德：《历史的观念》，何兆武、张文杰译，中国社会科学出版社1986年版，第142页。

③ ［意］克罗齐：《历史学的理论和实际》，傅任敢译，商务印书馆1982年版，第139页。

遍倾向于实证主义有关。"① 但马克思拒绝了"历史编纂学"的那种只搜集事实的立场，譬如他在《德意志意识形态》手稿的边注中写道："所谓客观的历史编纂学正是脱离活动来考察历史关系。反动的性质。"② 在马克思看来，"只要描绘出这个能动的生活过程（指现实的历史——引者注），历史就不再像那些本身还是抽象的经验论者所认为的那样，是一些僵死的事实的汇集，也不再像唯心主义者所认为的那样，是想象的主体的想象活动。"③ 而按照柯林武德的说法，"十九世纪的历史编纂学接受了实证主义纲领的第一部分，即收集事实，尽管它排斥了第二部分，即发现规律。"④ 而恰恰在试图"发现"历史的"规律"方面，马克思的确继承了实证主义的部分传统，这又体现了他对启蒙思想的有条件的借鉴和吸收。他并不反对"收集事实"，仅仅是反对那种脱离人的实践基础的"死的"事实的罗列。立志揭示历史规律的马克思，当然不会满足于历史编纂学的要求，即"一些僵死事实的汇集"。对于实证主义方法，马克思也保持了必要的警惕。据俄国历史学家柯瓦列夫斯基回忆，马克思曾对他强调说，"只有按辩证的方法才能合乎逻辑地思维，即使按实证论的方法也不能合乎逻辑地思维。"⑤

马克思无疑是用理性的、客观的、冷静的态度和方法，去剖析现代社会并揭示其秘密的。因此，他强调说："我决不用玫瑰色描绘资本家和地主的面貌"，因为资本家和地主"只是经济范畴的人格化，是一定的阶级关系和利益的承担者"而已⑥。既然如此，对于他们，就不能用

---

① ［英］柯林武德：《历史的观念》，何兆武、张文杰译，中国社会科学出版社 1986 年版，第 143 页。

② 《马克思恩格斯选集》第 1 卷，人民出版社 1995 年版，第 94 页。

③ 《马克思恩格斯选集》第 1 卷，人民出版社 1995 年版，第 73 页。

④ ［英］柯林武德：《历史的观念》，何兆武、张文杰译，中国社会科学出版社 1986 年版，第 148 页。

⑤ 中共中央马列著作编译局：《回忆马克思》，人民出版社 2005 年版，第 289 页。

⑥ 参见《马克思恩格斯选集》第 2 卷，人民出版社 1995 年版，第 101 页。马克思这样说，究竟意味着什么呢？他所作的这种客观冷静的、甚至是价值中立的判断，不可能源自浪漫主义的激情，而应该源自启蒙时代的理性精神及其传统。

任何价值谓词来加以指称。马克思的这种研究方法，其本身正是由特定的历史条件所决定的。因为正如他自己所强调的："我的观点是把经济的社会形态的发展理解为一种自然史的过程。"① 对于这样一种同自然过程相似的研究对象，只能通过近乎自然科学的方法才能恰当地予以把握，其本质才能因此向研究者敞显。但这种探究方式的选择及其正当性本身，正是由特定的历史条件给出的，它并不取决于研究者的主观偏好，也不取决于研究者所面对的思想遗产，而是取决于历史本身的发展所提供的具体语境。因此，从更深刻的层面看，这一情形归根到底依然不过是历史感本身的要求和体现罢了。

其实，马克思本人思想的演进，就存在着一个由民主主义到共产主义的转变。从马克思所处的历史语境看，"西欧大陆……不仅苦于资本主义生产的发展，而且苦于资本主义生产的不发展"，因为"古老的、陈旧的生产方式以及伴随着它们的过时的社会关系和政治关系还在苟延残喘"②。这一历史方位，也注定了马克思在哲学的建构上面临着双重任务，即如何利用现代性实现对封建社会的批判和超越，同时又必须完成对启蒙精神所代表的现代性本身的清算。这一特定历史语境，决定了马克思对法国大革命的同情和对启蒙现代性的有限接受。尽管"法国大革命并不鼓励共产主义"③，但这并不妨碍马克思对启蒙精神的择取。马克思对法国大革命的肯定，包含着双重意义：一是反对德国封建制度的特殊需要；二是对革命及其精神气质本身的一般推崇。马克思在其思想的初创阶段，就对法国大革命怀有强烈的兴趣，这一点突出地表现在他于1843 年 7、8 月间在克罗茨纳赫所做的笔记特别是第 4 册笔记当中④。据

① 《马克思恩格斯选集》第 2 卷，人民出版社 1995 年版，第 102 页。
② 《马克思恩格斯选集》第 2 卷，人民出版社 1995 年版，第 100 页。
③ ［英］以赛亚·伯林：《现实感——观念及其历史研究》，潘荣荣、林茂译，译林出版社 2011 年版，第 89 页。
④ 参见《卡尔·马克思：克罗茨纳赫笔记（第四本）》，载《马列著作编译资料》第 11 辑，人民出版社 1980 年版，第 42-68 页；马克思：《克罗茨纳赫笔记（第四本）》（续），载《马列著作编译资料》第 12 辑，人民出版社 1980 年版，第 27-69 页。

前苏联马克思文献学家弗·阿拉多茨基考证，1844 年 1 月—约 3 月间，马克思再度"努力研究法国大革命的历史"①。以至于法国马克思主义历史学家布吕阿认为："马克思能够研究的 1789 年革命的历史经验——近代最伟大的历史经验，是马克思主义的来源之一。"②

巴里巴尔甚至认为，"马克思所想象的革命显然参照了法国的传统。"如果进一步再追溯的话，"19 世纪初首次出现的共产主义的思想就起源于法国大革命（以巴贝夫 Babeuf 为代表）的平均主义成分。"③在巴里巴尔看来，"马克思始终坚持认为这（指共产主义——引者注）不是一个思辨的概念、一个理想的或者实验中的城邦（如卡贝的'伊卡里亚岛'），而是一场要求彻底实现大革命原则的社会运动——衡量自由的实现和平等的实现，从而达到博爱。"④ 这诚然是从政治层面考虑的马克思与法国大革命的思想联系，但其中也不能不蕴含着哲学的意义。当然，马克思的共产主义是否意味着平等的实现，值得商榷。因为按照马克思的有关论述，与其说共产主义是平等的实现，倒不如说是平等的过时更恰当些。但这是无关紧要的，这里真正值得重视的，仅仅是马克思与法国大革命也就是启蒙现代性的关系问题。那么，法国大革命的实质是什么呢？正像别尔嘉耶夫所说的："近代人文主义精神在文艺复兴、宗教改革和 18 世纪启蒙运动中那种强健有力的表现，我们在法国大革命中也可看到。"⑤ 这意味着，法国大革命的精神气质在本质上是属于现代性的。

在《论犹太人问题》中，马克思提出并讨论了政治解放和人类解放

① ［苏联］弗·阿拉多茨基主编：《马克思年表 1818—1883》，张惠卿、李亚卿译，生活·读书·新知三联书店 1977 年版，第 34 页。

② 转引自［苏联］В. Г. 莫洛索夫：《1843—1844 年马克思对世界史的研究是唯物史观形成的来源之一》，载《马列著作编译资料》第 15 辑，人民出版社 1981 年版，第 80 页。

③ ［法］埃蒂安·巴里巴尔：《马克思的哲学》，王吉会译，中央编译出版社 2007 年版，第 36 页。

④ ［法］埃蒂安·巴里巴尔：《马克思的哲学》，王吉会译，中央编译出版社 2007 年版，第 36—37 页。

⑤ ［俄］别尔嘉耶夫：《历史的意义》，张雅平译，学林出版社 2002 年版，第 115 页。

的关系问题，指出："政治革命是市民社会的革命"，但这种革命所带来的"解放"，不过是"消灭了市民社会的政治性质"而已，亦即"摧毁一切等级、公会、行帮和特权"①。这正是民主革命的实质所在。如果说政治解放在性质上是民主主义的，那么人类解放的性质才是共产主义的。因此，"政治解放本身还不是人类解放"②。尽管如此，在马克思看来，政治解放毕竟为人类解放的最后实现提供历史前提，并构成其中的一个必要步骤。人类历史的演进，并不能绕开前者去实现后者；恰恰相反，只有在前者的基础上，才能过渡到后者。所以，马克思强调指出："政治解放当然是一大进步；尽管它不是一般人类解放的最后形式，但在迄今为止的世界制度的范围内，它是人类解放的最后形式。不言而喻，我们这里指的是实在的实际的解放。"③ 就此而言，我们可以接受傅勒的说法："马克思就在对法国榜样的扬弃（Aufhebung）中重新发现了德国革命的未来。"④ 仅仅在这个有限的意义上，马克思所期待的"未来"，可谓是法国大革命的延续而非告别。马克思哲学作为这种历史逻辑的反思，同样需要批判地吸收启蒙精神作为自己思想建构的内在资源。正是在《论犹太人问题》中，马克思着重提到了浓缩着 18 世纪启蒙精神的 1793 年《人权宣言》。可见，马克思受到法国大革命的浸润很深，启蒙精神的确构成他的思想得以形成的一个不可忽略不计的重要来源。

恩格斯《在马克思墓前的讲话》中承认"马克思首先是一个革命家"。伯尔基也认为，"马克思思想本质的东西，恰恰在于其激进和新颖，在于其彻底的'革命'特质"⑤。这一革命家的角色，同样体现在

---

① 《马克思恩格斯全集》第 1 卷，人民出版社 1956 年版，第 441 页。
② 《马克思恩格斯全集》第 1 卷，人民出版社 1956 年版，第 435 页。
③ 《马克思恩格斯全集》第 1 卷，人民出版社 1956 年版，第 429 页。
④ ［法］F. 傅勒：《马克思与法国大革命》，朱学平译，华东师范大学出版社 2016 年版，第 18 页。
⑤ ［英］伯尔基：《马克思主义的起源》，伍庆、王文扬译，华东师范大学出版社 2007 年版，第 3-4 页。

马克思的哲学建构之中。但马克思还是给予被他抨击和批判的资本主义以恰当的和足够的历史地位，充分看到并正视其历史的必要性和合法性。与浪漫主义截然不同，马克思对于资产阶级及其所代表的现代性在历史上的地位和进步意义，有着清醒的估价和充分的肯定。例如在《共产党宣言》中，他强调："资产阶级在历史上曾经起过非常革命的作用"①，因为"资产阶级在它的不到一百年的阶级统治中所创造的生产力，比过去一切世代创造的全部生产力还要多，还要大。……过去哪一个世纪料想到在社会劳动里蕴藏有这样的生产力呢？"②总之，它"把一切民族甚至最野蛮的民族都卷到文明中来了"③。古往今来还有谁能够以其深邃的历史眼光，把一个自己正准备从逻辑和历史上加以双重解构的阶级和制度安排，作出如此公允和积极的评价呢？当然，马克思仅仅是从历史的暂时性的角度去看待的。这也正是马克思同资本主义辩护士们的本质区别所在。马克思的这种看待方式本身，无疑体现着一种自觉的历史主义视野，但必须承认，这同时也是马克思批判地继承启蒙现代性的一种表现。

我们无疑应足够地注意马克思思想来源的高度综合性，但又不能对此作一种折衷主义式的理解。按照赫斯当年的说法，"你想一想，卢梭、伏尔泰、霍尔巴赫、莱辛、海涅和黑格尔在一个人身上结合起来了（我说的是结合，不是混合），这就是你将得到的关于马克思博士的概念。"④其中既有浪漫主义的代表，也有启蒙主义的巨擘。马克思传记作家科尔纽，在"确定卡尔·马克思的著作在近代思想中的地位"时，把理性主义和浪漫主义同时作为马克思思想的不可或缺的重要来源⑤。伯尔基也从欧洲政治和社会理论的传统这一角度"发现了"马克思哲学的"合

① 《马克思恩格斯选集》第 1 卷，人民出版社 1995 年版，第 274 页。
② 《马克思恩格斯选集》第 1 卷，人民出版社 1995 年版，第 276 页。
③ 《马克思恩格斯选集》第 1 卷，人民出版社 1995 年版，第 275 页。
④ 中共中央马列著作编译局编：《回忆马克思》，人民出版社 2005 年版，第 271 页。
⑤ ［法］科尔纽：《马克思的思想起源》，王瑾译，中国人民大学出版社 1987 年版，第 1—14 页。

题"取向（其实这一取向本身正是浪漫主义的一个特点），指出："它（指马克思主义——引者注）表明从最早的源头上就镶嵌在欧洲思想里的两种基本视角完成了的统一"①。具体地说，就是自由和理性。"自由可以看作包含了欧洲文化的——道德的、社会的、政治的——最重要价值。而理性可以且应当被提升为主流传统中所分配给知识、思想、概念、论证的关键角色之集中表达。"② 正因为马克思在其思想上继承的是两者，所以他不会像浪漫主义那样陷入对启蒙精神的虚无主义态度，即仅仅是外在地拒绝和抨击。这既是由思想史的角度保证的，也是由马克思所秉持的方法论原则即辩证法保证的，因为后者为这种格局提供了学理层面上的依据和理由，从而避免了对既往思想资源和遗产采取虚无化的立场，同时又不丧失其批判和超越的姿态。离开了辩证法，我们就无从理解看起来如此悖谬的格局。

在某种意义上可以说，马克思历史地思的彻底性，就在于揭示了自然科学与人的科学、自然史与人类史之异质性和分野本身的历史含义，并且把这种分野作为历史的结果，而非历史的先验假设；同时又把对这种分野的扬弃看成是历史本身自我展现的任务，而不是一种仅仅具有逻辑意义的可能性。这乃是最为彻底从而也是最为真实的"历史感"的体现和贯彻。就此而言，毋宁说马克思的哲学真正解决了康德哲学虽已提出却未能解决的问题。文德尔班认为："康德世界观的二元论通过自然科学与社会科学之间的独特的紧张关系反映在十九世纪的科学中。"③ 康德哲学的内在紧张即自然律与道德律所代表的必然和自由之间的鸿沟，试图通过审美来加以弥合。但康德仍囿于一种纯粹学理上的探讨和先验的可能性。这从逻辑上说无疑有其正当性，但却缺乏一种历史的力量。

---

① ［英］伯尔基：《马克思主义的起源》，伍庆、王文扬译，华东师范大学出版社 2007 年版，第 5 页。
② ［英］伯尔基：《马克思主义的起源》，伍庆、王文扬译，华东师范大学出版社 2007 年版，第 12 页。
③ ［德］文德尔班：《哲学史教程》下卷，罗达仁译，商务印书馆 1993 年版，第 895 页。

同康德相比，马克思的优越之处在于他回到了实践及其所能动地建构着的历史本身。换言之，马克思把这个问题已然变成了一个历史性质的问题来看待并处理。康德哲学的矛盾本身展现为自然科学同人的科学的分裂。或者说，这种分裂不过是康德哲学的矛盾在观念层面上的表征而已。康德在其哲学中的确有一种结合："他把启蒙运动的观点和浪漫主义的观点结合起来的方式，很像是他的认识论中他把理性主义和经验主义结合起来那样。"① 毋宁说，康德哲学的二元论就是这种"结合"不成功的表现。自然律与道德律的背反使必然与自由的统一未能达成，这恰恰为马克思的哲学创造提供了空间。

在马克思那里，这些问题已然成为一个历史的问题。在《1844 年经济学哲学手稿》中，马克思就把探求这种统一诉诸现实的历史。因为在他看来，"理论对立本身的解决，只有通过实践方式，只有借助于人的实践力量，才是可能的；因此，这种对立的解决绝对不只是认识的任务，而是现实生活的任务，而哲学未能解决这个任务，正是因为哲学把这仅仅看作理论的任务。"② 在这个意义上，"共产主义作为哲学上的'绝对'"而被阐释③。马克思说："自然科学往后将包括关于人的科学，正像关于人的科学包括自然科学一样：这将是一门科学。"④ 这又意味着什么呢？它意味着，自然科学与人的科学的统一，或者用马克思的话说就是"完成了的自然主义"等于"完成了的人道主义"，反之亦然。这种统一所赖以达成的深刻的历史基础，就在于马克思所谓"人的实现了的自然主义"和"自然界的实现了的人道主义"⑤，亦即人的自然化和自然界的人化的历史展现及其完成。对于启蒙主义和浪漫主义及其对

---

① ［英］柯林武德：《历史的观念》，何兆武、张文杰译，中国社会科学出版社 1986 年版，第 106 页。

② 马克思：《1844 年经济学哲学手稿》，人民出版社 2000 年版，第 88 页。

③ ［英］伯尔基：《马克思主义的起源》，伍庆、王文扬译，华东师范大学出版社 2007 年版，第 93 页。

④ 马克思：《1844 年经济学哲学手稿》，人民出版社 2000 年版，第 90 页。

⑤ 马克思：《1844 年经济学哲学手稿》，人民出版社 2000 年版，第 83 页。

立的理论上的扬弃，是由马克思的哲学实现的；但实践上的扬弃，则有赖于这种展现及其完成，即马克思哲学所昭示的实际历史进程本身。

在这里，不妨让我们重温一下马克思在《1857—1858 年经济学手稿》中说过的那段著名的话："留恋那种原始的丰富，是可笑的，相信必须停留在那种完全空虚之中，也是可笑的。资产阶级的观点从来没有超出同这种浪漫主义观点的对立，因此这种浪漫主义观点将作为合理的对立面伴随资产阶级观点一同升入天堂。"① 这可以提供一个基本的历史（包括思想史）坐标，我们据此不难找到启蒙主义和浪漫主义各自的历史定位，同时也不难看出马克思哲学同它们之间的思想史关系及其实质。

但不论怎样，浪漫主义包括历史主义对于马克思哲学运思方式的启示，是一个不容忽视的思想史事实，其意义十分重要。因为对于马克思来说，"历史感"的自觉地凸显，意味着整个哲学观的重建，即在哲学层面上恢复了对时间性的重新信赖，其真正价值就在于它从根本上改变了本体论的建构原则，开辟了在实践及其所决定的人的此在性这一原初基础上超越本质主义和实存主义这样两种彼此对立的建构路径的可能性。

---

① 《马克思恩格斯全集》第 46 卷上册，人民出版社 1979 年版，第 109 页。

第十三章　马克思主义中国化的历史意蕴新诠

　　马克思主义之所以能够中国化，其原因和根据是多方面的，本章重点从三个方面加以阐释。首先，马克思所谓的"历史向世界历史的转变"，使革命的重心由西欧转向了东方，从而赋予中国革命以合法性。这是马克思主义所以在中国得以传播的历史必然性所在。其次，资本主义国家内部的劳资关系，外化为西方—非西方国家的关系之后，无产阶级的角色因之转变为以民族为单位表征的形式；这是被压迫民族主体意识觉醒的历史契机，也是赋予马克思主义以民族形式的历史语境。再次，中国作为东方国家对"资本主义制度的卡夫丁峡谷"的实际跨越，客观上格外地要求中国革命的主体发挥自觉能动性，正是在这个方面，马克思主义和儒家及其代表的中国传统文化共同提供了丰厚资源。

　　马克思主义传入中国并被逐步中国化，深刻地改变了中国现当代历史进程和发展方向，实现了同中国具体实际和中国优秀传统文化的深度融合。重新反思这个过程的历史意蕴，从中发现以往为人们所忽视的东西，或者尝试作出某种新的阐释，这不仅会有助于我们深化对马克思主义中国化之实质的理解，也将有助于深化我们对马克思哲学及其历史观的丰富内涵的把握。因为从某种意义上说，马克思的学说在中国的实践的和理论的表征，既是马克思哲学本身的一部分，也是其"实践能力的明证"。

一、革命重心的转移与马克思主义中国化

以赛亚·伯林曾经提出一个问题："奇怪的是他（指马克思——引者注）的胜利并不属于德意志（虽然这些理论最初的确是为其所设计的），而是被用于原始得多的、从未进入过他脑中的一些国家：俄罗斯、中国"①。需要指出的是，伯林的这个说法存在着不准确之处：一是马克思从未把自己学说的适用范围局限在德国；二是俄国和中国也并不处在马克思学说视野的盲区。"东方社会"从来都不曾是马克思唯物史观的一块"飞地"。更本质的问题在于，伯林的问题表明他并未真正读懂马克思学说本身所内蕴的"世界历史"含义，包括其理论和实践的层面。但是，伯林的说法毕竟揭示了一个事实：马克思主义首先不是在"先进的"西欧而是在"落后的"东方获得其"实践能力的明证"的，并且变成了一种实际的制度安排。这也是为不少马克思主义者困惑和许多非马克思主义者质疑的地方。譬如，美国记者斯诺早在 20 世纪 30 年代就敏感地观察到："根据马克思主义的理论，中国在经济上还不具备成为一个共产主义国家的条件。中国的工业尚未发展到足以形成那种存在于革命前的俄国和今日的欧洲的尖锐的阶级对立。"② 美国学者布热津斯基也质疑道："从理论上说，共产主义在发达国家本该是最成功的。根据正统的马克思主义学说，作为工业化社会内部资本主义危机的历史必然结果，社会主义革命应该在发达国家发生。"③ 可是，"一方面，共产主义在预期能取得胜利的地方失败了；另一方面，在根据共产主义理论实

---

① ［英］以赛亚·伯林：《卡尔·马克思》，李寅译，译林出版社 2018 年版，第 240 页。

② ［美］埃德加·斯诺：《布尔什维主义在中国的影响》，载刘力群选编：《斯诺通讯特写选》，新华出版社 1985 年版，第 67 页。

③ ［美］兹·布热津斯基：《大失败——二十世纪共产主义的兴亡》，军事科学院外国军事研究部译，军事科学出版社 1989 年版，第 237 页。

行共产主义的历史条件还不成熟的地方，它却胜利了"①。他又进一步强调说："根据马克思主义信条，共产主义应该在共产主义理论的发源和发展地以及马克思主义革命历史条件成熟的地方取得政治上的成功。"因此，"社会主义社会的建立应该首先从西欧开始，因为西欧是资本主义工业化的典型地区，又是资本主义的不可避免的致命矛盾的橱窗。"②布热津斯基的立场是敌视共产主义的，他据此便轻率地宣布：这种"反常情况"说明，"共产主义学说已经过时"③。海尔布隆纳也指出过："在任何已经工业化的资本主义国家内，都没有发生过一次无产阶级革命。"④ 但这并不能成为怀疑马克思学说的理由，因为马克思所揭示的资本主义国家内部的劳资矛盾，已经通过"世界历史"的崛起，逐步变成一种全球范围内的发达国家与发展中国家之间的矛盾，从而成为一种全球性现象了。因此，我们对于革命及其历史条件的理解，不应局限于狭隘的地域性范围，而是要着眼于"世界历史"基础上的全球视野。

强调革命的经济基础和历史前提，乃是马克思主义区别并优越于空想社会主义的地方。马克思在《资本论》第 1 卷中说："到现在为止，这种生产方式（指资本主义生产方式——引者注）的典型地点是英国"⑤。他认为：英国是"现代工业的发源地"⑥。在该书的一个脚注中，他又重申："英国是资本主义生产的典型代表"⑦。马克思明确指出了英国工人阶级的先进性，而这种先进性正是基于英国的经济发展这一事实。他写道："英国的工厂工人不仅是英国工人阶级的先进战士，而且

① ［美］兹·布热津斯基：《大失败——二十世纪共产主义的兴亡》，军事科学院外国军事研究部译，军事科学出版社 1989 年版，第 238 页。
② ［美］兹·布热津斯基：《大失败——二十世纪共产主义的兴亡》，军事科学院外国军事研究部译，军事科学出版社 1989 年版，第 242 页。
③ ［美］兹·布热津斯基：《大失败——二十世纪共产主义的兴亡》，军事科学院外国军事研究部译，军事科学出版社 1989 年版，第 238 页。
④ ［美］罗伯特·L. 海尔布隆纳：《马克思主义：支持与反对》，马林梅译，东方出版社 2014 年版，第 92 页。
⑤ 《马克思恩格斯全集》第 23 卷，人民出版社 1972 年版，第 8 页。
⑥ 《马克思恩格斯全集》第 23 卷，人民出版社 1972 年版，第 332 页。
⑦ 《马克思恩格斯全集》第 23 卷，人民出版社 1972 年版，第 268 页。

是整个现代工人阶级的先进战士，最先向资本的理论挑战的也正是他们的理论家（指罗伯特·欧文——引者注）。"① 恩格斯在《共产主义原理》中也曾预期："共产主义革命将不是仅仅一个国家的革命，而是将在一切文明国家里，至少在英国、美国、法国、德国同时发生的革命，在这些国家的每一个国家中，共产主义革命发展得较快或较慢，要看这个国家是否有较发达的工业，较多的财富和比较大量的生产力。因此，在德国实现共产主义革命最慢最困难，在英国最快最容易。"② 当然，马克思也指出了局限：虽然"英国人拥有进行社会革命的一切必要的物质前提"；但"他们所缺乏的是总结的精神和革命的热情"③。

马克思唯物史观的确强调革命对于经济基础的依赖关系，这也正是唯物史观的基本立场所在。在《德意志意识形态》中，马克思在批评施蒂纳时就说过："共产主义革命……是和生产力相适应的。"④ 1870 年，马克思在批评巴枯宁时指出："如果说英国是一个典型的大地主所有制和资本主义的国家，那末从另一方面说，在英国消灭大地主所有制和资本主义的物质条件也比任何地方都更加成熟。"⑤ 几年后，马克思在评论巴枯宁著作时又说："彻底的社会革命是同经济发展的一定历史条件联系着的；这些条件是社会革命的前提。因此，只有在工业无产阶级随着资本主义生产的发展，在人民群众中至少占有重要地位的地方，社会革命才有可能。"⑥ 对于巴枯宁来说，"他的社会革命的基础是意志，而不是经济条件"；因为"在他看来，社会革命的经济条件是不存在的"⑦。正是针对这种无视社会革命的经济条件的非唯物史观立场，马克思格外重视经济条件对于社会革命的决定作用。但需要注意，马克思这些论述

① 《马克思恩格斯全集》第 23 卷，人民出版社 1972 年版，第 332 页。
② 《马克思恩格斯选集》第 1 卷，人民出版社 1995 年版，第 241 页。
③ 《马克思恩格斯全集》第 16 卷，人民出版社 1964 年版，第 438 页。
④ 《马克思恩格斯全集》第 3 卷，人民出版社 1960 年版，第 442 页。
⑤ 《马克思恩格斯全集》第 16 卷，人民出版社 1964 年版，第 472 页。
⑥ 《马克思恩格斯选集》第 3 卷，人民出版社 1995 年版，第 287 页。
⑦ 《马克思恩格斯选集》第 3 卷，人民出版社 1995 年版，第 288 页。

的特定语境是，它所涉及的仅仅是西欧范围内的革命问题，而且主要是针对巴枯宁忽视社会革命的经济条件的偏颇而言的。恩格斯在回应俄国民粹派思想家特卡乔夫的挑战时，也曾说过："谁竟然断言在一个虽然没有无产阶级然而也没有资产阶级的国家里更容易进行这种革命，那就只不过证明，他还需要学一学关于社会主义的初步知识。"① 这里需要注意马克思和恩格斯的论述所特有的语境，即回应巴枯宁主义和布朗基主义的那种忽视革命的经济基础和历史条件的错误而作的。但是，尽管恩格斯对特卡乔夫的批评是马克思建议的②，但我们依然不能忽视马克思与恩格斯在观点上的某种距离。有学者指出："随着论争的深入，恩格斯和马克思关于俄国革命道路的认识不断深化，他们由最初反对特卡乔夫的观点到逐渐吸收他的观点，最后形成了他们关于俄国革命道路的经典论述。"③ 这个说法表面看来是有道理的，实际上却存在着双重的误解。究其实质，无论是就马克思而言，还是就恩格斯而言，都不存在这样一种微妙的变化；但这种不变性，对于他们却具有不同的含义。在恩格斯那里，这种转变并不明显。马克思则从其早期的观点中可以内在地引申出他在晚年的有关俄国革命道路的观点。这里值得注意的是，马克思和恩格斯联合署名的《共产党宣言》俄文版序言（1882 年）中对于俄国道路未来可能性的预期，更多体现的应该是马克思的看法。因为有一个事实不能无视，即恩格斯在去世前一年亦即 1894 年写的《论俄国的社会问题》跋中，仍然捍卫他在 1874—1875 年时所持的基本立场。

---

① 《马克思恩格斯选集》第 3 卷，人民出版社 1995 年版，第 273 页。

② 据考证，马克思读过特卡乔夫的小册子（即特卡乔夫的《俄国的革命宣传的任务》）之后，把它转交给了恩格斯，并在书皮上写了这样一段话："你写点东西出来，不过要用讥讽的笔调。这愚蠢透了，甚至连巴枯宁也能插一手。彼得·特卡乔夫首先想向读者表明，你对待他就像对待自己的敌人一样，因此他臆造出各式各样不存在的争论点来。"（《马克思恩格斯全集》第 18 卷，人民出版社 1964 年版，第 824 页，尾注 444）

③ 张静：《特卡乔夫与恩格斯关于俄国革命道路的论争：1874—1894 年》，载《当代世界与社会主义》2017 年第 6 期，第 53 页。

有学者甚至提出"马克思主义与民粹主义之间的'互构性'关系"① 的问题。但关键在于，民粹主义究竟是在什么意义上影响了马克思？它只是诱发了马克思的唯物史观在学理上所固有的内在可能性，还是矫正了马克思原有的立场和观点？事实上是前者而不是后者。

随着马克思所谓的"历史向世界历史的转变"，随着西方殖民体系在世界范围内的建立，革命的重心也由西欧转移到了东方。应该说，关于这种"转移"的历史可能性，在马克思的唯物史观中早已埋下了伏笔。

在 1845 年，马克思在《评弗里德里希·李斯特的著作〈政治经济学的国民体系〉》中指出："主张每个民族自身都经历这种发展（指英国的工业——引者注），正像主张每个民族都必须经历法国的政治发展或德国的哲学发展一样，是荒谬的观点。凡是民族作为民族所做的事情，都是他们为人类社会而做的事情，他们的全部价值仅仅在于：每个民族都为其他民族完成了人类从中经历了自己发展的一个主要的使命（主要的方面）。因此，在英国的工业，法国的政治和德国的哲学制定出来之后，它们就是为全世界制定的了，而它们的世界历史意义，也像这些民族的世界历史意义一样，便以此而告结束。"② 后来，在《德意志意识形态》中，马克思提出了人类普遍交往理论，认为"某一个地域创造出来的生产力，特别是发明，在往后的发展中是否会失传，完全取决于交往扩展的情况"③；而"只有当交往成为世界交往并且以大工业为基础的时候，只有当一切民族都卷入竞争斗争的时候，保持已创造出来的生产力才有了保障"④。这为不同民族、不同国家、不同地域的横向借鉴和"移植"，提供了历史机会。

---

① 周凡：《在马克思主义与民粹主义之间——对恩格斯与特卡乔夫论战的反思》（上），载《学术研究》2015 年第 4 期，第 18 页。
② 《马克思恩格斯全集》第 42 卷，人民出版社 1979 年版，第 257 页。
③ 《马克思恩格斯选集》第 1 卷，人民出版社 1995 年版，第 107 页。
④ 《马克思恩格斯选集》第 1 卷，人民出版社 1995 年版，第 108 页。

尽管当时的德国是落后的，但马克思却看到了它的新的历史可能性，例如在给恩格斯的信（1870 年 2 月 12 日）中，他写道："我坚信，虽然第一次冲击将出自法国，但德国对于社会运动更成熟得多，并将远远超过法国人。"① 按照马克思的这种预期，在社会革命方面，德国有可能后来居上。1918 年 1 月，列宁曾援引马克思的这个说法为俄国革命作辩护："现在的形势与马克思和恩格斯所预料的不同了，它把国际社会主义革命先锋队的光荣使命交给了我们——俄国的被剥削劳动阶级"②。

　　其实，早在《黑格尔法哲学批判·导言》中，马克思对此就已作过提示："彻底的德国革命看来面临着一个重大的困难。"这个"重大的困难"是什么呢？"革命需要被动因素，需要物质基础"；而德国当时尚不具备这样的基础，因为"德国不是和现代各国在同一个时候登上政治解放的中间阶梯的"。但"彻底的革命只能是彻底需要的革命"，而"这些彻底需要所应有的前提和基础，［当时的德国］看来恰好都不具备"。马克思由此认为，"彻底的德国革命看来面临着一个重大的困难"。可是，德国在实践上的滞后，并未妨碍它在理论上先于实践。正因此，马克思说："它在理论上已经超越的阶梯，它在实践上却还没有达到"③。对此，马克思作了一个类比，即把当时德国理论上的进步（哲学革命）同德国的宗教改革相提并论。他说："即使从历史的观点来看，理论的解放对德国也有特别实际的意义。德国的革命的过去就是理论性的，这就是宗教改革。正像当时的革命是从僧侣的头脑开始一样，现在的革命则从哲学家的头脑开始。"④ 基于这个判断，马克思认为："有朝一日，德国会在还没有处于欧洲解放的水平以前就处于欧洲瓦解的水平。"⑤ 这暗示了德国实现"超前"（相对于其落后的生产力状况而言）发展的可能性。

---

①　《马克思恩格斯全集》第 32 卷，人民出版社 1975 年版，第 427 页。
②　《列宁选集》第 3 卷，人民出版社 2012 年版，第 416–417 页。
③　《马克思恩格斯选集》第 1 卷，人民出版社 1995 年版，第 11 页。
④　《马克思恩格斯选集》第 1 卷，人民出版社 1995 年版，第 10 页。
⑤　《马克思恩格斯选集》第 1 卷，人民出版社 1995 年版，第 11 页。

在"世界历史"的意义上，对革命所需要的"被动因素"的理解，不能简单地在线性历史观的意义上成立。

从"世界历史"的角度看，西方殖民统治体系在全球范围内的建立，特别是世界市场的开辟，"使东方从属于西方"，发达资本主义国家内部的劳资关系因此外化为全球性的"中心—边缘"关系。如果说发达国家扮演"资本家"的角色，那么发展中国家则沦为"雇佣劳动者"。恩格斯甚至说："英国无产阶级实际上日益资产阶级化了，因而这一所有民族中最资产阶级化的民族，看来想把事情最终弄到这样的地步，即除了资产阶级，它还要有资产阶级化的贵族和资产阶级化的无产阶级。自然，对一个剥削全世界的民族来说，这在某种程度上是有道理的。"① 即使19世纪80年代中期的欧洲再次出现工人运动高涨的状况，恩格斯对此也不抱乐观态度："工人十分安然地同他们共享英国在世界市场上的垄断权和英国的殖民地垄断权"②。此后不久，他在给马克思的信（1881年8月11日）中又指出："不列颠工人完全不想再继续前进，他们只有通过事变，通过工业垄断权的丧失，才能振作起来。而暂时也只能是这样。"③ 正如美国学者迈克尔·布拉沃伊所说的那样："最先进资本主义国家的工人从对边缘国家和其人民大众的剥削中发展出真正的利益。"④ 可以说，20世纪发生的发达资本主义国家内部的劳资关系的"和解"，在很大程度上依赖于这种外部条件。

对于无产阶级贫困化及其解释，也应该有一种"世界历史"眼光。按照马克思的说法，"无产阶级只有在世界历史意义上才能存在"⑤。无产阶级作为一种"世界历史"现象，我们只有从全球视野出发才能真正理解其历史内涵和规定。随着"历史向世界历史的转变"，随着资本主

---

① 《马克思恩格斯选集》第4卷，人民出版社1995年版，第552页。
② 《马克思恩格斯选集》第4卷，人民出版社1995年版，第648页。
③ 《马克思恩格斯全集》第35卷，人民出版社1971年版，第19页。
④ ［美］迈克尔·布拉沃伊：《苏东剧变后的马克思主义》，刘金婷译，载《国外理论动态》2001年第4期，第14页。
⑤ 《马克思恩格斯选集》第1卷，人民出版社1995年版，第87页。

义国家内部劳资关系的"溢出"，无产阶级的贫困化逐渐转变为发展中国家的贫困化。全球范围内的贫富两极分化及不平等关系的日益扩大和尖锐，正是这一趋势的历史表征。就其实质而言，"贫困化"不是消失了，它只是改变了形式。"世界历史"的崛起，使无产阶级贫困化主要不再局限于资本主义国家内部，而是表现为非西方国家在经济、政治和文化上的日益边缘化。西方—非西方、发达—不发达国家之间日益严重的不平等，正是马克思所揭示的无产阶级贫困化的新的历史形式。这使得资本主义国家内部的社会矛盾以全球性问题得以凸显。因此，社会主义革命没有首先发生在西方发达国家而发生在非西方国家，这一历史事实不是对马克思学说的证伪，而是对它的证实。

应该说，恩格斯当年就曾指出过共产主义革命的"世界历史"含义。他说："共产主义革命也会大大影响世界上其他国家，会完全改变并大大加速它们原来的发展进程。它是世界性的革命，所以将有世界性的活动场所。"① 20 世纪 20 年代初，列宁也说过："帝国主义战争把附属国的人民卷进了世界历史"；因此，"在整个东方，在整个亚洲，在一切殖民地人民当中，苏维埃运动都已经打下了基础"②。中国的早期马克思主义者对此也有着清醒的认识。例如，陈独秀在《共产党》月刊撰文（1920 年 11 月 7 日）指出："资本主义在欧美已经由发达而倾于崩坏了，在中国才开始发达，而他的性质上必然的罪恶也照例扮演出来了。"他认为，"要想把我们的同胞从奴隶境遇中完全救出，非由生产劳动者全体结合起来，用革命的手段打倒本国外国一切资本阶级，跟着俄国的共产党一同试验新的生产方法不可。"③ 为此，陈独秀主张，"我们只有用阶级战争的手段，打倒一切资本阶级……使资本阶级永远不至发生。"④次年 6 月，陈独秀又在《共产党》月刊撰文指出："现代的经济变动是

① 《马克思恩格斯选集》第 1 卷，人民出版社 1995 年版，第 241 页。
② 《列宁选集》第 4 卷，人民出版社 2012 年版，第 273 页。
③ 《陈独秀著作选》第 2 卷，上海人民出版社 1984 年版，第 200 页。
④ 《陈独秀著作选》第 2 卷，上海人民出版社 1984 年版，第 201 页。

世界的，不是国别的了，大家不要妄信经济组织及状况幼稚的国家仍然应采用资本制度，同一起首创造，不必再走人家已经走过的错路了。这就是我们共产党在中国经济的使命。"① 同年，陈独秀在一次演讲中指出："一定又有人说：资本主义在欧美是要崩溃的了，是可以讲社会主义了；我们中国资本制度并不甚发达，更没有到崩溃的地步，如何能讲社会主义呢？像这种似是而非的话，恐怕很有许多人相信；其实他最大的缺点，是忘记了现代人类底经济关系乃国际的，而非国别的了。"②

毛泽东《在新民学会长沙会员大会上的发言》（1921 年 1 月）中也说过："中国问题本来是世界的问题"；"提出'世界'，所以明吾侪的主张是国际的；提出'中国'，所以明吾侪的下手处；'东亚'无所取义"③。后来，在《矛盾论》中他又作了更成熟的论述，他写道："在资本主义时代，特别是在帝国主义和无产阶级革命的时代，各国在政治上、经济上和文化上的互相影响和互相激动，是极其巨大的。十月社会主义革命不只是开创了俄国历史的新纪元，而且开创了世界历史的新纪元，影响到世界各国内部的变化，同样地而且还特别深刻地影响到中国内部的变化，但是这种变化是通过了各国内部和中国内部自己的规律性而起的。"④ 显然，这是一种自觉而清晰的"世界历史"意识。在《新民主主义论》中，毛泽东对十月革命的"世界历史"意义作了阐释："第一次帝国主义世界大战和第一次胜利的社会主义十月革命，改变了整个世界历史的方向，划分了整个世界历史的时代。"⑤ 俄国十月革命的爆发，意味着中国的民主主义革命改变了性质，即由旧民主主义革命转变为新民主主义革命；"而在革命的阵线上说来，则属于世界无产阶级

---

① 中国社会科学院近代史研究所编：《五四运动文选》，生活·读书·新知三联书店 1959 年版，第 524 页。

② 《陈独秀著作选》第 2 册，上海人民出版社 1984 年版，第 249 页。

③ 《毛泽东文集》第 1 卷，人民出版社 1993 年版，第 1 页。

④ 《毛泽东选集》第 1 卷，人民出版社 1991 年版，第 303 页。

⑤ 《毛泽东选集》第 2 卷，人民出版社 1991 年版，第 667 页。

社会主义革命的一部分了"①。

但是，如果从线性的历史观着眼，我们就无法正视中国革命的历史合法性，也难以理解马克思学说在东方国家积极地运用的可能性。因为按照这种历史观，"各民族在某种程度上都被置于同一条轨道，它们不能偏离这条轨道，它们必须在这条轨道上一次一次地经过同样的车站——如有可能，则按照规定的程序进行"②。如此一来，"落后的"东方何以有"资格"把社会主义革命和建设的实践提上日程呢？正因为"资本主义现在已冲破民族国家的限制"，所以"我们必须超越民族国家来考虑社会主义"③。倘若离开了"世界历史"视野，我们就完全无法理解马克思主义中国化的内在必然性。

麦克莱伦认为："十分明显，随着马克思主义重心的东移，随着以农民为基础的中国革命的胜利（这一革命从任何意义上来说，都不是无产阶级革命），显然，马克思本人的思想观念同这种现实之间的联系就日益微乎其微了。"④ 如果形式主义地看问题，的确会得出这种褊狭的结论，但中国革命的特殊性注定了不可能在理论的纯粹性意义上展开实际的历史和实践。正如安娜·路易斯·斯特朗在访问记中所说的："中国共产党与别国共产党相同，认为自己是'无产阶级的先进部分'。"⑤ 当时的被访者刘少奇认为："在中国，有产业工人作为共产主义的基础（刘少奇承认'在中国我们只有很少这一类人'——引者注）；但我们还有几百万像这'小鬼'（指'红小鬼'——引者注）这样的人；马克思是从来不知道这些人的。然而他们确是在共产主义的精神里长大。他们

---

① 《毛泽东选集》第 2 卷，人民出版社 1991 年版，第 667 页。

② ［德］M. 兰德曼：《哲学人类学》，张乐天译，上海译文出版社 1988 年版，第 223 页。

③ ［美］迈克尔·布拉沃伊：《苏东剧变后的马克思主义》，刘金婧译，载《国外理论动态》2001 年第 4 期，第 14 页。

④ ［英］戴维·麦克莱伦：《马克思以后的马克思主义》，李智译，中国人民大学出版社 2004 年版，第 4 页。

⑤ ［美］安娜·路易斯·斯特朗：《毛泽东的思想》，载［美］斯诺等：《早年毛泽东：传记、史料与回忆》，刘统编注，生活·读书·新知三联书店 2011 年版，第 192 页。

为公共事业而献身的精神与纪律性并不比产业工人坏。"① 这显然是从阶级意识的自觉和培养角度看的。应该承认，在革命的能动性意义上，作为人民群众主体的东方国家劳苦大众，获得了广义"无产阶级"的含义。

二、赋予马克思主义以民族形式的历史语境

马克思的唯物史观，是以"世界历史"作为研究对象和分析单位的，从而不是一种"地方性的知识"（local knowledge）。它所揭示的历史逻辑具有普适性，但这种普适性又不是那种抽象的普遍性，而是具体的普遍性，亦即它以扬弃的方式包含着地域性这一特殊规定于自身。其实，"世界历史"本身正是对抽象普遍性的实际解构。所以，从内在要求看，马克思主义在传入中国之后，并不拒绝对于本土文化的正视和吸纳。俄国和中国所代表的东方社会及其"亚细亚现象"的独特性，恰恰是它们"提前"爆发革命，从而选择并走上社会主义道路的重要原因。也正因此，它们无法回避一个历史任务：基于对本国特殊国情的正视，实现马克思主义同本土文化及其传统的内在融合。

恩格斯在给俄国革命家查苏利奇的信（1885 年 4 月 23 日）中说过："马克思的历史理论是任何坚定不移和始终一贯的革命策略的基本条件；为了找到这种策略，需要的只是把这一理论应用于本国的经济条件和政治条件。"② 在他看来，马克思学说本身固然构成革命策略的必要条件，但还不是充分必要条件；除了"理论"之外，还必须把它应用于本国的"经济条件"和"政治条件"。而"要做到这一点，就必须了解这些条件"③，也就是要正确地认识并把握具体的特殊的国情。在给弗·凯利-

---

① ［美］安娜·路易斯·斯特朗：《毛泽东的思想》，载［美］斯诺等：《早年毛泽东：传记、史料与回忆》，刘统编注，生活·读书·新知三联书店 2011 年版，第 193 页。
② 《马克思恩格斯选集》第 4 卷，人民出版社 1995 年版，第 669 页。
③ 《马克思恩格斯选集》第 4 卷，人民出版社 1995 年版，第 669 页。

威士涅威茨基夫人的信（1887年1月27日）中，他又指出："我们的理论是发展着的理论，而不是必须背得烂熟并机械地加以重复的教条。越少从外面把这种理论硬灌输给美国人，而越多由他们通过自己亲身的经验（在德国人的帮助下）去检验它，它就越会深入他们的心坎。"① 关键在于究竟是"从外面灌输"，还是"通过自己亲身的经验去检验"？前者作为"旁观者"的姿态，乃是教条主义态度；后者才是"参与者"的角色，它体现着实践唯物主义态度。对于中国人来说，"通过自己亲身的经验"，就不能不以被自己所分享的中国的文化传统为中介。如此这般，马克思主义才能深入中国人的"心坎"，并"在行动中去实现马克思主义"②。

从历史的长时段看，任何一个国家的经济条件和政治条件，都离不开其背后深邃的文化及其传统所起到的塑造和建构作用。马克思在给《祖国纪事》杂志编辑部的信中写道："极为相似的事变发生在不同的历史环境中就引起了完全不同的结果。"③ 譬如，商业的发展在中国历史上并未衍生出资本主义制度安排，这同西欧的情形大异其趣。这一现象，显然无法单纯从商业本身得到解释，而只能诉诸对中国传统文化特有偏好的个案性研究。中国社会的独特"历史环境"，正是由其悠久的文化传统造就的。在这里，马克思提供的方法论启示在于，只有对每一个具体的历史演变过程分别给予考察，并在此基础上加以比较，才能得出理解特定历史现象的锁钥。这种探究方式，才是克服马克思所厌恶的那种"一般历史哲学理论"致命缺陷的一副真正有效的"解毒剂"。在马克思看来，"一般历史哲学理论"的致命缺陷，就在于无视历史的具体性和特殊性，把"关于西欧资本主义起源的历史概述彻底变成一般发展道路的历史哲学理论，一切民族，不管它们所处的历史环境如何，都注定要

---

① 《马克思恩格斯选集》第4卷，人民出版社1995年版，第681页。
② 《毛泽东文集》第3卷，人民出版社1996年版，第397页。
③ 《马克思恩格斯选集》第3卷，人民出版社1995年版，第342页。

走这条道路"①。马克思自称："这样做，会给我过多的荣誉，同时也会给我过多的侮辱"；所以，他讽刺地说："这种历史哲学理论的最大长处就在于它是超历史的"②。

资本主义国家内部的劳资矛盾原本是以阶级对立的方式展现的，但当这一矛盾被放大为世界范围内的"中心—边缘"结构之后，就蜕变为民族与民族之间的矛盾了。这一特定历史情境，注定了落后国家的革命必然以民族解放的历史形式表达出来。由此也就不难理解，何以像以赛亚·伯林所说的那样："在二十世纪，凡是在亚洲或非洲……获得成功的左翼运动莫不带有民族主义情绪。"③ 美国学者周锡瑞（Joseph W. Esherick）针对中国的情形也指出："民族主义是一个贯穿了整个近代中国史的主题。公平地说，二十世纪几乎所有积极参与政治的中国人都是民族主义者，在某种意义上说，他们试图在现代世界恢复中国的尊严、地位和主权。他们的主要分歧在于如何实现这一目标。有些人，像晚清洋务派，主张与大国的外交协议与技术现代化；梁启超青睐宪政改革；孙中山倡导反清革命。我相信这一点是我们在研究义和团运动与中国民族主义时应该考虑的背景。" 从历史的宏大视野看，"亚洲的共产主义常常和民族主义相结合"④。只有共产主义才能克服资本主义；而对于东方国家来说，克服资本主义同时还意味着民族的独立和解放。所以，只有选择共产主义学说作为革命实践的指导思想，它们才能找到民族得以拯救的正确历史路径。这使得俄国十月革命对于中国知识分子具有一种特别的吸引力。对此，周策纵在《五四运动史》中指出："苏俄对中国的吸引力是针对中国正日益高涨的民族主义和试图摆脱列强的政治、

---

① 《马克思恩格斯选集》第 3 卷，人民出版社 1995 年版，第 341—342 页。

② 《马克思恩格斯选集》第 3 卷，人民出版社 1995 年版，第 342 页。

③ ［英］内森·嘉德尔斯：《两种民族主义概念——以赛亚·伯林访谈录》，陆建德译，载《万象译事》卷一，辽宁教育出版社 1998 年版，第 254 页。

④ 郑诗亮、孟繁之：《周锡瑞谈近代以来中国民族主义思潮》，载《东方早报·上海书评》2014 年 8 月 24 日第 2 版。

经济控制的独立运动的浪潮。"① 据斯诺的观察和判断，"在毛泽东和他的追随者身上，民族情绪似乎比在发达资本主义国家里的共产党人身上更为强烈。需要再次指出，按照共产党的理论，中国是半封建半殖民地国家，它进行斗争不是为了立即实现社会主义，而是为了一方面争取民族解放，另一方面消除'封建主义残余'而实现社会民主。"②

为什么落后国家其革命总是伴随着民族主义，这是因为它总是带有双重含义，而且这两者又是难以剥离开来的：一方面要拒绝和反抗资本主义的压迫；一方面又要拒绝和反抗"西方"的奴役和统治。当劳资关系"溢出"资本主义国家范围，而被放大为国际关系之后，就不可避免地带来民族主义的问题。西方殖民统治的建立，使得非西方国家的民族主义情结，不能不必然地成为这些国家发生革命的"伴生"现象。正如有学者提出的疑问：对于中国来说，"为什么民族主义的思想有那么重要的意义？"③ 这个问题可以从斯诺的说法中找寻某种答案："在自己国家的土地被外人视为下等人的侮辱，多年来使中国人感到无限痛苦。"④ 这种屈辱感使得中国人格外强烈地有一种对于民族自尊的渴望。此种文化心理乃是孕育民族主义的"土壤"，就是"希望中国像古代一样，重新登上强国地位"，这至少成为"马克思主义在有知识的中国人中，首先产生了巨大的吸引力"⑤ 的一个重要原因。

作为一种"解放"的力量，马克思主义在"世界历史"崛起之后被诉诸实践时，何以总是表征为社会主义运动同民族主义相伴随这一历史现象呢？从根本上说，这是因为在西欧资本主义国家内部劳资关系，通

① ［美］周策纵：《五四运动史》，陈永明等译，岳麓书社 1999 年版，第 309 页。

② 《毛泽东自述》，人民出版社 1993 年版，第 173 页。

③ ［澳］约翰·梅逊：《西方文化对中国的影响》，载复旦大学历史系编：《中国传统文化的再估计——首届国际中国文化学术讨论会（一九八六年）文集》，上海人民出版社 1987 年版，第 535 页。

④ ［美］埃德加·斯诺：《大河彼岸》，载《斯诺文集》第 4 卷，新民译，新华出版社 1984 年版，第 58 页。

⑤ ［美］埃德加·斯诺：《大河彼岸》，载《斯诺文集》第 4 卷，新民译，新华出版社 1984 年版，第 58–59 页。

过"历史向世界历史的转变"被外化为"中心—边缘"的国际关系之后，"阶级"范畴在一定意义上就让位给了"民族"范畴。

"民族"概念不是人种学或地域学的，它首先是文化学的。对此无需从概念史角度加以梳理，这里仅就问题讨论所必要的角度，援引霍布斯鲍姆的说法："从历史经验观之，似乎只有三种固定标准可称得上是构成民族的要件，并且能够通过'门槛原则'的限制。"它们是："第一，它的历史必须与当前的某个国家息息相关，或拥有足够长久的建国史"；"第二项要件是拥有悠久的精英文化传统，并有其独特的民族文学与官方语言"；"第三个构成要件便是武力征服。说来令人难堪，就像李斯特早已指出的那样，似乎唯有在优势民族挟其强权进行兼并的威胁下，才会让被侵略的人群生出休戚与共的民族情操，一致对外"①。显然，这三者都直接或间接地同文化及其传统内在相关。因此，民族主义总是"利用文化传统作为凝集民族的手段"②。

民族主义的立场内在地要求凸显和高扬民族在文化意义上的主体性。而民族的独立和解放，既是民族主体性的建构，也是它的表现本身。这种主体性，只有通过文化的自觉和自尊才能被建构起来。由此决定了中国人接受马克思主义，必须以"中国人"的方式去加以释读。换言之，马克思主义只有通过中国固有文化（民族形式）的中介，才能达成"中国化"这一目标。正如施拉姆所说的，"'中国化'的概念是一种象征，面对共产国际那种盛气凌人的态度，它伸张了中国的民族尊严。"③ 其实，"中国化"的意义不止是针对共产国际的"瞎指挥"，也是为了凸显"谁的"马克思主义和"为谁的"马克思主义，即中国人的民族主体性。

---

① ［英］埃里克·霍布斯鲍姆：《民族与民族主义》，李金梅译，上海人民出版社 2000 年版，第 39-40 页。

② ［英］埃里克·霍布斯鲍姆：《民族与民族主义》，李金梅译，上海人民出版社 2000 年版，第 10 页。

③ ［美］斯图尔特·R·施拉姆：《毛泽东的思想》，田松年、杨德等译，中国人民大学出版社 2013 年版，第 55 页。

毛泽东说过："似乎马克思主义只有一家，别无分店。是不是分店也可以搞一点马克思主义呢？"① 他强调说："我们还是作为马克思列宁主义的分店好。"② 所谓"分店"，就是中国化了的马克思主义，亦即被赋予"民族形式"的马克思主义。刘少奇曾指出："毛泽东的伟大成就，就是把马克思主义从欧洲形式变为亚洲形式"③。对此，施拉姆也同样认为："他（指毛泽东——引者注）的目的非常明确：用民族传统中的思想和财富来丰富马克思主义，使其成为进行革命转变、最终实现西方化的最强有力的动力，而不是用什么披着马克思主义外衣的新教条主义去取代中国文化。可是，要想确定'毛泽东思想'的基本结构到底是中国的还是西方的，愈来愈困难了"④。这种区分的困难，恰恰意味着彼此有机融合的进一步增强。这也正是马克思主义"中国化"之所谓"化"的真正含义。

从解释学意义上说，中国人所特有的文化心理和民族情结，构成我们诠释并接受马克思主义的重要"前见"。我们从民族立场出发对马克思主义"赋义"的过程，也就是使其获得特定的民族形式的过程。这种解释学意义上的"前见"，并不是非法的偏见，而是具有足够的合法性。它不是中国人理解并接受马克思主义的障碍，恰恰相反，是中国人真正"读懂"并实质性地接受马克思主义的必要条件。毛泽东早在 1938 年就曾提出，马克思主义只有通过一定的"民族形式"，才能实现它同中国的具体实际相结合⑤。这意味着马克思主义来到中国后，只有获得"民族形式"才能实现其中国化。那么，什么才是"民族形式"呢？在《新民主主义论》（1940 年 1 月）中，毛泽东说过："中国文化应有自己的

① 《毛泽东文集》第 7 卷，人民出版社 1999 年版，第 106 页。

② 《毛泽东文集》第 5 卷，人民出版社 1996 年版，第 261 页。

③ ［美］安娜·路易斯·斯特朗：《毛泽东的思想》，载［美］斯诺等：《早年毛泽东：传记、史料与回忆》，刘统编注，生活·读书·新知三联书店 2011 年版，第 191 页。

④ ［美］斯图尔特·R·施拉姆：《毛泽东的思想》，田松年、杨德等译，中国人民大学出版社 2013 年版，第 85 页。

⑤ 参见《毛泽东选集》第 2 卷，人民出版社 1991 年版，第 288 页。

形式，这就是民族形式"①。显然，所谓的"民族形式"是在文化意义上成立的，它主要不是指中华民族的外在特征，而是涉及其文化内涵上的规定。在毛泽东看来，马克思主义在中国，只有"和民族的特点相结合，经过一定的民族形式，才有用处"②。这也就是说，只有通过"民族形式"这一中介环节，马克思主义才能真正地融入中国大地，从而变成毛泽东所肯定的那种植根于中国文化土壤中的"活的马克思主义"。

毛泽东强调说："在文化方面，各国人民应该根据本民族的特点，对人类有所贡献。"③ 这表明他对民族文化的独特性和不可替代性的正视和重视。毛泽东主张本土化了的马克思主义，应该有其中国风格和中国气派。早在 1938 年，他就指出：马克思主义中国化，要使之带有"新鲜活泼的、为中国老百姓所喜闻乐见的中国作风和中国气派"④。20 年之后，毛泽东在同有关人士谈话时又指出：文章要有中国气派、中国风格。中国文字有自己独特的文法，不一定像西洋文字那样严格要求有主语、谓语、宾语。你们的文章洋腔洋调，中国人写文章没有中国味道，硬搬西洋文字的文法⑤。我们现在的文字表述过多地受到"翻译体"的影响，使中国汉语的韵味受到很大妨碍。当然，这不仅仅是一种纯粹形式上的要求，也不仅仅是一种大众化、普及化的需要；更深刻的在于，它还意味着何以实质性地赋予马克思主义以中国文化的内涵。在此意义上，所谓"民族形式"乃是一种"内形式"。毛泽东身体力行，为此作出了表率，他力求使自己的著作不仅体现马克思主义基本原理，而且娴熟地运用中国的语言。正如斯诺所言："毛的著作中运用了针对实际的论述，本土的警句和绰号，以民间故事作讽刺——如以纸老虎喻帝国主

---

① 《毛泽东选集》第 2 卷，人民出版社 1991 年版，第 707 页。
② 《毛泽东选集》第 2 卷，人民出版社 1991 年版，第 707 页。
③ 《毛泽东文集》第 8 卷，人民出版社 1999 年版，第 226 页。
④ 《毛泽东选集》第 2 卷，人民出版社 1991 年版，第 534 页。
⑤ 参见中共中央文献研究室编：《毛泽东年谱（一九四九——一九七六）》第 3 卷，中央文献出版社 2013 年版，第 479 页。

义，以及其他人所共知的常见例子。"①

耐人寻味的是，中国的民族主义情结内蕴着一个悖论。施瓦茨指出："这里有一个问题，为了确立坚定的民族主义思想，一个人通常应该为该民族的过去感到自豪，但是一个人作为革命的民族主义者，为了民族的强大，就必须同那些妨碍国家强盛的观念决裂。"② 施拉姆也说过："到十九世纪末，显而易见，中国必须向欧洲人学习，以增强国力，抵抗其入侵。但是这种必要性所引起的羞辱感，却不亚于中国人历来对夷人所怀抱的巨大优越感。"③ 在一定意义上，这一吊诡不过是晚清以来中国人在文化上的"爱憎情结"的反映。如果说魏源所谓的"师夷之长技以制夷"表达了"因憎而爱"，那么鲁迅所谓的"爱之深，责之苛"、"哀其不幸，怒其不争"则意味着"因爱而憎"。

从某种意义上说，"太平天国"运动乃是这种民族主义悖论的最初历史形式。因为"太平天国"运动表明，"中国的民族主义运动和基督教之间有着一种密切的关系。有些人甚至说，中国民族主义运动的开端，也就是现代基督运动在中国的开端。"④ 正如贺麟所说："民族主义者认为民族意识对于中国的复兴是必须的"⑤。而民族意识只有基于文化认同才能被建立起来。但耐人寻味的是，太平天国运动却采取了基督教这一西方文化形式的外观。斯诺曾指出："毛泽东……组织广大的农民力量进行一个新的'太平天国'式起义——这次由马克思主义者所领

① ［美］埃德加·斯诺：《大河彼岸》，载《斯诺文集》第 4 卷，新民译，新华出版社 1984 年版，第 119 页。

② ［澳］约翰·梅逊：《西方文化对中国的影响》，载复旦大学历史系编：《中国传统文化的再估计——首届国际中国文化学术讨论会（一九八六年）文集》，上海人民出版社 1987 年版，第 535 页。

③ ［美］斯图尔特·施拉姆：《毛泽东》，中共中央文献研究室《国外研究毛泽东思想资料选辑》编辑组编译，红旗出版社 1987 年版，第 iii 页。

④ 贺麟：《基督教和中国的民族主义运动》，载贺麟：《文化与人生》，商务印书馆 1988 年版，第 150 页。

⑤ 贺麟：《基督教和中国的民族主义运动》，载贺麟：《文化与人生》，商务印书馆 1988 年版，第 159 页。

导，而不是由基督教徒所领导。"① 一个值得注意的细节是，少年毛泽东喜欢"听他们（指老农——引者注）回忆太平天国起义的英雄事迹"②。

20 世纪 20 年代初，蔡和森在致毛泽东的信中写道："万国一致的阶级色彩，不能带爱国的色彩。"③ 毛泽东在致蔡和森的信中赞成这一立场，指出："凡是社会主义，都是国际的，都是不应该带有爱国的色彩的"；因为"这种世界主义，就是四海同胞主义，就是愿意自己好也愿意别人好的主义，也就是所谓社会主义"④。这一思想，既是为了援西学以救中华的需要，也可以被视作对马克思和恩格斯在《共产党宣言》中提出的"工人没有祖国"和"全世界无产者，联合起来"的思想所作的回应。但《共产党宣言》依然承认无产阶级"它本身还是民族的"⑤。马克思主义对于中华民族的拯救，使民族主体性意识逐步趋向自觉。延安时期的毛泽东为了抵制和克服教条主义倾向，又强调"中国作风和中国气派"，反对"言必称希腊"。其背后的深层原因，不能不追溯到文化上的民族情结。而这种普遍主义与特殊主义之间的紧张和均衡，恰好为马克思主义中国化的建构，奠定了深厚的文化心理基础。

三、中国国情决定了中国革命对能动性的诉求

从一定意义上说，中国革命（俄国革命也不例外）不过是执行了马克思晚年的"政治遗嘱"的结果，亦即在事实上跨越"资本主义制度的卡夫丁峡谷"。这一特定历史语境，注定了中国社会的发展格外需要寻

---

① ［美］埃德加·斯诺：《大河彼岸》，新民译，载《斯诺文集》第 4 卷，新华出版社 1984 年版，第 28 页。

② ［美］埃德加·斯诺：《大河彼岸》，新民译，载《斯诺文集》第 4 卷，新华出版社 1984 年版，第 89 页。

③ 中国社会科学院近代史研究所编：《五四运动文选》，生活·读书·新知三联书店 1959 年版，第 407 页。

④ 《毛泽东书信选集》，人民出版社 1983 年版，第 3 页。

⑤ 《马克思恩格斯选集》第 1 卷，人民出版社 1995 年版，第 291 页。

求"能动原则"的支援。诚如吴江所说："我们没有现成的社会主义经济，我们是首先夺取政权，然后依靠政权的力量去把社会主义经济创造出来。"① 经济的落后导致了革命，也因此凸显了强调"能动原则"的特殊重要性。施瓦茨认为，对于毛泽东而言，他所面临的一个问题是："一方面你接受历史决定论的思想体系，但同时你又有这样的观点：在中国我们决不能把全部的信念寄托于'客观决定力量'。"② 当时的中国在实践层面上的这种客观要求，既体现在对马克思主义哲学所作的诠释中，也体现在对中国传统文化遗产的择取中，而这两者又难以剥离开来。如果说中国革命所需要的"被动因素"是由西欧资本主义国家所创造的生产力提供的，那么它所需要的"能动因素"则是由中国化了的马克思主义赋予的。正如日本学者竹内实所说的，"在我们看来，毛泽东思想的精髓，是所谓'主观能动性'。"③

其实，早在20世纪20年代初，列宁就遇到并自觉地提出了类似的问题。他在《关于以实物税代替余粮收集制的报告》（1921年3月15日）中说过："如果某个共产党人，竟然想在三年内可以把小农业的经济基础和经济根系改造过来，那他当然是一个幻想家"；可是，"在我们这样的国家里没有幻想家，怎么能够发动社会主义革命呢?"④ 列宁所说的"我们这样的国家"，又是一个什么样的国家呢？用列宁自己的话来说，就是"一个交通不便、幅员辽阔、各地气候悬殊、农业条件不同以及还具有其他种种特点的农业大国"⑤。在这里，列宁显然看到了"幻想家"的积极的和肯定的一面。在一定意义上，"幻想家"所持的所谓"幻想"，正是人的主观能动性及其作用的一种表现。与俄国革命的情形

---

① 吴江：《马克思主义是一门大史学》，中央编译出版社2002年版，第46页。
② ［澳］约翰·梅逊：《西方文化对中国的影响》，载复旦大学历史系编：《中国传统文化的再估计——首届国际中国文化学术讨论会（一九八六年）文集》，上海人民出版社1987年版，第532页。
③ ［日］竹内实：《竹内实文集》第6卷，程麻译，中国文联出版社2005年版，第5页。
④ 《列宁选集》第4卷，人民出版社2012年版，第447页。
⑤ 《列宁选集》第4卷，人民出版社2012年版，第449页。

相类似，中国革命面临着同样的问题和诉求。

众所周知，马克思在《政治经济学批判·序言》中，对唯物史观的基本原理作了经典表述："物质生活的生产方式制约着整个社会生活、政治生活和精神生活的过程"①。对此，海尔布隆纳提出的问题是："这种强调生产的唯物主义的解释，会否将所有的历史简化为一种经济决定论了呢？"② 有人认为，"经济决定论"暗示了"物"的因素决定历史的进程，从而"排挤"了精神因素及其能动作用。这其实是一种莫大的误解，但这种误解倒不在于唯物史观"无视"精神因素的作用，而在于对"物"的理解存在偏差。唯物史观所谓的"物"，并不是那种同人的存在相分离的自在的规定，它就是指人的社会存在本身。马克思说过："人们的存在就是他们的现实生活过程"③；而"全部社会生活在本质上是实践的"④。因此，能动的因素本身就植根于唯物史观意义上的"物"的范畴，从而无需从社会存在之外去寻找它的根源。当人们外在地去寻求精神因素的帮助，以便替唯物史观被人误解为忽视了能动方面作辩护时，恰恰表明他们未曾读懂唯物史观能动原则的真实含义。

按照麦克莱伦的看法，同马克思相比，恩格斯更倾向于不从物质生活的生产方式本身去寻求"能动原则"的根据，而是从"外部"去寻找能动性的来源；这意味着同马克思在着眼点上有所不同。对此，麦克莱伦认为："确切地说，恩格斯的阐述确实体现了某种不同的、更不成熟的想法——他尝试将'经济因素'分离出去，并使之反对其他因素——这在某种程度上剥夺了它的社会历史内涵，而马克思往往倾向于强调这种内涵。"⑤

---

① 《马克思恩格斯选集》第 2 卷，人民出版社 1995 年版，第 32 页。
② ［美］罗伯特·L. 海尔布隆纳：《马克思主义：支持与反对》，马林梅译，东方出版社 2014 年版，第 41 页。
③ 《马克思恩格斯选集》第 1 卷，人民出版社 1995 年版，第 72 页。
④ 《马克思恩格斯选集》第 1 卷，人民出版社 1995 年版，第 56 页。
⑤ ［英］戴维·麦克莱伦：《恩格斯传》，臧峰宇译，中国人民大学出版社 2017 年版，第 51 页。

值得注意的是，俄国和中国的马克思主义者，更多的是沿着恩格斯的解释学传统来理解并接受马克思主义及其哲学的。麦克莱伦指出："马克思主义最终被描绘成苏联（及其他国家）的辩证唯物主义教科书所体现的那种教条主义形而上学体系，这条道上最初几步是由恩格斯迈出的。"① 这当然有其深刻的历史原因。列宁说过："不研读恩格斯的全部著作，就不可能理解马克思主义，也不可能完整地阐述马克思主义。"② 一个有趣的现象是，列宁的著作所援引的大多是恩格斯的而不是马克思的论著。由于历史条件的限制，如马克思早期和晚期著作有许多尚未整理出版，例如《1844 年经济学哲学手稿》《德意志意识形态》等等，列宁未能读到马克思的"全部著作"。这是造成列宁在思想上更多地受到恩格斯影响并倚重恩格斯的一个客观原因。据田松年回忆，延安时期的毛泽东是他一生中在哲学领域里劳作最勤、收获最丰的时期。正是在这一关键时段，"毛泽东在延安阅读的马克思主义哲学经典著作，主要有：恩格斯的《反杜林论》，列宁的《唯物论与经验批判论》，列宁《关于辩证法的笔记》，普列汉诺夫的《论一元论历史观之发展》等。"③

中国的马克思主义哲学凭借了苏联教科书，而后者继承的主要是恩格斯的解释学传统，即以物质本体论为基本立场的，它对能动性的强调，是基于"物质—精神"框架，凸显后者对前者的反作用，而未曾追溯到比"物质—精神"二元分裂更具有始源性的实践本身的绝对主体性。所以，建国以后有一个时期曾经批判所谓的"唯生产力论"，不能理解生产力本身正是能动性的原初基础，同时也是它的最基本的表现形式。

关于"能动原则"，毛泽东在《矛盾论》第四节中指出："诚然，生产力、实践、经济基础，一般地表现为主要的决定的作用，谁不承认

① ［英］戴维·麦克莱伦：《马克思以后的马克思主义》，李智译，中国人民大学出版社 2004 年版，第 9 页。
② 《列宁全集》第 26 卷，人民出版社 2017 年版，第 95 页。
③ 龚育之等：《毛泽东的读书生活》，生活·读书·新知三联书店 1986 年版，第 69 页。

这一点，谁就不是唯物论者。然而，生产关系、理论、上层建筑这些方面，在一定条件之下，又转过来表现其为主要的决定的作用，这也是必须承认的。"① 因此，我们必须"同时又承认而且必须承认精神的东西的反作用，社会意识对于社会存在的反作用，上层建筑对于经济基础的反作用"②。一个经济落后的国家进行革命，客观上决定了必然要突出强调"能动原则"。问题在于，究竟从哪里去寻求这一原则的根据？毛泽东在《矛盾论》中曾列出了四种情况下主观的方面就起决定性的"反作用"，其中包括"当着不变更生产关系，生产力就不能发展的时候，生产关系的变更就起了主要的决定的作用"③。应当承认，这非常接近恩格斯晚年有关唯物史观的通信中的观点。问题在于，生产关系对生产力的禁锢和阻碍作用，这一状况本身恰恰是由于生产力的发展造成的。因此，生产力在归根到底的意义上仍然是决定性的。

从总结中国社会主义建设实践的历史经验的角度，吴江认为《矛盾论》无疑是一篇马克思主义的杰作，对中国革命有重要的指导作用；但重新撰写的《矛盾论》第四节就生产力与生产关系、经济基础与上层建筑的相互作用问题，有上面援引的这段重要的文字④。吴江认为，这是《矛盾论》中最值得注意的一个观点，即"生产力、实践、经济基础，一般地表现为主要的决定的作用，谁不承认这一点，谁就不是唯物论者。然而，生产关系、理论、上层建筑这方面，在一定条件之下，又转过来表现其为主要的决定作用，这也是必须承认的"。这里，是用"一定的条件"，实际上把生产力与生产关系的作用、经济基础与上层建筑的作用置于同等的地位，抹杀了"最终决定作用"与"反作用"的区别（"反作用"不管有时表现如何巨大，但它仍在依赖于生产力、经济基础

---

① 《毛泽东选集》第 1 卷，人民出版社 1991 年版，第 325 页。
② 《毛泽东选集》第 1 卷，人民出版社 1991 年版，第 326 页。
③ 《毛泽东选集》第 1 卷，人民出版社 1991 年版，第 325-326 页。
④ 吴江：《马克思主义是一门大史学》，中央编译出版社 2002 年版，第 52-53 页。

的范围之内），这也就是把"相互作用"的力量看成是均衡的了①。

吴江说："《毛泽东选集》初版，《实践论》收入第一卷，《矛盾论》则收入第二卷，因为《矛盾论》经过了较长的修改过程。《毛泽东选集》第二版才把《实践论》和《矛盾论》一并收入第一卷。"② 这从一定意义上暗示了《矛盾论》中的那段话是后来修改时，为了适应当时的需要新添加上去的。而且，按照吴江的说法，"收入《毛选》第二卷的哲学著作《矛盾论》，原是毛泽东 1937 年 8 月在延安抗日军政大学所作的一篇讲演。收入《毛选》的《矛盾论》很明显是重新撰写过的，许多内容是重写时加入的。"③ 吴江在这里暗示，过分夸大"反作用"的倾向，受到苏联教科书的影响。他写道："在有关马克思主义哲学的论述中，强调阐述上层建筑对经济基础的反作用，并且把反作用强调到不适当的程度的，首先是苏联的有些哲学家们。"而且，"上世纪 50 年代初编辑出版《毛泽东选集》第一卷时，苏联哲学家尤金曾奉派来华（尤金后来担任了苏联第一任驻华大使）。"④

毛泽东在编辑自己的选集过程中，曾经与有关人员有过书信交流。1951 年 3 月 8 日，毛泽东在致陈伯达和田家英的信中说："此件（指《矛盾论》清样——引者注）在重看之后觉得以不加入此次选集（指1951 年出版的《毛泽东选集》第 1 卷——引者注）为宜。因为太像哲学教科书，放入选集将妨碍《实践论》这篇论文的效力，不知你们感觉如何？此点待将来再决定。"⑤ 可见，《矛盾论》之所以被推迟收入《毛泽东选集》，并不是因为内容而是因为形式。所以，吴江的说法值得再斟酌。

在"中国究竟向何处去"的问题上，有革命和改良之争。如果说

---

① 吴江：《马克思主义是一门大史学》，中央编译出版社 2002 年版，第 55 页。
② 吴江：《马克思主义是一门大史学》，中央编译出版社 2002 年版，第 52 页。
③ 吴江：《马克思主义是一门大史学》，中央编译出版社 2002 年版，第 32 页。
④ 吴江：《马克思主义是一门大史学》，中央编译出版社 2002 年版，第 52 页。
⑤ 毛泽东：《致田家英信 25 封》，载董边、镡德山、曾自编：《毛泽东和他的秘书田家英》，中央文献出版社 1989 年版，第 91 页。

"改良"更侧重于历史的自发演进，那么"革命"则表现为对历史的能动建构。毛泽东自始就是主张革命而拒绝改良的，这是他的一贯立场。早在 1921 年，毛泽东"在新民学会长沙委员大会上的发言"中说："现在国中对社会问题的解决，显然有两派主张：一派主张改造，一派则主张改良"；而"改良是补缀办法，应主张大规模改造。"他认为"改造"应选择"俄式"的道路，即"激烈方法的共产主义"①，也就是"革命"的道路。1925 年，毛泽东在"答少年中国学会改组委员会问"中就公开申明："本人信仰共产主义，主张无产阶级的社会革命。"② 后来在1938 年初，毛泽东同梁漱溟在延安窑洞里探讨"中国的前途"，发生了一场激烈辩论。据梁漱溟回忆，他同毛泽东争论的"一个最核心的问题是阶级和阶级斗争"。梁漱溟说毛泽东强调阶级斗争，而他本人却认为"中国社会与外国社会不同。在历史上，外国的中古社会，贵族与农民阶级对立鲜明，贵族兼地主，农民即农奴，贫富对立，贵贱悬殊，但中国的中古社会不是这样，贫富贵贱，上下流转相通……中国社会贫富贵贱不鲜明、不强烈、不固定。这种情况在中国历史上延续了一二千年。根据这种分析，我又提出了'伦理本位'、'职业分途'八个大字。"③马克思主义意义上的社会革命，是以阶级斗争为依据的；而阶级斗争又必以阶级的存在为前提。倘若中国社会只存在"职业分途"而无阶级差别，那么社会革命又从何谈起呢？中国早期马克思主义者蔡和森在致毛泽东的信（1920 年 8 月 13 日）中已经指出："有人以为中国无阶级，我不承认。"④ 1939 年 9 月，毛泽东在同美国记者斯诺谈话时明确承认："我们始终是社会革命家；我们从来不是改良主义者。"⑤

　　①　《毛泽东文集》第 1 卷，人民出版社 1993 年版，第 1 页。
　　②　《毛泽东文集》第 1 卷，人民出版社 1993 年版，第 18 页。
　　③　汪东林：《梁漱溟问答录》，湖北人民出版社 2004 年版，第 85 页。
　　④　蔡和森：《关于中国革命问题致毛泽东同志的两封信》，载中国社会科学院近代史研究所编：《五四运动文选》，生活·读书·新知三联书店 1959 年版，第 404 页。
　　⑤　《毛泽东一九三九年同斯诺的谈话》，载《毛泽东自述》，人民出版社 1993 年版，第 143 页。

这种以能动性为主导的革命道路的选择，首先体现着马克思主义及其哲学的取向和品格。马克思把"实践的唯物主义者"和"共产主义者"视作同义词，前者是哲学家角色，后者则是革命家角色，两者高度地集于一身。恩格斯《在马克思墓前的讲话》中也强调说："马克思首先是一个革命家。"[1] 但也不能否认，这种革命的姿态无疑也得益于中国传统文化的滋润。在一定意义上，"能动原则"在毛泽东那里是通过"斗争"来表达的。青年毛泽东曾说："与天奋斗，其乐无穷！与地奋斗，其乐无穷！与人奋斗，其乐无穷！"[2] 他在给友人的信中称："古称三达德，智、仁与勇并举。……智仁体也，非勇无以为用。"[3] 有趣的是，马克思在"自白"中同样承认，他自己对幸福的理解就是"斗争"[4]。施瓦茨指出："毛泽东……认为斗争未必是消极力量，因为有些斗争实际上可能在人类发展的过程中起积极作用。"[5] 梅逊却认为："这种观点（指毛泽东的斗争精神——引者注）是与传统的儒家思想相对立的，儒家认为任何一种冲突对国家的和谐都是一种潜在的威胁。"[6] 梅逊的看法或许过于表面化了。儒家的刚健进取精神，或许正是构成毛泽东的这种精神气质的深邃文化背景。1921 年 1 月 28 日，毛泽东在给彭璜的复信中称："天下惟至柔者至刚"[7]。可见，毛泽东对"刚健"品格的理解是辩证的，这也符合儒家"刚柔相济"的基本精神。

对于马克思的实践唯物主义来说，能动原则的真谛就在于"实际地

---

① 《马克思恩格斯选集》第 3 卷，人民出版社 1995 年版，第 777 页。

② 《毛泽东年谱（一八九三——一九四九）》上卷，中央文献出版社 2013 年版，第 24 页。

③ 《毛泽东早期文稿（一九一二年六月——一九二〇年十一月）》，湖南人民出版社 2008 年版，第 52 页。

④ 《马克思恩格斯全集》第 31 卷，人民出版社 1972 年版，第 588 页。

⑤ ［澳］约翰·梅逊：《西方文化对中国的影响》，载复旦大学历史系编：《中国传统文化的再估计——首届国际中国文化学术讨论会（一九八六年）文集》，上海人民出版社 1987 年版，第 531 页。

⑥ ［澳］约翰·梅逊：《西方文化对中国的影响》，载复旦大学历史系编：《中国传统文化的再估计——首届国际中国文化学术讨论会（一九八六年）文集》，上海人民出版社 1987 年版，第 531 页。

⑦ 《毛泽东年谱（一八九三——一九四九）》上卷，中央文献出版社 2013 年版，第 79 页。

反对并改变现存的事物"。马克思说:"实际上,而且对实践的唯物主义者即共产主义者来说,全部问题都在于使现存世界革命化,实际地反对并改变现存的事物。"① 这也正是他宣布的新哲学的基本信念:"哲学家们只是用不同的方式解释世界,问题在于改变世界。"② 青年毛泽东在《湘江评论》临时增刊第一号发表《健学会之成立及进行》一文,其中指出:现时的思想界流行的"多是空空洞洞,很少踏着人生社会的实际说话";"不容易引入实际去研究实事和真理"③。这种批评,同当年马克思对德意志意识形态家们所作的批判,有着异曲同工之处。毛泽东肯定并主张的那种"活的马克思主义",就意味着"在行动中去实现马克思主义"④。针对青年黑格尔派,马克思曾批评说:"这些哲学家没有一个想到要提出关于德国哲学和德国现实之间的联系问题,关于他们所作的批判和他们自身的物质环境之间的联系问题。"⑤ 青年黑格尔派玄想家们"改变意识"的诉求,只是在"解释世界"的范围内兜圈子,就是不敢越雷池一步。所以在他们那里,问题只能是:"这种改变意识的要求,就是要求用另一种方式来解释存在的东西,也就是说,借助于另外的解释来承认它。"正因此,他们貌似革命,"满口讲的都是所谓'震撼世界'的词句,却是最大的保守派"⑥。这是富有讽刺意味的。相似的命意和相同的焦虑,使得毛泽东先行具备的这种"期待视野",在接受马克思主义时并不存在人们想象的那种陌生感和距离感。

费正清等学者认为,关于"革命",有两种观点都承袭了源自欧洲的马克思主义:"一种观点将历史看作是道德剧,将革命看作是道德讨伐。另一种观点将技术的进步,特别是物质方面的技术发展看作是能使

① 《马克思恩格斯选集》第1卷,人民出版社1995年版,第75页。
② 《马克思恩格斯选集》第1卷,人民出版社1995年版,第57页。
③ 《毛泽东早期文稿(一九一二年六月——九二〇年十一月)》,湖南人民出版社2008年版,第334页。
④ 《毛泽东文集》第3卷,人民出版社1996年版,第397页。
⑤ 《马克思恩格斯选集》第1卷,人民出版社1995年版,第66页。
⑥ 《马克思恩格斯选集》第1卷,人民出版社1995年版,第66页。

新的生产力创造新阶级的革命动力。在运用这些同类的思想时，毛泽东强调在道德上追求社会平等和无私的美德"①。应该说，马克思学说本身的确存在着历史与道德的张力，其中所内蕴的道德维度，为毛泽东重视从道德角度接受马克思主义提供了意义的可能性空间。但必须承认，毛泽东所遗传的源自本土文化的"儒学的遗风"②，也提供了解释学意义上的"前见"。

毛泽东思想上的这一特点，对中国革命道路的历史性选择的影响无疑是深远的。中国革命对"资本主义制度的卡夫丁峡谷"的实际跨越，在某种程度上不能不说是受制于这种道德维度上的考量，即为了避免资本主义制度必然带来的历史痛苦。马克思在《给〈祖国纪事〉杂志编辑部的信》（1877 年 10—11 月）中指出：俄国思想家车尔尼雪夫斯基曾经提出一个问题：俄国是应当首先摧毁农村公社以过渡到资本主义制度，还是在发展它所特有的历史条件的同时取得资本主义制度的全部成果，而又"不经过资本主义制度的苦难"呢？车氏主张后一种道路，而马克思更倾向于认同车氏的这个取向。马克思以假设的口吻写道："如果俄国继续走它在 1861 年所开始走的道路（指俄国亚历山大二世以废除农奴制法令为标志的资产阶级性质的改革——引者注），那它将会失去当时历史所能提供给一个民族的最好的机会，而遭受资本主义制度所带来的一切灾难性的波折。"③ 马克思所谓的"资本主义制度的苦难"、"资本主义制度所带来的一切灾难性的波折"，显然是在道德维度上成立的。就历史的那些"铁面无情的规律"④ 而言，一切"苦难"都不成其为苦难，因为它不过是历史完成自身所不得不采取的步骤和支付的必要代价罢了。就像马克思在批评费尔巴哈时曾经说过的那样："这是不可

<hr>

① ［美］费正清、［美］赖肖尔：《中国：传统与变革》，陈仲丹等译，江苏人民出版社 1995 年版，第 532 页。
② ［美］费正清、［美］赖肖尔：《中国：传统与变革》，陈仲丹等译，江苏人民出版社 1995 年版，第 532 页。
③ 《马克思恩格斯选集》第 3 卷，人民出版社 1995 年版，第 340 页。
④ 参见《马克思恩格斯选集》第 3 卷，人民出版社 1995 年版，第 341 页。

避免的不幸，应当平心静气地忍受这种不幸"①。在历史必然性面前，所有的道德温情都显得多余而苍白；但马克思依旧不能放弃对于如何避免"苦难"或"灾难性的波折"所作的考量。1953 年 10 月，毛泽东在一次谈话中说："资本主义道路，也可增产，但时间要长，而且是痛苦的道路。我们不搞资本主义，这是定了的"②。这种避免"痛苦"的道德考量所显示的价值尺度，同以必然性为内在依据的历史尺度相比，体现着能动的方面。

中国化了的马克思主义所秉持的能动原则，不仅表现为马克思主义和中国传统文化都强调实践或曰践履，还表现在它们所共同具有的强烈的拯救情结中。赵俪生晚年曾接受美国学者舒衡哲的访谈，在谈到张申府这位中共早期人物时说过这样的话："张申府经常都是政治性的，这是我对他最深刻的印象。他总是被吸引到时事中去，总是想知识分子应该怎样去向历史负责。他也总是倾向中共这一边，即使他不是中共党员时也是如此。他不像梁漱溟，他没有一个遗世独立的头脑。"③ 殊不知，即使是梁漱溟也并未脱离这种兴趣，只是其表现形式不同罢了。这种强烈的参与政治的旨趣，说到底不过是中国读书人遗传的拯救情结的反映。中国士人自古即有"以天下为己任"的拯救情结和担当意识。梁漱溟在《中国文化要义》自序（1949 年 10 月）中承认："'认识老中国，建设新中国'——这是我的两句口号。"他强调说，倘若有人说"'他是一个思想家，同时又是一个社会改造运动者。'那便是十分恭维了。"就是在这篇自序中，梁氏预言，"继这本书之后，我将写《现代中国政治问题研究》一书。"④ 到了晚年，梁漱溟在《重印〈中国文化要义〉自

①《马克思恩格斯选集》第 1 卷，人民出版社 1995 年版，第 97 页。当然，费尔巴哈是在另一个意义上认为人的存在与本质的分裂不过是历史的一个"不幸的偶然事件，是不能改变的反常现象"；马克思的批评是针对这一点而引发的。

②《毛泽东文集》第 6 卷，人民出版社 1999 年版，第 299 页。

③ ［美］舒衡哲：《张申府访谈录》，李绍明译，北京图书馆出版社 2001 年版，第 184 页。

④ 梁漱溟：《中国文化要义》，学林出版社 1987 年版，第 5 页。

序》（1986 年 2 月）中重申："余一向以'认识老中国，建设新中国'为号召"①。这显然构成其一生孜孜以求、一以贯之的主题。暮年的梁漱溟在回顾自己的一生时说："我的生活，固然做过记者了，教过书了，做过教员了，可是实际上比较重要的是做社会运动，参与政治。……所以我实在搞了不少政治活动、社会活动，搞乡村建设是社会活动，社会活动、政治活动恐怕是占我一生很大部分。"② 对政治感兴趣，这在青年毛泽东身上也有着强烈而典型的表现。按照他的自述，在北大图书馆打工时，"我对政治的兴趣继续增长，我的思想越来越激进。"③ 从某种意义上来说，这乃是中国知识分子的宿命。正如魏源所说的那样："文之用，源于道德，而委于政事"④。

其实，马克思主义同样具有强烈而自觉的拯救情结和担当意识。青年马克思说过："世界的哲学化同时也就是哲学的世界化，哲学的实现同时也就是它的丧失"⑤。这代表了马克思的哲学理想和抱负，它支配了马克思终其一生的追求。还是中学生的马克思，就确立了自己的人生志向，他说："如果我们选择了最能为人类福利而劳动的职业，那么，重担就不能把我们压倒，因为这是为大家而献身；那时我们所感到的就不是可怜的、有限的、自私的乐趣，我们的幸福将属于千百万人"⑥。这决不是他的一时心血来潮，而是他一生一以贯之的旨趣。这种拯救意识同儒家的家国天下情怀何其相似乃尔！应该说，这种拯救情结，构成儒家传统同马克思主义相融合在文化心理层面上的深刻基础，从而成为马克思主义中国化的一个重要历史内涵。

---

① 梁漱溟：《中国文化要义》，学林出版社 1987 年版，第 1 页。
② 梁漱溟、［美］艾恺：《这个世界会好吗？——梁漱溟晚年口述》（增订本），生活·读书·新知三联书店 2015 年版，第 105 页。
③ ［美］埃德加·斯诺：《红星照耀中国》，载《斯诺文集》第 2 卷，董乐山译，新华出版社 1984 年版，第 132 页。
④ 魏源：《默觚上·学篇二》，载《魏源集》，中华书局 2009 年版，第 8 页。
⑤ 《马克思恩格斯全集》第 40 卷，人民出版社 1982 年版，第 258 页。
⑥ 《马克思恩格斯全集》第 40 卷，人民出版社 1982 年版，第 7 页。

第十四章　世界历史·亚细亚现象·中国道路

马克思的"世界历史"范畴，是被空间关系中介了的时间关系的历史展现。马克思意义上的"世界历史"实际地崛起，使历史逻辑的时间性展现获得了一种横向的空间性意义。人类通过普遍的交往，使得不同民族、不同地域、不同国家，不再按照同一路径和模式走向最终的历史目标既成为可能也成为必要。马克思提出的"亚细亚生产方式"，从根本上决定了"亚细亚现象"。这种个案性使东方社会跨越"资本主义制度的卡夫丁峡谷"，既是能够的也是必要的。这就从学理层面上为东方国家按照自身的历史特质，走出一条区别于西方的独特道路开辟了可能性，由此决定了"中国道路"的选择和方向。

一、"世界历史"的不同意蕴及马克思的诠释

在西方思想史上，有两种较为典型的"世界历史"观：一是绝对主义的，一是相对主义的。前者可以黑格尔为代表，后者则可以斯宾格勒为代表。相对于马克思的观点来说，它们似乎都固有其偏颇。

黑格尔在《历史哲学》中说："世界历史从'东方'到'西方'，因为欧洲绝对地是历史的终点，亚洲是起点。"① 这显然是把欧洲的近代文化视作"历史的终结"，这同黑格尔把普鲁士王国视作国家的最高典

① ［德］黑格尔：《历史哲学》，王造时译，上海书店出版社 2001 年版，第 106 页。

范颇为相似。有趣的是，作为辩证法"大师"的黑格尔，在《法哲学原理》授课中竟然说过同辩证法的逻辑不甚相侔的话："把历史上曾经存在过的形式重新召回是愚蠢的"①。这种历史哲学依旧隐含着一个假设，即在线性关系的意义上把东方和西方置于这一模式加以排列，所以未能走出线性历史观的窠臼。也正因此，黑格尔的历史观难以摆脱"欧洲中心论"的成见。这也是我们之所以把它称作绝对主义历史观的一个原因。值得指出的是，上面所援引的黑格尔的话，出自 G·霍迈耶尔的课堂笔记，它记录了黑格尔在 1818 年 10 月至 1819 年 3 月讲授法哲学的内容，其中有涉及"世界历史"的部分。问题在于，同后来在 1820 年公开出版的《法哲学原理》一书相比，黑格尔的这些讲课内容更为激进。譬如，黑格尔在讲课时说："精神的历史永远是它的解放，把它所是的东西作为对象，认识它所是的东西，从而使自己摆脱这种东西，以此达到一个更高的阶段。历史就是自我意识的这种必然前进的发展。"② 但在《法哲学原理》一书中，黑格尔使用的已不再是"必然前进的发展"，而是"必然发展"这样的更为一般化的说法了。黑格尔在书中说："世界历史是理性各环节光从精神的自由的概念中引出的必然发展，从而也是精神的自我意识和自由的必然发展。"③ 据德国学者卡尔·H·伊尔亭格考证，造成这个差别的一个重要原因乃在于，普鲁士政府根据卡尔斯巴德决议（1819 年 8 月）实行书报检查制度，黑格尔为了规避风险，不得不将公开出版的著作做某种修饰。另有资料也显示，在 1819 年 9 月，有一位柏林评论家向普鲁士政府告发黑格尔，迫使其在出版《法哲学原理》时修改书稿④。由此可以断定，课堂笔记中所记载的黑格尔的那句话，即"把历史上曾经存在过的形式重新召回是愚蠢的"，更真实地反

---

① 《黑格尔法哲学》第 1 卷，伊尔亭格版，第 343 页；转引自薛华：《黑格尔对历史终点的理解》，中国社会科学出版社 1983 年版，第 3 页。

② 《黑格尔法哲学》第 1 卷，伊尔亭格版，第 342—343 页；转引自薛华：《黑格尔对历史终点的理解》，中国社会科学出版社 1983 年版，第 3 页。

③ ［德］黑格尔：《法哲学原理》，范扬、张企泰译，商务印书馆 1961 年版，第 352 页。

④ 参见侯鸿勋：《论黑格尔的历史哲学》，上海人民出版社 1982 年版，第 170 页脚注。

映了黑格尔的本来思想。在黑格尔那里，"世界历史"不过是绝对精神的辩证表现或理性表现。就此而言，人类的全部历史都属于这种广义上的"世界历史"，它所内蕴的普遍性规定正是其绝对主义性质所在。尽管黑格尔所谓的"世界历史"也需借助不同地域和民族的历史样态具体地表征出来，但它终究是囊括时空意义上的"整个世界"。对于黑格尔来说，"世界历史"在真正的无限性意义上是有一个完成的，但在"恶无限"的意义上则是开放的和永无止境的。

耐人寻味的是，与黑格尔不同，马克思在给俄国女革命家维·伊·查苏利奇复信的"初稿"中提出："不应该过分地害怕'古代'一词"，因为"在俄国公社面前，资本主义正经历着危机，这种危机只能随着资本主义的消灭，随着现代社会回复到'古代'类型的公有制而告终"①。就是在这同一篇文献中，马克思又重申了这个观点："在俄国公社面前，资本主义制度正经历着危机，这种危机只能随着资本主义的消灭，随着现代社会回复到'古代'类型的集体所有制和集体生产的最高形式而告终。"② 马克思所谓的"复归"，作为后资本主义阶段，是在否定之否定意义上达成的。在复信的"第二稿"中，马克思又把"共产主义所有制"称作"古代类型的所有制最高形式"③。当然，这种"复归"不是绝对意义上的"重演"和"再现"，而是在经过了否定环节这一更高基础上实现的。这种"复归"的取向，并不是马克思晚年的一种突发奇想式的主张，而是贯穿其一生思考的一以贯之的立场。早在《1844年经济学哲学手稿》中，马克思就提出了"人性的复归"问题；在《政治经济学批判·导言》中，他又把"古希腊"作为复归的象征性目标；在《资本论》第1卷中，马克思依旧坚持"否定之否定"的历史逻辑，如此等等。

在历史观领域，斯宾格勒自称实现了一场"哥白尼式革命"。例如，

① 《马克思恩格斯选集》第1卷，人民出版社1995年版，第763页。
② 《马克思恩格斯选集》第1卷，人民出版社1995年版，第766-767页。
③ 《马克思恩格斯全集》第19卷，人民出版社1963年版，第443-444页。

他在《西方的没落》"导言"中说："这种使各大文化都把我们当作全部世界事变的假定中心，绕着我们旋转的流行的西欧历史体系的最恰当的名称可以叫做历史的托勒密体系。这本书里用来代替它的体系，我认为可以叫作历史领域中的哥白尼发现，因为它不承认古典文化或西方文化比印度文化、巴比伦文化、中国文化、埃及文化、阿拉伯文化、墨西哥文化等占有任何优越地位——它们都是动态存在的个别世界"①。在他看来，欧洲中心论意义上的"世界史"具有狭隘性："这种所谓世界史实际上是一部有限度的历史，最早是一部关于东地中海地区的历史，随后……它就变成了一部西欧—中欧史。"② 斯宾格勒反省道："制造这样的'世界历史'幻景，只是我们西欧人的自欺欺人，稍加怀疑，它就会烟消云散的。"③ 他甚至认为，"现代中国人或阿拉伯人具有全然不同的智力性质，对他们说来，'从培根到康德的哲学'只有一种珍玩价值。"④ 这就不能不隐含着一个走向相对主义的陷阱，其危险在于把"作为某一存在且限于某一存在的表现的史实的历史相对性"⑤ 本身绝对化。

其实，黑格尔的绝对主义，抑或斯宾格勒的相对主义，都偏离了历史的真相。在一定意义上，马克思的唯物史观正是对这两种偏颇的克服和扬弃⑥。马克思的"世界历史"范畴，是被空间关系中介了的时间关系的历史展现。马克思在给查苏利奇复信（包括诸草稿）中谈到"不通过资本主义制度的卡夫丁峡谷"时，反复申明它的特定历史语境，即资本主义生产与俄国村社的"同时存在"这一空间维度，强调它们是"同时代的东西"。我们知道，在文化人类学的演进中，早期的代表性学说

①　[德] 斯宾格勒：《西方的没落》上册，齐世荣等译，商务印书馆1963年版，第34页。
②　[德] 斯宾格勒：《西方的没落》上册，齐世荣等译，商务印书馆1963年版，第40页。
③　[德] 斯宾格勒：《西方的没落》上册，齐世荣等译，商务印书馆1963年版，第33页。
④　[德] 斯宾格勒：《西方的没落》上册，齐世荣等译，商务印书馆1963年版，第41页。
⑤　[德] 斯宾格勒：《西方的没落》上册，齐世荣等译，商务印书馆1963年版，第42页。
⑥　这个说法当然是在逻辑的意义上成立的，因为在时间上斯宾格勒比马克思后出。思想史上的关系未必按照时间上的顺序展开。正如列宁在其哲学笔记《谈谈辩证法问题》中曾经指出的："哲学上的'圆圈'：是否一定要以人物的年代先后为顺序呢？不!"（《列宁全集》第55卷，人民出版社2017年版，第308页）

是文化进化论的，它主张把不同的文明纳入同一个时间坐标轴中予以定位；后来便让位于文化相对论，即把不同的文明纳入空间坐标轴加以定位，将其看作彼此不可通约的平权关系。就此而言，马克思的历史观在逻辑上可谓是扬弃并克服了绝对主义与相对主义之间的对立，或曰超越了历史主义与结构主义的彼此紧张。

在黑格尔那里，"世界历史"首先是一个先验的规定；与此截然不同，马克思意义上的"世界历史"却是历史本身的产物。这意味着两者在出发点上就存在着原则区别。马克思说："这些抽象（指从对人类历史发展的考察中抽象出来的最一般结果的概括——引者注）本身离开了现实的历史就没有任何价值。"① 马克思的"世界历史"思想，为"抽象"真正地回归"现实的历史"提供了具体依据。基于这种"世界历史"，历史逻辑本身不再是一切地域、一切民族、一切国家都必须重演的超历史的线性规定。也正因此，马克思才把资本主义的历史发生及其机制，严格地限制在"西欧各国"这一特定范围。对于马克思来说，"世界历史"本身就是"历史的"。它既是历史建构的产物，也是历史建构的表征和确证。在《政治经济学批判·导言》中，马克思明确指出："世界史不是过去一直存在的；作为世界史的历史是结果。"② 这意味着作为历史的产物，"世界历史"本身并不是一开始就有的，而是有一个历史地生成过程。唯其如此，才有一个马克思说的"历史向世界历史的转变"问题。这同黑格尔把"世界历史"了解为绝对精神（在历史的意义上即为"世界精神"）的外化和显现，完全不可同日而语。因为马克思特别强调，这个"转变"是"完全物质的、可以通过经验证明的行动，每一个过着实际生活的、需要吃、喝、穿的个人都可以证明这种行动"③。

可以说，马克思意义上的"世界历史"实际地崛起，使历史逻辑的

---

① 《马克思恩格斯选集》第 1 卷，人民出版社 1995 年版，第 74 页。
② 《马克思恩格斯选集》第 2 卷，人民出版社 1995 年版，第 28 页。
③ 《马克思恩格斯选集》第 1 卷，人民出版社 1995 年版，第 89 页。

时间性展现获得了一种横向的空间性意义。人类通过普遍的交往，使得不同民族、不同地域、不同国家，不再按照同一路径和模式走向最终的历史目标既成为可能也成为必要。

二、"亚细亚现象"的历史内涵及其特征

马克思发现了一个独特的"东方"，发现"东方"异于"西欧各国"的个案性特征，正是其提出"亚细亚生产方式"范畴的重要契机。马克思并未把"东方社会"看成某种外在于"世界历史"的现象，而是看作"世界历史"赖以建构的一个内在的有机组成部分。因此，东方社会决不是马克思唯物史观的一块"飞地"。正是在此意义上，我们说马克思的历史视野是全球性的，它是一种真正的"全球史观"。因此，唯物史观并不存在"欧洲中心论"的成见及其狭隘性。这里所谓的"亚细亚现象"，涵盖经济、政治、文化等多重维度的规定，所以其含义要比马克思所说的"亚细亚生产方式"更为宽泛，但又必须以它为内核和依据。马克思从生产方式的角度看待一种社会形态的性质和特点，自然有其足够的适切性，这也正是唯物史观的基本立场所在。但若着眼于广义的文化层面，则无疑会"溢出"生产方式范畴，需要一种基于特定地域而形成的历史性的独特文化现象的指称。马克思从唯物史观出发看待"亚细亚现象"，自然着眼于生产方式这个最基础的层面。按照他的观点，作为东方社会特征的亚细亚生产方式同西欧社会存在着异质性差别，正因此才把自己对资本主义历史发生所作的揭示，严格地限制在"西欧各国"的范围内。在谈到俄国情形时，马克思把它不同于"西欧各国"的最突出特点，归结为"农村公社"。他认为，西欧历史上的日耳曼农村公社，虽然带有类似的特点，但不过是昙花一现，并未实质性地影响西欧各国的历史进程。马克思在给查苏利奇的复信第三稿中写

道："俄国的公社就是通常称做农业公社①的一种类型。在西方相当于这种公社的是存在时期很短的日耳曼公社。在尤利乌斯·恺撒时代，日耳曼公社尚未出现，而到日耳曼部落征服意大利、高卢、西班牙等地的时候，它已经不存在了。"② 诚然，马克思也指出了日耳曼公社所具有的"天赋的生命力"，以至于"零星的这类公社经历了中世纪的一切波折，一直保存到今天"。马克思甚至举例说："在我的家乡特利尔专区就有。"③ 但是，在西欧社会，它终究是"零星的"存在，这同农村公社在亚细亚生产方式中的地位和作用，具有完全不同的性质，不可同日而语。从 19 世纪 70 年代中期以后，马克思就开始注重对前资本主义社会的研究，特别关注不同国家的公社形式。一个突出的例子，就是他仔细阅读俄国学者柯瓦列夫斯基的《公社土地占有制，其解体的原因、进程和结果》一书，并作了详细的摘录（写于 1879 年 10 月至 1880 年 10 月之间），其篇幅竟占原书的一半以上。这在马克思的所有读书摘要中都是罕见的。从某种意义上说，马克思在 1881 年致查苏利奇的信中关于"农村公社"的观点，可谓是其在这个"摘录"中所作批注观点的继续。

马克思在《政治经济学批判·序言》中说过一段人们熟稔无比的话："大体说来，亚细亚的、古代的、封建的和现代资产阶级的生产方式可以看作是经济的社会形态演进的几个时代。"④ 这是马克思正式提出"亚细亚生产方式"概念的原始出处。值得注意的是，既然马克思把它作为"社会形态演进的几个时代"之一，那么它就必须被纳入时间性的序列来予以定位和理解。但马克思使用这个地域性的称谓来刻画人类社会形态的最原初阶段，除了时间性的演进这一含义之外，还有一种地域

---

① "农业公社"并不完全等于"农村公社"，前者只是后者的形式或阶段之一。在马克思给查苏利奇的复信草稿中，"农村公社"的原文为 Dorfgemeinde，而"农业公社"的原文为 Ackerbaugemeinde（参见 *Karl Marx-Friedrich Engels Werke*，Band19，Dietz Verlag，Berlin，1987，S. 385.；S. 402.）。

② 《马克思恩格斯全集》第 19 卷，人民出版社 1963 年版，第 448 页。

③ 《马克思恩格斯全集》第 19 卷，人民出版社 1963 年版，第 448 页。

④ 《马克思恩格斯选集》第 1 卷，人民出版社 1995 年版，第 33 页。

性的指涉，即隐含着凸显东方社会之独特性的用意。正因为这种原始形态在东方存在着"停滞"（这一点不同于西欧各国），所以才能够在客观上形成马克思晚年在给查苏利奇复信中所说的它与西欧资本主义"同时并存"的局面。马克思明确指出"公社"的历史演进的两种可能性，它在事实上究竟朝什么方向演进，则完全取决于特定的"历史环境"。按照马克思的观点，在东方社会的"历史环境"中，是不存在使亚细亚生产方式解体的可能性的。因此，"亚细亚形式必然保持得最顽强也最长久。这取决于亚细亚形式的前提：即单个人对公社来说不是独立的，生产的范围仅限于自给自足，农业和手工业结合在一起，等等"①。马克思在《政治经济学批判》第1章的一个脚注中明确指出："近来流传着一种可笑的偏见，认为原始的公社所有制是斯拉夫族特有的形式，甚至只是俄罗斯的形式。这种原始形式我们在罗马人、日耳曼人、赛尔特人那里都可以见到，直到现在我们还能在印度遇到这种形式的一整套图样，虽然其中一部分只留下残迹了。仔细研究一下亚细亚的，尤其是印度的公社所有制形式，就会得到证明，从原始的公社所有制的不同形式中，怎样产生出它的解体的各种形式。例如，罗马和日耳曼的私人所有制的各种原型，就可以从印度的公社所有制的各种形式中推出来。"② 马克思在《资本论》第1卷中也明确肯定了"古亚细亚的生产方式"同"古希腊罗马的生产方式"之间的相似性："在古亚细亚的、古希腊罗马的等等生产方式下，产品变为商品、从而人作为商品生产者而存在的现象，处于从属地位，但是共同体越是走向没落阶段，这种现象就越是重要。"③ 马克思在给恩格斯的信（1868年3月14日）中写道："我提出的欧洲各地的亚细亚的或印度的所有制形式都是原始形式，这个观点在这里（虽然毛勒对此毫无所知）再次得到了证实。"④ 值得注意的是，

---

① 《马克思恩格斯全集》第46卷上册，人民出版社1979年版，第484页。
② 《马克思恩格斯全集》第13卷，人民出版社1962年版，第22页。
③ 参见《马克思恩格斯全集》第23卷，人民出版社1972年版，第96页。
④ 《马克思恩格斯全集》第32卷，人民出版社1974年版，第43页。

马克思是在阅读了毛勒有关德国马尔克等制度史的系列著作之后说这番话的①。马克思在给库格曼的信（1870 年 2 月 17 日）中又指出："公社所有制起源于蒙古的说法是一种历史的谎言。正像我在我的著作中多次指出的那样，它起源于印度，因而在欧洲各文明国家发展的初期都可以看到。"② 可见，马克思所谓的"亚细亚生产方式"，是一种在西欧社会的早期也曾出现过的现象，但也只是局限于"发展的初期"，

我们不能遗忘马克思所给出的这个限制。在给查苏利奇的复信草稿中，马克思虽然提到了日耳曼"农村公社"，但同时强调它的存在是短暂的，甚至是稍纵即逝的，这意味着它并未对西欧社会产生决定性的历史影响。在亚洲，其情况则完全不同，"亚细亚生产方式"一直延续到西欧资本主义进入发达阶段，以至于通过"世界历史"的崛起，作为东方社会不变的特征而同西欧资本主义历史地"相遇"。

如此看来，问题的提法只能是："亚细亚生产方式"究竟在何种意义上才是东方社会所独有的现象，又在何种意义上是东西方社会所共有的现象？我们之所以用"亚细亚现象"来替代"亚细亚生产方式"，不止是因为同"生产方式"相比，"现象"具有更广义的特点，还因为它包含着生产方式之外的内容。更重要的是，在最一般的意义上，"亚细亚生产方式"并不是为东方社会所特有的现象，因为在人类社会早期阶段，西欧各国也存在着类似的现象。仅仅是"亚细亚生产方式"长期存续而未被解构，才成为东方社会所特有的历史现象。这正是"亚细亚生产方式"的类型学意义的确切内涵所在。不论东方社会的实际历史情况

---

① 有学者甚至指出："随着毛勒著作的出现，使用'亚细亚生产方式'这一术语的基础便不存在了。"（［苏联］Н. Б. 捷尔-阿克标：《马克思和恩格斯关于亚细亚生产方式和农业公社观点的发展（下）》，载郝镇华编：《外国学者论亚细亚生产方式》上册，中国社会科学出版社 1981 年版，第 150 页）其实，毛勒的著作颠覆的不是"亚细亚生产方式"概念本身，而是仅仅表明这一"方式"并不局限于亚洲，在西欧早期社会也曾存在过，只是从历史的长时段看不过昙花一现罢了。在亚洲的情形则全然不同，它具有顽强的自我再生和自我复制的能力，从而长期延续下来，并实质性地影响了中国社会的结构和性质。这一差别，充分显示了东西方社会之间彼此异质性的"历史环境"。

② 《马克思恩格斯全集》第 32 卷，人民出版社 1974 年版，第 637 页。

同马克思当年对亚细亚生产方式的特征所作的描述，存在着多少细节上的出入，都不妨碍马克思的有关概念的规范价值在本质上的正当性。因为它真正确切地凸显了东西方社会在总体上的异质性。

马克思在《给〈祖国纪事〉杂志编辑部的信》中谈到俄国不同于西欧各国的情形时，写道："极为相似的事变发生在不同的历史环境中就引起了完全不同的结果。"① 对此，他在《资本论》第3卷中又赋予其具体的历史内涵，指出："商业对各种已有的、以不同形式主要生产使用价值的生产组织，都或多或少地起着解体的作用。但是它对旧生产方式究竟在多大程度上起着解体作用，这首先取决于这些生产方式的坚固性和内部结构。并且，这个解体过程会导向何处，换句话说，什么样的新生产方式会代替旧生产方式，这不取决于商业，而是取决于旧生产方式本身的性质。"马克思举例说："在古代世界，商业的影响和商人资本的发展，总是以奴隶经济为其结果；不过由于出发点不同，有时只是使家长制的、以生产直接生活资料为目的的奴隶制度，转化为以生产剩余价值为目的的奴隶制度。但在现代世界，它会导致资本主义生产方式。"他由此得出了这样的结论："这些结果本身，除了取决于商业资本的发展以外，还取决于完全另外一些情况。"②

诚然，马克思在这里主要是从时间维度上说的，但在空间意义上也存在着类似的情形。东西方社会发展路径的异质性就是其典型的表现。商业资本的发展只是规定历史道路的一个必要条件，但不是充分必要条件；除此之外，还包括马克思说的其他情况，如"旧生产方式本身的性质"。马克思明确指出："资本主义以前的、民族的生产方式具有的内部的坚固性和结构，对于商业的解体作用造成了多大的障碍，这从英国人同印度和中国的通商上可以明显地看出来。"③ 在他看来，这种"障碍"正是源自东方社会的"亚细亚生产方式"。所以，马克思强调："在印度

---

① 《马克思恩格斯选集》第3卷，人民出版社1995年版，第342页。
② 《马克思恩格斯全集》第25卷，人民出版社1974年版，第371页。
③ 《马克思恩格斯选集》第25卷，人民出版社1974年版，第372-373页。

和中国，小农业和家庭工业的统一形成了生产方式的广阔基础。此外，在印度还有建立在土地公有制基础上的村社的形式，这种村社在中国也是原始的形式。"① 这正是"亚细亚生产方式"的典型特征。在此，不是逻辑支配历史，而是历史限制逻辑。这同黑格尔哲学中历史的东西统一于逻辑的东西是正相反对的，因为马克思在哲学上所做的"颠倒"工作，正是使逻辑的东西从属于历史的东西，而不是相反。

关于"亚细亚现象"，马克思在《资本论》第 1 卷中指出："亚洲各国不断瓦解、不断重建和经常改朝换代，与此截然相反，亚洲的社会却没有变化。这种社会的基本经济要素的结构，不为政治领域中的风暴所触动。"② 中国传统社会的自我复制、自我再生、自我肯定，同西欧各国的历史形态形成了鲜明的对照。"农业经济和家庭工业的结合是必不可少的，由于农民家庭不依赖于市场和它以外那部分社会的生产运动和历史运动，而形成几乎完全自给自足的生活，总之，由于一般自然经济的性质，所以，这种形式完全适合于为静止的社会状态提供基础，如像我们在亚洲看到的那样。"③

在东方社会，商业对于生产方式的革命性意义受到了强烈的抑制。这在中国表现得尤为突出。马克思在《资本论》第 3 卷中指出："在中国，……因农业和手工制造业的直接结合而造成的巨大的节约和时间的节省，在这里对大工业产品进行了最顽强的抵抗"④。在《经济学手稿（1857—1858 年）》中，马克思指出："在东方的形式中，如果不是由于纯粹外界的影响，这样的丧失几乎是不可能的，因为公社的单个成员对公社从来不处于可能会使他丧失他同公社的联系（客观的、经济的联系）的那种自由的关系之中。他是同公社牢牢地长在一起的。其原因也

---

① 《马克思恩格斯选集》第 25 卷，人民出版社 1974 年版，第 373 页。
② 《马克思恩格斯全集》第 23 卷，人民出版社 1972 年版，第 397 页。
③ 《马克思恩格斯全集》第 25 卷，人民出版社 1974 年版，第 897 页。
④ 《马克思恩格斯全集》第 25 卷，人民出版社 1974 年版，第 373 页。

在于工业和农业的结合，城市（乡村）和土地的结合。"① 他进一步强调说："亚细亚形式必然保持得最顽强也最长久。这取决于亚细亚形式的前提：即单个人对公社来说不是独立的，生产的范围仅限于自给自足，农业和手工业结合在一起，等等。"② 也正因此，"商业几乎没有触动古印度公社和一般的关系"③。后来，在《经济学手稿（1861—1863年）》中，马克思又几乎一字不差地重申了这个说法④。这一点，在中国传统社会中也可以看得相当清晰。甚至从外部强行输入的商品，也因缺乏内在需求而受到了限制。对此，马克思曾就 19 世纪中叶的中国社会的情形，明确指出："在以小农经济和家庭手工业为核心的当前中国社会经济结构中，根本谈不上大宗进口外国货。"⑤ 这是因为，"妨碍对华出口贸易迅速扩大的主要因素，是那个依靠小农业和家庭工业相结合而存在的中国社会经济结构。"⑥

尽管商业活动在中国历史上出现得很早，但它并未孕育出资本主义制度安排这一历史后果。正如有学者所说的："前现代中国的资本基本上投入土地，因为比较安全。还有高利贷，获利快，利润高。有的资本投入建筑房屋，购置衣物和艺术珍品，有的用钱来提高声望，过舒适的生活。即使最成功的商人也宁愿将利润投入这些东西，因为商业和制造业会遇到种种麻烦，其中包括政府的强征暴敛和腐败官吏的敲诈勒索。"由此造成了"中国的经济是循环流动的经济，其中的资本积累相当少"⑦。即使通过商业途径赚来的钱，也随即退出商业领域，不再作为投资性的手段，因此无从完成"商品→货币→资本"的转化链条。这正是

---

① 《马克思恩格斯全集》第 46 卷上册，人民出版社 1979 年版，第 494-495 页。
② 《马克思恩格斯全集》第 46 卷上册，人民出版社 1979 年版，第 484 页。
③ 《马克思恩格斯全集》第 46 卷下册，人民出版社 1980 年版，第 389 页。
④ 参见《马克思恩格斯全集》第 48 卷，人民出版社 1985 年版，第 368 页。
⑤ 《马克思恩格斯选集》第 1 卷，人民出版社 1995 年版，第 725 页。
⑥ 《马克思恩格斯选集》第 1 卷，人民出版社 1995 年版，第 755 页。
⑦ ［美］奈特·毕乃德：《现代化与近代初期的中国》，载［美］西里尔·E·布莱克编：《比较现代化》，杨豫、陈祖洲译，上海译文出版社 1996 年版，第 220 页。

中国经济和社会何以是不断地自我复制和再生而缺乏"发展"的一个重要原因。这一情形应被视作马克思所说的东方社会特有的"旧生产方式本身的性质"带来的阻滞。在中国传统社会，除了少量的奢侈消费或者满足虚荣心之外，金钱的最主要的出路就是置地建宅。马克思在《政治经济学批判》中就曾说过："在亚洲，特别是在印度，货币贮藏不像在资产阶级经济中那样表现为总生产机构的附属职能，这种形式的财富却总是被当作最后的目的，在那里，金银制的商品实质上不过是贮藏货币的美学形式。"① 他还说："在欧美同亚洲之间，银一直充当购买手段，而在亚洲，它就沉淀为贮藏货币。"② 这是一种典型的亚细亚现象。因为在这里，货币贮藏职能不像在西欧社会那里仅仅从属于生产机构，而是变成了目的本身。这显然是一种"守财奴"式的对待方式，它难以使货币资本化，从而无法建立自我增殖的机制③。因此，马克思说："商品生产愈不发达，交换价值的最初独立化为货币即货币贮藏就愈为重要；因此，在古代各民族，在直到目前为止的亚洲，在交换价值尚未掌握所有生产关系的现代农业民族中，货币贮藏起着重大的作用。"④ 在西欧社会，出现了完全不同的情形。马克思在《资本论》第 1 卷中指出："随着资产阶级社会的发展，作为独立的致富形式的货币贮藏消失了，而作为支付手段准备金的形式的货币贮藏却增长了。"⑤ 这种情况在中国传统社会未曾出现过。马克思认为，在亚洲，"出售商品不是为了购买商品，

---

① 《马克思恩格斯全集》第 13 卷，人民出版社 1962 年版，第 124–125 页。

② 《马克思恩格斯全集》第 13 卷，人民出版社 1962 年版，第 140 页。

③ 从折射出来的观念层面看，正如美籍华裔学者杨联陞所指出的那样："在有关消费和生活标准的问题上，传统的中国思想总的来说是赞同积蓄和俭省而反对花费和奢靡的。……积蓄受到鼓励，以防备饥馑、疾病和不寻常的花费如婚礼和葬礼，而节约和俭朴则因为本身就是一种美德而受到鼓励"。当然，也存在着例外，即着眼于"积蓄和投资尤其是纯粹经济性的投资之间的关系"。但在传统中国这毕竟属于"罕见"的现象。崇尚积蓄和节俭，终究"代表了从政治、社会、伦理和宗教的角度出发的主导性看法"（［美］杨联陞：《中国制度史研究》，彭刚、程钢译，江苏人民出版社 1998 年版，第 52、53 页）。应该承认，这种观念在客观上鼓励并强化了传统中国社会中的货币贮藏功能及其同投资行为之间的断裂。

④ 《马克思恩格斯全集》第 13 卷，人民出版社 1962 年版，第 124 页。

⑤ 《马克思恩格斯全集》第 23 卷，人民出版社 1972 年版，第 162 页。

而是为了用货币形式来代替商品形式。这一形式变换从物质变换的单纯媒介变成了目的本身"。如此一来，"货币硬化为贮藏货币，商品出售者成为货币贮藏者"①。这也正是中国社会虽然长期存在着商品经济，却始终未曾发展出资本主义制度安排的一个重要原因。马克思进一步指出："在有些民族中，与传统的自给自足的生产方式相适应，需要范围是固定有限的，在这些民族中，这种素朴的货币贮藏形式就永恒化了。在亚洲人那里，特别是在印度人那里，情况就是这样。"② 因此，中国属于马克思所说的"交换价值还没有成为生产方式的基本前提的那些民族"③。

在《资本论》第3卷中，马克思认为，"土地所有者可以像每个商品所有者处理自己的商品一样去处理土地"，对于亚细亚来说仅仅具有外在性；因为"在亚洲，这种观念只是在某些地方由欧洲人输入的"，从而不具有本土性④。"在亚洲……国家既作为土地所有者，同时又作为主权者而同直接生产者相对立……在这里，国家就是最高的地主"；因此，对于亚洲国家而言，"主权就是在全国范围内集中的土地所有权"，尽管"存在着对土地的私人的和共同的占有权和使用权"⑤。注意，马克思在此明确区分了"所有权"（Eigentum）与"占有权"（Besitz）和"使用权"（Nutznießung），认为前者并不等于后两者⑥。早在《资本主义生产以前的各种形式》中，马克思就说过："在亚细亚的（至少是占优势的）形式中，不存在个人所有，只有个人占有；公社是真正的实际所有者；所以，财产只是作为公共的土地财产而存在。"⑦ 显然，在他看来，私有土地的所有权在亚洲国家具有某种"外在性"。马克思认为，对于亚洲来说，私有制的法律观念"只是在某些地方由欧洲人输入"⑧

① 《马克思恩格斯全集》第23卷，人民出版社1972年版，第150页。
② 《马克思恩格斯全集》第23卷，人民出版社1972年版，第150页。
③ 《马克思恩格斯全集》第46卷上册，人民出版社1979年版，第207页。
④ 《马克思恩格斯全集》第25卷，人民出版社1974年版，第696页。
⑤ 《马克思恩格斯全集》第25卷，人民出版社1974年版，第891页。
⑥ 参见 Karl Marx-Friedrich Engels Werke, Band25, Dietz Verlag, Berlin, 1964, S. 799.
⑦ 《马克思恩格斯全集》第46卷上册，人民出版社1979年版，第481页。
⑧ 《马克思恩格斯全集》第46卷上册，人民出版社1979年版，第696页。

的，因为这里"仍然存在着的土地所有制"是"亚洲形式"①。

如此一来，历史就在这里不可避免地出现了"分叉"②。历史规律因此而表现出全然不同于自然规律的性质，它是以历史事实的个案性现象来表征的，而非以所有经验事实的齐一性来表达。换言之，它不是"单调"的重演，而是"复调"的变奏。但"亚细亚现象"并非唯物史观的"例外"或"意外"；只有当"西欧各国"被作为判准时，它才具有"个案"或"特例"的性质，但这就已经隐藏着欧洲中心论的偏见了。"亚细亚现象"的存在，在"世界历史"所建构的语境中，成为唯物史观逻辑得以展开并完成的一个内在的不可或缺的环节。

在西方资本主义国家的殖民统治条件下，东方社会的亚细亚生产方式存在着三种可能的历史前景：一是农村公社因为资本主义的"入侵"而"解体"。马克思在《中国革命和欧洲革命》一文中指出："与外界完全隔绝曾是保存旧中国的首要条件，而当这种隔绝状态通过英国而为暴力所打破的时候，接踵而来的必然是解体的过程"③。在这种情况下，倘若不发生"革命"，东方国家就难以避免资本主义带来的"使个人和整个民族遭受流血与污秽、蒙受苦难与屈辱"④ 的历史命运。二是资本主义殖民统治遏止东方国家的进步，使其停滞在原有的状态。恩格斯在给考茨基的信（1884 年 2 月 16 日）中，曾谈到荷兰在印度尼西亚的统治，指出它的"结果是：人民被保持在原始的愚昧状态中"⑤。马克思在批评美国经济学家凯里时，也曾指出："经济关系在世界市场上表现为

---

① 《马克思恩格斯全集》第 26 卷第 2 册，人民出版社 1973 年版，第 36 页。
② 这让人联想起美国学者彭慕兰所说的"大分流"（the great divergence）。不过彭的说法主要是指比较晚近的世界历史现象，即"欧洲的核心区和世界其他一些地方（显然主要是东亚，但或许还有其他地方）的核心区之间经济命运的大分流在 18 世纪相当晚的时候才出现"（［美］彭慕兰：《大分流：欧洲、中国及现代世界经济的发展》，史建云译，江苏人民出版社 2004 年版，第 1 页）。
③ 《马克思恩格斯选集》第 1 卷，人民出版社 1995 年版，第 692 页。
④ 《马克思恩格斯选集》第 1 卷，人民出版社 1995 年版，第 771 页。
⑤ 《马克思恩格斯全集》第 36 卷，人民出版社 1974 年版，第 112 页。

英国式的关系"①，它所导致的历史后果就是"积聚起来的英国资本的垄断和它对其他民族的较小的民族资本的瓦解作用"②。这在客观上无疑阻碍了其他民族走向资本主义的可能性。其实，当年中国的情形就是一个明显的例证。毛泽东就曾说过："帝国主义列强侵入中国的目的，决不是要把封建的中国变成资本主义的中国。"③ 他在延安接受海伦·斯诺的访谈时也强调说："从历史经验中看出，一切帝国主义都不是想在殖民地制造资本主义，而只是为己所用地发展资本主义。"④ 三是跨越"资本主义制度的卡夫丁峡谷"。这种"跨越"，既是利用东方国家的独特性，又是摆脱资本主义带来的"历史波折"和"痛苦"的能动选择。这也正是马克思晚年通过俄国革命家查苏利奇给予东方国家的建议。如果说，前两种可能性，都不免带有历史的宿命论色彩，那么第三种可能性则意味着东方国家的人民，在正视历史的"路径依赖"的前提下，发挥自身的首创精神，实现对历史的能动建构。正是在此意义上，它深刻地昭示并实际地开启了中国道路。

三、历史与理论的交织所规定的中国道路

如前所述，马克思的"世界历史"范畴不是在抽象的普遍性意义上成立的，而是内在地蕴含着具体的普遍性。因为在马克思的语境中，它展开为一种横向的空间关系意义上的表达。应该说，这就从学理层面上为东方国家按照自身的历史特质，走出一条区别于西方的"独特"道路开辟了可能性。

从客观意义上说，中国革命——俄国革命也不例外——不过是执行了马克思晚年的"政治遗嘱"的结果。列宁说过："在先进国家无产阶

① 《马克思恩格斯全集》第 46 卷上册，人民出版社 1979 年版，第 8 页。
② 《马克思恩格斯全集》第 46 卷上册，人民出版社 1979 年版，第 7 页。
③ 《毛泽东选集》第 2 卷，人民出版社 1991 年版，第 628 页。
④ ［美］海伦·斯诺：《延安采访录》，安危译，北京出版社 2018 年版，第 230 页。

级的帮助下，落后国家可以不经过资本主义发展阶段而过渡到苏维埃制度，然后经过一定的发展阶段而过渡到共产主义。"① 即使在此意义上，毛泽东的说法也是成立的："如果没有十月革命，中国革命的胜利是不可能的。"② 因为俄国革命证明了一种可能性，这为中国革命提供了历史参照。

马克思诉诸实践的"哲学世界化和世界哲学化"理想，是以"世界历史"为内在基础的，它并非局限于"西欧各国"的狭隘地域性。因此，中国道路的选择并未"超出"马克思的理论预期，但它却不得不承受"路径依赖"所造成的命定性。可以说，中国道路既是马克思揭示的"世界历史"的一般逻辑所注定的选择，又是"亚细亚现象"所给出的"路径依赖"的结果。不理解这一点，就无从恰当地把握中国道路的全部实质。毛泽东曾说："中国革命有中国革命的特点。苏联革命采取苏联当时的那种形式，有其不得不如此的原因。"③ 所谓"不得不如此的原因"，就意味着特定历史条件所造成的"路径依赖"。马克思在给安年科夫的信（1846 年 12 月 28 日）中写道："人们不能自由选择自己的生产力——这是他们的全部历史的基础，因为任何生产力都是一种既得的力量，是以往的活动的产物。可见，生产力是人们应用能力的结果，但是这种能力本身决定于人们所处的条件，决定于先前已经获得的生产力，决定于在他们以前已经存在、不是由他们创立而是由前一代人创立的社会形式。"④ 后来，在《路易·波拿巴的雾月十八日》中，他更明确地指出："人们自己创造自己的历史，但是他们并不是随心所欲地创造，并不是在他们自己选定的条件下创造，而是在直接碰到的、既定的、从过去承继下来的条件下创造。"⑤ 在此意义上，人的存在的确带有宿命的

① 《列宁选集》第 4 卷，人民出版社 2012 年版，第 279 页。
② 《毛泽东文集》第 5 卷，人民出版社 1996 年版，第 261 页。
③ 《毛泽东文集》第 7 卷，人民出版社 1999 年版，第 80 页。
④ 《马克思恩格斯选集》第 4 卷，人民出版社 1995 年版，第 532 页。
⑤ 《马克思恩格斯选集》第 1 卷，人民出版社 1995 年版，第 585 页。

一面；但也正是因此才能凸显出人的存在的超越性。

中国道路的昭示意义在于，它已经在事实上"溢出"了现代性的想象力所能达到的极限。正如亨廷顿所说的："［20世纪］五十年代和六十年代的现代化理论极少讨论甚至不讨论现代社会的未来。它们认为西方的先进社会已经'到此为止'"①。在这里，历史"终结"了，它终结于现代性的典范。马克思说过："经济学家……说现存的关系（资产阶级生产关系）是天然的……是不受时间影响的自然规律。这是应当永远支配社会的永恒规律。于是，以前是有历史的，现在再也没有历史了。"② 恩格斯也有相近的说法：经济学家们把自由竞争当作最高的历史成就加以颂扬③。尽管早在20世纪40年代产生了"未来学"（futurology），据认为它是由德国社会学家弗莱希特海姆（Ossi P. Flechtheim）在美国提出来的。未来学研究的出现，意味着人们开始关注人类社会未来发展的可能性问题；但不得不承认，从总体上说它依旧是囿于"资产阶级的狭隘眼界"，所能提供的也不过是各式各样的改良方案罢了；因为它所研究的仅仅是在未来可见的范围内的预期，属于经验的可能性范畴，由此注定了其批判性是极其有限的。中国选择并走上了社会主义道路这一事实本身，就是对"历史终结论"的一种证伪。

马克思晚年给俄国革命家查苏利奇的回信，其用意之一就是回应人们以为的《资本论》的逻辑同俄国社会的独特性之间的"紧张"。所以，马克思强调自己所揭示的资本主义的历史发生路径和机制只限于"西欧各国"。显然，马克思注重的是资本主义起源的地缘性色彩。晚近有学者仍旧提出质疑，认为马克思在《资本论》第1卷"序言"中所说的，"工业较发达的国家向工业较不发达的国家所显示的，只是后者未来的

① ［美］塞缪尔·P. 亨廷顿：《导致变化的变化：现代化，发展和政治》，载［美］西里尔·E. 布莱克编：《比较现代化》，杨豫、陈祖洲译，上海译文出版社1996年版，第50页。
② 《马克思恩格斯选集》第1卷，人民出版社1995年版，第151页。
③ 参见《马克思恩格斯选集》第4卷，人民出版社1995年版，第275页。

景象。"① 这句话，"忽视了或排除了第三世界国家发展上不同的历史条件"②。马克思此说果真忽视或抹杀了非西方国家的独特性吗？回答是否定的。因为就是在这篇"序言"中，马克思虽然说过"一个社会即使探索到了本身运动的自然规律……它还是既不能跳过也不能用法令取消自然的发展阶段"，但同时又强调"它能缩短和减轻分娩的痛苦"，因为在马克思看来，"一个国家应该而且可以向其他国家学习"③。这种"学习"并不是完全模仿并重演"工业较发达国家"的发展路径和过程，不然所谓的"缩短和减轻分娩的痛苦"就变成无的放矢了。

费正清和赖肖尔认为，在中国关于社会主义道路问题上，"两种有关革命的观点当然都是承袭了起源于欧洲的马克思主义。一种观点将历史看作是道德剧，将革命看作是道德讨伐，另一种观点将技艺的进步，特别是物质方面的技术发展看作是能使新的生产力创造新阶级的革命动力。"④ 这种分别可以追溯到马克思学说本身内蕴的历史与道德之间的张力。一方面，马克思晚年提出的跨越"资本主义制度的卡夫丁峡谷"设想，其背后隐含着强烈的道德关切，即避免资本主义制度带来的痛苦；另一方面，马克思又主张"把经济的社会形态的发展理解为一种自然史的过程"⑤，而这种似自然性的必然过程只有借助客观的理性视野才能被把握并理解。从实际的历史演进看，这种张力在很大程度上规定了中国道路的基本样态和路径。在某种意义上，中国的革命、建设和改革的历史实践，内蕴并体现着这两种视野的交织和转换，它从本质上规定了中国特色社会主义道路的取向和诉求。

① 《马克思恩格斯选集》第 2 卷，人民出版社 1995 年版，第 100 页。
② ［德］鲁道夫·哈曼：《欧洲工业革命是发展中国家的模式吗?》，载 ［美］塞缪尔·P. 亨廷顿等：《现代化：理论与历史经验的再探讨》，罗荣渠等译，上海译文出版社 1993 年版，第 268 页。
③ 《马克思恩格斯选集》第 2 卷，人民出版社 1995 年版，第 101 页。
④ ［美］费正清、［美］赖肖尔：《中国：传统与变革》，陈仲丹等译，江苏人民出版社 1995 年版，第 532 页。
⑤ 《马克思恩格斯选集》第 2 卷，人民出版社 1995 年版，第 101-102 页。

正如吴江所说："20世纪的社会主义的特点是：大都是在经济比较落后和只有中等经济发展水平的基点上起步，因此出现了一批经济上暂不发达的社会主义国家。"① 这的确是一个不争的历史事实。它决定了我们只能"利用"资本主义来"拯救"社会主义。早在20世纪20年代初，列宁在《论粮食税》中就讲得很清楚："既然我们还不能实现从小生产到社会主义的直接过渡……所以我们应该利用资本主义（特别是要把它纳入国家资本主义的轨道）作为小生产和社会主义之间的中间环节，作为提高生产力的手段、途径、方法和方式。"② 1992年6月，邓小平在上海会见香港知名人士时讲过一番话，他说："其实，我是马克思主义信仰者，是学资本主义来搞好自己的社会主义。"③ 就借鉴和利用资本主义的某些成分来拯救社会主义而言，这非常类似于列宁当年所实行的"新经济政策"。诚如毛泽东所言："十月革命和中国革命，就有许多不同。苏联是由城市到乡村，我们是从乡村到城市。"④ 但在跨越资本主义制度的卡夫丁峡谷这一点上，两者却有着相似之处。列宁当年在谈到"新经济政策"时说过："事情似乎很奇怪：社会主义共和国怎么能依靠资本主义来改善自己的状况呢？"⑤ 这是因为，我们只能"在资本主义包围中利用资本家对利润的贪婪和托拉斯与托拉斯之间的敌对关系，为社会主义共和国的生存创造条件。社会主义共和国不同世界发生联系是不能生存下去的，在目前情况下应当把自己的生存同资本主义的关系联系起来"⑥。从唯物史观特别是其东方社会理论以及跨越资本主义制度的卡夫丁峡谷设想看，这一步骤乃属于马克思所谓的移植"资本主义制

---

① 吴江：《社会主义前途与马克思主义的命运》，中国社会科学出版社2001年版，第29页。

② 《列宁选集》第4卷，人民出版社2012年版，第510页。

③ 吴江：《社会主义前途与马克思主义的命运》，中国社会科学出版社2001年版，第283页。

④ 《毛泽东文集》第7卷，人民出版社1999年版，第76页。

⑤ 《列宁全集》第41卷，人民出版社2017年版，第162-163页。

⑥ 《列宁全集》第41卷，人民出版社2017年版，第167页。

度所创造的一切积极的成果"①。

因此，我们对待市场经济须秉持历史的辩证法，即马克思所谓的"在对现存事物的肯定的理解中同时包含对现存事物的否定的理解"，亦即"从它的暂时性方面去理解"②。从历史的长时段看，市场经济只是一种"暂时的必然性"，而不是像"资产阶级及其夸夸其谈的代言人"所说的那种"永恒的必然性"。但是，这必须以承认市场经济的历史必然性和历史必要性为前提。

早在 20 世纪 40 年代初，毛泽东在《农村调查》中就指出："不要把反对党内资本主义思想的斗争，错误地移到社会经济方面，去反对资本主义的经济成分。"他强调说："严肃地坚决地保持共产党员的共产主义的纯洁性，保护社会经济中的有益的资本主义成分，并使其有一个适当的发展，是我们在抗日和建设民主共和国时期不可缺一的任务。"③ 新中国成立之后，1958 年 10 月，毛泽东在一次谈话中指出：现在是社会主义，价值法则还是存在的④。同年 11 月，毛泽东在郑州会议的讲话中又说："现在，我们有些人大有要消灭商品生产之势。他们向往共产主义，一提商品生产就发愁，觉得这是资本主义的东西，没有分清社会主义商品生产和资本主义商品生产的区别，不懂得在社会主义条件下利用商品生产的作用的重要性。"⑤ "为什么怕商品生产？无非是怕资本主义。"⑥ 而我们的基本国情是市场经济发展的贫弱。正如毛泽东所承认的，"我国是商品生产很不发达的国家"⑦。正是基于这一特定历史条件，他强调说："商品流通的必要性是共产主义者要考虑的。必须在产品充

① 《马克思恩格斯选集》第 3 卷，人民出版社 1995 年版，第 769 页。
② 《马克思恩格斯选集》第 2 卷，人民出版社 1995 年版，第 112 页。
③ 《毛泽东选集》第 3 卷，人民出版社 1991 年版，第 793 页。
④ 《毛泽东年谱（一九四九——一九七六）》第 3 卷，中央文献出版社 2013 年版，第 481 页。
⑤ 《毛泽东文集》第 7 卷，人民出版社 1999 年版，第 437 页。
⑥ 《毛泽东文集》第 7 卷，人民出版社 1999 年版，第 439 页。
⑦ 《毛泽东文集》第 7 卷，人民出版社 1999 年版，第 435 页。

分发展之后，才能使商品流通趋于消失。"① 就是在这次郑州会议上，毛泽东明确地提到了列宁的"新经济政策"②。

其实，马克思早已提示过："如果取消货币（它象征地代表着商品经济及其制度安排——引者注），那么人们或者会倒退到生产的较低的阶段（和这一阶段相适应的，是起附带作用的物物交换），或者前进到更高的阶段，在这个阶段上，交换价值已经不再是商品的首要规定，因为以交换价值为代表的一般劳动，不再表现为只是间接地取得共同性的私人劳动。"③ 在马克思看来，"取消货币"有两种途径：一种是人为地取消，一种是历史地取消。前者只能造成历史的倒退，即退回到马克思所批评的那种"粗陋的共产主义"；后者则依赖于商品货币关系本身的成熟，以达到自我扬弃和自我克服，这才是真实的历史进步。对社会主义的历史建构来说，资本主义乃是一种"必要的恶"。从历时性角度这不难理解，没有人像马克思那样以其历史主义的眼光肯定过资本主义的历史必要性；同样地，也没有人像马克思那样深刻地揭示过它的历史暂时性。从共时态角度说，资本主义又构成东方国家建立社会主义制度的必要补充。马克思针对俄国，反复强调它同资本主义生产的"同时并存"，强调"不通过资本主义制度的卡夫丁峡谷"。这意味着，资本主义作为制度安排是能够且应当被超越的，以避免它所带来的一切"波折"和"痛苦"，但这必须以移植和占有资本主义生产的"一切积极的成果"为前提，借鉴并利用马克思所说的"资本的伟大的文明作用"④。否则的话，要实现这种"跨越"就是不可能的。这已经为以往的历史经验和教训所一再证明。

---

① 《毛泽东文集》第 7 卷，人民出版社 1999 年版，第 440 页。
② 参见《毛泽东年谱（一九四九——一九七六）》第 3 卷，中央文献出版社 2013 年版，第 499 页。
③ 《马克思恩格斯全集》第 46 卷上册，人民出版社 1979 年版，第 165 页。
④ 《马克思恩格斯全集》第 46 卷上册，人民出版社 1979 年版，第 393 页。

第十五章　如何恰当地理解共产主义

　　广义地说，马克思的整个学说都是关于共产主义的理论。但马克思对共产主义的直接论述在其著作文本中就有许多，这些论述既有着时间上的先后，因而有其成熟程度上的不同，也存在着眼点和侧重点的差别，因而有视野和重心上的不同。但作为一个有机的整体，它们却共同构成马克思共产主义思想的完整叙事。就马克思哲学而言，实践是其初始范畴，自由（人的历史解放）是其逻辑归宿，两者内在地统一于共产主义理论本身。在马克思哲学语境中，可以把"真实的共同体""自由人的联合体""自由王国"和"共产主义"等不同说法看作同义词。

　　2009 年 3 月，在英国伦敦召开的"共产主义观念"大会上，"共产主义"的回归和复兴成为一个显著的趋势。西方左翼思想家们虽然观点各异，"但在新的时代如何为共产主义观念辩护却成了他们共同关心的主题"[①]。当然，他们所谓的"共产主义"同马克思意义上的"共产主义"，已经存在着相当大的思想距离。由于这些思想家鉴于他们自己所处的时代的特定历史经验，而倾向于把"社会主义"同"共产主义"剥离开来，这显然是未能自觉地甄别科学社会主义理论同其历史实践之间的差别所致，但主张重新思考"共产主义"这一理论诉求本身，却真实地反映了时代精神的客观需要。在今天的历史背景下，重新考虑如何恰

---

　　① 参见汪行福：《为什么是共产主义？——激进左派政治话语的新发明》，载复旦大学当代国外马克思主义研究中心编：《当代国外马克思主义评论》第 8 辑，人民出版社 2010 年版，第 4 页。

当地理解共产主义的问题，无疑具有更加紧迫而现实的意义。

一、澄清对共产主义的种种误解和曲解

事实上，重要的不是有多少人声称马克思没有过时，而是马克思的学说本身所固有的逼人的逻辑力量和"实践能力的明证"，能否被作为"此在"的我们所真正地开显出来。科学共产主义学说自诞生之日起，就一直伴随着对它的种种误解和曲解。我们回应对共产主义的各式各样的误解和曲解，回应对共产主义的各式各样的责难和质疑，这本身就是为共产主义所作的一种辩护。早在《共产党宣言》中，马克思和恩格斯就曾对当时"资产阶级对共产主义的种种责难"① 和质疑，作出过深刻而有力的回应和反驳。从某种意义上说，共产主义学说正是在同形形色色的误解和曲解的斗争中发扬光大的。在今天，进一步澄清对共产主义的种种误解和曲解，不仅有其深刻的学理价值，也具有强烈的现实针对性。但也必须指出，为共产主义所作的真正有力的辩护乃是实践的辩护。建设有中国特色的社会主义事业在实践上取得的成功，就是在今天的历史语境中实现的马克思所谓的"实践能力的明证"。这是最有说服力的辩护。当然，除此之外，还有必要从学理上讲清楚共产主义的深刻内涵和道理所在，作出具有逼人的逻辑力量的理论辩护。

（一）共产主义是虚无缥缈、遥不可及的目标，是一种不切实际的空想吗？

有人认为共产主义虚无缥缈、遥不可及，因而是一种不切实际的空想。这种共产主义"渺茫论"是基于一种严重的误解而得出的错误判断。共产主义的含义是多维度的：就其作为历史的展现来说，它表征为一个现实的过程；就其作为追求的目标来说，它是一种崇高的理想；就其作为制度安排来说，它是一种完美的社会形态；就其作为自觉的信仰

① 《马克思恩格斯选集》第 1 卷，人民出版社 1995 年版，第 293 页。

来说，它是一种超越的价值指向；就其作为应然的尺度来说，它又是一种批判的范式；就其作为一种科学的理论来说，它又是一种严谨的学说体系……。需要强调的是，这些内涵并不是彼此割裂的，而是内在统一的。这种统一当然无法在知性思维的范围内被理解。青年马克思就反对"应有"与"现有"的机械割裂，致力于追求它们之间在逻辑和历史上的统一。在他看来，对于共产主义而言，"现有"与"应有"之间决不存在"非此即彼"的鸿沟，而是在实践基础上获得内在的统一性。马克思认为，脱离了现实基础的应然诉求是苍白无力的、不真实的，所以他反对康德哲学意义上的"善良意志"。

早在1843年，马克思就提出："我们的任务不是推断未来和宣布一些适合将来任何时候的一劳永逸的决定"，而是"要对现存的一切进行无情的批判"。因此，他宣布："我不主张我们竖起任何教条主义的旗帜。"① 为了凸显共产主义的现实性，马克思特别强调："我们所称为共产主义的是那种消灭现存状况的现实的运动。"② 共产主义就是正在进行着的现实运动，"反对现存的一切"的"改变世界"正是共产主义的实际活动，是实践着的共产主义。但是，马克思和恩格斯在《共产党宣言》中又明确强调："共产党人为工人阶级的最近的目的和利益而斗争，但是他们在当前的运动中同时代表运动的未来。"③ 显然，在马克思看来，把现实与理想、实然与应然、现有与应有知性地割裂开来、机械地对立起来去理解共产主义，就犯了一个方法论上的致命错误。在《资本论》第1卷德文第2版跋中，马克思之所以说自己受到了两方面的攻击，既从否定的方面表明马克思恰恰同时具备两方面优势，也折射出指责者的片面性和狭隘性。马克思写道："人们对《资本论》中应用的方法理解得很差，这已经由对这一方法的各种互相矛盾的评论所证明。"他举例说："巴黎的《实证论者评论》一方面责备我形而上学地研究经

① 《马克思恩格斯全集》第1卷，人民出版社1956年版，第416页。
② 《马克思恩格斯选集》第1卷，人民出版社1995年版，第87页。
③ 《马克思恩格斯选集》第1卷，人民出版社1995年版，第306页。

济学，另一方面责备我——你们猜猜看！——只限于批判地分析既成的事实，而没有为未来的食堂开出调味单（孔德主义的吗？）。"[①] 这种指责认为马克思的学说既过于形而上学，又过于经验的实证，其实马克思正是在实践的基础上把这两者及其对立同时克服了、扬弃了。马克思在谈到辩证法时说，在看到事物存在的同时又要看到它的暂时性。这意味着马克思立场的超越性所在。马克思从来都没有仅仅局限于对现存事物作无条件的确认，而是坚决反对那种达到对现存事物的"正确理解"的保守立场，这也正是他不能接受费尔巴哈哲学的重要原因之一。总之，在现实性与理想性之间保持必要的张力，正是马克思对待共产主义的辩证态度。这种张力其实也是动力，正是它推动着实践的建构，使人们的历史存在不断地实现着由实然向应然的过渡。局限于实然而放弃应然诉求，就将丧失对现实的批判能力；反之，仅仅局限并固守于应然诉求，而脱离其实然基础即历史的现实运动过程，又必将陷入空想主义的"乌托邦"。

（二）共产主义是否定个人自由的集体至上主义吗？

有人质疑，共产主义是集体至上主义的，因而会妨碍和伤害个人的自由。事实上，这恰恰反映了自由主义的褊狭之见。英国学者麦基针对马克思的学说提出的诘难是："它（指马克思学说——引者注）是反对自由主义的——或者至少不是充分赞成自由主义的"[②]。的确，马克思哲学并不赞同自由主义，但它并未因此而拒绝或否定人的自由。恰恰相反，马克思哲学所追求的人的历史解放的目标，正是意味着人的自由的真正来临。这里的关键在于，马克思究竟是在何种意义上反对和拒绝自由主义的，这种反对和拒绝的历史内涵又是什么。马克思的历史目标和逻辑归宿，在于对人的个体和类的矛盾、特殊利益与普遍利益的对立的扬弃和超越。马克思的共产主义学说，既未曾固守于个体的人，也未曾

① 《马克思恩格斯选集》第 2 卷，人民出版社 1995 年版，第 109 页。

② ［英］麦基：《思想家——当代哲学的创造者们》，周穗明、翁寒松译，生活·读书·新知三联书店 1987 年版，第 61 页。

固守于抽象的集体，而是致力于寻求对这两者互为外在地对立的克服。马克思深刻地揭示了"偶然的个人"与"虚幻的共同体"之间的对立及其社会根源。他认为，这种对立的外在表现就是市民社会与政治国家的二元分裂，其实质是特殊利益同普遍利益的矛盾，其思辨的规定则是人的实存与人的本质、人的个体与类的互为外在的对立。在这种对立的格局中，人就不得不受到作为异己的他者的力量的外在地支配和制约，从而陷入被奴役状态，它意味着个体的人的自由的丧失。马克思为自己确立的任务，就是从哲学上揭示扬弃这种对立的内在必然性和历史前提。显然，共产主义决没有忽视个人，并不存在一个所谓的"人学空场"。共产主义学说的终极旨趣恰恰就在于人的历史解放，它仅仅是未在自由主义、个人主义或存在主义的意义上重视人罢了。因为在马克思看来，立足于人的个体感受这一狭隘视野和温情主义，最多也不过是宣泄一种空洞的人本学激情，而无法走向人的真正解放。只有着眼于人的解放的历史条件，这种解放才能变成现实，从而才是真实的。马克思从来都未曾漠视个体的人的此在性的感受，没有对雇佣劳动者异化命运的感同身受，怎么可能使他对现代私有制和资本主义生产方式作一种深邃的病理学解剖呢？只是在马克思看来，对个体的人的拯救，不能仅仅就个人本身来完成，它只能诉诸整个社会的根本改造。

马克思早在《1844 年经济学哲学手稿》中提出的人的个体和类的矛盾及其解决，就已经思辨地预言了人的个体自由的丧失和重获的哲学含义。到了《德意志意识形态》那里，则演绎为政治国家（虚幻的共同体）与市民社会（偶然的个人）之间的紧张及其超越，其实质是人的普遍利益与特殊利益的冲突及其解决。在《论犹太人问题》中，马克思写道："在国家中，即在人是类存在物的地方……他失去了实在的个人生活，充满了非实在的普遍性。"① 在与市民社会外在地分离的政治国家中，人所体现的普遍性是那种未经特殊性中介的，或者说是不包含特殊

---

① 《马克思恩格斯全集》第 1 卷，人民出版社 1956 年版，第 428 页。

性于自身的普遍性，它必然沦为抽象的普遍性。这种普遍性作为一种外在的异己的力量支配着个人，从而使个体的人沦为丧失自由的"偶然的个人"。在马克思的语境中，个人的自由与共同体的自由恰恰是互为中介和互为条件的。在马克思看来，个人自由的条件不仅不是摆脱共同体，与此相反，它只能在共同体中才能获得实现。马克思指出："只有在共同体中，个人才能获得全面发展其才能的手段，也就是说，只有在共同体中才可能有个人自由。"① 当然，作为个人自由条件的共同体，是马克思所谓的"真正的共同体"，而不是那种"冒充的共同体"或"虚幻的共同体"。所以，马克思认为，"在真正的共同体的条件下，各个人在自己的联合中并通过这种联合获得自己的自由"②。在《共产党宣言》中，马克思和恩格斯写道："代替那存在着阶级和阶级对立的资产阶级旧社会的，将是这样一个联合体，在那里，每个人的自由发展是一切人的自由发展的条件。"③ 在此意义上，毋宁说，共产主义正是对个人自由和集体自由的同时肯定。

（三）共产主义是无视个人的地位和妨碍人的个性的吗？

有人指责说共产主义不尊重人的个性，个人在共同体中仅仅充当了"一颗螺丝钉"。麦基对于马克思哲学提出的一个诘难就是所谓"马克思主义理论很少或者根本没有估计到个人"④。这种责难同样是不能成立的。其实，准确地说，应该是马克思哲学不是没有顾及个人，它仅仅是没有在个人主义的意义上顾及个人罢了。凡是读过《德意志意识形态》"费尔巴哈"章的人，都不能不知道：由"偶然的个人"到"有个性的个人"的过渡，正是马克思哲学的理想。马克思说过："有个性的个人与偶然的个人之间的差别，不是概念上的差别，而是历史事实。"⑤ 马克

---

① 《马克思恩格斯选集》第 1 卷，人民出版社 1995 年版，第 119 页。
② 《马克思恩格斯选集》第 1 卷，人民出版社 1995 年版，第 119 页。
③ 《马克思恩格斯选集》第 1 卷，人民出版社 1995 年版，第 294 页。
④ ［英］麦基：《思想家——当代哲学的创造者们》，周穗明、翁寒松译，生活·读书·新知三联书店 1987 年版，第 61 页。
⑤ 《马克思恩格斯选集》第 1 卷，人民出版社 1995 年版，第 122 页。

思心目中的理想社会，正是使人们获得真正的个性的历史条件。所谓"偶然的个人"，也就是处在异化状态中的个人，他受制于作为异己规定的外在关系的支配和奴役。按照黑格尔的观点，凡是由作为异己之规定的他者决定的状态都属于偶然性。在市民社会，"就人人互为手段而言，个人只为别人而存在，别人也只为他而存在"①。这正是马克思所谓的"偶然的个人"的历史内涵。其实，这也暗示了凡是由自我决定的状态都是内在必然性的表征。由此可见，黑格尔所谓的必然性与自由是内在地一致的。因为内在必然性亦即自我决定，自己为自己立法，这正是自由的最原初的、也是最本真的含义。因此，马克思把共产主义理解为"自由人的联合体"或曰"自由王国"。只有这样的共同体，才能为个体的人获得真实的个性提供历史条件，从而使其获得现实可能性。马克思和恩格斯在《共产党宣言》中说的那种所谓资产阶级的"个性"，不过是人格化了的资本的任性罢了。这种"个性"只能是一种伪个性，它不具有真实的历史内涵。真正的个性应该是自由与必然性的内在统一。马克思和恩格斯深刻地揭露道："在资产阶级社会里，资本具有独立性和个性，而活动着的个人却没有独立性和个性。而资产阶级却把消灭这种关系说成是消灭个性和自由！"② 马克思把资本主义社会称作"现代奴隶制"，倘若不超越"主—奴关系"模式本身，即使是作为统治者的资产阶级也不可能获得真正的个性。

（四）共产主义会造成人们的普遍懒惰吗？

马克思和恩格斯当年就曾直面资产阶级学者针对共产主义提出的种种质疑，其中之一就是："有人反驳说，私有制一消灭，一切活动就会停止，懒惰之风就会兴起。"③ 这种担忧恰恰折射出担忧者的狭隘。的确，"共产党人可以把自己的理论概括为一句话：消灭私有制。"④ 这也

---

① 马克思：《1844年经济学哲学手稿》，人民出版社2000年版，第134页。
② 《马克思恩格斯选集》第1卷，人民出版社1995年版，第287页。
③ 《马克思恩格斯选集》第1卷，人民出版社1995年版，第288页。
④ 《马克思恩格斯选集》第1卷，人民出版社1995年版，第286页。

是马克思从《1844 年经济学哲学手稿》到《德意志意识形态》，从《共产党宣言》到《资本论》的一贯立场和主张。但是，资产阶级学者永远都无法理解，共产主义的诞生意味着劳动性质的根本改变，即由谋生的手段变成自我实现的方式。资本主义的辩护士只能局限于劳动的旧有性质去想象共产主义的情形，不仅难以理解共产主义条件下劳动的全新性质，而且也暴露出他们的"资产阶级权利的狭隘眼界"。正因此，才会产生诸如此类的质疑和诘难。按照马克思的观点，共产主义意味着"消灭劳动"，亦即超越劳动的旧有性质。劳动作为谋生手段的性质不再是唯一的规定，劳动本质上已经成为人的自我实现的方式，是对人的存在的积极的肯定而不再是剥夺和否定。这个时候的劳动，不仅是自由的象征，而且是人的自我实现的确证。因此，按照马克思的设想，在共产主义条件下，劳动不再是人的一种负担，而是变成了人的享受和乐趣，成为人们"生活的第一需要"。当现代私有制被消灭之后，人们既不可能、也不需要有私利可以追求，自私自利从而变得多余。如此一来，还需要私有制作为人的劳动的动力之源吗？按照资产阶级学者的狭隘想象，一旦没有了私有制，人们会因为劳动热情和冲动随之丧失从而变得普遍懒惰。这除了折射出这些"资产阶级的学术代表"极其贫乏的想象力之外，还能说明什么呢?! 当年李大钊在《社会主义释疑》中就曾指出："有些人以为社会主义制度成立之后，人民就要发生怠工的现象，因此他说社会主义制度是不能施行。"李大钊强调说："他不知道在社会主义制度底下做工，是很愉快的，很舒服的，并不像现在资本主义制度下的工作，非常劳苦，同那牛马一样，得不到一点人生的乐趣。"更深刻的在于，他还进一步揭露了这种责难在方法论上的缺陷，一针见血地指出："一般人以为工作是苦事，亦是拿现在生活下的眼光，去观察那将来的社会，其实社会主义实行后的社会的劳动，已和现在的社会的劳动不同了。"①

---

① 《李大钊选集》，人民出版社 1959 年版，第 477 页。

在资产阶级权利的狭隘视野之内，人们是永远无法理解劳动在共产主义社会所获得的全新性质的，因为"在共产主义者那里，劳动和享乐之间的对立的基础消失了"①。但在旧式分工的条件下，这是难以想象的。马克思说："分工是关于异化范围内的劳动社会性的国民经济学用语。"② 旧式分工与异化内在相关。"消灭分工"就意味着劳动不再是一种负担，而是变成了一种乐趣，成了"生活的第一需要"。在共产主义条件下，旧式分工"即把一个人变成农民、把另一个人变成鞋匠、把第三个人变成工厂工人、把第四个人变成交易所投机者，将完全消失"③。在前共产主义社会，分工具有旧有的性质。"当分工一出现之后，任何人都有自己一定的特殊的活动范围，这个范围是强加于他的，他不能超出这个范围：他是一个猎人、渔夫或牧人，或者是一个批判的批判者，只要他不想失去生活资料，他就始终应该是这样的人。"当分工摆脱了这种旧有的性质，不再是为了谋生而不得不接受的"职业"，那么就会出现这样的状态："任何人都没有特殊的活动范围，而是都可以在任何部门内发展，社会调节着整个生产，因而使我有可能随自己的兴趣今天干这事，明天干那事，上午打猎，下午捕鱼，傍晚从事畜牧，晚饭后从事批判，这样就不会使我老是一个猎人、渔夫、牧人或批判者。"④ 但这早已超出了囿于资产阶级狭隘眼界所能达到的想象力的限度。

（五）走向共产主义需要通过暴力革命才能实现，这种"暴力"是正当的吗？

马克思的确说过："革命是历史的火车头。"⑤ 他还认为："暴力是每一个孕育着新社会的旧社会的助产婆。暴力本身就是一种经济力。"⑥ 这些论述，给人们造成一种错觉，似乎马克思哲学格外推崇"暴力"。

① 《马克思恩格斯全集》第 3 卷，人民出版社 1960 年版，第 239 页。
② 马克思：《1844 年经济学哲学手稿》，人民出版社 2000 年版，第 134 页。
③ 《马克思恩格斯选集》第 1 卷，人民出版社 1995 年版，第 243 页。
④ 《马克思恩格斯选集》第 1 卷，人民出版社 1995 年版，第 85 页。
⑤ 《马克思恩格斯选集》第 1 卷，人民出版社 1995 年版，第 456 页。
⑥ 《马克思恩格斯全集》第 23 卷，人民出版社 1972 年版，第 819 页。

其实，这正是误解马克思哲学的原因之一。俄国学者斯拉法说："常常有人指责马克思宣扬革命的暴力，因而把他视为平庸的极端主义者。"① 事实上，马克思哲学决没有渲染"暴力"，它只是马克思对他所处的那个时代的资本主义压迫形式所作出的一种理论上的反应。从根源上说，这种革命的"暴力"完全是被迫的。正如马克思本人所明确强调的那样："只有当该社会中掌握政权的那些人不用暴力方法来阻碍历史发展的时候，历史发展才可能是'和平的'。"② 其实，即使是自由主义思想家也不能绝对地拒斥"暴力"。问题仅仅是，在自由主义看来，暴力究竟在什么意义上才是正当的，或者说才是可接受的。米塞斯就说过："把每个人作为具有同等权力的公民来对待，这对他们个人有利。至于那些无视和平合作的好处，喜欢战斗并拒绝适应社会秩序的人，必须像对待危险动物那样与之战斗。对于反社会的罪犯和野蛮人的部落，只能采取这种态度"；因此，"自由主义只能赞成仅仅作为防御手段的战争，至于其他战争，它从中看到的是消灭社会合作的反社会原则。"③ 由此可见，对于以暴抗暴，就连米塞斯也无法否认其正当性。俄国学者梅茹耶夫说过类似的话："暴力的合理性只存在于与暴政的斗争中，而不在民主已经获得胜利的地方。"④

问题是，资本主义在历史上的胜利，并没有结束"暴力"。尽管资产阶级革命解构了"政治利维坦"，但却又建构起"经济利维坦"，以此取而代之。在资本主义社会，资本的权力所造成的"暴力"，往往并不那么直观——自由主义的经验论背景，总是使自由主义者难以摆脱经验的直观这一限囿——但却具有更本质的意义。它总是被"文明"的外观

---

① ［俄］鲍·斯拉法：《被无知侮辱的思想——马克思社会理想的当代解读》，孙凌齐译，中央编译出版社 2006 年版，第 80 页。
② 《马克思恩格斯全集》第 45 卷，人民出版社 1985 年版，第 194 页。
③ ［奥］路德维希·冯·米塞斯：《社会主义——经济与社会学的分析》，王建民等译，中国社会科学出版社 2008 年版，第 284 页。
④ ［俄］B. M. 梅茹耶夫：《我理解的马克思》，林艳梅、张静译，人民出版社 2013 年版，第 19 页。

所包裹，从而更有其欺骗性，也更加虚伪。这种软性的暴力，总是为资本主义卫道士所视而不见。正是马克思深刻地揭示了历史上的"暴力"的真实根源，那就是阶级对立、阶级矛盾和阶级斗争。它既不是人们的想象和虚构，也不是人们的刻意制造，而是历史的真实。正像斯拉法所揭露的那样，"资产阶级虽然在口头上谴责暴力，但却总是制造武器，并利用武器来维护自己的统治和实现自己所需要的政治目的。"① 他们总是制造种种借口，以便使其正当化。但资产阶级统治所面临的所谓"威胁"，不过是人格化了的资本本身造成的历史结果罢了。

（六）既然我们刻下要大力发展市场经济，为什么还要坚持共产主义理想？

人们有疑问，马克思学说是以超越和克服市场经济为其旨归的，既然我们信仰共产主义，而且已经选择并走上了社会主义道路，为什么今天还要发展市场经济呢？这岂不是与马克思学说的旨趣及其揭明的道路相背离吗？既然我们今天还必须建立市场经济体制，那么是不是就应该放弃共产主义理想呢？马克思主义理论本身和现实的历史经验教训都告诉我们："商品经济是社会发展的一个不可逾越的历史阶段。"从某种意义上说，这一论断构成改革开放的全部合法性根据。我们今天固然是需要促进市场经济的发展，但在马克思哲学看来，它仅仅是人的存在的历史展现的一个内在的必要环节和步骤而已，这与自由主义和市场原教旨主义视野内的市场经济完全不可同日而语。马克思告诫我们，要从暂时性的角度去看待现存事物，这正是历史辩证法的要求。例如，他在谈到"取消货币"时曾指出："如果取消货币，那么人们或者会倒退到生产的较低的阶段（和这一阶段相适应的，是起附带作用的物物交换），或者前进到更高的阶段，在这个阶段上，交换价值已经不再是商品的首要规定，因为以交换价值为代表的一般劳动，不再表现为只是间接地取得共

人的存在之思：马克思哲学再诠释

① ［俄］鲍·斯拉法：《被无知侮辱的思想——马克思社会理想的当代解读》，孙凌齐译，中央编译出版社 2006 年版，第 81 页。

同性的私人劳动。"① 不经过市场经济的历史洗礼，我们就只能退回到"粗陋的共产主义"，而不可能实现真正的共产主义。只有经过市场经济的充分发展，我们才能真正"前进到更高的阶段"。马克思强调说："共产主义决不是人所创造的对象世界的消逝、舍弃和丧失，即决不是人的采取对象形式的本质力量的消逝、舍弃和丧失，决不是返回到非自然的、不发达的简单状态去的贫困"②。因此，决不能回避或绕开市场经济，人为地而非自然地"取消货币"。

正如施韦卡特所说的，"这可以与马克思的国家理论相类比，在国家问题上，马克思与当时的无政府主义的区别在于，无政府主义主张马上消除国家，而马克思认为不是马上消除国家，而是让它自然地、慢慢地消亡，国家的重要性慢慢地消失"③。无政府主义者无视国家消亡的历史条件，不管历史是否成熟到足够的程度，而人为地"宣布"国家的消亡。马克思则主张国家的消亡必须基于历史本身的成熟，当然这种成熟在马克思那里不是在消极的等待中来临的，而是人的能动实践的结果。在某种意义上，马克思主义和无政府主义对待"国家"的截然不同的态度，可以类比于激进立场与唯物史观在对待以商品货币关系为基础的市场经济上的不同态度。总之，使市场经济得到充分发展，正是历史真正走向成熟的重要条件，也是超越市场经济本身的历史前提。我们只是把市场经济当作走向共产主义的一个不可逾越的历史阶段和暂时的步骤来看待的，这决不同于那些资本主义辩护士们或市场原教旨主义者们把市场经济及其制度安排当作"历史的最高成就"所持的保守主义立场，两者完全不可同日而语。马克思曾把人类社会划分为彼此不同而又前后相继的三大形态，即以人的依赖关系为特点、以物的依赖性为特点和以人的自由自觉为特点的社会，从经济基础角度说也就是自然经济、市场经

---

① 《马克思恩格斯全集》第 46 卷上册，人民出版社 1979 年版，第 165 页。
② 马克思：《1844 年经济学哲学手稿》，人民出版社 2000 年版，第 112–113 页。
③ 宋萌荣：《关于市场社会主义的若干问题——与大卫·施韦卡特的对话》，载《国外理论动态》2005 年第 1 期，第 19 页。

济和产品经济。显然，市场经济不过是一个承前启后的中介环节而已。不能因为我们眼下建立社会主义市场经济体制，就拒绝以超然的眼光、从暂时性的角度去看待市场经济，进而放弃共产主义的超越指向和远大理想。这正是马克思主义者同资产阶级学者的原则分歧所在。列宁当年在谈到苏联实行的"新经济政策"时就曾说过："事情似乎很奇怪：社会主义共和国怎么能依靠资本主义来改善自己的状况呢？"[①] 当年在苏维埃俄国，就有好多人难以理解或不能接受利用资本主义来拯救社会主义。人们担心，社会主义将面临被资本主义同化的危险。其实，正如列宁所说的："我们应当有本事根据资本主义世界的特点，利用资本家对原料的贪婪使我们得到好处，在资本家中间——不管这是多么奇怪——来巩固我们的经济地位。"[②]

二、恰当地理解共产主义的方法论原则

人们之所以对共产主义产生不同的、甚至截然相反的理解，其原因固然是多方面的，包括立场的、利益的、理论背景的、个人偏好的等等。另外，国际共产主义运动遭遇的挫折、处于低潮，实践上的市场经济发展的现实，也是重要的历史原因。但是，在方法论上存在着种种误区，无疑是一个不容忽视的重要原因。有鉴于此，我们需要从方法论的角度，为澄清种种误解和曲解提供必要的前提。大致说来，这主要包括如下几个方面：

（一）习得马克思所特有的"从后思索"的运思方式

马克思早在《黑格尔法哲学批判》中就说过："民主制是君主制的真理，君主制却不是民主制的真理。……从君主制本身不能了解君主制，但是从民主制本身可以了解民主制。"[③] 既然"民主制是君主制的真

---

① 《列宁全集》第 41 卷，人民出版社 2017 年版，第 162-163 页。
② 《列宁全集》第 41 卷，人民出版社 2017 年版，第 162 页。
③ 《马克思恩格斯全集》第 1 卷，人民出版社 1956 年版，第 280 页。

理"，那就意味着可以从民主制去了解君主制；但逆命题不能成立，因为"君主制却不是民主制的真理"，因此不能相反，从君主制去了解民主制。这个顺序是不能颠倒的。在这里，也可以看出马克思"从后思索"的运思方式之端倪。它表明，高级形态以扬弃的方式包含了低级形态，正因此成为理解低级形态的关键；但不能相反，从低级形态无法去理解高级形态。这就是马克思所提示的"从后思索"的运思方式。马克思在《关于费尔巴哈的提纲》中说："旧唯物主义的立脚点是市民社会，新唯物主义的立脚点则是人类社会或社会的人类。"① 这意味着马克思运思的参照系是理想中的社会，而不是像马克思所批评的旧唯物主义那样，把当下的市民社会当作不能超越的终极参照来进行思考。后来在《政治经济学批判·导言》中，马克思又说："人体解剖对于猴体解剖是一把钥匙。反过来说，低等动物身上表露的高等动物的征兆，只有在高等动物本身已被认识之后才能理解。"② 这就是马克思所提示的"从后思索"的运思方式。

正是这样一种运思方式，使得我们能够"在对现存事物的肯定的理解中同时包含对现存事物的否定的理解"，也就是"对每一种既成的形式都是从不断的运动中，因而也是从它的暂时性方面去理解"③。如此一来，当然就不会把商品经济及其市场逻辑当作"历史的最高成就"，把它看成"永恒的自然必然性"来加以捍卫，从而能够突破"资产阶级的狭隘眼界"的局限。在一定意义上，人们之所以理解不了共产主义，就是因为他们总是囿于这种狭隘眼界，从而严重地束缚了自己的想象力和思维空间，就像"刻舟求剑"一样。马克思之所以能够超越和突破资产阶级狭隘眼界的局限，除了阶级立场外，其哲学上的原因就在于他所坚持的这种反思方法和辩证方法。马克思的"新唯物主义"的立脚点的"后移"，使"从后思索"的运思方式得以真正地确立起来。马克思在

---

① 《马克思恩格斯选集》第 1 卷，人民出版社 1995 年版，第 57 页。
② 《马克思恩格斯选集》第 2 卷，人民出版社 1995 年版，第 23 页。
③ 《马克思恩格斯选集》第 2 卷，人民出版社 1995 年版，第 112 页。

《资本论》第 3 卷中谈到"自由王国"时曾经说过："社会化的人，联合起来的生产者，将合理地调节他们和自然之间的物质变换，把它置于他们的共同控制之下，而不让它作为盲目的力量来统治自己；靠消耗最小的力量，在最无愧于和最适合于他们的人类本性的条件下来进行这种物质变换。"① 尽管马克思认为这依然属于"必然王国"的领域，但它却构成"自由王国"这一理想社会赖以确立的绝对前提和不可或缺的条件。而所谓"社会化的人"，正是马克思所主张的"新唯物主义"的"立脚点"。

（二）坚持"辩证逻辑"对"形式逻辑"的超越性

从方法论的角度看，资产阶级学者理解不了辩证法。例如，胡克指责道："辩证法的各个基本规律，被认为是辩证法概念的主要东西……这些规律违反了逻辑、科学方法的基本原则，而且处处违反了首尾一贯的造句法的基本原则"②。波普尔也批评说："很容易证明，如果接受矛盾，就要放弃任何一种科学活动，这就意味着科学的彻底瓦解。这一点可以这样来证明：如果承认了两个互相矛盾的陈述，那就一定要承认任何一个陈述；因为从一对矛盾陈述中可以有效地推导出任何一个陈述来。"③可见，无论是胡克还是波普尔，说到底都不过是在拿形式逻辑去批评辩证逻辑罢了。这种批评严格地说不是真正意义上的批评，而不过是一种误解。就像用初等数学去嘲笑和责难高等数学一样，是虚妄和无聊的。由此也可以看出，一个经验论者领会辩证思维是何其困难和不着边际。这与其说是在反驳辩证法，倒不如说是在误读辩证法。恩格斯当年对这类形而上学思维方式就曾经作出批评，他写道："他们（指形而上学者——引者注）在绝对不相容的对立中思维；他们的说法是：'是就是，

---

① 《马克思恩格斯全集》第 23 卷，人民出版社 1974 年版，第 926—927 页。
② ［美］悉尼·胡克：《理性、社会神话和民主》，金克等译，上海人民出版社 1965 年版，第 220 页。
③ ［英］卡尔·波普尔：《猜想与反驳——科学知识的增长》，傅季重等译，上海译文出版社 1986 年版，第 453 页。

不是就不是；除此之外，都是鬼话'。"① 这种形而上学的观点不能理解除了"非此即彼"之外，还必须承认"亦此亦彼"。作为思维方式，形而上学唯一能够理解并相信的就是"是就是，不是就不是"。殊不知，这恰恰是陷入知性逻辑而不能自拔的表现，因为它在认识论上把知性当作再也无法自我扬弃的终极环节来予以确认，从而永远理解不了什么才是辩证法。只有辩证法才能真正理解"既是又不是"何以可能。所以，辩证法除了承认"非此即彼"之外，同时还承认"亦此亦彼"。

对共产主义的恰当理解，适用的是辩证逻辑，而不是形式逻辑。在恩格斯看来，辩证逻辑与形式逻辑的关系，就类似于高等数学与初等数学的关系。资产阶级学者总是喜欢拿形式逻辑去反对和指责辩证逻辑，这并不是一种严肃的批评，而是一种肤浅。恩格斯在《自然辩证法》中曾经说过，对于科学的小买卖来说，形而上学是必要的和有效的，因而十分有用。因此，科学需要形式逻辑，但并不是辩证法违反了它，而是辩证法以扬弃的方式包含了它。辩证逻辑并非外在地拒绝形式逻辑，而只是扬弃了它。当我们正确地把握了它们之间的这种关系之后，并从辩证逻辑的高度去领会共产主义，那么关于共产主义的现实性与理想性之间的纠结，在方法论层面上就不再成其为问题了。无论对于历史本身，还是对于马克思哲学来说，知性地理解共产主义都是一种危险，因为它有可能导致实践或理论上的负面后果。过去的经验，已经反复地证明了这一点。

但是，在有些人那里，一提到共产主义是"现实的运动"，就拒绝承认它又是一个理想和目标；反过来也一样，一提到共产主义是未来的理想，就拒绝承认它又是一场"现实的运动"。他们总是在"非此即彼"的否定中思考问题，从而难以摆脱纠结。按照辩证思维，应当是既承认"非此即彼"，又承认"亦此亦彼"的。诚如美国学者詹姆斯·劳勒所说的，"马克思拒绝以一种更美好的社会的理想的名义对现存社会制度进

---

① 《马克思恩格斯选集》第 3 卷，人民出版社 1995 年版，第 734 页。

行抽象的批判。"① 马克思决不是拿一个超历史的抽象判准去苛责现实，这不是他所主张的批判方式；但这并不意味着马克思所从事的历史地批判中不蕴含未来的理想。马克思哲学是有一个指向未来的维度的。在谈到无产阶级政党运动时，马克思明确指认："共产党人为工人阶级的最近的目的和利益而斗争，但是他们在当前的运动中同时代表运动的未来。"② 倘若缺乏这种内在的超越指向，又何以设想能够在"当前的运动"中"代表运动的未来"呢？这段话的内涵极为丰富，它至少包括这样两层含义：一是共产主义不仅是"现实运动"，而且有其未来指向，它内在地蕴含着超越现实的规定；二是共产主义拒绝虚无主义，因为"当前的运动"不是对"运动的未来"的剥夺，而是对它的成就。因此，在看待共产主义的问题上，把实然与应然、现有与应有、现实与理想撅为两截，无疑是有违马克思哲学旨趣的，它陷入了一个方法论上的致命错误。

人们熟知，马克思在《1844 年经济学哲学手稿》中强调共产主义的绝对性，他写道：作为"私有财产即人的自我异化的积极的扬弃"，共产主义"是人和自然界之间、人和人之间的矛盾的真正解决，是存在和本质、对象化和自我确证、自由和必然、个体和类之间的斗争的真正解决"③。所谓"真正解决"，也就是对这一系列矛盾之对立的彻底扬弃，从而完成由相对性到绝对性的过渡。后来，马克思在《资本论》第3 卷中又强调"自由王国"（实质上也就是共产主义）的"彼岸"性，他指出："事实上，自由王国只是在由必需和外在目的规定要做的劳动终止的地方才开始；因而按照事物的本性来说，它存在于真正物质生产领域的彼岸。"④ 彼岸性则意味着超验性。因此，无论是绝对性还是超验

---

① ［美］詹姆斯·劳勒：《虚无主义的共产主义与辩证的共产主义》，载《国外理论动态》2006 年第 2 期，第 6 页。

② 《马克思恩格斯选集》第 1 卷，人民出版社 1995 年版，第 306 页。

③ 马克思：《1844 年经济学哲学手稿》，人民出版社 2000 年版，第 81 页。

④ 《马克思恩格斯全集》第 25 卷，人民出版社 1974 年版，第 926 页。

性，都不能不指向一个未来的终极目标。但马克思又强调，共产主义的这种绝对性必须以"历史的全部运动"为基础，因为只有它才构成共产主义及其绝对性的"现实的产生活动"或曰"经验存在的诞生活动"①。马克思所谓的"彼岸"性，它的来临的历史条件同样是非常现实的，即"这个自由王国只有建立在必然王国的基础上，才能繁荣起来。工作日的缩短是根本条件"②。所谓"必然王国"就是真正物质生产领域。因此，离开了生产力的充分发展，没有劳动生产率的极大提高，这一目标就只能落空。可见，在马克思的语境中，此岸与彼岸、相对性与绝对性是有机地、辩证地统一于实践及其所造就的现实的历史之中的，它们的关系充满着辩证法，对其所作的任何知性的、非此即彼的、机械的理解都是不恰当的。共产主义的现实性与理想性之间的张力，其历史基础归根到底在于人的实存与本质之间的分裂和紧张。这种对立的历史扬弃，即人的异化状态的克服，也就意味着共产主义历史运动的完成。它意味着这种张力的彻底消解，其实现归根到底依赖于人的实践及其所塑造的历史本身的成熟。

青年马克思有一种"现有"与"应有"及其紧张所造成的纠结。马克思意义上的共产主义，的确内蕴着一个"应有"的规定，这是其"目标"意义上的含义。黑格尔说："有限的事物不是真的，[因为它]尚没有达到它的'应如此'。"③尽管这个说法似乎缺少了一点黑格尔本人擅长的辩证法，因为有限之物的展现及其完成，亦即达到"应如此"，这本身就应该被视作一个生成的过程。所谓"真"正是这种展现及其完成，不能把这种完成同其生成的过程相割裂。但是，单纯从目的本身的意义上说，黑格尔的说法又是有某种道理的。而就"现有"这个方面来说，马克思特别强调共产主义的经济含义。在《1844 年经济学哲学手

① 马克思：《1844 年经济学哲学手稿》，人民出版社 2000 年版，第 81 页。
② 《马克思恩格斯全集》第 25 卷，人民出版社 1974 年版，第 927 页。
③ ［德］黑格尔：《哲学史讲演录》第 1 卷，贺麟、王太庆译，商务印书馆 1959 年版，第 40 页。

稿》中，他指出：“整个革命运动必然在私有财产的运动中，即在经济的运动中，为自己既找到经验的基础，也找到理论的基础。”① 后来，马克思在《德意志意识形态》中说：“共产主义和所有过去的运动不同的地方在于：它推翻一切旧的生产关系和交往关系的基础，并且第一次自觉地把一切自发形成的前提看作是前人的创造，消除这些前提的自发性，使它们受联合起来的个人的支配。因此，建立共产主义实质上具有经济的性质，这就是为这种联合创造各种物质条件，把现存的条件变成联合的条件。”② 在一定意义上，共产主义的这种“经济的性质”，正是唯物史观同空想社会主义的一个重要分水岭。

卢卡奇曾指出：“宿命论和唯意志论只是从非辩证的和非历史的观点来看才是彼此矛盾的。从辩证的历史观来看，它们则是必须互相补充的对立面，是清楚地表明资本主义社会制度的对抗性、它的问题从其本身考虑无法解决的情况在思想上的反映。”③ 如果说这是从否定的消极的方面而言的话，那么从积极的、肯定的方面说，共产主义作为对资本主义的历史的和逻辑的双重扬弃，其超验性和经验性之间的紧张也只是从非辩证的和非历史的——形式逻辑的和抽象的——观点看才是彼此对立的；从辩证的历史观着眼，这种紧张则是相互补充和相互过渡的，它只能被消解于人类历史通过人的实践的能动建构而无限地展开之中。这让我们想起恩格斯在《反杜林论》中谈到思维的至上性与非至上性之间矛盾的解决时所说的话：“思维的至上性是在一系列非常不至上地思维着的人中实现的；拥有无条件的真理权的认识是在一系列相对的谬误中实现的；二者都只有通过人类生活的无限延续才能完全实现。”④

黑格尔说过：“事情并不穷尽于它的目的，而穷尽于它的实现，现

① 马克思：《1844 年经济学哲学手稿》，人民出版社 2000 年版，第 82 页。
② 《马克思恩格斯选集》第 1 卷，人民出版社 1995 年版，第 122 页。
③ ［匈］卢卡奇：《历史与阶级意识——关于马克思主义辩证法的研究》，杜章智等译，商务印书馆 1992 年版，第 51 页。
④ 《马克思恩格斯选集》第 3 卷，人民出版社 1995 年版，第 427 页。

实的整体也不仅是结果，而是结果连同其产生过程；目的本身［不过］是僵死的共相"①。马克思把共产主义理解为"现实的运动"而非抽象的目标，充分体现了对共产主义所作理解的现象学思路。这在某种意义上类似于黑格尔的现象学方法的要求，只不过这已经不再是"精神现象学"，而是变成了人的存在的现象学罢了。

（三）把握"共产主义"所固有的实践本性

在马克思那里，"实践的唯物主义者"与"共产主义者"是同义词。共产主义本质上是实践的。共产主义既是过程也是目标，它们统一于当下的实践。实践作为人所特有的感性活动，决不同于动物的活动。人的实践活动是自觉的和自为的，是有目的性介入和引导的。正因此，我们才可以理解，马克思何以把"共产主义者"同"实践的唯物主义者"视作等价的关系。从历史上看，马克思的真正贡献不在于批判本身，而在于提供了一种真正有效的批判方式。马克思所处的那个时代，无疑是一个批判的时代。但在他之前，几乎所有的批判都未能超出两种方式，一是思辨的批判，主要是以黑格尔学派为代表；二是道德的批判，主要是以费尔巴哈的人本主义为代表。马克思认为，这些批判方式本质上都是苍白无力的，因而是无效的。因为在马克思看来，思想并不能实现什么，"物质力量只能用物质力量来摧毁"②。所以，他立志"使现存世界革命化，实际地反对并改变现存的事物"③。这也正是马克思何以"首先是一位革命家"的根本原因。马克思在历史上首次从哲学上确立了一种全新的批判方式，那就是实践的批判。从某种意义上可以说，没有实践的批判，也就不可能有共产主义。列宁在批判地借鉴黑格尔思想的基础上，提出了实践的"双重品格"说，即实践不仅具有普遍性的品格，而且具有直接现实性的品格。实践的这两种品格，内在地统一于作为此在

---

① ［德］黑格尔：《精神现象学》上卷，贺麟、王玖兴译，商务印书馆 1979 年版，第 2 页。

② 《马克思恩格斯选集》第 1 卷，人民出版社 1995 年版，第 9 页。

③ 《马克思恩格斯选集》第 1 卷，人民出版社 1995 年版，第 75 页。

性的人的感性活动之中。它启示我们，共产主义所内在地蕴含的经验性和超越性，正是实践所固有的双重品格的体现和表征。倘若割裂它们两者，我们就无法整体性地看待实践活动本身。

马克思指出："共产主义对我们来说不是应当确立的状况，不是现实应当与之相适应的理想。我们所称为共产主义的是那种消灭现存状况的现实的运动。"① 在批判施蒂纳时，马克思写道："在'施蒂纳'那里，'共产主义'是从寻找'本质'开始的；它作为善良的'青年'，又想只'洞察事物的底蕴'。而共产主义是用实际手段来追求实际目的的最实际的运动"。② 注意这里所说的三个"实际"，即"实际手段"、"实际目的"和"实际运动"，它们显然都属于实践的性质并统一于实践本身。在20世纪20年代初，列宁曾指出："共产主义现在已不再只是我们的纲领、理论和课题了，它已经是我们今天的实际建设事业了。"③ 列宁这里所说的，就是以共产主义为目标的实践过程。所以，列宁提出："我们需要在实践中说明应该如何建设社会主义（即共产主义的初级阶段——引者注）。"④ 这显然是把共产主义作为一种"实际的运动"（马克思语）来理解的应有之义。值得一提的是，当年马克思学说打动萨特的不是其理论本身的魅力，而是它的实践效应，用马克思本人的话说，即所谓的"实践能力的明证"。萨特在《辩证理性批判》中坦率地承认："使我开始改变的……是马克思主义的现实，工人群众沉重地出现在我的眼前，这支庞大而阴郁的队伍使马克思主义活了，它实行马克思主义，从远处对小资产阶级知识分子施加一种不可抵抗的吸引力"⑤。这从一个典型的个案表明，马克思哲学的真正的魅力和吸引力所在，与其说是理论的，倒不如说是实践的更恰当。

---

① 《马克思恩格斯选集》第1卷，人民出版社1995年版，第87页。
② 《马克思恩格斯全集》第3卷，人民出版社1960年版，第236页。
③ 《列宁选集》第4卷，人民出版社2012年版，第309页。
④ 《列宁选集》第4卷，人民出版社2012年版，第308页。
⑤ 《哲学研究》编辑部编：《资产阶级哲学资料选辑》第1辑，上海人民出版社1964年版，第21页。

三、余论：回应有关共产主义的几个诘问

应该说，马克思哲学的共产主义思想所涉及的问题可谓错综复杂、千头万绪。本章不过是拈出若干在作者看来较为重要的方面略加阐述而已。除了上述两节已讨论过的内容之外，尚有几个对于共产主义的诘问，在此有必要作出简单的回应和解释。

（一）共产主义同资本主义之间的关系是绝对的"断裂"吗？

在共产主义同资本主义的关系问题上，大致有两种看法：一是认为两者是一种断裂；二是认为两者是一种历史地扬弃。马克思和恩格斯在《共产党宣言》中的确说过："共产主义革命就是同传统的所有制关系实行最彻底的决裂；毫不奇怪，它在自己的发展进程中要同传统的观念实行最彻底的决裂。"① 但他们又把无产阶级专政作为介于资本主义与共产主义之间的"过渡阶段"。美国学者劳勒认为，研究共产主义在本质上有两种方法，即"虚无主义的共产主义"和"辩证的共产主义"。"虚无主义的共产主义信奉的是要么是资本主义要么是共产主义这样一种抽象的非此即彼的逻辑，认为在它们之间不存在中间地带。按照虚无主义的方法，资本主义本质上被消极地视为一种祸害，一种将被消灭并为一个美好社会即共产主义所取代的社会。因此，共产主义者的任务就是要否定资本主义，并否定与其相关的一切事物。"② 与此相反，"辩证的研究共产主义的方法对资本主义不是采取非此即彼式的否定方法，而是承认存在连接对立的社会存在形式的辩证的'中间环节'。共产主义形成于历史的母体即资本主义之中"③。必须承认，共产主义是对资本主义加

---

① 《马克思恩格斯选集》第 1 卷，人民出版社 1995 年版，第 293 页。
② [美] 詹姆斯·劳勒：《虚无主义的共产主义与辩证的共产主义》，载《国外理论动态》2006 年第 2 期，第 6 页。
③ [美] 詹姆斯·劳勒：《虚无主义的共产主义与辩证的共产主义》，载《国外理论动态》2006 年第 2 期，第 9 页。

以历史地扬弃的产物。因此，过分夸大两者的断裂性而无视其历史联系无疑是错误的。马克思在《1844年经济学哲学手稿》中就曾说过，共产主义只有作为"历史的全部结果"才是可能的。劳勒认为，在"辩证的共产主义"看来，"共产主义新世界的母体是资本主义自身。成长于资本主义母体中的婴儿是共产主义，它是逐渐在其母体中形成并从其母体获取力量的"①。在《哥达纲领批判》中，马克思使用过一个类似的比喻，他说："我们这里所说的是这样的共产主义社会，它不是在它自身基础上已经发展了的，恰好相反，是刚刚从资本主义社会中产生出来的，因此它在各方面，在经济、道德和精神方面都还带着它脱胎出来的那个旧社会的痕迹。"② 显然，马克思是把共产主义理解为从资本主义社会中"脱胎"出来的产物。当然，在承认这一点的同时也不能否认，同以往社会形态的替代相比，共产主义的出现的确带有更强烈的"断裂"性。因为共产主义的诞生毕竟意味着公有制的历史发生，它同私有制基础上的不同社会形态之间的更迭具有不同的性质。这也正是马克思和恩格斯之所以在《共产党宣言》中宣布"两个彻底决裂"的重要原因。但无论如何，劳勒所谓"马克思拒绝以一种更美好的社会的理想的名义对现存社会制度进行抽象的批判"③ 是正确的，因为我们不能无视这样一个基本的逻辑：共产主义社会是从资本主义社会这一"母体"中孕育并"脱胎"而出的。总之，对于资本主义的历史遗产，马克思并未采取虚无主义的态度，而是采取批判地继承的态度。

让我们再回到马克思。在《1844年经济学哲学手稿》中，马克思写道："共产主义是私有财产即人的自我异化的积极的扬弃，因而是通过人并且为了人而对人的本质的真正占有；因此，它是人向自身、向社会的即

---

① ［美］詹姆斯·劳勒：《虚无主义的共产主义与辩证的共产主义》，载《国外理论动态》2006年第2期，第6—7页。

② 《马克思恩格斯选集》第3卷，人民出版社1995年版，第304页。

③ ［美］詹姆斯·劳勒：《虚无主义的共产主义与辩证的共产主义》，载《国外理论动态》2006年第2期，第6页。

合乎人性的人的复归，这种复归是完全的，自觉的和在以往发展的全部财富的范围内生成的。"① 注意这里所谓的"扬弃"（Aufhebung），这是马克思批判地继承（或曰"扬弃"）了黑格尔哲学这一术语的结果。按照黑格尔的解释，"扬弃在语言中，有双重意义，它既意谓保存、保持，又意谓停滞、终结。……所以，被扬弃的东西同时即是被保存的东西，只是失去了直接性而已，但它并不因此而化为无。"② 这意味着，"扬弃自身的东西并不因扬弃而就是无。"③ 黑格尔特别强调：在谈到扬弃时，"尤其要与'无'区别开"；这是因为，"无是直接的，而被扬弃的东西是有中介的；它是非有之物，但却是一个有出发的结果。它由规定性而来，因此它自身还有规定性"④。马克思意义上的"共产主义"，是以扬弃的方式包含了"以往发展的全部财富"的结果。正因此，他认为："历史的全部运动……是它的现实的产生活动——它的经验存在的诞生活动"⑤。在此意义上，共产主义不仅不能被归结为"无"，恰恰相反，唯独共产主义才是真正的"有"，而且是已经充分实现出来的"有"，因此才是"大全"。

从学理上说，共产主义无疑是基于对资本主义的批判地否定而建立起来的。因此，对资本主义的学理解构能否成立，就带有前提性的意义。正是对这一点，资本主义的辩护士提出了质疑。例如，米塞斯就指出："'资本主义'和'资本主义生产'是政治口号。社会主义者们把它们炮制出来，不是为了拓展知识，而是为了吹毛求疵，为了批评，为了谴责。……由此可见，使用它们是完全有害的。把它们从经济术语中彻底清除出去，把它们留给惯于煽情的斗牛士们——这个建议值得认真

---

① 马克思：《1844 年经济学哲学手稿》，人民出版社 2000 年版，第 81 页。
② ［德］黑格尔：《逻辑学》上卷，杨一之译，商务印书馆 1966 年版，第 98 页。
③ ［德］黑格尔：《逻辑学》上卷，杨一之译，商务印书馆 1966 年版，第 98 页。
④ ［德］黑格尔：《逻辑学》上卷，杨一之译，商务印书馆 1966 年版，第 98 页。
⑤ 马克思：《1844 年经济学哲学手稿》，人民出版社 2000 年版，第 81 页。

考虑。"① 米塞斯貌似强调知识论的价值中立性和正当性，把社会主义对资本主义的批判视作一种价值偏好，认为它同知识论建构既无关也无补。其实，为资本主义作辩护的人几乎都宣称自己采取的是一种"科学的"客观立场，从古典经济学开始就历来如此。在某种意义上，这意味着知识论建构本身已经沦为资本主义制度衍生出来的意识形态修辞方式。以意识形态批判为旨归的马克思，恰恰试图超越狭隘的阶级利益的羁绊，以消解意识形态得以产生的社会根源。"客观的"知识掩盖不了为现存资本主义制度和秩序作辩护的实质，它不过是这种立场的一种隐晦的形式，古典政治经济学就是一个例子，新自由主义的经济学同样也不例外。

（二）共产主义如何对待生态约束的极限问题？

米塞斯批评说："在天真的社会主义者看来，这个世界足以使每个人幸福和满足。产品的短缺只是不合理的社会秩序造成的，它一方面限制了生产力的扩大，另一方面通过不平等的分配使'富着愈富，穷者愈穷'。"② 其实，"社会主义社会也……必须认识到它所掌握的自然力和资源不是取之不尽的"③。在他看来，生态约束的极限，是超越社会制度的普遍危机，它的解决并不取决于何种社会制度。但是，先撇开米塞斯的观点暂且不论，我们也必须先行地追究生态危机的社会根源，否则就不可能找到解决的路径。

我们知道，经济学归根到底是基于"稀缺"而成立的，因为没有稀缺也就无所谓"经济"，当然也就无所谓"经济学"。首先，从本性上说，资本主义必然制度性地制造"稀缺"（亦即黑格尔所谓的"虚假需要"和马克思所谓的"病态的欲望"），以便使商品的价值得以不断地

---

① ［奥］路德维希·冯·米塞斯：《社会主义——经济与社会学的分析》，王建民等译，中国社会科学出版社 2008 年版，第 88 页。

② ［奥］路德维希·冯·米塞斯：《社会主义——经济与社会学的分析》，王建民等译，中国社会科学出版社 2008 年版，第 163 页。

③ ［奥］路德维希·冯·米塞斯：《社会主义——经济与社会学的分析》，王建民等译，中国社会科学出版社 2008 年版，第 162 页。

增殖；其次，资本主义所建构起来的现代意义上的"占有"关系（亦即马克思所谓的"为我关系"），必然导致对于自然界的过度利用以至于掠夺，使"稀缺"达到历史上前所未有的程度。在此意义上，趋向生态约束的极限，首先是资本主义制度的问题。商品经济基于"经济人"假设所决定的人的"贪婪"，有可能超出自然生态系统所能够承受的限度。"全球性问题"的出现，以及工业文明带来的生存危机，就表明了这一点。

马克思在《哥达纲领批判》中谈到共产主义时指出："在随着个人的全面发展，他们的生产力也增长起来，而集体财富的一切源泉都充分涌流之后，——只有在那个时候，才能完全超出资产阶级权利的狭隘眼界，社会才能在自己的旗帜上写上：各尽所能，按需分配！"[①] 问题在于，"集体财富的一切源泉"的"充分涌流"，是否会遇到自然资源和生态环境的极限带来的约束和限制呢？在讨论这个问题时，应该充分地考虑到这样几点：一是这里的讨论其实涉及的只是一个经验的可能性问题，但对于共产主义的目标而言，它不是在经验的可能性的意义上成立的。二是这里所涉及的"稀缺"是假定了现有一切条件的不变，亦即是在把现有条件凝固化的意义上考虑问题的，而没有从未来可能性的意义上着眼。拿这种静力学的看待方式去考量未来的愿景，无疑是一种"刻舟求剑"式的思路，其局限性不言自明。三是只有资本主义制度安排才建立在人的贪婪基础之上的，马克思在《资本论》及其手稿中对此做过大量的描述和剖析，人们不会感到陌生。而共产主义所追求的人的"自然化"，正是以拒绝"欲望"的人为制造为前提的，这意味着对于"贪婪"的摆脱。就此意而言，在共产主义条件下，社会成员的需求更容易得到满足。

（三）"消灭私有制"的共产主义社会是可能的吗？

马克思把共产主义理解为"消灭私有制"。这遭到了米塞斯的强烈

---

① 《马克思恩格斯选集》第3卷，人民出版社1995年版，第305-306页。

质疑。米塞斯为社会的未来开出的"药方"是："在无条件承认生产资料私有制的基础上重建社会"①。按照马克思的历史观，这一设想无疑是改良主义的，是无济于事的。因为马克思认为，资本主义制度内部的矛盾，是不可能在这一制度的框架内得到解决的。正因此，他才导向了革命的结论。米塞斯的这一"药方"，乃是基于他的一个基本假设，即："如果没有生产资料的私有制，从长远看除了满足个人需要的即采即食的生产之外，不可能有任何生产活动。"② 这意味着假定，任何生产剩余（超出为维系个人最低生存需求的直接消费之外的部分）都只能采取私人占有的形式。他还指出："无论何人，如果他希望社会继续存在和发展，他就必须无保留地接受生产资料私有制。"③ 在米塞斯那里，生产资料私有制乃是一个社会得以存在和发展的绝对前提。

问题在于，对于私有制的肯定，有两种立场：一是认为私有制作为历史展开自身的一个内在环节无疑有其历史的必要性，但它只具有暂时的意义，并不具有永恒的必然性，因而是一种必要的恶。就此而言，马克思从未否认过私有制的价值和意义。二是认为私有制是人类社会须臾不可离的前提和条件，它只能同人类社会共始终，就像米塞斯所说的那样。后一种观点，正是恩格斯所说的那种把商品货币关系看作历史的最高成就之类的偏见。按照马克思的见解，这种立场不过是资产阶级狭隘眼界的表现。问题在于，私有制究竟是不是一个社会调节其资源、生产及产品分配的唯一可能的制度安排？其实，米塞斯的辩护是脆弱的，它不过是基于"相信"。因为米塞斯说得很清楚："要想承认私有财产的社会效用，必须首先使人相信其他一切制度都是有害的。"④ 米塞斯难以解

---

① ［奥］路德维希·冯·米塞斯：《社会主义——经济与社会学的分析》，王建民等译，中国社会科学出版社 2008 年版，第 22 页。
② ［奥］路德维希·冯·米塞斯：《社会主义——经济与社会学的分析》，王建民等译，中国社会科学出版社 2008 年版，第 480 页。
③ ［奥］路德维希·冯·米塞斯：《社会主义——经济与社会学的分析》，王建民等译，中国社会科学出版社 2008 年版，第 484 页。
④ ［奥］路德维希·冯·米塞斯：《社会主义——经济与社会学的分析》，王建民等译，中国社会科学出版社 2008 年版，第 483 页。

释这样一个事实，即在人类历史上，私有制并非从来就有的，它有一个发生和发展的过程。这意味着，私有制决非永恒之物，而是有其发生学根源。凡是在历史上发生的，也注定会在历史上消亡。私有制同样无法逃脱这一铁律。在马克思看来，"分工和交换是私有财产的形式，这一情况恰恰包含着双重证明：一方面人的生命为了本身的实现曾经需要私有财产；另一方面人的生命现在需要消灭私有财产。"[①] 对私有财产的历史必要性，马克思给予了足够的重视，他指出："私有财产是生产力发展一定阶段上必然的交往形式，这种交往形式在私有财产成为新出现的生产力的桎梏以前是不会消灭的，并且是直接的物质生活的生产所必不可少的条件。"[②] 但私有财产终究是"生产力发展一定阶段上"的"必然的交往形式"，而不具有永恒的必然性。正是有鉴于此，马克思才说："共产主义是扬弃了私有财产的积极表现"[③]。

（四）怎样恰当地看待马克思对未来所作的预言？

波普尔在生前最后一次接受访谈时，对马克思历史观作了一如既往的抨击，他说："你不能预见未来。未来不是确定的，而是开放的。……你无法预见我什么时候死；我也许今天就死，也许还能再活5年——对此你无法预见。……如果你不能预见我什么时候死，你怎么有可能对整个社会作出预见呢？"[④] 诚然，马克思并没有为资本主义的死亡提供一份确切的时间表；但他预言了资本主义及其制度的死亡本身。马克思只是在死与不死之间作出判断，而非在今天死还是未来某个时刻死之间作出判断。要知道，在马克思所处的那个时代，作出资本主义的死亡判断并非易事。它不仅需要非凡的勇气，而且需要睿智而深刻的洞察力。显然，波普尔关于"未来的开放性"的信念对马克思历史观提出了非分的要

---

① 马克思：《1844年经济学哲学手稿》，人民出版社2000年版，第138页。
② 《马克思恩格斯全集》第3卷，人民出版社1960年版，第410-411页。
③ 马克思：《1844年经济学哲学手稿》，人民出版社2000年版，第78页。
④ ［波兰］A·J·克米列夫斯基：《未来是开放的——与卡尔·波普尔爵士的谈话》，载《哲学译丛》1996年第5-6期，第13页。

求，它实际上不过是基于对马克思思想的误解。正是资产阶级的一切辩护士"把资本主义制度不是看作历史上过渡的发展阶段，而是看作社会生产的绝对的最后的形式"①。也正是针对这一点，马克思的关于资本主义的"死亡诊断书"和对共产主义的预言，就富有足够的批判性和建设性的意义了。与波普尔相近似，罗素同样责怪"相信过去的历史服从于一种逻辑三段论的格式"的马克思，"没有预见到氢弹，而且迄今为止也没有任何一种编造出来的人类发展的学说，使我们能够预见到这一精巧装置的后果"②。是的，马克思的确没有预见到氢弹的出现及其后果，但他却揭示了科学技术在资本主义制度条件下的历史作用；他也未曾预见到我们今天这个时代的每一个细节，但却预言了"历史向世界历史的转变"，预言了全球化历史进程的开启。这显然是为经验主义者及其所秉持的判断标准所难以理解的。期望马克思对未来的每一个历史细节都作出预言，这是对马克思的一种非分的要求。它无异于强迫马克思充当宗教式的"先知"或者迷信意义上的"算命先生"。而这恰恰是同马克思实际扮演或他所试图扮演的角色格格不入的。马克思没有作出这种预言，不是因为他的思想的失败，而是因为他清楚地了解对这种预言的期待本身的虚妄。

有人抱怨或责备马克思，说他在自己的论著中缺乏对共产主义的具体筹划。例如，俄国学者布鲁兹库斯就认为："空想社会主义强调新社会的建设，而科学社会主义却专注于现存经济制度和对这一制度发展的解释。的确，这一发展为即将到来的社会主义社会指明了某些确定的基本原则，但如何对这样的社会进行系统重建，马克思本人并没有具体论述。"③ 日本学者辻村江太郎也曾质疑说："近代经济学同自由经济制度

① 《马克思恩格斯全集》第23卷，人民出版社1972年版，第16页。
② ［英］伯特兰·罗素：《历史作为一种艺术》，载张文杰等编译：《现代西方历史哲学译文集》，上海译文出版社1984年版，第134页。
③ ［俄］鲍·布鲁兹库斯：《苏维埃俄国的计划经济》，李宏、王建民译，山东人民出版社2018年版，第7页。

联系在一起，而马克思主义经济学又同共产主义制度联系在一起"；然而"奇怪的是，马克思主义经济学虽然否定了自由经济制度，但对共产主义制度下经济管理的理想作法却没有提出详细的、确切的'处方'。这一点，只要读一读马克思的经济学就会知道。"① 那么，马克思为什么没有对共产主义社会及其经济作出具体的筹划呢？这究竟是因为研究的不充分，还是研究条件的不成熟，抑或是由共产主义本身的超验性所决定的呢？对此，应当从这个角度去理解，即如恩格斯在《反杜林论》中所指出的那样："这种新的社会制度（指共产主义——引者注）……它越是制定得详尽周密，就越是要陷入纯粹的幻想。"② 恩格斯还说过："我们没有最终目标。我们是不断发展论者，我们不打算把什么最终规律强加给人类。关于未来社会组织方面的详细情况的预定看法吗？您在我们这里连它们的影子也找不到。当我们把生产资料转交到整个社会的手里时，我们就会心满意足了"③。但这并不是说共产主义意味着虚无，而只是说它昭示着一种向未来敞开着的可能性，这种可能性又是包含必然性于自身的；至于它的变作现实，那是一个将来时的问题，它有待于实践本身的创造性建构。作为"此在"性的我们唯一能够做的，只是"对现存的一切进行无情的批判"；否则，我们就有可能陷入"教条式地预料未来"的误区。

---

① ［日］辻村江太郎：《经济计量学的诞生》，载《经济学译丛》1980 年第 1 期，第 60 页。

② 《马克思恩格斯选集》第 3 卷，人民出版社 1995 年版，第 608 页。

③ 《马克思恩格斯全集》第 22 卷，人民出版社 1965 年版，第 628–629 页。